Amos Elon

Jerusalem

Wunderlich

Innenansichten einer Spiegelstadt

Deutsch von Irene Rumler

Die Originalausgabe erschien 1989 unter
dem Titel «Jerusalem. City of Mirrors»
bei Little, Brown and Company,
Boston, Toronto, London

1. Auflage September 1990

ISBN 3 8052 0500 7

Für Beth und Danae

Inhalt

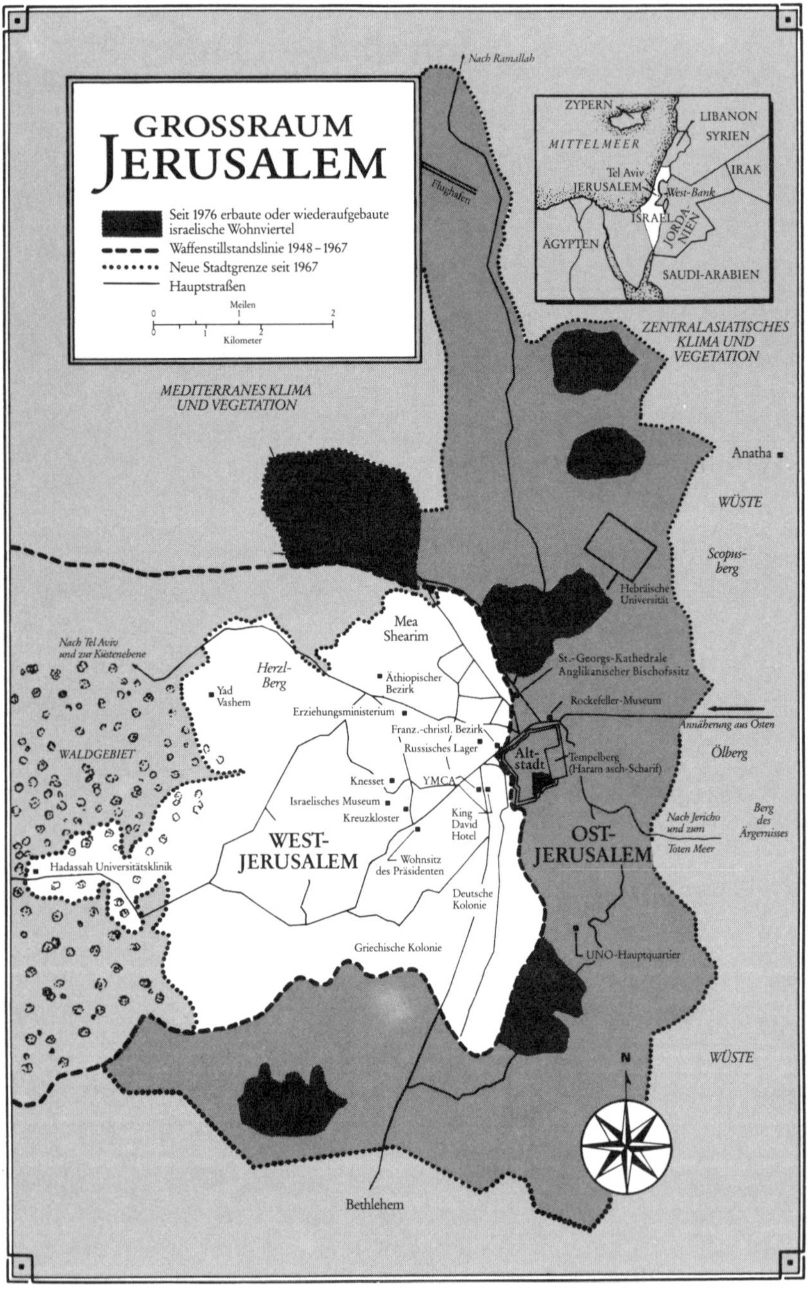

GROSSRAUM
JERUSALEM
Seit 1976 erbaute oder wiederaufgebaute israelische Wohnviertel
Waffenstillstandslinie 1948 – 1967
Neue Stadtgrenze seit 1967
Hauptstraßen
Meilen
0
1
2
Kilometer
Nach Ramallah
Flughafen
ZYPERN
MITTELMEER
LIBANON
SYRIEN
IRAK
Tel Aviv
JERUSALEM
West-Bank
ISRAEL
JORDANIEN
ÄGYPTEN
SAUDI-ARABIEN
ZENTRALASIATISCHES KLIMA UND VEGETATION
MEDITERRANES KLIMA UND VEGETATION
Anatha
WÜSTE
Scopusberg
Hebräische Universität
Mea Shearim
Nach Tel Aviv und zur Küstenebene
Herzl-Berg
Yad Vashem
Äthiopischer Bezirk
St.-Georgs-Kathedrale
Anglikanischer Bischofssitz
Erziehungsministerium
Rockefeller-Museum
Annäherung aus Osten
Franz.-christl. Bezirk
Russisches Lager
WALDGEBIET
Altstadt
Tempelberg (Haram asch-Scharif)
Ölberg
Knesset
YMCA
Israelisches Museum
Kreuzkloster
King David Hotel
Nach Jericho und zum Toten Meer
Berg des Ärgernisses
WEST-JERUSALEM
OST-JERUSALEM
Wohnsitz des Präsidenten
Hadassah Universitätsklinik
Deutsche Kolonie
UNO-Hauptquartier
Griechische Kolonie
WÜSTE
N
Bethlehem

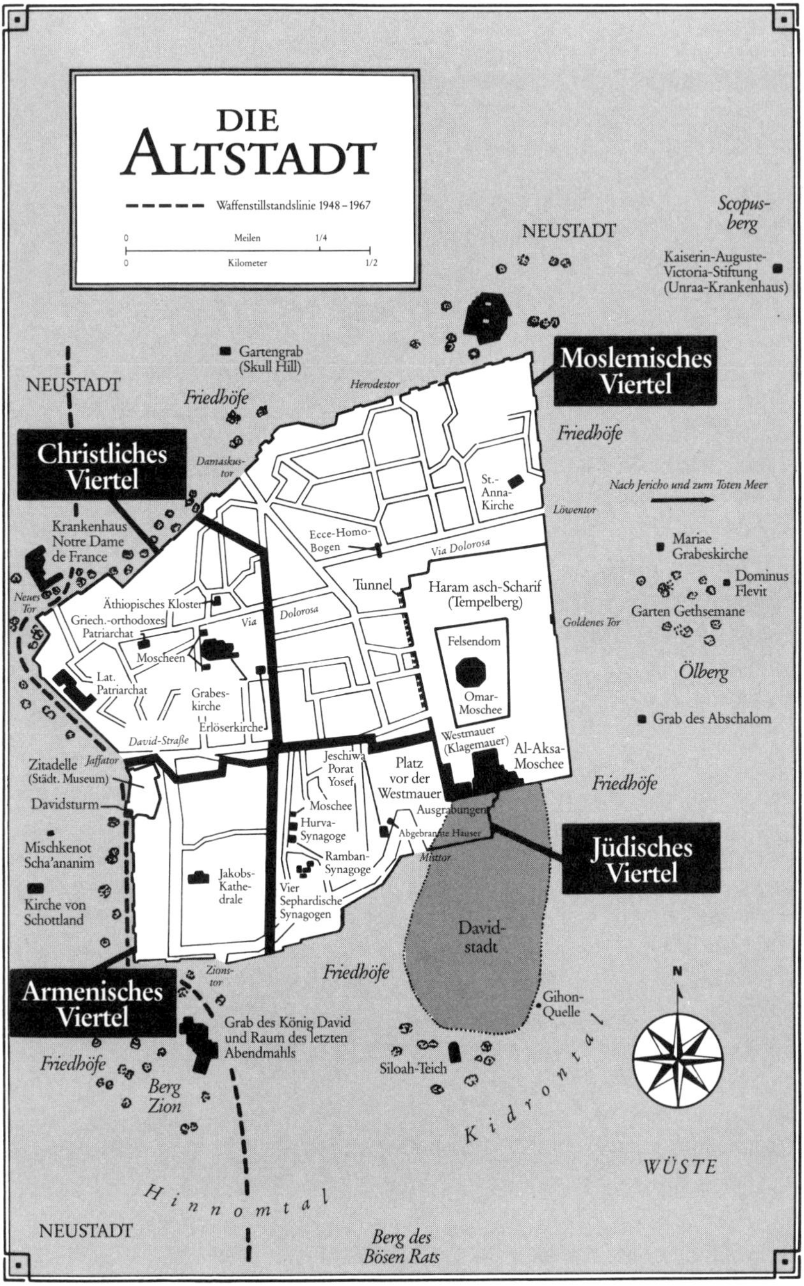
DIE ALTSTADT
Waffenstillstandslinie 1948 – 1967
0 Meilen 1/4
0 Kilometer 1/2
Scopus-berg
NEUSTADT
Kaiserin-Auguste-Victoria-Stiftung (Unraa-Krankenhaus)
Gartengrab (Skull Hill)
Moslemisches Viertel
NEUSTADT
Herodestor
Friedhöfe
Friedhöfe
Christliches Viertel
Damaskus-tor
St.-Anna-Kirche
Nach Jericho und zum Toten Meer
Löwentor
Krankenhaus Notre Dame de France
Ecce-Homo-Bogen
Via Dolorosa
Mariae Grabeskirche
Dominus Flevit
Neues Tor
Tunnel
Haram asch-Scharif (Tempelberg)
Äthiopisches Kloster
Via Dolorosa
Garten Gethsemane
Griech.-orthodoxes Patriarchat
Goldenes Tor
Felsendom
Moscheen
Ölberg
Lat. Patriarchat
Grabeskirche
Omar-Moschee
Erlöserkirche
Grab des Abschalom
David-Straße
Westmauer (Klagemauer)
Al-Aksa-Moschee
Jeschiwa Porat Yosef
Platz vor der Westmauer
Zitadelle (Städt. Museum)
Jaffator
Friedhöfe
Davidsturm
Moschee
Ausgrabungen
Hurva-Synagoge
Abgebrannte Häuser
Mischkenot Scha'ananim
Ramban-Synagoge
Misttor
Jüdisches Viertel
Jakobs-Kathedrale
Kirche von Schottland
Vier Sephardische Synagogen
David-stadt
Zions-tor
Friedhöfe
N
Armenisches Viertel
Gihon-Quelle
Grab des König David und Raum des letzten Abendmahls
Friedhöfe
Siloah-Teich
Berg Zion
Kidrontal
WÜSTE
Hinnomtal
NEUSTADT
Berg des Bösen Rats

Erinnerung und Geschichte sind keineswegs gleichbedeutend. Es sind vielmehr Gegensätze. Erinnerung ist Leben, wird immer von lebenden Menschen befördert und entwickelt sich infolgedessen ständig. Sie unterliegt der Dialektik von Gedächtnis und Gedächtnisverlust, wird, ohne sich dessen bewußt zu sein, immer wieder verformt und läßt sich auf vielfältige Weise benutzen und manipulieren. Die Erinnerung bleibt lange Zeit unterschwellig und lebt dann plötzlich wieder auf... Sie ist stets ein Bestandteil unserer eigenen Zeit, ein lebendiges Bindeglied zur ewigen Gegenwart.

Pierre Nora
Les Lieux de Mémoire

Einleitung

Dieses Buch handelt von der Erinnerung und davon, welchen Einfluß sie auf eine umkämpfte Stadt ausübt. Nur wenige historische Städte sind so lange Zeit so erbittert umkämpft worden wie Jerusalem. Und keine hat so viel Ehrfurcht und so viel Erstaunen geweckt und ist gleichzeitig zum Synonym für Frieden und für alle empfindsamen Seiten der menschlichen Seele geworden.

Jerusalem ist eine in vieler Hinsicht bescheidene, mittelgroße Provinzstadt, übt jedoch zugleich eine unwiderstehliche Anziehungskraft aus. Zwei Weltreligionen wurden in Jerusalem begründet; eine dritte, der Islam, hat die unterschiedlichen Traditionen dieser Stadt in seine Lehren eingebaut. Keine andere historische Stadt gibt bis zum heutigen Tag Anlaß für derart hitzige Auseinandersetzungen.

Allein in diesem Jahrhundert erlebte Jerusalem, mit einigen Unterbrechungen, mindestens sieben Jahrzehnte der Gewalt. Juden und Araber haben um diese Stadt zwei große Kriege geführt und sich dazwischen zahlreiche blutige Scharmützel geliefert. Auch während der Entstehung dieses Buches kam es in Jerusalem wiederholt zu Gewalttaten. Israelis und Palästinenser erhoben im Namen unveränderlicher historischer und religiöser Rechte jeweils Anspruch auf die alleinige Gerichtshoheit über die Stadt. In den Gassen der Altstadt wurden Juden auf dem Weg zum Gebet von fanatischen Moslems erstochen. Es verging kaum ein Tag ohne blutige Zusammenstöße zwischen fahnenschwenkenden palästinensischen Demonstranten und israelischen Truppen auf den schuttübersäten Straßen. Israelische Autos und Busse wurden mit Brandbomben beworfen.

Wie in einer Tragödie ohne Ende – einem tragischen Schauspiel, in dem es zu keiner Katharsis kommt – pflanzte sich die Gewalt fort. Von denselben Mauern aus, die die Römer im Jahr 70 und die Kreuzfahrer 1099 erklommen, beschossen junge, (wie David) mit Schleudern bewaffnete Palästinenser vorbeifahrende Polizeifahrzeuge mit Steinen. Und über ihnen schwebten Helikopter und warfen Kanister mit Tränengas ab. Nicht weit entfernt in den schmalen Gassen übertönten wie immer die Klänge der drei Religionen, die die heilige Stadt beherrschen, ohne Unterlaß das Geschrei und das Getöse und hoben damit alle Geschehnisse auf eine emotionale Ebene, auf der vor langer, langer Zeit die meisten der heutigen Probleme ihren Anfang nahmen: die Stimme des Muezzin, der die gläubigen Moslems zum Gebet ruft; das Läuten der Kirchenglocken; der Singsang der Juden, die an der Klagemauer beten, dem einzigen noch erhaltenen Überrest ihres uralten jüdischen Tempels.

Die Religionskriege gehen in Jerusalem unter anderem Namen weiter. Es wurde behauptet, Jerusalem sei eine Nekrokratie, die einzige Stadt, in der die Toten das Stimmrecht haben. Überall in Jerusalem stellt man fest, daß das Gewicht der Vergangenheit schwer auf der Gegenwart lastet. Für Juden ist die Stadt von jeher die Hauptstadt der Erinnerung. Für Moslems ist sie seit der Entstehung des Islam im siebten und achten Jahrhundert Al-Quds, das heißt ‹die Heilige›. Doch Erinnerung ist nichts Statisches. Sie wird stets von Macht überschattet und manchmal von ihr manipuliert. Erinnerungen dienen nationalen und anderen Konflikten als Nährboden. Jerusalem verkörpert die Macht der Erinnerung über das Schicksal der Menschheit. Es gibt viele Möglichkeiten, über eine solche Stadt zu schreiben. Manche davon sind langweilig, manche fruchtlos. Dieses Buch unternimmt den Versuch, einen Blick auf die sich wandelnden Bilder von der Vergangenheit zu werfen und dem Leser zu helfen, durch sie den Verlauf der Geschichte in der Gegenwart zu begreifen. Es nimmt Symbole unter die Lupe, denn Symbole sind Prismen, durch die einzelne Menschen oder ganze Völker die Realität betrachten – oder zu betrachten lernen. Es versucht, die emotionale Atmosphäre der Vergangenheit, aus heutiger Sicht betrachtet, zu rekonstruieren.

Jerusalem ist eine Stadt, in der die Vergangenheit täglich, schonungslos und abergläubisch, heraufbeschworen wird. Trotzdem handelt es sich bei diesem Buch nicht um eine historische Erzählung, auch wenn es einiges an Geschichte enthält. Ebensowenig ist es ein Reiseführer oder eine geographische Abhandlung über Jerusalem, obwohl es auf Sehenswürdigkeiten, typische Klänge und auf einige der wichtigsten Denkmäler hinweist. Die Denkmäler sprechen eine Sprache für sich. Sie rufen widerstreitende Erinnerungen wach und lassen so das Bild einer Stadt entstehen, die mehr als einem Volk lieb und teuer und mehr als einem Glauben heilig ist. Die Beschreibung der Stadt erfolgt nicht chronologisch, sondern impressionistisch, etwa so, wie sie einem Betrachter erscheinen mag, der so gemächlich, wie die gegebenen Umstände es zulassen, von einem sehenswerten Ort zum nächsten spaziert.

Seit Platons Zeiten sind Städte unter politischem Aspekt definiert worden – das heißt rational. Bei Jerusalem reicht das nicht aus. In Jerusalem pfuscht die Religion der Politik ins Handwerk, ähnlich wie in Belfast. Religionskriege lassen sich einfach nicht rational schildern. Und es gibt im Augenblick auch keine einfache oder eindeutige Antwort auf die Frage, wie oder wann sich die gegenwärtigen Probleme Jerusalems vielleicht lösen lassen. Mag sein, daß sich die Unruhen in der Stadt zwischendurch legen, aber ich bin sicher, daß das nur ein vorübergehender Zustand ist. Jerusalem steht zu sehr unter dem Bann mächtiger religiöser Überzeugungen und weltlicher Religionen. Die Frömmigkeit und der Fanatismus der sich bekämpfenden Konfessionen und Nationalitäten beeinflussen sich gegenseitig. In Jerusalem hat es niemals nur eine einzige religiöse Wahrheit gegeben, sondern immer viele nebeneinander. Und immer existierten gleichzeitig mehrere widersprüchliche Vorstellungen oder Bilder von dieser Stadt. Diese Bilder reflektieren – oder verzerren – sich gegenseitig, und die Vergangenheit spiegelt sich in der Gegenwart wider. Diesem Buch hätte man den Untertitel *Biographie eines Bildes* geben können. Ebensogut hätte man es als *Chronik einer fixen Idee* bezeichnen können. Ich habe Jerusalem *Spiegelstadt* genannt. Manchmal stehen die Spiegel parallel, so daß sich die Bilder bis ins Unendliche reflektieren, und manchmal sind sie angeordnet wie in einem Kaleidoskop. Die gespiegelten Bilder verändern sich unablässig bei jeder Drehung.

In unserem Jahrhundert haben die ersten Menschen einen Fuß auf den Mond gesetzt und in fremden Galaxien nach neuen Jerusalems gesucht, doch bisher hat keines die Stelle des alten eingenommen. Jerusalem übt nach wie vor einen außerordentlichen Einfluß auf die Vorstellungskraft aus, erzeugt bei drei verfeindeten Glaubensrichtungen sowohl die Angst vor der Apokalypse als auch die Hoffnung darauf – beides in absolut austauschbaren Sätzen. Der religiöse Territorialismus stellt hier eine uralte Kultform dar. Hier in Jerusalem, wo die Idee von einem gelobten Land und einem auserwählten Volk vor fast dreitausend Jahren erstmals im Namen der Juden patentiert wurde, waren Nationalismus und Religion stets miteinander verflochten. Seitdem wird der heilige Nationalismus auch anderswo eifrig nachgeahmt; allein in unserem Jahrhundert wurden wenigstens zwei große Territorialstaaten weithin als Länder Gottes betrachtet. Heutzutage decken sich in Jerusalem Religion und Territorialpolitik. Auf beiden Seiten der breiten Trennungslinie zwischen Palästinensern und Israelis überschneiden sich Nationalismus und Religion. Auf beiden Seiten verschmelzen sie zu einer Einheit, die möglicherweise hochexplosiv ist.

Der ständige Kampf um Jerusalem und speziell um den heiligen Berg in seiner Mitte – die Juden nennen ihn Tempelberg oder Berg Moriah, die Moslems Haram asch-Scharif – wird gelegentlich als voraussichtlicher Auslöser für den nächsten Weltkrieg gesehen. Eine derart dramatische Einschätzung der Situation ist vermutlich übertriebene Panikmache. Mag sein, daß diese Übertreibung die Tatsache widerspiegelt, daß der Tempelberg in der religiösen Überlieferung mit dem Ende aller Tage in Verbindung gebracht wird; vielleicht ist sie auch nur ein weiteres Beispiel für die überhebliche Selbsteinschätzung Jerusalems, für eine neue Variante der uralten (seit dem frühen Mittelalter grassierenden) Überzeugung, daß Jerusalem der «Nabel» der Welt sei. Und doch besteht keinerlei Zweifel darüber, daß der ungelöste Konflikt um Jerusalem eine ungeheure Gefahr in sich birgt. Um diese potentielle Gefahr zu bannen – wenn es schon keinen besseren Grund gibt –, ist es mehr denn je erforderlich, zu einer politischen Regelung zwischen Israelis und Palästinensern zu gelangen, die auf Kompromissen beider Seiten beruhen muß. Die religiöse Komponente des jahrhundertealten Konflikts zwischen Arabern und Israelis erlangt zunehmend mehr Gewicht. Gut möglich, daß sie in Jerusalem erneut einen schrecklichen regionalen Krieg auslöst, der für alle Beteiligten unsägliches Leid mit sich bringen würde.

Als Jerusalem, nachdem es neunzehn Jahre lang durch Minenfelder und Stacheldrahtzäune geteilt war, 1967 im Sechstagekrieg von den Israelis wiedervereint wurde, hatten viele Leute den Eindruck, daß die Zeit der Qual für diese Stadt in unserem Jahrhundert nun ein Ende haben könnte. Im Anschluß an diesen Krieg erschien eine umfassende Regelung zwischen Arabern und Israelis vernünftig und infolgedessen – ein Irrtum, wie sich herausstellen sollte – wahrscheinlich. Man hoffte, im Rahmen einer solchen Regelung würde es möglich sein, daß die zwei Teile der Stadt, der israelische und der palästinensische, von nun an in Frieden leben. Doch es kam nicht zu einer arabisch-israelischen Regelung. Die Unversöhnlichkeit auf seiten der Araber war zu groß. Die Israelis beharrten auf erheblichen territorialen Veränderungen – darunter die Annektierung der früher von den Jordaniern besetzten Teile Jerusalems –, denen selbst die relativ gemäßigte jordanische Regierung nicht zustimmen konnte. Dazu kam, daß sich jetzt die beiden Supermächte in den andauernden Kampf zwischen Arabern und Israelis einmischten, so daß sich dieser gewissermaßen zu einem Stellvertreterkrieg zwischen der Sowjetunion und den Vereinigten Staaten entwickelte.

Mit dem Aufstieg der palästinensischen Nationalbewegung nach 1967 kam ein neues, hochexplosives Element hinzu. Mehr denn je betonten die Palästinenser jetzt ihre nationale Identität – ein Spiegelbild des Zionismus – und erhoben ein «Arabisches Jerusalem» zu deren strahlendem Symbol. Wie der Zionismus der Juden, so wurde auch der «Zionismus» der Palästinenser durch die Erinnerung beflügelt, durch den Mythos von der verlorenen Stadt und die Verbitterung über Vertreibung und Niederlage. «Wenn ich dich je vergesse, Jerusalem, dann soll mir die rechte Hand verdorren» (Ps 137,5)[1] – zuvor neunzehnhundert Jahre lang das Gebet der Juden – wurde zum Kampfruf der Palästinenser. Gleichzeitig wurde das «Jüdische Jerusalem» zur Hauptstadt Israels «für ewige Zeiten» (Jer 7,7) erklärt.

Nach dem Krieg von 1967 kam mir zum erstenmal die Idee, ein Buch über diese tragische Stadt zu schreiben; aus persönlichen und beruflichen Gründen begann ich erst einige Jahre später mit den Recherchen und dem Schreiben. Ich sollte vielleicht noch erwähnen, daß ich in Tel Aviv aufgewachsen bin, dann aber viele Jahre in Jerusalem gelebt habe. Jeder von uns hat eine allgemeine Geschichte und eine ganz persönliche; unsere persönlichen Erinnerungen ordnen wir dadurch ein, daß wir sie in der allgemeinen Zeit verankern. Ich erinnere mich lebhaft an meinen ersten Besuch als Junge in Jerusalem – nicht wegen der exotischen Anblicke, die man im Jahr 1939 in den

Straßen der Stadt noch zu sehen bekam, sondern weil mein Vater unseren Besuch abrupt abbrach: An diesem Tag brach der Zweite Weltkrieg aus.

Im Krieg von 1948 hielt ich mich als Soldat zum erstenmal längere Zeit in Jerusalem auf. Seit dieser Zeit fühle ich mich auf eine Art, die ich schwer erklären kann, als Jerusalemit. Ich kann nicht behaupten, daß meine Liebe zu Jerusalem religiöse oder patriotische Gründe hat. Auch ist der Reiz, den diese Stadt auf mich ausübt, nicht ausschließlich ästhetischer Natur. Die leidenschaftlichen Gefühle, die sie weckt, ergeben sich aus ihrer Geographie und ihrer Geschichte. Sie reichen weit über Politik oder Religion hinaus.

«Wer wird mit dir, Jerusalem, Mitleid haben, und wer wird dich bedauern? Wer wird kommen, um nach deinem Ergehen zu fragen?» (Jer 15,5)

Jerusalem, Mai 1989

Annäherung von Osten

Dem Reisenden, der sich Jerusalem auf der alten Römerstraße nähert, die durch die steinigen Hügel der Wüste von Judäa führt, bietet sich der Anblick einer merkwürdigen Landschaft – kahl, gelblich und grau. Der Boden der riesigen Staubschüssel ringsum ist eintönig, ausgebrannt und karg, die bleigraue Erdschicht dünn und ausgewaschen. Unwegsame Schluchten ziehen sich von den umliegenden Berggipfeln ins Tal und reißen das Gelände in Stücke. Über der riesigen, ausgedörrten Fläche glüht ein gleißend greller Himmel.

Die Stille ist unheimlich. Abseits in den Geröllhalden stehen ein paar angegraute Bäume, aschfarben vor lauter Staub. Riesige Steinbrocken liegen im Geröll herum, stumpf und glanzlos. Darüber kreisen Raubvögel. Sobald man aus dem Auto steigt, tritt man auf vertrocknete Dornen und blasige Felsen.

Wendet man sich um, so kann man durch den Dunst hindurch in der Ferne das Tote Meer mit seinen kahlen Ufern und seinem salzigen Wasser erkennen. Es ist nur dreißig Kilometer weit weg, liegt aber tief unten – dreizehnhundert Meter tiefer – im Senkungsgraben zwischen Syrien und Afrika, am niedrigsten Punkt der Erde. Von dort steigt die Hitze auf und brennt einem auf die Haut. Während die Straße durch die Wüste stetig ansteigt, führt sie unterhalb einer neuen israelischen Siedlung vorbei, die, wie die meisten israelischen Vorposten in dieser Gegend (seit 1967 militärisch besetztes Gebiet), von Stacheldrahtzäunen und grimmigen Wachtürmen umgeben ist. Der abweisende, unheilverkündende Anblick von Rost und kahlem Eisenbeton wirkt wie ein fester Bestandteil der stummen, melancholischen Landschaft. Er erinnert an ein Schlachtfeld. Noch immer sieht man ringsum fast nur Wüste, durchscheinend und unwirklich wie die Mondoberfläche. Dann kommt eine Abzweigung von der großen Wüstenstraße, und man erreicht ein ausgetrocknetes Plateau. Im selben Augenblick verändert sich der Blick. Vor sich, hoch am Berghang, erblickt man die Ausläufer einer Stadt. Zwischen Steinhäusern und dunkelgrünen Zypressen ragt ein Kirchturm empor. Die Straße ist steil. Sie schneidet in einem großen, schwungvollen Bogen durch den kahlen Fels. Die Luft ist trocken, das Gestein noch immer spröde. Der Wind ist nicht mehr ganz so heiß. Eidechsen huschen über das Gestein. In der Luft liegt ein schwacher Brandgeruch, und hie und da steigt Rauch von unsichtbaren Reisigfeuern auf. Die Stirnseite des Berges rückt näher. Man hört gedämpften Autolärm und ab und zu Glockengeläut.

Bald darauf belebt sich die Szene. Verlassene kleine Steinhäuser liegen verstreut umher, eingehüllt in Staub und Schotter. Noch weiter oben wird der Boden dunkler. Dort gibt es kleine Obst- und Gemüsegärten. Die Luft kühlt sich ab. Weiter nördlich am fernen Horizont hockt an einer Hügelflanke, wie ein Zahn in seinem Kiefer, ein kleines Dorf: Anatot, wo Jeremia als Sproß einer Familie von Priestern zur Welt kam – heute ein arabisches Dorf, das seine Bewohner Anatha nennen. Obwohl sich Anatha in den letzten Jahren verändert hat und zu einem Vorort des rund sechs Kilometer entfernten Jerusalem geworden ist, schmiegt es sich nach wie vor in die charakteristische ländliche Umgebung, die der Prophet in seinen Verheißungen so oft erwähnte: dieselben mühsam zu bestellenden Äcker, derselbe großartige Dreiklang aus Oliven, Gerste und Feigen, dieselben staubbedeckten Weinstöcke, dieselben kleinen Schafherden, dieselben kahlen Berge und Täler. Plötzliche Abbrüche in unendliche Tiefe lauern im rauhen Gelände. Unmittelbar dahinter erstreckt sich, gewaltig und ehrfurchteinflößend in ihrer Ausdehnung, die Wüste; bei ihrem Anblick müssen die Alten ihre Verletzlichkeit empfunden haben, ihre Bedeutungslosigkeit, ihre Abhängigkeit von den Launen eines grausamen Gottes.

Die steile Straße wird schmaler. Während sie die Grenze zwischen Wüste und kultiviertem Boden überquert, klettert sie in Kurven und Kehren die Rückseite der beiden nebeneinanderliegenden Berge – Ölberg und Scopusberg – hinauf, die sich im Osten von Jerusalem erheben. Dann kommen die gewaltigen neuen Gebäude der Hebräischen Universität in Sicht; auf dem abgeflachten Gipfel des Berges sehen sie beinahe wie eine Festung aus. Trotz des zunehmenden Verkehrs und des anschwellenden Lärms wirkt die Szenerie noch weitgehend ländlich. Auf der Straße sieht man jetzt Kinder und Frauen mit Einkaufstaschen. Männer blicken gleichgültig von ihrer Arbeit auf. Hunde bellen hinter verrosteten Toren. Der Kirchturm, jetzt näher gerückt, ragt hoch über das Grün hinaus. Daneben erhebt sich riesig und klotzig ein Kloster. Die Straße steigt noch steiler an als zuvor. Sie erklimmt den letzten Buckel und führt dann in eine Senke zwischen dem Scopusberg und dem Ölberg. Dann fällt sie steil ab: Plötzlich teilen sich die Hügel und geben den Blick auf gewölbte Kuppeln und hohe, schlanke Minarette frei.

Vor uns im blendenden Licht erhebt sich eine befestigte Stadt. Im Nu herrscht eine einmalige und erregende Atmosphäre. Jerusalem liegt inmitten hoher Berge am Rande einer tiefen Schlucht. Es bricht mit seiner ganzen Gewalt über uns herein, sobald wir die Senke zwischen den beiden Bergen durchqueren: lange Mauern und Wälle, finstere Türme, gewölbte Steindächer, Kirchen, Synagogen und Moscheen. Und über alledem erhebt sich, ur-uralt, das gewaltige steinerne Plateau des altehrwürdigen jüdischen Tempelberges – jetzt ein islamisches Heiligtum –, abgenutzt durch die Anbetung zu vieler sich bekriegender Götter.

Die wichtigste Funktion dieses Tempelbezirks besteht seit mindestens drei Jahrtausenden im gefährlichen Zwischenspiel religiöser Überzeugungen. Hier ist zu lange Zeit auf zu kleinem Raum zu viel heiliger Eifer versprüht worden. Unter der vergoldeten Kuppel in der Mitte des steinernen Plateaus ragt ein flacher Felsen aus dem Boden, an dem, wie mehrere Religionen nacheinander behauptet haben, die Schöpfung der Welt einst ihren Anfang genommen hat. Hier soll angeblich der erste Mord begangen worden sein, als Kain seinen Bruder Abel tötete. Hier soll Abraham seinen Sohn Isaak gefesselt haben, um ihn Gott als Brandopfer darzubringen. (Den Lehren des Islam zufolge war das ausersehene Opfer Ismael und nicht Isaak, und der Ort war nicht Jerusalem, sondern Mekka. Das ist freilich nicht der einzige Punkt, in dem die Konfessionen nicht einer Meinung sind.)

Heute steht die große Omar-Moschee, der sogenannte Felsendom, der sich golden und in hellen Grün- und Blautönen schillernd wie ein Pfau vom durchscheinenden Himmel abhebt, über diesem flachen Felsen. Das große steinerne Plateau glitzert im grellen Licht. Daran schließt sich im Westen – nur einen Steinwurf weit entfernt – die Westmauer an, auch Klagemauer genannt, wo die Juden seit Jahrhunderten beten und die Zerstörung ihres Tempels beklagen. Ganz in der Nähe erhebt sich das Kuppelgewölbe der Grabeskirche über die steinernen Hausdächer; hier verehren die Christen seit dem vierten Jahrhundert die Stätte der Kreuzigung, der Grablegung und der Wiederauferstehung Jesu. Innerhalb dieses kleinen Dreiecks, das Felsendom, Klagemauer und Grabeskirche bilden, überschneiden sich die Extreme hinsichtlich religiöser Überzeugung, nationaler Zugehörigkeit und Lebensweise, finden jedoch selten Berührungspunkte. Heiligtümer überkreuzen sich, während die Stadt ringsum überall düster und grau, bedrohlich, ja sogar grausam ist und doch inmitten ihrer zinnenbewehrten Mauern eine absolute Würde ausstrahlt. Diese Mauern führen am Rand der Schlucht entlang. Sie folgen den versunkenen Spuren anderer Mauern – zweitausend, vielleicht auch dreitausend Jahre alt –, die von den Römern im Jahr 70 n. Chr. erstürmt und von den Jebusitern mehr als tausend Jahre zuvor ohne Erfolg gegen den Ansturm der Hebräer verteidigt wurden. Unterhalb der Mauern umgibt eine riesige Totenstadt die Stadt der Lebenden. Haufen von bröckeligen Grabsteinen drängen sich auf den sandigen Abhängen, Gräber aller Konfessionen und aus allen Epochen. Wohin man den Fuß setzt, überall sind Gräber. So ein Ort ist das. Weiter unten fällt das Gelände zu einer Schlucht hin ab, die mit noch mehr Gräbern und Olivenbäumen übersät ist. Der Olivenbaum, so stellte Plinius fest, stirbt niemals.

Vom Gipfel des Scopusberges oder des Ölbergs aus betrachtet, besteht die an Einzelheiten reiche Silhouette der Stadt aus mittelalterlichen Festungswällen und Türmen, aus vergoldeten Kuppeln und Zinnen, aus einstürzenden römischen und arabischen Ruinen. Und darüber fliegen die Tauben wie silberne und amethystfarbene Wolken. Dieser Eindruck stumpft auch dann nicht ab, wenn er einem noch so vertraut ist. Ob man nun betet oder flucht, es ist ein ergreifender Anblick. Selbst wenn man mit Jerusalem keine besonderen historischen Ereignisse in Verbindung bringt, ruft es dennoch durch sein außerordentliches Erscheinungsbild heftige Emotionen wach. Unter einem glitzernden Morgenhimmel leuchtet die Stadt in einem gleichmäßigen Licht von nahezu kristallener Reinheit. Bis vor kurzem waren die zwei herausragenden Merkmale der Landschaft das grelle Licht und der Stein – steinerne Felder, steinerne Berge und steinerne Täler; Steindächer, Steintürme, Steinmauern von gewaltiger Dicke; Zeilen aus Stein quer über den terrassierten Feldern (Steine, die man vermutlich nicht hierher gebracht hatte, um in groben Zügen Grenzen zu markieren, sondern einfach, um sie aus dem Weg zu schaffen). Bei dem Gestein hier handelt es sich um Kreide und grobkörnigen Kalkstein in verschiedenen Schattierungen; den grauen nennen die hiesigen Steinmetzen *mizi yahudi*, den rotgesprenkelten *mizi ahmar* und den hellen *mizi hilou*. Der blinde Jorge Luis Borges, der sich im Jahr 1969 eine Jerusalemer Straße entlangtastete, behauptete, er könne feststellen, daß das Gestein rosa sein müsse, weil es sich so eigenartig «anfühlte».[1] Seit undenklichen Zeiten haben die Steine von Jerusalem auf Besucher und Einwohner eine faszinierende – oder erschreckende – Wirkung. Im neunzehnten Jahrhundert mit seiner romantischen Leidenschaft für Gestein gab es einige Besucher, die ganz davon besessen waren. Herman Melville verbrachte im Jahr 1857 acht Tage in Jerusalem und war von der steinigen Landschaft derart überwältigt, daß er in seinem Tagebuch wieder und wieder darauf zu sprechen kam. «Steine zur Rechten und Steine zur Linken... steinerne Gräber; steinerne Hügel & steinerne Herzen.»[2] Melville war der Ansicht, es sei nicht weiter verwunderlich, daß Steine in der Bibel eine so wichtige Rolle spielten. Das Alte Testament war voll von Steinen, symbolischen ebenso wie konkreten. Männer wurden zu Tode gesteinigt. Das sprichwörtliche Saatkorn fiel auf felsigen Boden. Ijob legte sich aufs «düstere, dunkle Gestein» (Ijob 28,3). Jakob nahm einen Stein und legte ihn «unter seinen Kopf» (Gen 28,18). Josua stellte als Zeugen einen Stein «unter der Eiche auf, die im Heiligtum des Herrn steht» (Jos 24,26). Lots Frau erstarrte zu einer steinernen «Salzsäule» (Gen 19,26).

In späteren jüdischen Legenden regnete es Steine vom Himmel. Gott warf einen Stein in die Wasser des Abgrundes, und aus diesem Stein entstand die neue Welt, mit Jerusalem als Mittelpunkt. Es bestand eine magische Verbindung zwischen Wasser und Stein; der Gegensatz zwischen beidem beeinflußte die Religionen Jerusalems. Wasser wurde auf den steinernen Altar geschüttet, auf daß die Dürre ein Ende haben möge. Gott selbst entstammt dem Gestein: der «Fels, der dich gezeugt hat» (Dtn 32,18).

Zu Melvilles Zeit waren die Berge rund um Jerusalem besonders kahl und unerbittlich – als hätte ein unfehlbares Auge sie ausgesucht, um, wie es zahlreichen Betrachtern vorkam, den

Tempel jener grausamen Gottheit, die «Aug um Auge, Zahn um Zahn» fordert, aufzunehmen. «Die Stadt sieht einen an wie das kalte graue Auge eines kalten grauen Mannes», schrieb Melville. Er war der für dieses landschaftsbewußte Jahrhundert typische Reisende. Über die Juden von Jerusalem schrieb er, sie seien «wie Fliegen, die ihren Wohnsitz in einem Schädel aufgeschlagen haben». Es gab zuwenig zu sehen und ganz allgemein zuviel Staub. «Kein anmutiger Verfall... kein Efeu [in] der ungesäuerten Kahlheit der Wüstenei.» [3]

Ein Jahrhundert später hatte sich die Größe der Stadt mehr als vervierfacht, doch die unmittelbare Umgebung des alten historischen Kerns innerhalb der mittelalterlichen Mauern war nach wie vor so gut wie unverändert. Der moderne hebräische Dichter Yehuda Amichai, zeit seines Lebens ein Einwohner dieser Stadt, klagte über «diese vielen Steine, diese viele Trauer, dieses viele Licht» [4]. In Jerusalem, so schrieb er, leben die Menschen «in Weissagungen», die eingetroffen waren, «eingehüllt wie in eine dicke Wolke nach einer Explosion» [5]. Edmund Wilson besuchte Jerusalem Anfang der fünfziger Jahre, ein paar Jahre bevor in den Tälern und an den Hängen die gut bewässerten Parks mit ihren weitläufigen grünen Rasenflächen angelegt wurden – neue Gärten, die die Farben der Landschaft und sogar die Beschaffenheit des Lichts grundlegend verändert haben. Zu Wilsons Zeit entzog das grelle Sommerlicht der Landschaft noch jegliche Farbe. Die steinernen Bodenfalten unter seinem Fenster im King David Hotel – heutzutage ein hübscher grüner Park – waren damals noch vermintes Niemandsland zwischen dem arabischen und dem jüdischen Teil der Stadt. Wilson fand es merkwürdig, daß in einer derart schroffen Umgebung eben jene Legenden entstanden waren, die das Chiaroscuro der Renaissance und die glühenden Farben des Barock hervorbrachten – dieses Strotzen von rosafarbenem Fleisch und prachtvollen Gewändern aus Samt und Seide, von wunderschönen blonden Madonnen und blauäugigen Schäfern in üppig grünen, an arkadische Wonnen erinnernden Gefilden. Die religiöse Einbildungskraft hat stets ihre ureigene Geographie und ein darauf abgestimmtes Klima erfunden – und das tut sie noch heute.

Dem historisch interessierten Touristen wird man es wohl verzeihen, wenn er darauf besteht, sich Jerusalem vom Osten her durch die Wüste zu nähern. Auch die alten Hebräer kamen auf diesem Weg – aus der Wüste in kultiviertes Land –, nachdem sie den Jordan überquert hatten; und nach ihnen die Römer und die Araber. Es ist die spektakulärste Route. Das Bühnenbild ist aufgebaut. Die farbige Beleuchtung ist eingeschaltet. Und plötzlich teilen sich die Hügel wie ein Vorhang. Die Dramatik der Szene – wie ein Trompetenstoß in *Fidelio* – wird durch ihr blitzartiges Auftauchen gesteigert. Historisch betrachtet orientierte sich die Stadt in kultureller wie politischer Hinsicht an jener Wüste im Osten; sie weigerte sich, nach Westen zu blikken, auf die gedeihenden griechischen Kolonien an der nahe gelegenen Mittelmeerküste mit ihrer florierenden literarischen und wirtschaftlichen – aber heidnischen – Kultur. Wer aus Jerusalem floh, machte sich normalerweise nach Osten davon. Auch rein optisch gesehen befand sich die einzige Lücke zwischen den Hügeln, die den historischen Stadtkern umgaben, im Osten. Die Stadt war zur Wüste hin ausgerichtet, nicht zum Meer. Der Blick in alle anderen Richtungen war durch hohe Berge verstellt. Historiker haben dieser Tatsache große Bedeutung beigemessen. Der im ersten Jahrhundert lebende Flavius Josephus war der Ansicht, Jerusalem solle sich mehr am üppig mediterranen, hellenistischen Westen orientieren. Voller Bedauern stellte er fest, daß der einzige weitreichende Ausblick vom höchsten Turm Jerusalems aus «bei Sonnenaufgang die Fernsicht nach Arabien»[6] sei. Der Geograph und Historiker George Adam Smith stellte im neunzehnten Jahrhundert Mutmaßungen darüber an, daß die Ausrichtung der Stadt nach Osten eine Erklärung dafür liefern könnte, warum die Griechen nie in Jerusalem Fuß gefaßt hatten und warum sich der

Hellenismus nie dieser Stadt bemächtigte, obwohl er doch keine sechzig Kilometer weit entfernt an der Mittelmeerküste fest verwurzelt war; warum es nicht einmal dem Christentum gelang, die Stadt zu halten, und warum sich die Moslems in Anbetracht «ihres einzigen weiten Ausblicks in Richtung Mekka ... sicher in ihrem Grund und Boden verwurzelt» [7] fühlten.

Josephus zufolge kam der Scopusberg deshalb zu seinem Namen, weil er dem Betrachter, der von Osten her aus der Wüste heraufkommt, einen ersten Blick auf «Jerusalem und den glänzenden Riesenbau des Tempels» [8] gestattet. Daran hat sich bis heute nichts geändert. Hier pflegten die Generäle, von Nebukadnezar bis Dayan, haltzumachen, um einen begehrlichen ersten Blick auf die Stadt zu werfen – oder einen letzten, bevor sie sie stürmten. Hier knieten im Laufe der Jahrhunderte zahllose Pilger nieder, um ein Dankgebet zu sprechen, da sie nun das Ziel ihrer Reise, die berühmte Stadt, erreicht hatten; die Juden unter ihnen zerrissen aus Trauer über ihre Zerstörung ihre Kleider. Hier, fast neunhundert Meter über dem Meeresspiegel, ist die Luft frisch und kühl. Unmittelbar dahinter, auf der anderen Seite des Bergsattels, herrscht auf den Gipfeln der Wüstenberge drückende Hitze.

Wenige Hauptstädte liegen so hoch, und wenige sind so prächtig und gleichzeitig so furchteinflößend wie Jerusalem, wenn man es vom vertrockneten, mondähnlichen Hintergrund der Wüste im Osten aus betrachtet. Die Bezeichnung Zion – sie leitet sich von dem hebräischen Ausdruck *ziya*, ‹verdorrte Wüste›, her – verweist auf diese Trockenheit. Die Täler in der Umgebung veränderten in den vergangenen Jahren durch das Eindringen moderner Wohnanlagen und sogar einiger Industriebetriebe ihr Gesicht. Doch besitzen sie noch immer die für sie charakteristische dumpfe, graue, schwer zu beschreibende Schönheit.

Diese Schönheit leitet sich allem Anschein nach von einer seltenen Mischung aus strahlendem Licht und kahler Landschaft her. Die sonnendurchflutete Luft ist von einer erbarmungslosen Klarheit. Alles liegt offen unter dem Himmel. An einem schönen Tag sind die Umrisse der Altstadt so scharf aus den Hügeln herausgeschnitten wie bei einem Stich. Früh am Morgen streichen Licht und Schatten über die Dächer und Hügel – steinern und steil – und lassen nacheinander alles Sehenswerte reliefartig hervortreten. Mittags brennt die Sonne wie ein glühender Opal hernieder. Wenn sie direkt im Zenit steht, gibt es – ähnlich wie im Bewußtsein von Fanatikern – unten nur Schwarz und Weiß und keinerlei abgeschwächte Zwischentöne. Das ist der für Jerusalem charakteristischste Augenblick.

Am Nachmittag werden die krassen Konturen weicher. Im Glanz der untergehenden Sonne leuchten die steinernen Mauern so intensiv, als stünden sie in Flammen. Die tiefstehende Sonne verkürzt die Perspektive. Und wenn ganz bestimmte atmosphärische Voraussetzungen herrschen, beschwören sie in der trockenen Bergluft eine grandiose optische Täuschung herauf. Über die tiefe Senke des Toten Meeres, über die erstarrten Wellenlinien der Wüste hinweg, erheben sich im Osten die fernen Bergzüge des rosafarbenen Moab-Gebirges. Es liegt mehr als achtzig Kilometer weit entfernt in Jordanien, aber im abendlichen Licht hat es den Anschein, als befände es sich am Rande der Stadt. Dieser Anblick hat etwas Unheimliches an sich. Nie erscheint einem die Stadt so sehr als ein Teil der Wüstenwelt wie an solchen Abenden. Dann verdunkelt sich der Himmel ziemlich plötzlich. Das Rosa löst sich in Grautöne und Schwärze auf.

Die Nächte sind großartig, vor allem während der langen Sommermonate. Riesige Sterne hängen in der trockenen Dunkelheit wie gewaltige Kronleuchter. Im Winter sind die Nächte rauh. Aber die Hügel in der Umgebung funkeln unter einer kniehohen Schneedecke in der Dunkelheit aus eigener, verborgener Kraft, wie auf einem visionären Gemälde von El Greco. Wenn es schneit, dann schneit es meist Tag und Nacht, bis die Stadt abgeschnitten ist wie ein Dorf in Norwegen und die Behörden den Belagerungszustand ausrufen. Reisende im neunzehnten Jahrhundert waren oft überwältigt von den Nächten in Jerusalem. Sie mochten Jerusalem bei Nacht lieber als Jerusalem bei Tag. Die Dunkelheit verdeckte den Verfall und erweckte den uralten Zauber wieder zum Leben. Im grellen Tageslicht verschwand dieser Zauber. «Ich stand ganz allein im gewaltigen Rund des Kolosseums, während das Licht des aufgehenden Mondes es zart berührte», schrieb der berühmte englische Zeichner W. H. Bartlett im Jahr 1843, «aber diese nächtliche Annäherung an die uralte Hauptstadt von Judäa, über die kahlen und trostlosen Hügel hinweg, rief ein noch erhabeneres und erregenderes Gefühl hervor.»[9]

Hätte man vor viertausend Jahren auf dem Scopusberg oder dem Ölberg gestanden und über die Schlucht nach Westen geblickt, so hätte man dort eine kleine, befestigte Stadt gesehen, die sich zu einem felsigen Berggipfel emporzog. Wo sich heute der riesige Tempelplatz mit seinen Moscheen und Minaretten ausbreitet, befand sich in alten Zeiten ein kleines Plateau, eine Akropolis. Der riesige, abgeflachte Felsen, der noch heute unter der gewaltigen Goldkuppel zu sehen ist, diente als Altar für Baal oder irgendeinen anderen heidnischen Gott. Wegen der merkwürdigen Knappheit an heiligen Stätten spielte dieser Felsen für verschiedene sich bekämpfende Glaubensrichtungen eine wichtige Rolle.

Die Juden bezeichneten ihn als den «Gründungsfelsen», jenen Ort, an dem, wie sie behaupteten, die Schöpfung des Universums ihren Anfang genommen hatte und Adam aus Staub erschaffen worden war. Die Legende von Abraham, der Vorbereitungen trifft, um seinen Sohn auf diesem Felsen zu opfern, wurde später als eine Parabel interpretiert, die eine höhere Form der Religion veranschaulichen sollte – eine, in der der Glaube allein genügte und die Gottheit nicht mehr mit Geschenken besänftigt werden mußte. Aber das war eine relativ späte Interpretation dieser Legende. Welch tiefere Wurzeln sie in der ödipalen Psyche der Urväter und ihrer Söhne gehabt haben mochte, ist nach wie vor Gegenstand umfassender Spekulationen. Dieser Felsen soll angeblich auch die Tenne des Jebusiters Arauna gewesen sein, die David ihm für fünfzig Silberschekel abkaufte, die sich aber als fast zu klein für seinen Altar erwies, «da der Hügel auf allen Seiten steil und abschüssig war» [10]. Davids Sohn Salomo errichtete auf der Ostseite zur Schlucht hin eine Mauer, um so eine größere Grundfläche für den ersten jüdischen Tempel zu erhalten. In diesem Tempel wurde der Fels möglicherweise als Altar benutzt. Seine Einkerbungen und Löcher dienten vermutlich als Abflußrinnen für Wasser oder Blut. Er könnte aber auch das «Allerheiligste» des Tempels gewesen sein. Das Allerheiligste war der innerste Teil des Heiligtums, eine dunkle Kammer, die nur der Hohepriester, und auch dieser nur einmal im Jahr am höchsten Feiertag, betreten durfte. Zur Zeit Salomos wurden die Gesetzestafeln, die Moses angeblich vom Berg Sinai mitgebracht hat, hier verwahrt. Und tausend Jahre nach Salomo erhob sich der zweite Tempel, der Tempel von Herodes dem Großen, über demselben Felsen hoch über dem Abgrund, «eines der großartigsten Werke, von denen man je gehört hat» [11], wie Josephus schrieb. Vielleicht hat Josephus übertrieben. Doch nach dem zu urteilen, was von den Herodianischen Mauern und dem gewaltigen, auf seinem künstlich errichteten Fundament nahezu unversehrt gebliebenen Steinplateau erhalten ist, kann die Übertreibung nicht sonderlich groß gewesen sein.

Hier befand sich der Nährboden für die Religionen der halben Welt von heute. Und ihre Lebensadern pulsieren noch immer im trockenen, steinigen Boden. Hier muß sich selbst der Ungläubige dem Phänomen des Glaubens und seiner Begleiterscheinung, der Heiligkeit, stellen und damit fertig werden. Das hat mit Macht und Einbildungskraft zu tun – Gott ist, um mit Paul Tillich zu sprechen, die Bezeichnung für das, was die Menschheit in letzter Konsequenz angeht. Immer wieder ist der neugierige Betrachter hier beeindruckt von der Einmaligkeit des religiösen Erlebnisses, denn für den echten Gläubigen ist Gott nicht notwendigerweise eine Abstraktion oder eine moralische Allegorie, sondern eine schreckliche Macht, die sich in Seinem Zorn kundtut. Der Ungläubige erkennt dies vielleicht mit größerem Scharfblick als der Gläubige, da der Ungläubige mit größerer Wahrscheinlichkeit von Anfang an davon ausgeht, daß religiöse Erfahrungen wenig mit Rationalität zu tun haben.

Hier hatte die Kunde von dem einen, unsichtbaren Gott, einer autoritären Vaterfigur – zugleich verdrießlich und großmütig, rachsüchtig und gnädig – ihren Ursprung; und der Sadomasochismus, der in der Aussage «In meinem Zorn habe ich dich geschlagen, aber in meinem Wohlwollen zeige ich dir mein Erbarmen» (Jes 60,10) zum Ausdruck kommt, wurde erstmals in religiösem Sinn formuliert.

Aber warum hier? Warum ausgerechnet in Jerusalem? Man ist versucht, viel, vielleicht zu viel, in die majestätische Landschaft hineinzuinterpretieren. Der grandiose Blick über die kahlen Berggipfel hinweg in die weite Wüste veranlaßt einen, über den Sinn des Lebens zu meditieren und nachzugrübeln. Aber dasselbe gilt für viele andere Landschaften. Ernest Renan empfahl, diese Landschaft als das «fünfte Evangelium zu lesen», als einen Schlüssel zum Verständnis der vier kanonisierten. Er behauptete, die Wüste sei *monothéiste*. Die gleichförmige Landschaft unter dem gleißenden Himmel würde das Bewußtsein von irdischen Ablenkungen reinigen und ihm gestatten, sich auf himmlische und göttliche Dinge zu konzentrieren. Und dennoch sind keinem Menschen die irdischen Dinge bewußter als dem Wüstenbewohner, keiner achtet mehr als der Beduine auf jede mit dem Wind sich verändernde Linie im Sand, auf jedes Staubkorn, jede Eidechse und jede Fliege.

War es dann vielleicht das Klima? Die alten Hebräer waren ein Bauernvolk. Die Meteorologie spielt im Alten Testament eine große Rolle. Acht Monate im Jahr ist der Himmel über Jerusalem nachts klar und animiert dadurch zur Anbetung von Himmelsobjekten. «Die Himmel rühmen die Herrlichkeit

Gottes» (Ps 19,2), sang einst der Psalmist. Die einfachen Rhythmen der Natur – der Rhythmus von Tag und Nacht, von Winter und Sommer, von Hitze und Kälte – sind hier eindrucksvoller als in nördlichen Klimazonen. Mag sein, daß die Elemente hier der Kosmologie einer von Gott geordneten Welt Flügel verliehen haben. (Voltaire vermutete, daß Mohammed, der in Arabien den Genuß von Wein verboten hatte, zu Tode gesteinigt worden wäre, wenn er dasselbe an den Ufern der Dwina oder «in der Schweiz, zumal vor dem Kampf» [12], versucht hätte.)

Ähnliche Vorstellungen von einem von Gott geordneten Universum kursierten auch anderswo in der Antike. Doch anderswo war Religion nicht notwendigerweise mit Ethik verknüpft. In Jerusalem war das so. Griechische Philosophen jonglierten mit dieser Vorstellung im Zusammenhang mit Spekulationen ganz anderer Art; sie leiteten ihre Moralvorstellungen vom Menschen ab, nicht von Gott. Tatsächlich hatten die meisten antiken Religionen keinerlei ethische Inhalte. Dasselbe gilt auch für den monotheistischen Aton-Kult, den Amenophis IV., auch Echnaton genannt – möglicherweise ein Zeitgenosse von Moses – einführte und in dem die Sonnenscheibe angebetet wurde. Echnatons Religion war eher kontemplativer als praktischer Natur. In Jerusalem nahm Religion, offenbar zum erstenmal, beide Züge an. Hier wurde die erste Schlacht in dem langen Krieg zwischen dem unsichtbaren Gott der kahlen Wüstenberge und den fest verwurzelten, sinnlichen Göttern der grünen Ebenen ausgetragen. Andere Religionen der Antike postulierten einen Himmelsgott oder eine einzige Gottheit. Hier wurde Gott, vielleicht zum erstenmal, als gerecht und transzendent begriffen, als vollkommen außerhalb der Natur stehend, nicht durch irgendeine Form körperlicher Existenz eingeschränkt, als der alleinige Schöpfer des Universums. Während sich Religion bis dahin am ehesten als eine Form von extremer Angst definieren ließ, wurde hier eine moralische Angelegenheit daraus. Die Vorstellung von einem gerechten Gott wurde zum erstenmal irgendwann zwischen 900 und 800 v. Chr. verkündet, als die jüdischen Propheten aus irgendeinem Grund anfingen, den primitiven Stammesgott ihrer Vorväter als einen Gott zu lobpreisen, der die Gerechtigkeit liebte und die Ungleichheit haßte. Ihre Botschaft war deutlich, zutiefst emotional und intolerant. Nicht das demokratische «Betrachten wir doch einmal» wie bei Platon, sondern das autoritäre «So spricht der Herr» wie bei Jesaja.

An diesem Punkt begannen die Juden, in moralischer Hinsicht so zu leben wie die Japaner im wahrsten Sinne des Wortes – in einem Haus aus Papier: der Bibel. Hier wurden sie erstmals, wenn auch widerstrebend, zum Volk der Bibel. Hier vollbrachten sie, wahrscheinlich lange vor den Griechen, die intellektuelle Leistung, eine in die fünf Bücher Mose eingewobene, zusammenhängende Erzählung der Geschichte – ihrer eigenen und der der Welt – zu verfassen. Hier wurde, möglicherweise zum erstenmal, durch die Formulierung einer Geschichtsphilosophie eine nationale Identität definiert. Und hier wurde zum erstenmal der Fortschrittsgedanke verkündet. Zu dieser Zeit war das eine absolut sensationelle Vorstellung. Thukydides hielt es noch der Mühe wert, die Geschichte des Peloponnesischen Krieges niederzuschreiben, weil er davon ausging, daß sich die Ereignisse unvermeidlich wiederholen würden. Die Schriftgelehrten und Propheten von Jerusalem stellten die allgemein herrschende Ansicht, daß die Geschichte zwangsläufig in Kreisen verlaufe und sich daher unablässig wiederhole, in Frage. Sie erfanden Utopia, die Idee von einer besseren Welt. Sie formulierten Hoffnung in großem Maßstab. Sie postulierten die Möglichkeit eines linearen Fortschritts auf ein besseres, lohnenderes Leben hin.

Schon im achten oder neunten vorchristlichen Jahrhundert kursierten in Jerusalem mündlich überlieferte Versionen des Pentateuch und der Bücher Josua, Samuel und der Könige. In Griechenland arbeitete Homer an seinem berühmten Epos. Wie bei den homerischen Epen und anderen bedeutenden Werken aus der Zeit vor der schriftlichen Überlieferung gewährleistete die dichterische Form die relativ korrekte Übermittlung dieser Bibelfragmente von Generation zu Generation. Die dichterische Form diente auch noch einem andern Zweck, den die alten Griechen nicht weiter beachtet hatten: Sie verlieh Vorstellungen, vor allem ethischen Vorstellungen, ein derartiges emotionales Gewicht, daß daraus Gesetze wurden.

Einzelne sachliche Angaben in diesen Bibelfragmenten waren erstaunlich präzise. Dies haben archäologische Funde und Inschriften wiederholt erwiesen. Noch keinen archäologischen Nachweis gibt es bislang für die Existenz von Josua oder David oder Jesaja; vielleicht wird es ihn auch nie geben. Doch für die militärischen Aktivitäten von Sanherib und Nebukadnezar in der Umgebung von Jerusalem existieren jede Menge Beweise. Im Buch der Könige erwähnte Eigennamen tauchen in Inschriften auf, die man entdeckt hat. Der Textqualität nach zu urteilen, die die Bibel im großen und ganzen aufweist, muß es im alten Jerusalem außerordentlich gute literarische Werke gegeben haben, vielleicht bessere als irgendwo sonst in der uns bekannten antiken Welt außerhalb Griechenlands. Noch außergewöhnlicher ist die Tatsache, daß die Bibel, da sie in Jerusalem verfaßt wurde, im Gegensatz zu den Büchern anderer antiker Völker, keine Literatur einer Groß- oder Regionalmacht war oder auch nur die einer herrschenden Elite, sondern die Literatur eines kleinen, isoliert lebenden Volkes – und auch da nicht die Literatur der Herrschenden, sondern die ihrer Kritiker. Die Schriftgelehrten und Propheten von Jerusalem weigerten sich, die Welt so zu akzeptieren, wie sie war. Sie erfanden die Literatur der politisch Andersdenkenden und damit die Literatur der Hoffnung.

Hier tanzte dem biblischen Bericht über David zufolge – in sich bereits ein kleines literarisches Meisterwerk, stets menschlich, spannend und voller Leidenschaft – der König «mit ganzer Hingabe vor dem Herrn her» (2 Sam 6,14); er brachte, hinter einem Vorhang verborgen, die Lade des Gottes, den kein

Mensch je zu Gesicht bekommen hatte und über den die meisten Außenstehenden spotteten, in die Stadt und stellte sie auf Araunas Felsen. Die Heiden konnten nicht begreifen, wie man überhaupt in einem Tempel beten konnte, in dem es keinerlei Bilder und plastische Darstellungen gab. Als Pompeius im Herbst 63 v. Chr. in Jerusalem einzog, um die jüngste Eroberung Roms in Augenschein zu nehmen, betrat er das innere Heiligtum, zu dem einzig und allein der Hohepriester Zutritt hatte, und entdeckte dort, wie Tacitus berichtet, zu seiner Verblüffung «nulla intus Deum effigie, vacuam sedem et inania arcana» – nicht ein einziges Gottesbild, sondern einen leeren Platz und ein verlassenes Heiligtum. [13] Cicero war damals Konsul in Rom, und Jerusalem befand sich in römischer Hand, aber die meisten Römer betrachteten das jüdische Jerusalem nach wie vor als ein absurdes Phänomen oder als mysteriöse Bedrohung. Juvenal machte sich darüber lustig, daß einem die Juden für eine kleine Kupfermünze jeden beliebigen Traum verkauften. Tacitus spielte auf die von den Alten häufig wiederholte Legende an, daß die Leere im Tempel von Jerusalem eine arglistige Täuschung sei und die Juden dort in Wirklichkeit einen Eselskopf anbeteten. Die einzige Schlußfolgerung, die er daraus zog, war die, daß das jüdische Jerusalem offenbar wild entschlossen war, mit dem Rest der Menschheit in einem Zustand dauerhafter Feindschaft zu leben.

Hier rief Jesaja in die Wüste, und hier trug Jesus eine Krone aus Dornen und wurde zusammen mit den zwei Dieben gekreuzigt. Ein kleiner Haufen jüdischer Sektierer – Christen genannt – glaubte an Jesus. Sie versammelten sich nach seinem Tod heimlich in dieser Stadt und übernahmen schließlich – im Namen der Hoffnung – die Macht über das Römische Reich und die gesamte Mittelmeerwelt. Hier ergriff auch die Eschatologie – also die Gesamtheit der Lehren von den «letzten Dingen» –, die sich mit der Apokalypse und dem Tausendjährigen Reich Gottes, dem Tod und der Auferstehung befaßt, die Herzen der Menschen und sollte sie nie wieder loslassen. Hierher kam nach moslemischer Lehre Mohammed bei seinem nächtlichen Ritt auf dem Rücken einer weißen geflügelten Stute und stieg auf einer Treppe aus Licht in den Himmel auf. Spätestens seit dem zwölften Jahrhundert kommen Juden hierher, um dreimal täglich an der Klagemauer zu beten: «Erbaue sie [Jerusalem] nächstens und in unseren Tagen... wie du es uns hast verheißen.»

Hier marschierten im Jahr 1099 die Kreuzfahrer, reumütig und bis zu den Knien in Blut watend, den Kalvarienberg hinauf. Die sonderbare (in der Geschichte Jerusalems nicht zum ersten- oder letztenmal auftauchende) Kombination aus extrem scheußlichen und extrem zarten Empfindungen in einem Menschen ist von Philosophen und Historikern unterschiedlich beurteilt worden: David Hume hielt sie für selbstverständlich und natürlich, Voltaire für absurd und unglaubwürdig. Vielleicht wurden, wie Gibbon halbherzig meinte, die Maßstäbe Frömmigkeit und Blutrünstigkeit zu rigoros gleichzeitig auf dieselben Menschen und denselben Zeitpunkt angelegt.

Viertausend Jahre Geschichte, unzählige Kriege und schwerste Erdbeben, bei denen Häuser und Mauern zum Teil vollständig zerstört wurden, haben in der Topographie der Stadt ihre Spuren hinterlassen: Zwanzigmal wurde Jerusalem mit katastrophalen Folgen belagert, zweimal völlig zerstört, achtzehnmal wiederaufgebaut, und außerdem erlebte es mindestens elfmal einen Wechsel von einer Religion zu einer anderen.

Die Anhäufung von historischem Schutt ist gewaltig. Im Laufe der Jahrhunderte sind so viele Trümmer die steilen Abhänge hinuntergefallen, daß die Schluchten rings um die Altstadt ziemlich damit angefüllt sind. Innerhalb und außerhalb der alten Mauern sind sämtliche Ecken und Winkel bis zu einer Höhe von fünfzehn Metern mit angehäuftem Schutt verstopft. Könnte man diese gewaltigen Schuttmassen wegräumen, würde das Gerippe der ursprünglichen Stadt zutage treten. Anhand der ehemaligen natürlichen Geländeform würde sich, zum allerersten mal überhaupt, deutlich erkennen lassen, wie ungünstig diese Lage für ein urbanes Zentrum war und wie schwer es sich verteidigen ließ.

Die Wälle boten keinerlei Schutz. Kein Wunder, daß sie so oft durchbrochen wurden. Die Stadtmauern der Unterstadt, also dort, wo Jerusalem vermutlich im vierten Jahrtausend vor Christus entstand, sind zum Teil ausgesprochen gewaltig. Aber dieser Eindruck unüberwindbarer Stärke täuscht, vor allem im Norden. Die relativ niedrigen Festungswälle im Norden wurden bei den meisten großen Belagerungen der Stadt gestürmt. Daher auch Jeremias Ruf: «Von Norden her ergießt sich das Unheil über alle Bewohner des Landes» (Jer 1,14). Die Stadt hatte politische und religiöse Bedeutung, war aber, falls überhaupt, nur von geringem strategischem Wert. Alexander und Napoleon, zwei große Generäle, die auszogen, die Welt zu erobern, ließen Jerusalem links liegen; beide marschierten in unmittelbarer Nähe an der Stadt vorbei, erachteten sie aber keines Umweges für würdig.

Es ist nicht leicht einzusehen, warum ausgerechnet diese ungünstige Stelle für eine Stadt ausgesucht wurde und nicht etwa eine von den besser geeigneten, natürlichen Felsenfestungen auf den Hügeln in der Umgebung. Vielleicht spielte die Nähe zum Wasser eine Rolle: Wasser – ein Symbol des Lebens und des fruchtbaren Grüns am Rande einer trockenen Wüste. Auf dem Grund der tiefen Schlucht im Osten entsprang eine natürliche Quelle. Aber Wasser gab es auch anderswo – reichlicher und zuverlässiger. Vielleicht wurde Jerusalem auch wegen des Reizes ausgewählt, den ein vor langer Zeit hier begründeter magischer Kult ausübte. Heiligkeit ist stets ansteckend und überträgt sich von einem Glauben auf den nächsten. Neue religiöse Weltanschauungen übernehmen unweigerlich die heiligen Stätten der alten. Selbst in dieser Beziehung handelte es sich bei Jerusalem nur um einen von mehreren heiligen Bergen in dieser Gegend. Ein anderer, um nur den nächstgelegenen zu nennen, war Bet-El, wo Jakob im Traum eine Begegnung mit

Gott gehabt haben soll; als er aufwachte, formulierte er deutlich das hervorstechendste Merkmal dieses religiösen Erlebnisses – *Furcht*. «Wie ehrfurchtgebietend ist doch dieser Ort! Hier ist nichts anderes als das Haus Gottes und das Tor des Himmels» (Gen 28,17). Der naive Verstand stellte sich jede Macht personifiziert vor und geriet in ihrer Gegenwart in Panik. Die frühesten Formen von Religion waren ritualisierte Versuche, diese furchterregenden Mächte zu beschwichtigen.

Vielleicht wurde Jerusalem auch aus stammespolitischen Gründen ausgesucht; vielleicht aufgrund einer aus heidnischen Zeiten stammenden Überlieferung, daß die Stadt auf einem heiligen Berg stehe. Heilige Berge galten als die Stellen, an denen Himmel und Erde aufeinandertrafen. (Im flachen Gelände Ägyptens errichteten die Menschen aus eben diesem Grund künstliche Berge – die Pyramiden.) Vielleicht geht die Entscheidung auch auf eine andere Überlieferung zurück, die besagt, daß der sogenannte Gründungsfelsen, der Heilige Fels unter der Tempelplattform, die obere Welt von der urzeitlichen Welt darunter trennt – die Schöpfung vom Chaos. Der Glaube an diese Überlieferung ist so mächtig, daß er die dreitausend Jahre von den Hebräern im zehnten vorchristlichen Jahrhundert bis hin zu den moslemischen Hütern des Felsens in unserer Zeit überdauert hat. Den Kult um den «Nabel» der Welt gibt es auch in anderen heiligen Städten. So hat man in Frankreich, im Iran, in Irland und Griechenland (Delphi) verschiedene Orte gefunden, die in der Antike als «Nabel» der Welt galten. In Mekka überlebte dieser Kult, ebenso wie in Jerusalem, das Abtreten einer Religion und ging auf die nächste über.

Keinesfalls sonderlich überzeugend ist die Theorie mit der Quelle. Denn diese Quelle, die noch heute existiert, befand sich außerhalb der Stadtmauern und reichte bestenfalls für eine beschränkte Anzahl von vielleicht zwei- oder dreitausend Einwohnern aus. Als die Stadt wuchs, führte man von weit her Wasser in Kanälen heran. Noch heute kann man an den wie modelliert wirkenden Berghängen, die in immer weiter gespannten Bögen ineinanderfließen, die alten Aquädukte erkennen.

Die Stelle, an der Jerusalem steht, wurde von Menschenhand geschaffen, eine künstliche und sorgfältig geplante Anlage. Jerusalem war ein Kind der Magie, bereits in heidnischer Zeit eine heilige Stadt. Ganz im Widerspruch zu der berühmten marxistischen Maxime, die besagt, daß das Sein das Bewußtsein prägt, hat in Jerusalem im Laufe der Jahrhunderte das Bewußtsein das Sein geprägt. Im Gegensatz zu anderen bedeutsamen urbanen Mittelpunkten verfügte Jerusalem nicht über einen bequemen Zugang zum Meer. Die Stadt lag weder an einem Flußufer noch an einer Kreuzung von Verbindungswegen, noch ließ sie sich wenigstens leicht verteidigen. Das Bet-El aus Jakobs Traum, ein altes heidnisches Heiligtum ein Stück nördlich von Jerusalem, hätte, da es über strategische Wege entlang einer Handelsroute verfügte, auf jeden Fall einen besseren Standort abgegeben. Bethlehem, ein paar Kilometer weiter südlich, lag in einem ungleich fruchtbareren Landstrich. In der ungünstigen Umgebung, in der Jerusalem entstand, gab es wenig Weidegrund und nur sehr begrenzte Brennholzvorräte. Das Gelände war zu steil und unwegsam, um die Verwendung von Rädern zu gestatten; folglich ist in alten Quellen kaum jemals von Streitwagen in dieser Gegend die Rede. Dieser Standort hatte keinen natürlichen Anschluß an Verkehr oder Handel. Die nächstgelegenen großen Handelsrouten verliefen auf der einen Seite über sechzig Kilometer weit entfernt, auf der anderen etwa fünfundzwanzig.

Jerusalem war das Ergebnis menschlicher Bemühungen und gezielter Planung, nicht geographischer Gegebenheiten. Auch in kultureller Hinsicht spielte es für die großen Mittelpunkte der alten Welt – in Ägypten, Mesopotamien, Griechenland oder Rom – stets eine untergeordnete Rolle. Juden und Christen erklärten die Stadt nacheinander zum Nabel der Welt. Aber die Menschen in Jerusalem hatten mit Sicherheit zu fast allen Zeiten das Gefühl, nicht im Mittelpunkt der Welt zu leben, sondern ganz am Rande.

Jerusalem war mehr als einer Religion heilig – oft um einen hohen menschlichen Preis –, und es hat nicht nur einmal, sondern gleich dreimal die Ängste und Hoffnungen bezüglich der Apokalypse wachgerufen, die von den Anhängern der unterschiedlichen, miteinander verfeindeten Glaubensrichtungen in austauschbaren Sätzen formuliert wurden. Bis zum Jahr 70 n. Chr. herrschte das Judentum; von 638 bis 1099 und von 1187 bis 1917 der Islam. Das Christentum beherrschte die Stadt von 300 bis 638 und dann nochmals von 1099 bis 1187. Heute machen, unter Verwendung beinahe ebenso austauschbarer Formulierungen, die fanatischen Anhänger zweier verfeindeter Völker, die Isrealis und die Palästinenser, dort weiter, wo die Religionen aufhören. In Jerusalem heulen sich bei Nacht angeblich sogar die Schakale Glaubensartikel und historische Zitate zu. Da ist Osten, da ist Westen – und da ist Jerusalem, eine Welt für sich.

Als David ungefähr 1000 v. Chr. nach Jerusalem marschierte, fand er dort ein Heiligtum vor, das aus ziemlich alten Zeiten stammte und ein hohes Ansehen genoß. Niemand weiß, wann dieses Heiligtum begründet wurde. Unter dem Namen Salem taucht es erstmals auf einer der nach wie vor geheimnisumrankten Tontafeln von Ebla auf, die nördlich von Aleppo in Syrien gefunden wurden und vermutlich fünftausend Jahre alt sind. Salem war der kanaanäische Gott des Abendsterns. Die Hymnen von Ugarit enthalten einen Lobgesang auf Salem und Dwan, die beiden Söhne des Gottes El, die ihm seine zwei Frauen am selben Tag gebaren. Das Salem aus der Genesis wird allgemein für Jerusalem gehalten. Ein Priesterkönig aus Salem namens Melchisedek («König der Gerechtigkeit») bringt Abraham Brot und Wein hinaus und segnet ihn im Namen von El Elyon (des ‹allerhöchsten Gottes›), «dem Schöpfer des Himmels und der Erde» (Gen 14,19.22). David gab der Stadt den neuen Namen Zion und nahm die Embleme der irdischen und der göttlichen Gewalt des alten Priesterkönigs an sich. Die Erinnerung an den alten Priesterkönig Melchisedek hing weiterhin auf geheimnisvolle Weise über der Stadt; sie fand auch Eingang in die christliche und die moslemische Lehre. Im Psalm 110 steht Melchisedek zur Rechten Gottes und führt den Vorsitz beim Jüngsten Gericht. Einem anderen Bericht zufolge war Melchisedek Noahs erstgeborener Sohn Sem, der nach der Sintflut die Stadt Jerusalem gründete und dort als König und Hoherpriester regierte.

Das alles sind Legenden, doch es ist gut möglich, daß dahinter, wie im Sand vergrabene Münzen und Tonscherben, die Wahrheit verschüttet liegt. Der «allerhöchste Gott» könnte ein früher Prototyp Jehovas gewesen sein. Abraham selbst legt diese Vermutung nahe, wenn er zum König von Sodom sagt: «Ich erhebe meine Hand zum Herrn [Jehova], dem Höchsten Gott, dem Schöpfer des Himmels und der Erde» (Gen 14,22). Salem, der Name der kanaanäischen Gottheit, hallt später auf geheimnisvolle Weise in anderen Namen nach: bei Salomo (dem Erbauer des ersten Tempels Jehovas in Jerusalem) und bei Suleiman dem Prächtigen, dem Apostel Mohammeds, von dem, ebenso wie von Salomo, behauptet wurde, er beherrsche die Winde und die Geister und könne mit den Tieren reden.

Ein paar Tonscherben aus dem Mittleren Reich (ca. 1900 v. Chr.), die eine ägyptische Bäuerin im vergangenen Jahrhundert durch Zufall entdeckte, förderten zum erstenmal den vollständigen Namen *Urushamen* oder *Urusalim* zutage: «Der Herrscher von Jerusalem... und alle Vertrauten,... alle Menschen von Jerusalem, seine Helden, seine Schnelläufer, seine Verbündeten... Sterben sollen sie!» [14] Urusalim ist beinahe identisch mit dem hebräischen *Jeruschalem* oder *Jeruschalajim*. Es bedeutet ‹Gründung des [Gottes] Salem› oder ‹Gründung des Friedens› (oder ‹des Gedeihens›) oder auch beides. Der Name taucht abermals in einem der sogenannten ägyptischen Ächtungstexte auf, die grob geschätzt aus derselben Zeit (zwanzigstes oder achtzehntes vorchristliches Jahrhundert) stammen. Dabei handelt es sich um Inschriften auf Statuetten oder Bruchstücken von Tongefäßen, die den Namen eines tatsächlichen oder möglichen Feindes enthalten. Die alten Ägypter glaubten, sie könnten die Macht des betreffenden Feindes wirkungsvoll brechen, indem sie diese Statuetten zerschlugen; hinter dieser Maßnahme steckt eine ähnliche Vorstellung wie bei den Voodoo-Puppen, in die Nadeln gesteckt werden. Ein solcher Feind muß, wenn man der Ächtungsinschrift Glauben schenken darf, ein gewisser Yaqar Ammu gewesen sein, «Beherrscher von Jerusalem, und alle seine Gefolgsleute, die um ihn sind» [15].

Ein anderer Zufallsfund, eine Sammlung von Keilschrift-Tontafeln in Tell el-Amarna in Oberägypten, förderte das königliche Archiv von Amenophis III. und seinem Sohn Echnaton zutage. Von den rund vierhundert in Tonscherben eingeritzten Botschaften von Fürsten und Heerführern in Palästina, Phönizien und dem südlichen Syrien stammten acht von einem gewissen Abdu-Heba, Herrscher von Jerusalem und ägyptischer Vasall. Diese Scherben sind nicht nur vom geschichtlichen Standpunkt aus ungeheuer faszinierend, sondern auch vom menschlichen. Über den finsteren Abgrund der Zeit hinweg hellt sich die Szene plötzlich auf und enthüllt ein paar nüchterne Augenblicke unmittelbarer Not und Bedrängnis. Wie sich herausstellte, sollte sich Abdu-Hebas Bedrängnis in der Geschichte der Stadt noch wiederholen. Sein Tonfall kommt dem heutigen Leser nahezu modern vor. Er wird von allen Seiten bedroht. Er macht sich Sorgen um Image und Public Relations. Er ist frustriert und verärgert. Er vermittelt dem Leser ein Gefühl der Angst und der Einsamkeit und eine Art weltumspannender Niedergeschlagenheit, die Arthur Koestler, ein Jerusalemit späterer Zeiten, der mehr als dreitausend Jahre nach Abdu-Heba die Atmosphäre der Stadt schilderte, als «Jerusalem Sadness» (etwa ‹die für Jerusalem charakteristische Traurigkeit›) bezeichnete – eine regionale Krankheit, vergleichbar mit den sogenannten Aleppo- oder Orientbeulen –, «hervorgerufen durch die kombinierte Wirkung von tragischer, einsamer Schönheit und der inhumanen Atmosphäre der Stadt» [16]. Abdu-Hebas beklommene Briefe sind es wert, zitiert zu werden. In den dreiunddreißig Jahrhunderten zwischen Abdu-Heba (ca. 1400 v. Chr.) und Arthur Koestler (1924) sollten sich Abdu-Hebas düstere Empfindungen – in derselben von Mißtrauen und Verrat geprägten Atmosphäre – so oft wiederholen, daß sie schon fast zu einem typischen Merkmal dieser Stadt wurden.

Die Botschaften sind an den Pharao gerichtet, an «den König, meinen Herrn, den Sonnengott der Länder». In schmeichelndem Ton wendet sich der Vasall an seinen Herrn. Der Pharao ist der Sonnengott, der sich bei Tag über das Land erhebt und durch seinen süßen Atem Leben schenkt. «Siebenmal sieben Male sinke ich zu Füßen meines Königs nieder. Ich bin der Staub unter seinem Fuß, der Boden, auf den er tritt... Das Gebiet wird von Feinden überrannt und zerstört.» Abdu-Heba hat wiederholt um Verstärkung gebeten, aber sie ist ausgeblieben. Er hat Boten zum Palast des Pharao geschickt, aber sie sind mit leeren Händen zurückgekehrt. Er würde gerne nach Ägypten ziehen, um «die zwei Augen des Königs, meines Herrn, zu sehen», aber das ist unmöglich, da man ihn dort zu Unrecht verleumdet hat. In einem Postskriptum fleht er die Höflinge des Königs um Unterstützung an: «An den Schreiber des Königs, meines Herrn. Hiermit bin ich Abdu-Heba, dein Diener. Sprich mit beredten Worten zum König, meinem Herrn. Ich bin nur ein geringer Offizier. Ich bin unbedeutender als du. Schickt Truppen mit Bogenschützen.» Ohne sie würde das Land «von den Habiru» verwüstet. Rubada haben die Habiru bereits eingenommen. «Sollen wir denn auch Urusalim dahingeben?» [17]

Wer waren diese Habiru? Daß zwischen ihnen und den alten Hebräern eine Verbindung besteht, ist nach wie vor nur eine Vermutung. In einem anderen Brief berichtet Abdu-Heba, daß Verräter gegen den König konspirieren. Die abseits gelegenen

Gebiete sind bereits abtrünnig geworden. Selbst die Truppen der nubischen Sklaven aus Ägypten, die als Garnison in Jerusalem stationiert waren, haben sich erhoben. Sie sind in Abdu-Hebas persönlichen Wohnsitz eingebrochen und hätten ihn in seinem eigenen Haus beinahe umgebracht. «Sie haben versucht, ein sehr schlimmes Verbrechen zu begehen. Möge der König sie zur Rechenschaft ziehen.» Wenn der König doch nur die Bogenschützen schicken würde, um die Abdu-Heba in seinem letzten Brief gebeten hat, wenn er sie «mit einem ägyptischen Offizier anrücken lassen würde...» Der König darf die Stadt nicht aufgeben. «Siehe da, der König hat seinen Namen auf ewig dem Land Jerusalem aufgeprägt.» Diese letzte, an Echnaton gerichtete, unverblümte Aufforderung ist der einzige indirekte Hinweis auf die Staatsreligion – den Aton-Kult – in der gesamten Korrespondenz.

In einer dritten Botschaft beklagt Abdu-Heba abermals sein Schicksal. Die Natur selbst hat sich gegen ihn verschworen. Er verliert alle Hoffnung. «Ich war wie ein Schiff auf hoher See... Einundzwanzig Jungfrauen und dreißig Gefangene gab ich in die Hände von Shuba als Geschenk für den König, meinen Herrn.» Aber der König hat ihm keine Truppen geschickt. Und so «ist das Land des Königs verloren,... es wird mir weggenommen. Es herrscht Krieg gegen mich bis hin zu den Landen von Seir.» Wenn der König keine Truppen schicken kann, dann soll er Abdu-Heba und seinen Stamm abberufen, auf daß sie vor dem Angesicht des Königs sterben.

In einem anderen Fragment verbeugt sich Abdu-Heba erneut «siebenmal zu Füßen meines Herrn» und berichtet, daß noch mehr Vasallen des Königs abtrünnig geworden sind. Die anderen Vasallen sind umgekommen oder haben den König verraten. «Warum zieht mein König sie nicht zur Rechenschaft?» Sogar eine Stadt im Land Jerusalem – Bethlehem – ist zum Feind übergelaufen. «Möge mein König Bogenschützen schicken, auf daß sie das königliche Land für den König zurückgewinnen.»

Aber Ägyptens Macht war im Schwinden. Bald sollte Ägypten die Herrschaft über Kanaan und den Süden Syriens verlieren. Als zwei oder drei Jahrhunderte später die Hebräer kamen, war Jerusalem eine kleine jebusitische Zitadelle von geringer Bedeutung. Anfangs machten sich die Hebräer nicht einmal die Mühe, sie einzunehmen. Als sie das schließlich unter David nachholten, wählten sie Jerusalem zum heiligen Sitz ihres unsichtbaren Gottes. Daraus ergab sich eine höchst ironische Situation. Jehova war eindeutig eine nationale Gottheit, eine *Stammes*gottheit. Doch dadurch, daß die Hebräer Jerusalem zur Wohnstatt dieses außerordentlich moralisierenden Gottes auserkoren, schenkten sie, wie Edmund Wilson darlegte, die Stadt – ohne Zweifel unbeabsichtigt – der gesamten Menschheit.

Heilige Stadt

So kam es, daß Jerusalem zur heiligen Stadt wurde, und das ist sie geblieben – für Juden, Christen und Moslems –, eine Stadt, in der die religiösen Feierlichkeiten kein Ende nehmen. Mondsüchtig vor Frömmigkeit wanderten jene Männer, die behaupteten, sie hätten mit Gott gesprochen, durch ihre Straßen. Jeder hatte seinen ganz persönlichen Grund, warum er die Stadt verehrte. Innerhalb ihrer Mauern hatte für ewige Zeiten ein heiliges Drama zwischen den Gläubigen und ihrem Gott begonnen.

Mag sein, daß es nur einen Gott gab, aber es gab mehrere Arten, ihn zu verehren. Im alten Rom wurden, wie Gibbon es in einer berühmten Zeile seines Werkes *History of the Decline and Fall of the Roman Empire* formulierte, die verschiedenen Religionen vom Volk als richtig, von den Philosophen als falsch und vom Magistrat als nützlich erachtet. In Jerusalem standen die unterschiedlichen Arten der Verehrung für dieselbe Sache, waren sich einander aber gleich verhaßt. Sie dienten nie als einender Faktor. Ihren Anhängern wurde von den Geistlichen in gleicher Weise eingetrichtert, sie hätten die jeweils anderen als gottlose Götzenanbeter zu betrachten.

Die Jahrhunderte vergingen unter unablässiger frommer Hetze und zahlreichen Religionskriegen. Jerusalem war das Epizentrum eines unruhigen Landes, in dem Reiche, Religionen und Nationalitäten so oft aufeinanderprallten, daß Armageddon (das heutige Megiddo), ein berühmtes Schlachtfeld rund einhundert Kilometer nordwestlich von Jerusalem, zum Synonym für die Apokalypse wurde, für das Ende aller Tage also, das die Vernichtung der ganzen Welt mit sich bringt.

In der Vorstellung der Gläubigen war Jerusalem mehr als nur eine Stadt. Es wurde zu einer Metapher. Sein Name stand für Frömmigkeit und Frieden – und merkwürdigerweise zugleich für das Gegenteil. Glaube und Aberglaube wechselten sich häufig ab, und religiöse Überzeugungen arteten in Krieg, wütenden Fanatismus, sektiererische Voreingenommenheit und Verfolgung aus.

Diese Widersprüchlichkeit schien bereits irgendwie im Namen der Stadt verankert. Das Suffix *aim* des hebräischen Namens *Jeruschalaim* beinhaltete eine Zweiheit, ein Paar, ähnlich wie in *einaim* (Augen), *oznaim* (Ohren) und *schadaim* (Brüste). Es fiel schwer, in diese Zweiheit nicht eine implizite Gleichheit zwischen himmlischen und irdischen Dingen, Krieg und Frieden, Rechtschaffenheit und Sünde hineinzulesen. Diese Gleichheit erstreckte sich sogar auf die eindrucksvolle Landschaft. Jerusalem liegt genau auf der Grenzlinie zwischen unfruchtbarem Ödland und kultiviertem Gebiet. Die schroffen, felsigen Berge in der trockenen Wüste, die nach der einen Seite hin abfallen, stehen in krassem Gegensatz zu den ertragreichen Hügeln auf der anderen, auf denen es Wein, Feigen, Milch und Honig gibt.

Da das irdische Jerusalem so gemein, so schamlos und sündig war, mußte das heilige, erhabene Jerusalem in den Himmel gehoben werden. Angeblich schwebte ein Ebenbild der Stadt weit oben am Himmel – nach Ansicht der Juden in dreißig Kilometer Höhe, nach Ansicht der Moslems in zwanzig. Die Gläubigen würden irgendwann dorthin aufsteigen und in einer Art Glorienschein, aus Rechtschaffenheit und Herrlichkeit gewoben, weiterleben.

Die in der Phantasie existierende, aufgewühlte Atmosphäre hatte durchaus auch alptraumhafte, gewalttätige Züge. So «schreit» zum Beispiel «der Stein in der Mauer» (Hab 2,11). Die Erschlagenen warf man hinaus, und die Berge «triefen von ihrem Blut» (Jes 34,3). Die Sonne blieb stehen, und selbst die Zeit kam zum Stillstand. Die Menschen flogen zwischen Himmel und Erde hin und her. Vertrocknete Knochen fügten sich zusammen, schüttelten sich, Fleisch und Haut legten sich um sie, und sie wurden lebendig – «ein großes, gewaltiges Heer» (Ez 37,10). «Wie eine Buchrolle rollt sich der Himmel zusammen» (Jer 34,4). Eine Jungfrau gebar. Die Toten erhoben sich aus ihren Gräbern. Unter dem Tempelberg waren tote Seelen in einen Brunnen eingesperrt, bei dem es sich angeblich um den Eingang zur Hölle handelte.

Die Gottheit mußte durch lebendige Opfergaben besänftigt werden. Im Hinnomtal warf man Kinder ins offene Feuer, um eine regionale Gottheit namens Moloch zu beschwichtigen. Ein Tal dieses Namens verläuft noch heute westlich der Stadt unterhalb der alten Mauern. Jeremia nannte es das «Mordtal» (Jer 7,32). Wie Plutarch berichtete, trommelten und brüllten dort die Priester des Moloch, um das Geschrei der Kinder zu übertönen. In der hebräischen wie auch in der arabischen Sprache wurde der Name dieses Tals zur Bezeichnung für die Hölle (Gehenna). Im Jahr 1047 n. Chr. behaupteten die «einfachen Leute» von Jerusalem noch immer, man könne, wie der persische Schriftsteller Abu Muin Nasir-i-Khusrau behauptet hatte, am Rande des Tals – heute steht dort ein Kino – «von unten herauf die Schreie derer hören, die in der Hölle sind» [1].

In späteren Zeiten wurde die Gottheit mit Tieropfern versöhnt. Diese ließ man zunächst ausbluten und verbrannte sie dann in der Vorstellung, daß die lebendige Seele, eingehüllt in süß duftenden, grauen Rauch, zu ihrem Schöpfer zurückkehrt. Während der hohen Feiertage wurden Josephus zufolge jeden Tag Zehntausende von Tieren auf dem Altar geschlachtet. Der große Tempel – beziehungsweise Schlachthof – muß ständig in dicke Rauchwolken gehüllt gewesen sein. In der Bibel heißt es,

Salomo habe am Tag der feierlichen Tempeleinweihung nicht weniger als zweiundzwanzigtausend Rinder und zwanzigtausend Schafe als «Heilsopfer» (1 Kön 8,63) schlachten lassen. In ihrer dichterisch übertreibenden Art zeugt die biblische Geschichte zumindest davon, daß man der Gottheit einen übermäßigen Appetit auf Blut unterstellte.

Schlachtopfer galten als Sühne für begangene Sünden. Norman Kotker hat das so formuliert: «Gott hat in Jerusalem ein Opfer dargebracht – er selbst, sich selbst, das Opfer sein eigener Sohn.» [2]

> An den Strömen von Babel, da saßen wir und weinten,
> wenn wir an Zion dachten.
> Wir hängten unsere Harfen an die Weiden in jenem Land.

Die verschleppten Juden, die sich in der Babylonischen Gefangenschaft nach ihrer verlorenen Stadt sehnten, postulierten als erste das himmlische Jerusalem als eine mystische Alternative zur irdischen Stadt. Das sogenannte Jerusalem der Oberen Welt verfügte über einen Tempel und eine aus Propheten und Priestern zusammengesetzte Führungsschicht: eine Hauptstadt der Phantasie, deren psychischer Herrschaftsbereich sich überall dorthin erstreckte, wo Juden lebten – nach Ägypten, Mesopotamien, Persien, auf die Stadtstaaten und die Inseln Griechenlands und bis hin zu den weitesten Ausläufern des Römischen Reiches.

Den messianischen Weissagungen von Jesaja und Micha zufolge sollte von dieser himmlischen Stadt das Streben nach Vollendung ausgehen und die Welt erlöst werden: «Dann schmieden sie Pflugscharen aus ihren Schwertern» (Jes 2,4; Mi 4,3). Die Rabbiner stellten sich Jerusalem als ideale Stadt vor, in der nie eine Frau eine Fehlgeburt erlitt und kein Mensch jemals von einer Schlange gebissen oder von einem Skorpion gestochen wurde, in der der brennende Holzstoß auf dem Altar nie vom Regen ausgelöscht wurde und kein Wind die Rauchsäule über die Andächtigen blies, die dicht gedrängt beisammenstanden und sich doch mühelos verneigen konnten. Auch der Islam lehrt, daß der eine Gott, der Allmächtige, der Gnädige, der Mitleidsvolle, seinen Blick jede Nacht auf Jerusalem richtet, bevor er seinen Blick über die restliche Welt schweifen läßt.

Das Christentum, anfangs eine jüdische Sekte, nahm diese Vorstellungen in ihr radikal neues Konzept von der menschlichen Bestimmung auf; es betrachtete den Körper als Gefängnis, glaubte an ein Weiterleben der Seele nach dem Tod im himmlischen Königreich und an das Neue Jerusalem. Der heilige Johannes sah die himmlische Stadt Jerusalem «von Gott her aus dem Himmel herabkommen; sie war bereit wie eine Braut, die sich für ihren Mann» mit Gold und kostbaren Steinen «geschmückt hat» (Offb 21,2); ihre Tore würden nie geschlossen werden, denn «Nacht wird es dort nicht mehr geben» (Offb 21,25), und ebensowenig Trauer, Tod und Schmerzen. Nach dem Fall Roms, einem folgenschweren Ereignis, das die römische Welt der Antike ebenso erschütterte, wie die Zerstörung von Jerusalem die Juden erschüttert hatte, und ähnliche apokalyptische Träume heraufbeschwor, entwickelte Augustinus diese Vorstellung von Jerusalem noch einen Schritt weiter. Sein Neues Jerusalem war gleichbedeutend mit dem Tausendjährigen Reich Gottes, einem unbestimmten Zeitraum in der Zukunft, in dem alle Makel aus dem menschlichen Leben verschwunden sein werden und das vollkommene Gute herrschen wird. Das himmlische Jerusalem fesselte die Herzen der Menschen mehr, als es die konkrete Stadt je vermochte. Es faßte die entlegensten Grenzen des Gefühls zu einem imaginären Ganzen zusammen.

Vom frühen Mittelalter bis zum Beginn unseres Jahrhunderts erlangte keine andere Stadt eine auch nur annähernd so gewaltige Symbolkraft, wie sie Jerusalem im Bewußtsein der Europäer besaß. Angefangen von den unendlich vielen Darstellungen der Stadt in der romanischen und der gotischen Kunst bis hin zu Lukas Cranach und van Eyck, Marc Chagall und

Salvador Dalí entschieden sich zahllose Künstler dafür, Jerusalem als Paradies wiederzugeben.

«Jerusalem, meine glückliche Heimat», klagte der anonyme Verfasser eines englischen Kirchenliedes,

> Wann werde ich zu dir kommen?
> Wann werden meine Leiden ein Ende haben?
> Deine Freuden, wann werde ich sie erblicken?

Und Shakespeares Protagonisten scheiden «sadly in this troublous world, / To meet with joy in sweet Jerusalem» («. . . traurig hier im Jammertal, / In Lust vereint das Paradies uns wieder»)[3].

William Blake bezeichnete mit dem Namen Jerusalem alles, was der menschlichen Seele lieb und teuer war.

> I give you the end of a golden string
> Only to wind it into a ball.
> It will lead you in at Heaven's gate
> Built in Jerusalem's wall.[4]

(Etwa: Ich gebe dir das Ende eines goldenen Fadens, auf daß du ihn zu einem Knäuel schlingst. Er wird dich durch das Himmelstor führen, das in Jerusalems Mauern eingelassen ist.)

Im Mittelalter und in der Renaissance gab es in der europäischen Dichtung, Malerei und Architektur eine Flut von stilisierten und idealisierten Darstellungen Jerusalems. Lage und Geschichte Jerusalems verschmolzen zu einem phantastischen, nur im Bewußtsein existierenden geographischen Standort. In der gotischen Kosmologie des Mittelalters war Jerusalem das Zentrum des Universums. Mittelalterliche Kartenzeichner wischten die Fortschritte der klassischen Geographie einfach beiseite und stellten Jerusalem als Mittelpunkt einer flachen Weltscheibe dar, der sich genau dort befand, wo Afrika, Asien und Europa aneinanderstießen. Noch lange nach der Geburtsstunde der modernen Kartographie waren die in der westlichen Welt hergestellten Karten des irdischen Jerusalem in der Tat theologische oder philosophische Ideogramme. Erhard Reuwichs mehr oder minder realistischer Holzschnitt von Jerusalem, der den 1486 in Mainz gedruckten berühmten Reisebericht des Mainzer Domherrn Bernhard von Breydenbach schmückte, war der erste seiner Art. Albrecht Dürer kannte ihn, zog jedoch bei seinem eigenen Gemälde ein imaginäres Jerusalem dem wirklichen vor. In Paris, London und Rotterdam entstanden Darstellungen von realen und der Phantasie entsprungenen Bauwerken im irdischen Jerusalem. Es gab «Jerusalem am Meer» und «Jerusalems am Rhein» und «Jerusalem am Dnjepr». Noch im letzten Jahrhundert war die nördliche Lombardei mit heiligen Hügeln übersät, die als Neue Jerusalems bezeichnet wurden. Bis heute existiert in der lombardischen Stadt Varallo eine Pop-Version von Jerusalem. Sie liegt auf Hügeln, die an Jerusalem erinnern, und hat alle üblichen Pilgerstätten aufzuweisen – ein Heiliges Grab, eine Via Dolorosa, einen Berg Zion, ein Mariengrab und einen Garten Gethsemane.

Im siebzehnten Jahrhundert wurden gemäß den von Ezechiel im Alten Testament entworfenen Plänen für ein ideales Jerusalem Pläne für den Wiederaufbau Moskaus angefertigt. Fünf Jahrhunderte zuvor hatte man im fernen Äthiopien tatsächlich eine solche Anlage errichtet: In der Sicherheit und Abgeschiedenheit des zentralen Hochlandes von Äthiopien wurde die Stadt Lalibela als eine «exakte» Kopie von Jerusalem erbaut. Sie steht noch heute, in den Felsen gemeißelt. Mitten hindurch fließt ein schmaler Fluß, der Jordan heißt; in einem kleinen Felsengarten namens Gethsemane stehen sieben uralte Olivenbäume. Außerdem gibt es eine Miniaturausgabe des Heiligen Grabes und einer Kirche von Golgotha.[5]

Jerusalem war zu allen Zeiten eine Metapher für das Weibliche. Liebe und Schrecken wurden auf diese Stadt projiziert. In der hebräischen Bibel wurde die Stadt Jerusalem sowohl als

«Witwe» (Klgl 1,1) als auch als «Dirne» (Ez 16,35) gesehen; im Neuen Testament war sie eine strahlende «Braut» (Offb 21,2) und «unsere Mutter» (Gal 4,26). Die göttliche Gegenwart auf Erden, Schechina genannt – eine Art Heiliger Geist, der der jüdischen Überlieferung zufolge die Stadt nicht verließ, sondern auch weiterhin auf ihren Trümmern ruhte –, war ebenfalls weiblichen Geschlechts. Vielleicht handelte es sich hier um eine seit langem in Vergessenheit geratene heidnische Mutter-Göttin, die irgendwie Eingang in die jahvistische Lehre fand. Die Kabbalisten behaupteten, sie hätten die göttliche Gegenwart mit eigenen Augen in Gestalt einer schlanken, schwarzgekleideten Frau gesehen, die an der Klagemauer weinte. Auch der Islam lehrt, daß Jerusalem von einer Frau erbaut wurde. Die Sprache spielte dem patriarchalischen Osten merkwürdige Streiche. Öffentliche Erklärungen haben ihre Wurzeln häufig in persönlichen Träumen. Wenn Männer verwirrt sind, suchen sie häufig Zuflucht beim weiblichen Geschlecht.

In der Zwischenzeit erlebte das irdische Jerusalem weiterhin zahlreiche Höhen und Tiefen. Unter der einen oder anderen Religion, zerstört oder wiederaufgebaut, erobert oder zurückerobert, unter diesem oder jenem ausländischen oder hiesigen Herrn, blieb es in erster Linie eine Stadt mit vielfältigen Bräuchen und religiösen Unruhen. Nichts in seiner Geschichte verlief normal. Keine andere Stadt in der Welt der Antike und des Mittelalters brachte vergleichbare emotionale Bindungen und Kontroversen hervor. Keine übte einen derart fatalen Einfluß auf die Erinnerung und die Phantasie aus. Andere antike Städte wechselten die Herren; keine spielte im täglichen Leben derer, die aus ihr vertrieben worden waren, und ihrer Nachkommen so lange eine so entscheidende Rolle.

Von den vielen Städten des Mittelmeerraums weigerte sich in der Antike nur Jerusalem, sich unter das römische Joch zu beugen. Dafür wurde es hart bestraft. Es ist nach wie vor schwer zu begreifen, warum dem allmächtigen Römischen Reich so viel daran gelegen war, ein weit entfernt lebendes Volk, das als sonderbar, wenn nicht gar verrückt galt, in einer abgelegenen Stadt ohne strategische Bedeutung zu disziplinieren. Warum war Jerusalem solch erstaunlicher Mühen wert? Warum wurden sogar die wenigen Eiferer, die seine Zerstörung überlebten, bis nach Masada verfolgt, wo sie doch keinerlei Bedrohung für irgendeinen Römer darstellten? Warum wurden sie dort unter großem Aufwand länger als ein Jahr belagert? Die Habgier und die geistige Trägheit der Reichsbürokratie schlossen jede Möglichkeit eines Kompromisses oder einer Ausnahmeregelung aus. Roms Zorn, so schrieb Tacitus, wurde noch geschürt durch die Erinnerung, «daß die Judäer allein nicht nachgegeben hatten»[6]. Die Römer müssen von den jüdischen Eiferern von Jerusalem die Nase voll gehabt oder sie tödlich langweilig gefunden haben. Caligula beleidigte sie dadurch, daß er darauf beharrte, sich in ihrem eigenen Tempel als Gott anbeten zu lassen. Gessius Florus provozierte sie zu ihrem letzten Aufstand und damit zum Selbstmord. Die überlebenden Aufrührer wurden in die Sklaverei verkauft. Der große Tempel wurde niedergebrannt, die Mauern wurden im Jahr 70 n. Chr. eingerissen. Etwa sechzig Jahre später erhoben sich die Juden unter Hadrian aufs neue, um gegen die Errichtung eines weiteren römischen Heiligtums auf dem Gelände ihres ehemaligen Tempels zu protestieren. Der Aufstand wurde brutal niedergeschlagen. Die Überlebenden wurden mit ungeheurem Aufwand und großer Mühe bis in die entlegensten Winkel des Landes verfolgt und bis zum letzten Mann, zur letzten Frau und zum letzten Kind vernichtet. Die Römer belagerten jede elende Höhle, in der sich ein paar Flüchtlinge versteckt hielten. Sie werden erst dann aufhören, schrieb Eusebios, wenn die jüdische Angelegenheit vollständig erledigt ist. Liest man die Berichte über diese Kriege und ihre Nachwehen, so wundert man sich jedesmal wieder darüber, daß die Römer es einfach nicht ertragen konnten, daß es da ein paar entlegene Außenposten gab, die anderer Meinung waren. Jerusalem, oder was davon übriggeblieben war, wurde untergepflügt. Sogar der Name Jerusalem wurde durch ein kaiserliches Edikt ausgelöscht. Auf seinen Trümmern errichteten die Römer eine kleine Garnisonstadt, die sie Hadrian zu Ehren Aelia Capitolina nannten. Die Juden wurden für immer daraus verbannt. Zur gleichen Zeit wurde auch der Name des Landes – Judäa – ausgelöscht. Von da an sollte es offiziell Palästina (Syrien) heißen, damit man den Juden auch den letzten Rest eines heimatlichen Bodens absprechen konnte.

Von den zahlreichen bezwungenen Hauptstädten der antiken Welt lebte nur Jerusalem in der Vorstellungskraft der Vertriebenen und ihrer Nachkommen von Generation zu Generation weiter. Bis zum vierten Jahrhundert hatten sich die von Hadrian verfügten Beschränkungen so weit gelockert – oder waren so weit in Vergessenheit geraten –, daß Juden die Stadt einmal im Jahr besuchen oder von einem Aussichtspunkt auf einem der Hügel in der Umgebung, wahrscheinlich vom Ölberg aus, betrachten konnten. Inzwischen war Jerusalem eine christliche Stadt, die, unter der römischen Kaiserin-Witwe Helena, damit beschäftigt war, heilige Stätten und andere Relikte des Christentums wiederzuentdecken. Das Edikt, das Juden untersagte, sich wieder in Jerusalem anzusiedeln, wurde offenbar noch zwei Jahrhunderte lang streng befolgt. Aber die Juden hatten ihre Erinnerung, ebenso wie ihr Gesetz, mit ins Exil genommen – eine Tradition auf Rädern. Während sie von Land zu Land zogen, blieben sie hartnäckig das Volk von Jerusalem:

> Wenn ich dich je vergesse, Jerusalem,
> dann soll mir die rechte Hand verdorren.
> Die Zunge soll mir am Gaumen kleben,
> wenn ich an dich nicht mehr denke,
> wenn ich Jerusalem nicht zu meiner höchsten Freude erhebe.
> (Ps 137,5–6)

Jerusalem wurde für die Juden zur großartigen Hauptstadt der Erinnerung. Die Erinnerung gab ihnen ihre Kultur und verlieh ihnen ihre Identität. Auch andere Völker lebten in Ländern und Städten, die sie irgendwann verloren oder im Stich ließen. Der entscheidende Punkt war, daß sie sich nicht an sie erinnerten. Die Juden hingegen erinnerten sich. Sie vergaßen Jerusalem niemals. Kein anderes bezwungenes Volk im Mittelmeerraum hat im Altertum etwas annähernd Vergleichbares fertiggebracht. Unter dem bleiernen Himmel Nordeuropas blieben die jüdischen Feste an die Jahreszeiten der Stadt gekoppelt. Die Gottesdienste an Pessach und Jom Kippur endeten mit der Ermahnung: «Nächstes Jahr in Jerusalem». Jahrhundertelang wandten sich die Juden dreimal am Tag zum Gebet in Richtung Jerusalem: «Über Jerusalem, die Gottesstadt, möge dein Erbarmen walten, und deine Herrlichkeit darin, wie du es uns hast verheißen. Erbaue sie nächstens und in unsern Tagen, erbaue sie für die Ewigkeit, und richte in ihr bald wieder auf den Thron, auf dem einst David saß... Gelobt seist du, Gott, der Jerusalem erbauet!» Die Worte des spanisch-hebräischen Dichters Jehuda Halevi (ca. 1075–1141) bestätigten diese Treue.

> O hätt ich Flügel, wie wollt ich, mein zerrissenes Herz
> In Deinen Rissen zu bergen, hin zu Dir jagen.
> Aufs Antlitz sänk ich, auf Deinen Boden, und Dein Gestein
> herzt ich, und liebkoste Deinen Staub mit Wehklagen.[7]

Nach der Vertreibung der Juden ging die Geschichte Jerusalems ebenso ungewöhnlich weiter. Die Byzantiner weihten die Stadt dem Christentum. Kaiser Konstantin ließ dort, wo man Golgotha vermutete, einen heidnischen Tempel niederreißen und an seiner Stelle die großartige Grabeskirche errichten. Sie war die zu jener Zeit prachtvollste christliche Basilika; übertroffen wurde sie erst zwei Jahrhunderte später von der Hagia Sophia in Konstantinopel, die Justinian typischerweise mit den Worten «Salomo, ich habe dich überflügelt!» einweihte. Die neue Grabeskirche befand sich nur ein paar hundert Meter westlich vom alten jüdischen Tempelberg. Eusebios frohlockte: «Somit... wurde das Neue Jerusalem gegenüber dem in alten

Zeiten so berühmten erbaut.»[8] Die Ruinen des alten jüdischen Tempelbergs ließ man ganz bewußt so stehen, um Jesu Prophezeiung zu bestätigen, die besagte: «Kein Stein wird auf dem anderen bleiben, alles wird niedergerissen» (Mk 13,2).

Die Araber, die die Stadt im siebten Jahrhundert einnahmen, schafften die aufgehäuften Trümmer und den Schutt beiseite. Sie besprenkelten das Plateau mit Rosenwasser, bauten den gewaltigen Felsendom, der heute an dieser Stelle steht, und machten Jerusalem zur drittheiligsten Stadt des Islam. Unter ihrer toleranten Herrschaft existierte der christliche Kult in der Stadt unbeeinträchtigt weiter. Jetzt durften sich auch wieder Juden in der Stadt niederlassen.

Die Araber ihrerseits wurden im Jahr 1099 von den Kreuzfahrern vertrieben. Diese Kreuzfahrer kamen bewaffnet mit einer tausend Jahre alten, eigenen Erinnerung, der Erinnerung an Christus. Angespornt zum einen durch die angebliche Gefahr, die dem Grab Christi drohte, zum anderen durch Habgier, waren die Kreuzfahrer teils Pilger, teils frühe Vorläufer des europäischen Kolonialismus. Der erste Kreuzritterkönig von Jerusalem, Balduin I., beschwor ganz bewußt wieder biblische Assoziationen herauf und verkündete die Wiederherstellung des Königreichs Davids. Er ließ sich in Bethlehem, der Stadt Davids, am Weihnachtstag krönen. Die Kreuzfahrer waren den anderen Religionen gegenüber absolut unduldsam. Mit dem Ruf «Deus vult!» (Gott will es!) metzelten sie – durch Ströme von Blut watend, wie ihre eigenen Chronisten voller Entsetzen berichteten – die überlebenden Moslems und Juden nieder. Sie entfernten die Halbmonde aus den großen Moscheen und wandelten diese in Kirchen um. Der Felsendom auf dem alten Tempelberg wurde in Tempel Salomos umbenannt und zu einer christlichen Basilika umgestaltet.

Ein Jahrhundert später kehrten die Moslems zurück, und die Altäre und Kreuze auf dem Tempelberg wurden wieder beseitigt. Die Grabeskirche und die meisten anderen Kirchen ließ man unangetastet. Die christlichen Gottesdienste fanden weiterhin statt wie bisher. Jetzt wurde die Stadt für das feudalstaatliche Europa ebenso wie für die Juden zu einer Hauptstadt der Erinnerung. Keine andere Geschichte übte im späten Mittelalter einen solchen Einfluß auf den Westen aus wie die vom Einzug der Kreuzfahrer in das irdische Jerusalem. Es entwickelte sich ein eigenes literarisches Genre, das diese Geschichte wieder und wieder erzählte, die sogenannte höfische Literatur des Mittelalters: von *Gesta Francorum et aliorum Hierosolymitanarum* (Die Taten der Franken und anderer Jerusalemiten) eines italienischen Ritters aus dem zwölften Jahrhundert bis hin zu Torquato Tassos *La Gierusalemme Liberata* (Das befreite Jerusalem) aus dem sechzehnten. Jahrhundertelang war Europa besessen von der Geschichte Jerusalems und jener Heerführer, die im Namen der Stadt gekämpft hatten: Tancred, Gottfried von Bouillon, Raimund von Toulouse, Friedrich Barbarossa, Richard Löwenherz, Ludwig der Heilige. Jerusalem verkörperte das höchste politische Ideal – die Rückgewinnung der verlorenen Grabeskirche –, und alle europäischen Könige sahen sich genötigt, sich zumindest mit Worten dazu zu bekennen. Sogar im fünfzehnten Jahrhundert fühlten sich europäische Könige praktisch noch dazu verpflichtet, auszuziehen und Jerusalem mit Gewalt zurückzuerobern. Als Heinrich V. von England 1422 in der Mitte des Hundertjährigen Krieges in Frankreich im Sterben lag, unterbrach er den Priester, der ihm die Letzte Ölung spendete, und erklärte, eigentlich sei es seine Absicht gewesen, nach der Herstellung des Friedens in Frankreich Jerusalem zu erobern, «*se ce eust été de Dieu sou createur de la laisser vivre son aage*» (wenn es Gott, seinem Schöpfer, gefallen hätte, ihn bis ins hohe Alter leben zu lassen)[9]. Nachdem er dies kundgetan hatte, befahl er dem Priester fortzufahren und starb.

Bis weit in die Neuzeit hinein gab es in Europa «Könige von Jerusalem». Jahrhunderte nach der Vertreibung der Kreuzfahrer aus der Stadt stritten sich die großen Fürsten Europas noch immer um diesen Titel. Ihn führten – manchmal sogar gleichzeitig – die deutschen Kaiser, die Könige von Spanien, England, Frankreich, Zypern und Sizilien und die Herzöge von Schwaben. Noch in der ersten Hälfte des neunzehnten Jahrhunderts betrachteten sich die Konsuln von Österreich und Sardinien in Jerusalem weniger als Repräsentanten ihrer Länder als vielmehr als Gesandte beziehungsweise Vizekönige des wahren «Königs von Jerusalem» – ein Titel, den ihre beiden Souveräne für sich beanspruchten.

An einem Sommertag, zwanzig Jahre nach der Vertreibung der Kreuzfahrer aus Jerusalem, trafen dreihundert jüdische Pilger aus Frankreich und England, darunter zahlreiche Rabbiner, in der Stadt ein. Einer von ihnen war der in der Provence lebende hebräische Dichter al-Charisi. Sie blieben einen Monat lang in Jerusalem und berichteten nach Hause, sie verbrächten dort eine höchst angenehme Zeit. Eines Tages versammelte sich die Pilgergemeinde zum Gebet auf dem Ölberg. Alle waren tief beeindruckt von dem berühmten Blick auf den Tempelplatz, der unter ihnen lag: «Was für eine Qual, unsere heiligen Stätten in einen fremden Tempel verwandelt zu sehen! Wir gaben uns Mühe, unsere Gesichter abzuwenden.» [10]

Denjenigen, die nicht an der Pilgerfahrt teilnehmen konnten, versicherten die jüdischen Gelehrten, daß sie durch Frömmigkeit und Gebet «Jerusalem täglich erbauen» würden. Der eine fügt den Mauern der Stadt eine ganze Reihe hinzu, «ein anderer nur einen Ziegel. Wenn Jerusalem fertiggestellt ist, wird die Erlösung kommen.» [11] Die Rabbiner entwickelten komplizierte Regeln und Rituale, um Jerusalem im Gedächtnis der von dort Vertriebenen lebendig zu halten. Kein Haus war ohne einen *zecher lachurban* (eine Erinnerung an die Zerstörung) – das heißt ein unfertig belassenes oder nicht angestrichenes Stück Wand und eine kleine Tafel, oft mit einer Skizze der Klagemauer, die die Gebetsrichtung anzeigte. Ein anderes bei den Juden übliches Ritual beinhaltete, daß dem Bräutigam am Hochzeitstag

Asche auf die Stirn gedrückt wurde – um ihn an das zerstörte Jerusalem zu erinnern.

Während die Jahrhunderte vergingen und Jerusalem für die Päpste von Rom und für die jüngeren Söhne der europäischen Feudalaristokratie nach und nach an Reiz verlor, während die Macht des Islam aufgrund seiner übermäßigen Ausdehnung und der zunehmend üppigen Lebensführung unterhöhlt wurde, verwandelte sich Jerusalem in eine verarmte, von der Pest heimgesuchte Provinzstadt am Rande des untergehenden Osmanischen Reiches. In einem osmanischen Reichsedikt aus dem siebzehnten Jahrhundert wird Jerusalem als entlegener Außenposten «an der Grenze Arabiens» beschrieben, «wo aufrührerische Beduinen den Frieden stören» [12]. Die großen christlichen Kirchen und die geistlichen Orden der Stadt überlebten die osmanische Herrschaft, oder vielmehr Mißherrschaft, durch Bestechung und dank dem Einfluß der europäischen Mächte. Dasselbe gilt für die wenigen jüdischen Synagogen und religiösen Lehrstätten. Die Juden – die meisten von ihnen waren bitter arm und lebten von Almosen – drängten sich in ihrem abgeschlossenen Viertel zusammen. «Diese unglückliche Nation», meinte im Jahr 1806 der deutsche Reisende Ulrich Seetzen, «welche auch hier, so wie überall, zu dem verachtetsten Volke gehört, gleicht dem Tantalus, welcher bey dem nahen Genusse des Ersehnten, nie zum wirklichen Genusse kommt...» [13]

Das Schicksal der Moslems war auch nicht sehr viel besser. Die meisten Besucher waren entsetzt über das Elend, das überall im Moslemischen Viertel herrschte. François René de Chateaubriand, der Jerusalem im selben Jahr besuchte wie Seetzen, äußerte sich kaum weniger erbost über das Elend und die Unterdrückung, die er mit eigenen Augen gesehen hatte: «Das einzige, was man in diesem Land hört, die einzige Rechtsprechung lautet: ‹Der da bekommt fünfhundert Peitschenhiebe. Der da wird geköpft.›» [14]

Das äußere Erscheinungsbild Jerusalems nahm ähnlich abschreckende Züge an. Offenbar ist die Stadt in den letzten Jahrhunderten der osmanischen Herrschaft weitgehend verfallen. «Wenn man ihre zerstörten Mauern sieht, ihren mit Schutt angefüllten Wallgraben, ihre an Trümmern erstickende Umgebung, so erkennt man diese berühmte Hauptstadt, die einst den mächtigsten Reichen auf der ganzen Welt die Stirn bot, kaum mehr wieder», stellte 1784 der Graf von Volney fest. «Für kurze Zeit hielt [sie dereinst] sogar Rom in Schach... Durch eine bizarre Wendung des Schicksals gelangt [sie] in ihrem schändlichen Zustand zu Ehre und Achtung.» [15] Gustave Flaubert nannte Jerusalem «un charnier entouré de murs» – ein von Mauern umgebenes Beinhaus. [16]

Im achtzehnten und zu Beginn des neunzehnten Jahrhunderts war Jerusalem ein weitaus unsichereres Pflaster als zwei- oder dreihundert Jahre früher. Erst nach 1831 verbesserte sich die Situation allmählich – als Folge der ägyptischen Besetzung der Stadt in diesem Jahr. Der «westlich orientierte» ägyptische General Ibrahim Pascha lockerte die Beschränkungen für Ausländer und für ortsansässige Juden. Zum erstenmal seit fünf Jahrhunderten erhielten die Christen die Erlaubnis, ihre Kirchenglocken zu läuten. Ibrahim Paschas Regierungszeit war von kurzer Dauer. 1840 wurde die osmanische Herrschaft wiederhergestellt. Doch unter dem Druck der europäischen Mächte blieb der von Ibrahim Pascha hergestellte Zustand größerer Sicherheit und Toleranz über seinen Tod hinaus bestehen.

Zwischen 1800 und 1870 verdreifachte sich die Bevölkerung Jerusalems auf etwa dreißigtausend Einwohner. Außerhalb der mittelalterlichen Mauern gab es nur wenige Häuser. Die Wüste reichte bis an die Tore der Stadt heran, die bei Sonnenuntergang geschlossen wurden; desgleichen jeden Freitagmittag zwischen elf Uhr und ein Uhr, wenn sich die türkische Garnison zur wöchentlichen Andacht in der Moschee versammelte. In den letzten drei Jahrzehnten des neunzehnten Jahrhunderts begann sich die Stadt jenseits der Mauer nach Westen und Süden in die Hügel auszudehnen; doch aus Sicherheitsgründen bauten die meisten Leute, die sich außerhalb der Mauern niederließen, ihre neuen Häuser innerhalb ummauerter Areale, die nachts abgesperrt wurden.

Bis 1914 war die Bevölkerung auf schätzungsweise achtzigtausend Einwohner angewachsen; mehr als die Hälfte davon waren Juden. 1917 endete die osmanische Herrschaft. Als die Briten in diesem Jahr von Ägypten her einmarschierten und die Stadt besetzten, fanden sie ein Jerusalem vor, dessen Bevölkerung durch eine Hungersnot um ein Drittel reduziert worden war. Unter britischer Herrschaft wuchs die Bevölkerung rasch wieder an, hauptsächlich dank jüdischer Einwanderer aus Mittel- und Osteuropa. Bis zum Jahr 1946, dem Vorabend des Rückzugs der Briten, war Jerusalem eine Stadt mit einer gemischten Bevölkerung – etwa einhunderttausend Juden und sechzigtausend Araber. 1948 war die Stadt ein Schlachtfeld. Die Juden von Jerusalem – inzwischen hießen sie Israelis – wurden von jordanischen Truppen und palästinensischen Guerillas belagert. Das kleine Jüdische Viertel innerhalb der Altstadtmauern wurde abgeriegelt, eine Belagerung innerhalb einer belagerten Stadt. Seine Bewohner (zumeist alte Männer und Frauen) erlitten schwere Verluste und ergaben sich. Die uralten Synagogen wurden von jordanischen Truppen oder vom Mob zerstört oder niedergebrannt.

Die Neustadt außerhalb der mittelalterlichen Mauern blieb belagert. Ihre Bevölkerung, die aus rund neunundneunzigtausend Juden bestand, wurde heftig von Artillerie beschossen. Nach sechswöchigen Straßenkämpfen, die die jüdische Bevölkerung mit einem sehr beschränkten Vorrat an Munition, Treibstoff, Wasser und Lebensmitteln bestritt, bekam sie Unterstützung: Verbänden aus den israelischen Gebieten in der Küstenebene gelang es endlich, sich einen Weg durch die Berge zu bahnen und den Belagerungszustand aufzuheben. Die Gefechtslinien, die sich während der wochenlangen schweren

Straßenkämpfe zwischen beiden Seiten bildeten, erstarrten zu einer Grenze zwischen den Nationen. Die Juden behielten die Kontrolle über die Neustadt im Süden und Westen der mittelalterlichen Mauern. Die Jordanier hielten an der Altstadt und den Vorstädten im Norden fest. Keine Seite konnte zu ihren wichtigsten Krankenhäusern und Friedhöfen gelangen. Der Campus der Hebräischen Universität auf dem Scopusberg blieb eine unzugängliche, von arabischem Gebiet umgebene Enklave.

In den Jahren 1948 bis 1967 war Jerusalem durch Gräben und Stacheldrahtzäune geteilt. Die Grenze zwischen dem von Jordanien beherrschten Ostjerusalem und dem von Israelis beherrschten Westjerusalem verlief unberechenbar durch geräumte Häuser und verlassene Straßen. Todesstreifen trennten einen Stadtteil vom anderen. Soldaten aus beiden Lagern streiften durch die Trümmer, legten Minen und Gegenminen. An den mit Einschüssen wie mit Pockennarben übersäten Mauern lagen vor sich hin rostende Überreste zerstörter Panzerwagen, die die Durchgangsstraßen aus der Zeit vor dem Krieg blockierten. In einem Waffenstillstandsvertrag zwischen Israel und Transjordanien wurde 1949 vereinbart, daß die Juden freien Zugang zur Universität auf dem Scopusberg und zur Klagemauer haben sollten. Die Jordanier hielten sich jedoch nie an diese Vereinbarung. An der sogenannten Stadtgrenze brach häufig ganz plötzlich Maschinengewehrfeuer aus. Nur Diplomaten und ein paar privilegierten ausländischen Touristen war es gestattet, von einer Seite auf die andere überzuwechseln. Der Übergang bestand aus einer Straßenblockade, flankiert von zwei Unterständen und hinter Sandsäcken verschanzten, grimmig blickenden Wachposten. Er trug den Namen Mandelbaumtor: Das von einer Bombe verwüstete Haus daneben hatte einem Mann mit diesem Namen gehört. Die Jordanier verlangten von allen Touristen, daß sie ihre Taufscheine vorlegten. Es hatte den Anschein, als sei es ihnen geradezu physisch unmöglich, das Wort ‹Israel› auszusprechen. Sie taten so, als würden die Touristen aus dem Nichts kommen, und gestatteten ihnen nicht, auf demselben Weg wieder in den israelischen Teil der Stadt zurückzukehren.

Diese Jahre waren für beide Seiten Jahre der Angst und der Nostalgie. Fromme Juden starrten von ihren Hausdächern über Minenfelder hinweg auf die verlorenen Steine der Mauer, an der sie nicht mehr beten durften. Die Araber wiederum starrten hinüber in die andere Richtung zu ihren Häusern in Westjerusalem, die sie während der Kämpfe notgedrungen aufgeben mußten und die jetzt von neuen jüdischen Einwanderern mit Beschlag belegt wurden. Auf israelischer Seite wurde eine eindrucksvolle neue Universität als Ersatz für die auf dem Scopusberg erbaut; es entstanden zahlreiche neue Wohnviertel, ebenso ein riesiges Verwaltungszentrum für die neue israelische Regierung, die die halbe Stadt zu Israels Hauptstadt erklärt hatte. Doch Jerusalem blieb auf beiden Seiten der großen Trennungslinie eine düstere Stadt. Untertags lagen Heckenschützen hinter Sandsäcken auf den Dächern verlassener Häuser im Hinterhalt. Bei Nacht bellten die Hunde auf beiden Seiten durch die Dunkelheit, so als führten sie den Kampf weiter, sobald ihre Herren schliefen, und kläfften sich gegenseitig an, bis der Tag anbrach.

Bis zum Ausbruch des nächsten Krieges zwischen Arabern und Israelis im Juni 1967 hatte sich die Bevölkerung auf israelischer Seite auf fast zweihunderttausend Einwohner verdoppelt. Auf jordanischer Seite waren es knapp über siebzigtausend. Die Kampfhandlungen begannen am 5. Juni. Der jordanische Angriff erfolgte vollkommen grundlos. Israel – zu diesem Zeitpunkt bereits im Krieg mit Ägypten – schickte über die Vereinten Nationen eine dringende Botschaft nach Amman, in der die Jordanier nachdrücklich aufgefordert wurden, sich aus dem Kampf herauszuhalten, und in der ihnen garantiert wurde, daß man ihr Territorium unangetastet lassen würde. König Hussein von Jordanien erhielt diese Botschaft, ignorierte sie aber. Der ägyptische Präsident Gamal Abd el-Nasser hatte ihm soeben versichert, daß die ägyptischen Streitkräfte an allen Fronten siegten.[17] Der israelische Teil der Stadt geriet im Nu unter jordanischen Artilleriebeschuß. «Sorgt für Israels Ende», ermahnte Radio Amman am Mittag die jordanischen Soldaten, «schlagt es überall, bis zum Sieg!»[18] Am Abend starteten die israelischen Streitkräfte einen Gegenangriff. In einem achtundvierzig Stunden dauernden heftigen Kampf nahmen sie die gesamte Stadt ein (und dazu das ganze Gebiet am Westufer des Jordan, die sogenannte West-Bank).

Als der Kampf zu Ende war, überquerte General Mosche Dayan, der Verteidigungsminister und begeistert umjubelte Held dieses Krieges, die Grenzlinie zum arabischen Teil Jerusalems. Als er die Hänge des Scopusberges erreichte, soll er als erstes gesagt haben: «Was für ein göttlicher Blick!»[19] Aus dem Munde eines derart wenig religiösen Mannes war das ein ganz besonderes Kompliment. Anschließend setzten sich der Minister und seine Begleiter mit Tarnnetzen überzogene Helme auf und gingen durch das Löwentor in die Altstadt, um die Klagemauer und die Moscheen auf dem Tempelberg in Augenschein zu nehmen. Es war der Vorabend von Schawuot – dem Wochenfest –, in alten Zeiten einer der drei Tage im Jahr, an denen die Juden nach Jerusalem pilgerten. Während der folgenden Tage drängten sich Hunderttausende von Israelis in den schmalen Gassen der Altstadt und erkundeten jede historische Nische und jeden religionsträchtigen Winkel.

Die arabische Bevölkerung befand sich in einem Schockzustand. Sie begegnete den Israelis mit einer Mischung aus Angst, Neugier und der Hoffnung, daß ihre Anwesenheit in Ostjerusalem nur von kurzer Dauer sein würde. Doch die Israelis stellten von vornherein klar, daß sie zu bleiben gedachten.

Beinahe umgehend wurde Ostjerusalem von Israel offiziell annektiert. Die Massen standen auch weiterhin voller Ehrfurcht auf dem neuen Platz vor der Klagemauer. Um Raum für sie zu schaffen, hatte man über Nacht ein ganzes moslemisches Viertel mit Bulldozern niederreißen und den Boden mit schweren Walzen einebnen lassen. Die Araber protestierten gegen die Annektierung und die Auflösung ihrer eigenen Stadtverwaltung in Ostjerusalem. Der arabische Bürgermeister von Ostjerusalem und seine Stadträte lehnten das Angebot ab, in der israelischen Stadtverwaltung von Westjerusalem als «Berater» mitzuwirken. Der ehemalige arabische Bürgermeister wurde der «Aufwiegelung» bezichtigt und nach Jordanien abgeschoben; seine Stadträte protestierten weiterhin gegen die Besetzung. Die meisten Israelis betrachteten die Stadt nicht als besetzt, sondern als befreit. Einige meinten – vielleicht eine etwas zu bequeme Sichtweise –, sie sei wiedervereint. Die wirkliche Wiedervereinigung der beiden Teile wurde zum heißersehnten Ziel der Israelis aller politischen Richtungen. David Ben Gurion, der erste Premierminister Israels, löste bei Stadtplanern und Ästheten Empörung aus, als er, vermutlich aus Spaß, forderte, man solle die Altstadtmauern niederreißen, um die zwei Stadthälften zusammenzuschmieden. Ben Gurion, ein ganz und gar unreligiöser Mensch, der sich in der Vergangenheit, ähnlich wie viele andere zionistische Führer, nie mit Jerusalem anfreunden konnte, rief Zehntausende von Juden dazu auf, sich umgehend in Ostjerusalem niederzulassen, wenn nötig «in schnell zusammengeschusterten Hütten ... um der Welt deutlich zu zeigen, daß man es uns nie wieder wegnehmen wird» [20]. Im ehemaligen Jüdischen Viertel in der Altstadt wurden Araber dazu gezwungen, die Häuser zu räumen, die vor 1948 Juden gehört hatten. Doch umgekehrt durften die Araber ihr Eigentum auf der anderen Seite der ehemaligen Trennungslinie, das sie 1948 notgedrungen zurücklassen mußten, in der vereinten Stadt nicht wieder in Besitz nehmen. Auch meldeten die meisten von ihnen keine formellen Ansprüche auf Entschädigung an. Die meisten Araber in Jerusalem boykottierten weiterhin alle offiziellen israelischen Einrichtungen.

Jerusalem war nur ein kleiner Teil dessen, was Israel im Sechstagekrieg an Gebiet gewann. Seitdem sind die Israelis – bis zum heutigen Tag – in «Falken» und «Tauben» gespalten.

Erstere betrachteten die neu hinzugewonnenen Gebiete als dauerhafte Erwerbung; letztere sahen sie als vorübergehend vereinnahmte Tauschcoupons für den Frieden. Einig waren sich beide Seiten darüber, daß sie eine Kompromißlösung für Jerusalem ablehnten. Die beiden Teile der Stadt wurden feierlich zur Hauptstadt Israels «für immer und ewig» erklärt.

Obwohl die Straßen zu Anfang noch teilweise von den Trümmern des Krieges blockiert waren und Flüchtlinge aus der arabischen Stadt voll blinder, irrationaler Angst über den Fluß in Richtung Osten nach Jordanien flohen, herrschte in der wiedervereinten Stadt ein paar Tage lang ein ganz ungewöhnlicher Zustand der Völkervermischung. Kilometerlange Stacheldrahtzäune wurden zusammengerollt. Gefechtsstände und Minenfelder wurden abgebaut. Alte Bekanntschaften zwischen Arabern und Israelis wurden aufgefrischt. Die Euphorie war einseitig und von kurzer Dauer. Die sichtbaren Narben des Krieges wurden beiseite geräumt, und rein äußerlich verbanden sich die zwei Hälften der Stadt wieder zu einem gemeinsamen Ganzen; doch im Grunde blieb Jerusalem, ähnlich wie Ulster in Irland, geteilt durch die eiternden Wunden, den Haß und die Angst, die der unablässige Konflikt zwischen Nationalitäten und Religionen hervorrief.

Zum erstenmal im Verlauf von fast zweitausend Jahren beherrschten Juden die gesamte historische Stadt. Benjamin Disraeli, ein Romantiker, dem die Macht der Erinnerung deutlich bewußt war, hatte diese Möglichkeit im neunzehnten Jahrhundert deutlich vorhergesehen: «Ein Volk, das selbst dann noch die Weinernte feiert, wenn es keine Trauben mehr erntet, wird seine Weinberge zurückgewinnen.» Doch auch in anderer Beziehung hatte sich der Kreis der Geschichte geschlossen. Daß Jerusalem an die Juden gefallen war, brachte die arabische Welt derart in Harnisch wie kein anderes Ereignis seit den Kreuzzügen. Bei den Palästinensern entwickelte sich eine neue Art von Bewußtsein, ein Spiegelbild des Zionismus, ein Eifer, eine gewaltsame Leidenschaft, die in blindem Terror gipfelte. «Wenn ich dich je vergesse, Jerusalem», wurde jetzt zum Schlachtruf der Araber und Moslems von Syrien bis Saudi-Arabien und von Marokko bis zum Iran.

Seit dieser Zeit ist die Stadt ungeheuer gewachsen, ihre Fläche hat sich verdreifacht und ihre Einwohnerzahl nahezu verdoppelt.[21] Die Sieger leben Seite an Seite mit den Besiegten, doch so getrennt und unerbittlich wie zuvor. Vor 1967 war Westjerusalem die Sackgasse am Ende einer schmalen Schneise vom Meer her gewesen. Ostjerusalem, das in einer abgelegenen und vernachlässigten Ecke des Königreichs Jordanien lag, war nicht weniger isoliert und provinziell gewesen. Aus den zwei ehemals separaten Teilen wurde schnell eine lebendige, aufblühende und oftmals mit Touristen überlaufene Stadt. Politisch betrachtet blieb Jerusalem zerstückelt wie eh und je. Mehr als zwanzig Jahre nach der Wiedervereinigung wird es von Streiks und Tumulten der Palästinenser und gelegentlichen Gegenschlägen heimgesucht.

Heute erstreckt sich Jerusalem bis zu den Vororten von Bethlehem im Süden und Ramallah im Norden. Die eigentliche Stadt ist etwa ebenso groß wie Florenz – also eine Kommune mittlerer Größe mit etwa einer halben Million Einwohner. Zusammen mit den ziemlich dicht besiedelten Neubaugebieten ringsum beläuft sich die Bevölkerung des Großraums Jerusalem inzwischen auf über sechshunderttausend Einwohner.

Die neuen Wohnviertel haben die Landschaft tiefgreifend verändert. Die alte Trennungslinie zwischen der Stadt und der ländlichen Umgebung, die früher ein hervorstechendes Merkmal Jerusalems war, ist nahezu verschwunden. Man hat Hochhäuser errichtet und mehrspurige Schnellstraßen in die Hügelflanken gekerbt. In der fliegenden Hast, mit der man nach 1967 eine neue Hauptstadt aufbauen wollte, holten die Stadtväter den Rat einiger berühmter Architekten und Städteplaner aus der ganzen Welt ein. Diese wurden gebeten, zu Projekten größeren Ausmaßes Stellung zu nehmen. Was dabei herauskam, war ein Schock für das Establishment, das selbstverständlich daran gewöhnt war, daß seine Vorhaben so gut wie einstimmige Zustimmung fanden. Die Experten hingegen waren sich mehr oder minder einig in ihrer Kritik dessen, was bereits gebaut worden und was für die Zukunft geplant war. Ein Großteil der Kritik bezog sich auf die Dimensionen. Der amerikanische Stadthistoriker Lewis Mumford riet dem Bürgermeister, sich lieber an den Hinweis aus dem Psalm 122,3 zu halten – «Jerusalem... dicht gebaut und fest gefügt» – als an das Paris des Barons Haussmann mit seinem strategischen Netzwerk axial verlaufender Boulevards, das ursprünglich dem Zweck dienen sollte, Volksaufstände niederzuschlagen. Dieser Ratschlag wurde nur teilweise befolgt. Mit Ausnahme der neuen Parks war ein Großteil der Stadtplanung nach 1967 kurzsichtig. In vielen Fällen verbargen sich dahinter politische Motive. Das Jüdische Viertel in der Altstadt wurde wiederaufgebaut und wieder bevölkert. Doch durch den Bau der neuen Vororte auf den planierten Hügelkuppen rings um die Stadt wurde das, was noch vor ein paar Jahrzehnten wie eine beinahe unberührte Landschaft aussah, unter Gießbeton begraben.

Die neuen Vororte – ausschließlich für die wachsende jüdische Bevölkerung gedacht – wurden von der Zentralregierung heftig subventioniert und auf enteignetem arabischem Grund und Boden errichtet. Für die arabische Bevölkerung, die beinahe ebenso schnell anwuchs, wurde nur wenig staatlich geförderter Wohnraum zur Verfügung gestellt. Die Tatsache, daß die meisten Araber weiterhin die Stadtratswahlen boykottierten, trug zu einem Mißverhältnis bei der Verteilung öffentlicher Gelder bei. Die Stadtverwaltung, an ihrer Spitze der beliebte Bürgermeister Teddy Kollek, hätte es lieber gesehen, wenn man, statt in den Außenbezirken aus politischen Gründen Prachtbauten zu errichten, den alten Stadtkern und das im Zentrum gelegene Geschäftsviertel gründlicher ausgebaut hätte. Auch hätte Kollek gerne mehr für die arabische Bevölkerung im ehemaligen jordanischen Teil der Stadt getan. Aber in einer Situation, die seit 1967 von politischer Hetze und von der Bürokratie einer Zentralregierung beherrscht wurde, die darauf bedacht war, die israelische Präsenz dadurch zu konsolidieren, daß sie in den Randgebieten politische Tatsachen schuf, konnte die Stadtverwaltung wenig ausrichten. Das Moslemische Viertel, gleich neben dem ungeheuer aufwendig restaurierten und «veredelten» Jüdischen Viertel in der Altstadt, wurde so gut wie nicht angetastet und blieb folglich ein Slum, so ziemlich das übelste von ganz Jerusalem.

Nach 1967 richtete sich in Jerusalem die Form nicht nach der Funktion, sondern nach Ideologie und Politik. Und die Politik der Stadtplanung und des Wohnungsbaus in dieser Zeit war eine Politik der Demographie und der Annexion. Vororte und Satellitenstädte werden normalerweise gebaut, weil die eigentliche Stadt den Bedarf an Wohnraum nicht mehr decken kann: *Bedürfnisse werden befriedigt*. Doch die neuen Vororte und Satellitenstädte Jerusalems wurden nicht gebaut, weil innerhalb der Stadt nicht genug Wohnraum zur Verfügung gestanden hätte, sondern um das arabische Gebiet rings um die Stadt mit israelischen Einwohnern zu bevölkern: *Bedürfnisse wurden künstlich geschaffen*.

Was die Architektur Jerusalems betraf, so herrschte nach wie vor ein merkwürdiges Durcheinander. Die hier vertretenen Baustile waren schon immer in hohem Maße eklektisch gewesen. In Anbetracht seiner langen Geschichte verfeindeter Religionen und sich bekriegender Glaubensgemeinschaften und Nationalitäten hatte Jerusalem nie eine einheitliche kulturelle oder gesellschaftliche Grundlage besessen; und folglich hatte es auch nie einen eigenen Baustil entwickelt. Die alten Hebräer waren nicht für ihre materielle Kultur berühmt, sondern wegen ihrer Leistungen auf anderen Gebieten. Das Baumaterial, die Architekten und der Baustil von Salomos erstem Tempel und dem Königspalast wurden aus dem benachbarten Phönizien importiert. Salomos Stadt muß eine Mischung aus ägyptischen, phönizischen und mesopotamischen Elementen gewesen sein.

Im Jerusalem zur Zeit von Herodes oder von Jesus herrschte ein Gemisch aus ptolemäisch-ägyptischem und klassisch-griechischem Stil. (Bei den umfassenden Ausgrabungen der vergangenen fünfzig Jahre ist kaum etwas anderes zum Vorschein gekommen.) Im Jahr 132 v. Chr. baute Hadrian Jerusalem als ganz normale römische Garnisonstadt wieder auf, kaum anders als Köln und wahrscheinlich viel bescheidener. Das Jerusalem Justinians im sechsten Jahrhundert war kunstvoll byzantinisch gestaltet. Die Araber fügten dieser aufwendigen Bausubstanz die strengen Linien der Wüstenarchitektur und geometrische Muster hinzu. Die Kreuzfahrer importierten die Romanik. Die Mamelucken-Sultane von Ägypten steuerten eine Anzahl prächtiger mittelalterlicher Kairoer Stadthäuser bei. 1540 wurde alles zusammen mit einer ausgezeichnet konstruierten neuen Mauer umgeben, die ein hervorragender osmanischer Baumeister, möglicherweise der berühmte Sinan, der Erbauer der Blauen Moschee in Istanbul, entworfen hatte.

Die eklektische Mischung der heutzutage in Jerusalem vertretenen Stile, die fast alle importiert sind, spiegelt den sich wandelnden Geschmack von nationalen und religiösen Gruppierungen, von Eroberern, Pilgern, Priestern und Siedlern der vergangenen zwanzig Jahrhunderte wider: Römer, Byzantiner und Araber; Kreuzfahrer und Armenier; Perser, Mamelucken und Türken; Juden aus allen Regionen der Erde; Äthiopier, Kopten, Griechen, Spanier, Deutsche, Schweden, Engländer und Amerikaner. Zu Beginn dieses Jahrhunderts begann die große Bautätigkeit der wichtigsten Kolonialmächte – Frankreich, England, Rußland, Italien und Deutschland. Sie war zum großen Teil politisch motiviert. Kirchen, Krankenhäuser und Hospize wurden errichtet, immer im eigenen «nationalen Stil» – wie in den Boden gepflanzte Flaggen. Das Durcheinander, das der Kenner anderswo verächtlich als trivial zurückweisen würde, erscheint einem hier gerechtfertigt, ja sogar reizvoll und attraktiv. Hier einige der auffallenderen Bauwerke der Stadt:

- Die Kopie eines von Gebäuden umschlossenen, quadratischen Hofes, wie man sie von den Colleges in Oxford her kennt, im Sitz des anglikanischen Bischofs an der Nablus Road.
- Ein Mameluckenbrunnen auf der Esplanade des Tempelbergs, ganz im Kairener Stil des fünfzehnten Jahrhunderts, den ein ägyptischer Sultan gestiftet hatte, auf daß er den Durst der Pilger stillen und ihre Augen und Füße erfreuen möge.
- Der Felsendom aus dem siebten Jahrhundert, das erhabenste Bauwerk in Jerusalem und womöglich im ganzen Islam, erbaut von syrischen Steinmetzen im christlich-byzantinischen Stil der damaligen Zeit; sein achteckiges Äußeres ist mit wunderschönen persischen Fliesen aus dem siebzehnten Jahrhundert bedeckt.
- Eine bescheidene kleine Synagoge in Mea Shearim, die aussieht, als habe man sie vor zweihundert Jahren aus irgendeinem jüdischen Schtetl in Nordosteuropa nach Jerusalem verpflanzt.
- Eine griechische Windmühle aus dem neunzehnten Jahrhundert, die über dem Hinnomtal steht, als hätte man sie von irgendeiner ägäischen Insel nach Jerusalem versetzt.
- Die zwiebelförmigen Kuppeln einer russisch-orthodoxen Kirche in Gethsemane, die stark an Moskau erinnern.
- Die militärische Fassade des Mischkenot Scha'ananim, des Gästehauses der Stadt für auswärtige Künstler und Gelehrte, das ein englischer Philanthrop namens Sir Moses Montefiore im letzten Jahrhundert erbauen ließ. Mit seinen gleichmäßig ausgerichteten Fenstern und den Pseudo-Zinnen an zierlichen schmiedeeisernen Balustraden und Veranden hätte es ebensogut eine englische Offiziersmesse in Malta oder Lahore, ein Zollspeicher in Ostafrika oder ein Zollamt auf den Bermudas sein können.
- Das frühere, von Kaiser Wilhelm II. gestiftete Hospiz, das mit seiner auffälligen gotischen Linienführung an ein Rheinschloß erinnert und die Silhouette der Stadt auf dem Scopus-

berg beherrscht. Auf den Wandgemälden in der Kapelle ist Wilhelm II. als byzantinischer Kaiser abgebildet; auf seinen Knien hält er das architektonische Modell dieses Hospizes. Es wurde 1908 erbaut, Gerüchten zufolge in der Annahme, daß die Deutschen Jerusalem erobern würden.

- Die von dem patriotischen deutschen Architekten Bruno Schultz stammende neoromanische Erlöserkirche in der Altstadt – von Wilhelm II. im Jahr 1898 eingeweiht –, die den jungen Adolf Hitler, ähnlich wie die Pariser Oper, derart faszinierte, daß er einen ganzen Notizblock mit Skizzen füllte. (Derselbe Architekt baute später das Völkerschlachtdenkmal in Leipzig, das an den hundertsten Jahrestag des Sieges über Napoleon erinnern soll.)
- Die Kopie des Turmes vom Palazzo Vecchio in Florenz auf dem Dach einer ehemaligen italienischen Klinik und Kirche, ein Gebäude, das jetzt den Jarmulke-tragenden orthodoxen Beamten des israelischen Erziehungsministeriums als Amtssitz dient.
- Die süddeutsche dörfliche Architektur der ehemaligen Deutschen Kolonie südlich der Altstadt, die fromme protestantische Siedler im letzten Jahrhundert aus ihrer Heimat Baden-Württemberg mitbrachten.
- Das protzige Clubhaus an der King David Street mit seinem hohen, phallischen Turm – kein Wunder, Amerikas Beitrag zum Gesamtbild. (Es stammt von demselben eklektischen Architekten, der für Colonel Robert McCormick den Wolkenkratzer der *Chicago Tribune* baute, und beherbergt den YMCA.)
- Die rein romanischen Bögen der französischen Annakirche an der Via Dolorosa aus dem zwölften Jahrhundert.
- Die klaren, funktionellen Konturen einer Bank an der Jaffa Road und ein Krankenhaus auf dem Scopusberg, das 1930 von Erich Mendelssohn in bestem Bauhaus-Stil errichtet wurde.

Eine gewisse Einheitlichkeit bezüglich Struktur, Farbe und Baumaterial überbrückt die größeren geschmacklichen, nationalen und religiösen Extreme, dämpft den Kontrast zwischen Alt und Neu, Europäisch und Orientalisch, Arm und Reich, Palästinensisch und Israelisch, Moslemisch und Jüdisch. Dies ist größtenteils auf den überall verwendeten Jerusalemer Stein zurückzuführen. Jerusalem ist seit Jahrhunderten eine im wahrsten Sinne des Wortes aus Stein erbaute Stadt. Ganz gleich, zu welcher Zeit und in welchem Stil gebaut wurde, das einzige in Jerusalem verwendete Baumaterial war von jeher der glatte helle, in der Umgebung gebrochene Stein, der sich leicht schneiden läßt, aber mit der Zeit hart wird und durch die Witterung eine blaugraue, rosa oder bernsteingelbe Färbung annimmt. Seine Verwendung ist gesetzlich vorgeschrieben. Sir Ronald Storrs, der erste britische Militärgouverneur von Jerusalem, erließ dieses Gesetz im Jahr 1917 – einer der hervorragendsten Beiträge, den je ein britischer Kolonialverwalter zum ästhetischen Erscheinungsbild einer historischen Stadt geleistet hat. Es wurde von allen nachfolgenden Regierungen (und zwischen 1948 und 1967 auch auf beiden Seiten des Stacheldrahtzaunes) mehr oder minder gewissenhaft befolgt.[22] Alle neuen Gebäude in Jerusalem müssen auch heute noch aus Stein gebaut oder mit Stein verkleidet werden. Die Ergebnisse sind häufig sehr erfreulich. Doch obwohl die neuen, ziemlich monströsen Hotels und Bürogebäude mit Stein verkleidet wurden, die alte Silhouette der Stadt und die menschlichen Dimensionen der Vergangenheit sind unwiederbringlich verlorengegangen.

Die zwei wichtigsten Gemeinden, die Palästinenser und die Israelis, leben und arbeiten noch immer weitgehend voneinander getrennt in eigenen Vierteln, fast so, als wäre die Stadt noch durch Minenfelder und Stacheldrahtzäune in zwei Teile geteilt. Die Spannung schwelt immer knapp unter der Oberfläche. Obwohl Jerusalem seit 1967 eine Zentralverwaltung hat, bleibt es ein Nährboden für Gettos. Die Menschen auf der einen Seite des großen politischen und religiösen Grabens haben keine Ahnung vom Alltagsleben auf der anderen Seite. Die Palästinenser haben ihre eigenen arabischen Zeitungen, die, ebenso wie die hebräischen Zeitungen auf israelischer Seite, über die Ereignisse jenseits der Trennungslinie ausschließlich unter dem Aspekt des Konflikts berichten.

Es gibt zwei deutlich voneinander abgegrenzte Stadtzentren – also zwei Geschäfts- und Vergnügungsviertel –, ein palästinensisches und ein israelisches. Sozialpolitik wird in beiden Teilen nach unterschiedlichen Kriterien betrieben. Jede Gemeinde hat ihre eigene Feuerwehr, ihre eigenen Krankenhäuser und Rettungsdienste. Die Schulen sind völlig getrennt. Es gibt zwei städtische und überregionale Transportsysteme, die häufig dieselben Strecken befahren; zwei Stromversorgungsnetze (die von einer israelischen beziehungsweise einer palästinensischen Gesellschaft betrieben werden) und zwei Preisskalen für Immobilien. Juden benützen keinen arabischen Strom, wenn es sich vermeiden läßt, und kein Araber würde sein Geld auf eine israelische Bank bringen, wenn er es umgehen kann. Die neuen jüdischen Vorstädte jenseits der alten Demarkationslinie sind häufig in sich abgeschlossene, dicht besiedelte Enklaven, umgeben von ländlichen Gebieten, die spärlich mit Palästinensern besiedelt sind. Ein raffiniertes neues Straßennetz gestattet es den in den neuen Vororten lebenden Israelis, in die Stadt und wieder zurück zu fahren, ohne einen Araber zu Gesicht zu bekommen.

Die Hügel und Täler rings um die Altstadt führen noch immer ihre uralten, gespenstischen Namen – Berg des bösen Rats, Berg des Ärgernisses, Hinnomtal (Tal der Hölle). Ihr äußeres Erscheinungsbild hat sich in den vergangenen Jahren gewaltig verändert. Heimkehrer, die seit den frühen sechziger Jahren nicht mehr in Jerusalem gewesen sind, erkennen die Umgebung kaum wieder. Ausgedehnte kahle Bodenwellen sind jetzt begrünt. Rings um die Altstadt hat man neue öffentliche Parks mit gepflegten Rasenflächen und Bäumen angelegt. Gegen diesen unerwartet grünen Vordergrund heben sich die vor kurzem freigelegten und wiederhergestellten Festungswälle im Sonnenlicht majestätisch ab. Der Schutt von Jahrhunderten wurde ausgegraben und weggeschafft. Die alten Mauern sind abgewetzt, grau und verwittert und wirken mit ihren Türmen ausgesprochen wuchtig. Vermutlich zum erstenmal seit dem achtzehnten Jahrhundert liegen sie jetzt völlig offen zutage. Reihe um Reihe wurden die Quadersteine aus dem ersten Jahrhundert, der Zeit des Herodes, und aus der Zeit der Kreuzzüge freigelegt. Hie und da sind an den Mauern noch Einschußlöcher zu sehen. Die meisten anderen Kriegsnarben sind verschwunden. Bei Nacht werden die Mauern mit blauen Scheinwerfern direkt angestrahlt, so daß manchmal der Eindruck einer Hollywood-Kulisse entsteht – als würde sich der Hintergrund jeden Augenblick in Papier und heiße Luft auflösen.

Unterhalb der alten Festungswälle hat man in den vergangenen Jahren außerdem die Überreste der ursprünglich jebusitischen, davidischen und hasmonäischen Stadt ausgegraben. Dabei mußten sich die Archäologen gegen gewalttätige ultra-orthodoxe Demonstranten zur Wehr setzen, die der Ansicht waren, bei den Ausgrabungen würden alte jüdische Gräber zerstört. Innerhalb der Mauern legten die Archäologen eine Anzahl merkwürdige, von historischem Ruß geschwärzte «abgebrannte Häuser» frei; angeblich sollen sie von den römischen Legionen geplündert worden sein, die Jerusalem im Jahr 70 v. Chr. bis auf die Grundmauern niederbrannten und seine Bewohner in die Verbannung schleppten. In der Neustadt entstanden im Anschluß an die Wiedervereinigung von 1967 ebenfalls schöne neue Parks, neue Theater, neue Konzertsäle und Museen. Die neuen Gebäude der Hebräischen Universität liegen oben auf dem Scopusberg. Ihre gewaltigen Steinmassen – Fremde halten sie häufig irrtümlich für eine Festungsanlage – wirken wie ein Spiegelbild der ummauerten Stadt zu ihren Füßen.

Selbst dem oberflächlichen Betrachter fallen nahezu überall die sichtbaren Anzeichen für eine neue Führungsmacht auf, die sich in Anbetracht des ungelösten internationalen Status von Jerusalem ihrer Sache noch nicht ganz sicher ist. Sie dienen dem Zweck, den Status von Jerusalem als der Hauptstadt Israels nachhaltig zu betonen: neue, jenseits der alten Demarkationslinien errichtete Ministerien (einige ausländische Politiker und Diplomaten boykottieren sie nach wie vor, um auf diese Weise gegen die Annektierung von Ostjerusalem durch Israel zu protestieren); Fahnenmasten entlang der wichtigsten Schnellstraßen; Motorradeskorten – und irrwitzige Verkehrsstaus –, die den gelegentlichen Staatsbesuch eines ausländischen Machthabers anzeigen. Staatsbesuche in Jerusalem – der denkwürdigste seit 1967 war der von Präsident Anwar as-Sadat von Ägypten – sind hier um so bemerkenswerter, als Jerusalem nicht auf der ganzen Welt als die Hauptstadt Israels anerkannt wird. Die meisten ausländischen Diplomaten fahren täglich von ihren Botschaften in Tel Aviv hierher.

Die Vereinigten Staaten, Großbritannien, Italien, Belgien, Griechenland, Spanien und Frankreich unterhalten lediglich Konsulate in Jerusalem. Geleitet werden sie von Diplomaten, die häufig den Rang von Botschaftern innehaben, bei den israelischen Behörden jedoch nicht akkreditiert sind. Sie unterstehen auch nicht ihren Botschaften in Tel Aviv, sondern direkt dem jeweiligen Außenministerium. Diese Konsuln befassen sich in erster Linie mit der arabischen Bevölkerung von Ostjerusalem und in der besetzten West-Bank; de facto sind sie Botschafter beim Volk der Palästinenser. Nur das Konsulat der Vereinigten Staaten lädt Israelis und Palästinenser zu denselben Veranstaltungen ein – von den Palästinensern wurden sie in den vergangenen Jahren allerdings zunehmend boykottiert. Die anderen geben an ihren Nationalfeiertagen zwei separate Feste – eins für Israelis aus Westjerusalem und eins für Palästinenser aus Ostjerusalem. Ein Apostolischer Delegierter repräsentiert den Vatikan in Jerusalem, doch läßt sich schwer feststellen, bei wem und auf welche Weise, da auch er die israelische Regierung boykottiert. Der Vatikan hat, zum Teil aus theologischen Gründen, Israel nie anerkannt, nicht einmal innerhalb der Grenzen von vor 1967. Letzten Endes wird in Jerusalem alles zu einer Glaubensfrage. Die Reformer stehen der Gegenreform gegenüber. Die Israelis betonen immer wieder die Rolle Jerusalems als ihrer Hauptstadt. Bei all den feierlichen Ansprachen, den Staatszeremonien, die sehr sorgfältig und festlich inszeniert werden, bei den Schulkindern, die in der Stadt herumgeführt werden, bei den Symbolen, den Fahnenmasten, den Militärparaden, dem ungeheuren Pomp und Zeremoniell, handelt es sich um eine Art säkularer Religion. Sie erinnern an eine andere berühmte heilige Stadt, nämlich Benares, wo in einem der riesigen Tempel als wichtigster Kultgegenstand eine Karte von Indien verehrt wird.

Heutzutage breitet sich die Neustadt über die Hügelkuppen aus. Die Täler sind nach wie vor grün. In den neuen Wohngebieten verlaufen zwischen den staatlich finanzierten, gedrängt stehenden Gebäudekomplexen breite und großzügige Straßen. Die Straßen in der Altstadt sind schmal, steil und steinig. Viele sind überdacht. Alles ist eng und überfüllt, alt, heruntergekommen und ineinander verschlungen. Unter einer steinernen Brüstung, die ein britischer Ingenieur nach dem Ersten Weltkrieg hier angebracht hat, befindet sich ein Torweg, der von den Mamelucken auf einem Turm aus der Kreuzfahrerzeit erbaut wurde, der seinerseits auf Grundmauern aus der Zeit des Herodes steht. Über ein frühisraelitisches Stück Straßenpflaster spannt sich ein romanischer Bogen aus dem ersten Jahrhundert, der die Apsis einer byzantinischen Kirche mit dem oberen Ende einer hellenistischen Säule verbindet. Eine arabische Karawanserei aus dem achtzehnten Jahrhundert steht zum Teil auf einem römischen Turm aus dem zweiten Jahrhundert und teilweise auf einer jüdischen Festung, die sich auf fast hundertzwanzig Jahre vor der Zerstörung Jerusalems durch Nebukadnezar zurückdatieren läßt. Diese Festung wiederum wurde auf Grundmauern aus der Zeit der Jebusiter errichtet. Diese, so heißt es, stehen auf dem gewachsenen Fels. Doch halt! Auf dem natürlichen Fels hat man an einigen Stellen Gerätschaften gefunden, die ohne Zweifel aus dem frühen Bronzezeitalter stammen. Und schließlich ist die Fassade der Karawanserei noch mit Graffiti aus jüngster Zeit bedeckt, in denen die Tugenden der Palästinensischen Befreiungsorganisation gepriesen werden.

Wenn man durch die schmalen Gassen der Altstadt spaziert, so kommt es einem manchmal vor, als befände man sich in einem Gefängnis oder in einer Festung, gleichzeitig aber, als stünde man am Rande eines Abgrunds. Und wenn man auf den Tempelberg hinaufsteigt, hat man das überwältigende Gefühl, als würde man an einen höheren Ort emporgehoben. Man kann oben auf den Mauern des Herodes stehen und durch schmale Schlitze zwischen den Steinen schauen, durch die im Mittelalter die Bogenschützen ihre Pfeile abschossen und die Soldaten siedendes Öl hinabgossen. Dahinter fallen die sandigen Hänge steil ab, in einen Abgrund, der vollkommen mit Gräbern bedeckt ist.

Die imposante türkische Festung vor dem Jaffator (Zitadelle oder Davidsturm genannt) schlägt eine Brücke über die Jahrhunderte hinweg. Ihre gewaltigen Türme stammen aus der Zeit vor der Zerstörung der Stadt durch die Römer. Sie wurden von dem verrückten Herodes erbaut und stehen auf hasmonäischen oder frühisraelitischen Überresten aus dem siebten vorchristlichen Jahrhundert, der Zeit von Jesaja und Jeremia. Josephus zufolge war die Zitadelle der königliche Palast des Herodes; dieser, so schrieb er, war so «unbeschreiblich prunkvoll», daß es «nicht möglich [ist, ihn] in allen Einzelheiten gebührend zu schildern». Der Palast war prachtvoll verziert und hatte, wie Josephus berichtete, «große Speisesäle und Ruhebetten für Hunderte von Gästen»[23]. Drei Jahrzehnte später befand sich in der Zitadelle das Prätorium von Jerusalem, in dem Pontius Pilatus über Jesus zu Gericht saß. Hier flochten römische Soldaten eine Krone aus Dornen und setzten sie dem Nazarener aufs Haupt. Die echte Via Dolorosa, falls es eine gab, verlief von hier aus durch den Basar. Als der römische Feldherr und spätere Kaiser Titus im Jahr 70 n. Chr. die Stadt vollkommen zerstörte, ließ er die drei gigantischen Türme der Zitadelle als Siegesdenkmal stehen, um, wie Josephus schrieb, «der Nachwelt Zeugnis zu geben, wie herrlich und wie stark befestigt die Stadt war, die der römischen Tapferkeit erlag» [24]. Selbst heute noch ist man von den wunderbar behauenen und proportionierten Steinen beeindruckt. Sie sind gewaltiger als alles, was Rom oder Griechenland (nicht allerdings Ägypten) zu bieten haben. Der Hauptturm diente den Königen der Kreuzzüge im zwölften Jahrhundert als Residenz – als *chateau fort* – und taucht auf Gedenkmünzen aus dieser Zeit auf. Heute ist darin ein Teil des Städtischen Museums von Jerusalem untergebracht.

Von diesem Turm aus schaute Saladin im Oktober 1187 zu, wie zwei Kolonnen besiegter Christen die bezwungene Stadt verließen – die eine wanderte in die Sklaverei, «die andere [diejenigen, die das geforderte Lösegeld bezahlen konnten] in die Freiheit» [25]. Saladin war schockiert, als er sah, wie viele Christen in die Sklaverei marschierten, während Herakleios, der lateinische Patriarch von Jerusalem, nachdem er seine zehn Dinare Lösegeld bezahlt hatte, die Stadt tief gebeugt «unter der Last des Goldes, das er trug», verließ, «gefolgt von Karren, die mit Teppichen und silbernem Tafelgeschirr beladen waren» [26]. Das andere Ende der Zitadelle wird durch einen zweiten Turm markiert, den sogenannten Davidsturm. In Wirklichkeit handelt es sich dabei um das aus dem siebzehnten Jahrhundert stammende Minarett der Moschee einer türkischen Militärgarnison. Trotzdem wurde der Turm im neunzehnten Jahrhundert zum Hauptsymbol der im Entstehen begriffenen zionistischen Bewegung; er wurde so unendlich oft auf bemalten Tellern, Briefmarken, Briefbeschwerern, gestickten Teppichen und anderen Souvenirs dargestellt, daß daneben sogar die Beliebtheit von Darstellungen der Klagemauer verblaßte.

Zwischen der Zitadelle und dem Jaffator ist die Stadtmauer durchbrochen und gestattet so dem Autoverkehr die Zufahrt zur Stadt. Dieser Durchbruch wurde im vergangenen Jahrhundert von dem osmanischen Sultan Abd ül-Hamid II. veranlaßt, damit der deutsche Kaiser Wilhelm II. («Ich komme als ein Knecht des Friedens und der Arbeit, der nicht an Reichtümern interessiert ist, sondern an der Genesung der Seelen»[27]) und sein Gefolge in die Altstadt einziehen konnten, ohne von ihren Pferden und aus ihren Kutschen zu steigen. Die traditionelle Zufahrtsstraße führt vom Mauerdurchbruch über die David Street durch die mittelalterlichen Basare zu den heiligen Stätten der drei wichtigsten Religionen. Der im fünfzehnten Jahrhundert in Jerusalem lebende Historiker Mujir al-Din glaubte, die David Street hieße deshalb so, weil der jüdische König darunter einen Tunnel habe graben lassen, durch den er unbemerkt von der Zitadelle auf den Tempelberg gelangen konnte. Dieser unterirdische Gang existiert noch heute; aber vermutlich handelt es sich um eine byzantinische oder eine frühe arabische Anlage.

Die David Street ist ein turbulenter Basar voller Touristen, Pilger und Läden mit den üblichen bedruckten T-Shirts, nachgemachten Antiquitäten, aus Olivenholz geschnitzten Kruzifixen mit eingebauten Barometern, batteriebetriebenen Menoras, Davidsschilden aus Plastik, Schachspielen, deren Holzfiguren arabische und israelische Soldaten darstellen, und in Cellophan eingeschweißten Spielkarten. Übrigens liefern Kartenspiele den Leuten, die über Jerusalem schreiben, offenbar unwiderstehliche Metaphern. «Wer immer Jerusalem gemischt hat, hatte schlechte Karten», schrieb Dennis Silk in der von ihm herausgegebenen Anthologie mit ausgefallenen und faszinierenden Texten über Jerusalem.[28] «Es sind schon ziemlich viele Karten ausgeteilt worden, aber noch immer geht das verwerfliche Spiel weiter.» In Edward Whittemores hinreißendem Roman *Jerusalem Poker* sitzen ein Jude, ein Araber und ein Engländer im Hinterzimmer eines Kaffeehauses in der Altstadt und spielen Poker. Das Spiel dauert nun schon Jahrzehnte. Der Einsatz ist nichts Geringeres als die alleinige Herrschaft über Jerusalem – sie gehört dem Gewinner.

Auf der David Street teilt sich der Menschenstrom je nach Religion fein säuberlich in drei Teile. Die Christen biegen auf halbem Weg nach links zur Grabeskirche ab. Die Moslems gehen geradeaus weiter zu den Moscheen auf dem alten Tempelberg. Die Juden wenden sich, wenn sie nicht gerade Steinen ausweichen müssen, mit denen kämpferische Palästinenser sie bewerfen, nach rechts zur Klagemauer. Häufig ziehen Prozessionen durch diese Straße; und an besonders turbulenten Tagen übertönen ununterbrochen zwei Geräusche alle anderen: das Läuten von Kirchenglocken und der Ruf des Muezzins. Beide erschallen in regelmäßigen Abständen, ohne zeitlich aufeinander abgestimmt zu sein, von Dutzenden von Kirchtürmen und Minaretten. Heutzutage ist der Muezzin in den meisten Fällen ein über starke Lautsprecher übertragenes Tonband. In Zeiten, in denen zwischen Moslems und Juden Spannung herrscht, wird die Lautstärke aufgedreht; herrscht ein paar Tage Ruhe, reduziert man sie wieder.

Jede christliche Glaubensgemeinschaft hat ihre eigenen Glocken. Mit der Zeit lernt man ihr unterschiedliches Geläut, das von dem geschliffenen Kalkstein in den schmalen Gassen widerhallt, zu unterscheiden: das tiefe Dröhnen der griechisch-orthodoxen aus der Grabeskirche; das helle Bimmeln der äthiopischen auf deren Dach (auf das sie von ihren langjährigen Widersachern, den Kopten, verbannt worden waren); das brummende Schlagen der deutsch-evangelischen aus der Erlöserkirche ganz in der Nähe; das dumpfe, feierliche Totengeläut der armenischen, die sich anhören, als kämen sie aus einer anderen Welt; der weiche Klang der Glocken von den Weißen Vätern an der Via Dolorosa.

An den jeweiligen Feiertagen und am Sabbat strömen die Massen in die Moscheen, die Synagogen und die Kirchen. Die Gläubigen scheinen ein dringendes Bedürfnis zu verspüren, ihren speziellen Vorstellungen von Gott und ihren Glaubensgenossen nicht nur im Geiste, sondern auch räumlich nahe zu sein – ein Bedürfnis, das von den Theologen aller drei Religionen gelegentlich in Frage gestellt wurde. Wonach suchen sie eigentlich? In erster Linie suchen sie Kontinuität, wie es scheint.

Überall in Jerusalem gewinnen Rituale durch ständige Wiederholung an Gewicht. Tagein, tagaus werden dieselben Liturgien, dieselben Formulierungen, dieselben Melodien und dieselben Bittgebete endlos wiederholt. Dieselben Gesten werden in derselben Kleidung und an denselben heiligen Stätten vollführt wie vor Hunderten und Aberhunderten von Jahren. Nichts ändert sich. Wieder und wieder, morgens, mittags, abends und nachts, verleiht die unendliche Wiederholung dem Unwirklichen eine Art Wirklichkeit. In den meisten Synagogen, Kirchen und Moscheen ist es dasselbe. Nichts gibt soviel Beruhigung wie die Wiederholung. Vielleicht ist das deshalb so, weil die ständige Wiederholung auf einen Archetypus zurückgreift, eine urzeitliche, unterbewußte Erinnerung – inzwischen fast so etwas wie ein genetischer Code. Durch die Wiederholung wird die Zeit zum Stillstand gebracht, wie einst die Sonne in Gibeon. Zumindest wird, so meinte der Religionswissenschaftler und Schriftsteller Mircea Eliade, die Bösartigkeit der Zeit reduziert.

Ein Großteil des Lokalkolorits leitet sich aus diesen endlosen Wiederholungen her – aus den jahrhundertealten Ritualen an den heiligen Stätten des Glaubens und aus der großen Vielfalt der unterschiedlichen Feste und Prozessionen. Es spiegelt sich in der schlichten Hingabe der griechisch-orthodoxen und zypriotischen Bauern, die unter den alten, knorrigen Olivenbäumen in Gethsemane niederknien; und in der Frömmigkeit der ultra-orthodoxen Juden, die in ihren schwarzen, aus dem siebzehnten Jahrhundert stammenden osteuropäischen Mänteln, den schweren Pelzhüten, wollenen Unterhosen und weißen Strümpfen der großen Hitze und dem blendenden Licht die

Stirn bieten, wenn sie um die Mittagszeit an der Klagemauer stehen und beten. Es ergibt sich aus dem Anblick von Tausenden gebeugter Rücken auf dem Tempelplatz, wenn die gläubigen Moslems in den Vorhöfen der Moscheen ihre Freitagsgebete sprechen; aus der Pracht der islamischen Architektur des siebzehnten Jahrhunderts; aus den heidnischen Kunstschätzen der Ostkirchen und aus den kunstvoll gefertigten byzantinischen und armenischen Ornaten der Geistlichen, an denen sich seit dem sechsten oder siebten Jahrhundert nichts geändert hat. Jeder Brokatkragen, jeder goldene Knopf, jeder weiße Schal sitzt noch an genau derselben Stelle wie zu der Zeit, als Armenien sich vom Berg Ararat bis zum Mittelmeer erstreckte und als Justinian und Theodora unter der gewaltigen Kuppel der Hagia Sophia regierten. Die Baldachine und Mitren sind noch genau dieselben, die auf den Mosaiken von Ravenna zu sehen sind. Dasselbe Gold und dasselbe leuchtende Blau und Grün beherrschen das Bild. Dieselben goldenen und silbernen, mit kostbaren Steinen besetzten Kapseln umhüllen noch immer dieselben Reliquien – ein paar Haare aus Mohammeds Bart, Splitter und Späne vom Kreuz Jesu, Knochenstücke von Heiligen in funkelnden Glaskugeln. Die Wände hängen voller prachtvoller Teppiche und Ikonen.

In jeder Synagoge in Jerusalem wird täglich, mit genau denselben Worten wie vor fast dreitausend Jahren, derselbe priesterliche Segen ausgeteilt: «Der Herr segne dich und behüte dich... lasse sein Angesicht über dich leuchten... Der Herr wende sein Angesicht dir zu und schenke dir Heil.» Genau denselben (auf Num 6,24–26 basierenden) Text fand man 1979 in einem jüdischen Grab aus der Zeit des ersten Tempels. Bei dieser althebräischen, in einen winzigen silbernen Zylinder aus dem sechsten oder siebten vorchristlichen Jahrhundert eingravierten Inschrift handelt es sich um den ältesten biblischen Text, den man jemals gefunden hat – ein bemerkenswertes, vielleicht einzigartiges Beispiel für eine ununterbrochene Kontinuität. (Der Zylinder, der etwa vierhundert Jahre älter ist als die Schriftrollen vom Toten Meer, ist im Israel-Museum zu besichtigen.)

Die Orgelmusik der lateinischen und der evangelischen Kirchen erklingt unter Tonnengewölben und spitz zulaufenden Bögen, die durch die Jahrhunderte hindurch eine heilige und unvergeßliche Tradition bewahrt haben. Dieselben Weihrauchwolken schweben durch die schwach erleuchteten Chöre. Und in der ganzen Altstadt drängen sich auf engem Raum die Priester aller Glaubensrichtungen – Ulemas, Rabbiner, protestantische Geistliche und Mönche in ihren weißen, braunen, grauen oder schwarzen Kutten mit aufgestülpten oder heruntergezogenen Kapuzen – und Einsiedler, die ihre Klausen in der Wüste von Judäa für kurze Zeit verlassen haben. Zu Beginn dieses Jahrhunderts gab es noch sehr viel mehr Einsiedler. Sie waren ein weltabgeschiedener Menschenschlag; einige wohnten in Höhlen, die ihre Vorgänger, die Essener (die Verfasser der Schriftrollen vom Toten Meer), im ersten Jahrhundert in der Wüste in den Fels gehauen hatten; diese Essener beschrieb Plinius der Ältere als «ein vor allen übrigen Bewohnern der Erde wunderliches Volk, das ohne Weiber... lebt. Ihre Anzahl erneuert sich immer wieder durch Ankömmlinge, denn viele wandern dahin, welche lebensmüde sind... So besteht (was unglaublich erscheint) ein Volk, bei dem Niemand geboren wird, Tausende von Jahrhunderten fort.» [29]

Jerusalem ist vielleicht nicht so alt wie Babylon oder Memphis. Aber in Jerusalem wird noch immer dieselbe Religion praktiziert wie vor zweitausendfünfhundert Jahren. Und noch heute spricht man dort dieselbe Sprache, die David und Jesaja gesprochen haben. Im jüdischen Jerusalem tragen – im Gegensatz zu Rom, Athen, Kairo oder Bagdad – Sprache und Religion eher dazu bei, die moderne Nation mit ihrer weit zurückliegenden Vergangenheit zu verbinden, als sie von ihr abzurücken.

Die Einflüsse der Vergangenheit machen sich hier so stark bemerkbar, daß die Stadt manchmal gar keine Gegenwart zu haben scheint. Die Abfolge der Zeiten ist durcheinandergeraten. Jeder findet in der Vergangenheit das Vorbild, das ihm am meisten zusagt. «Denn tausend Jahre sind ... wie der Tag, der gestern gegangen ist», heißt es in den Psalmen (90,4). Als der britische General Edmund Allenby 1917 nach Jerusalem kam, verkündete er ganz selbstverständlich die Wiedereinführung der vor siebenhundertdreißig Jahren gültigen Gesetze der Kreuzfahrer. Auf ähnliche Weise brachten die Israelis nach dem Krieg von 1967 ihre Erfolge mit den Siegen von Josua über die Kanaaniter in Verbindung. Und die Araber führten Saladins Sieg aus dem Jahr 1187 an, um darauf hinzuweisen, daß die Aussichten der Juden, an ihrer unerwarteten Eroberung festhalten zu können, recht gering seien.

Heutzutage werden in den arabischen Läden in der Altstadt Drucke verkauft, die den siegreichen Kalifen Omar bei seinem Einritt in Jerusalem im Jahr 638 n. Chr. zeigen; in jüdischen Läden bekommt man Abbildungen vom Tempelberg, auf dem sich anstelle der Moscheen ein gewaltiger jüdischer Tempel erhebt. Wenn wie hier zwei unterschiedliche Erinnerungen aufeinanderprallen, wird die Zeit komprimiert – wie in manchen Science-fiction-Romanen. Dies hat einen unmittelbaren Einfluß auf die Berichterstattung in den Medien, jene am meisten von der Zeit abhängige moderne Erscheinung. Die Nachrichten von regionalen Ereignissen in Jerusalem dringen weitaus regelmäßiger in die weite Welt hinaus als die regionalen Nachrichten aus anderen größeren und weltläufigeren Hauptstädten. Ein Stein, der in Jerusalem auf einen Passanten geworfen wird, geht durch die Weltpresse; über größere Unglücke anderswo wird womöglich überhaupt nicht berichtet. Jerusalem verfügt so ziemlich über die höchste Quote an Auslandskorrespondenten in der ganzen Welt. An jedem Sabbat, jedem Feiertag – und bei jedem Aufruhr oder Krieg – ist Jerusalem die *größte* Kleinstadt der Welt.

Von dem schottischen Historiker und Bibelgelehrten George Adam Smith, der sich einfach phantastisch in allen Einzelheiten des Lebens im alten Jerusalem auskannte, erzählt man sich folgende Anekdote: Kurz vor seinem Tod im Jahr 1942 soll Smith in Aberdeen eine Vorlesung über die Topographie Jerusalems gehalten haben. Als die Vorlesung zu Ende war, kam ein junger Verwandter, nahm ihn bei der Hand und führte ihn nach Hause. George Adam Smith kannte zwar die Lage jeder wichtigen Stätte im antiken, mittelalterlichen und modernen Jerusalem, benötigte aber in der Stadt, in der er seit mehr als vierzig Jahren lebte, fremde Hilfe, um nach Hause zu finden. Mag sein, daß die Geschichte erfunden ist, aber wie viele derartige Geschichten erfaßt sie den Kern der Sache: Jerusalems außergewöhnlichen Einfluß auf die Vorstellungskraft. Im England des neunzehnten Jahrhunderts war der Jerusalem-Kult mit dem Wiederaufleben des Glaubens an das Evangelium verknüpft. Der Rationalismus des achtzehnten Jahrhunderts machte der göttlichen Offenbarung Platz, der Hellenismus dem Judentum. Die Herausforderung des Darwinismus wirkte auf viele als zusätzlicher Impuls, Jerusalem zu erforschen, Ausgrabungen vorzunehmen und damit den Nachweis zu erbringen, daß die Bibel recht hat.

Das Interesse von Christen, Moslems und Juden am irdischen Jerusalem entsprang widersprüchlichen Quellen. Den Christen war die Stadt deshalb heilig, weil sie der Ort von Christi Wirken, seinem Leiden und seiner Auferstehung war. Die meisten frommen Christen waren der festen Überzeugung, daß das Wallfahren – also das Bewegen des Körpers nach Jerusalem – beinahe ebenso wichtig war, wie die Seele dorthin zu bewegen. Diese Pilgerfahrten hatten nicht selten etwas Primitives, Kreuzfahrerhaftes an sich; zu anderen Zeiten waren sie eine rein gedankliche oder geistige Angelegenheit. Konkrete Wallfahrten standen nicht immer in hohem Ansehen, sondern galten zu bestimmten Zeiten auch als blinder Fetischismus. Gregor von Nyssa ermahnte die Gottesfürchtigen, sie sollten sich lieber aus dem fleischlichen Dasein zu Gott erheben als von Europa nach Jerusalem reisen. Hieronymus betonte mit Nachdruck, daß einem «das himmlische Heiligtum von Britannien aus nicht weniger zugänglich ist als von Jerusalem aus, da das Königreich Gottes in euch ist»[30]. Und doch pilgerte Gregor selbst nach Jerusalem, und Hieronymus verbrachte einen Großteil seines Lebens in der Nähe von Bethlehem.

Die Moslems verehren Jerusalem als die Stadt von Abraham, Salomo und Jesus – den Propheten des Islam – und natürlich als die Stadt, in der Mohammed auf dem *Isra* – seinem berühmten nächtlichen Flug in den Himmel – haltmachte, um die Herrlichkeit des Himmels zu betrachten. Der Glaube an diese «Nachtfahrt» beruht auf einer einzigen Zeile im Koran (17,1), in der Jerusalem nicht namentlich genannt wird, sondern die lediglich auf eine nicht näher bezeichnete ferne Moschee Bezug nimmt: «Preist den, der seinen Diener des Nachts entführte von der Heiligen Moschee zur fernsten Moschee, deren Umgebung wir gesegnet haben ...» Die Gelehrten haben sich ausführlich darüber gestritten, ob es sich bei der Nachtfahrt um eine reale oder eine im Zustand der Verzückung erlebte (das heißt eine visionäre) Erfahrung handelte. Ein Argument lautete, der Islam habe sich in seinen Anfängen ganz einfach jüdische und christliche Vorstellungen vom himmlischen Jerusalem zu eigen gemacht. Andere behaupteten, es sei aus praktischen Gründen höchst unwahrscheinlich, daß Mohammed Jerusalem tatsächlich besucht habe – als ob die konkreten Tatsachen in diesem Fall schwerer ins Gewicht fielen als im Fall der Unbefleckten Empfängnis oder der Teilung des Roten Meeres. Der nachhaltige Einfluß solcher Legenden liegt in den Metaphern, die sie in der religiösen Überlieferung wachrufen, und in der Bereitschaft der Menschen, daran zu glauben.

Es ist gut denkbar, daß Jerusalem für den Islam auch aus politischen Gründen zu einer heiligen Stadt wurde. Vielleicht wollten die Omaijaden-Kalifen von Damaskus im achtzehnten Jahrhundert den lukrativen Pilger-Tourismus von Mekka dorthin umlenken. Aber in der Geschichte Jerusalems haben sich Politik und Religion stets überschnitten. Bei der starken Bindung der Juden und der Israelis an Jerusalem handelt es sich ebenfalls um eine Mischung aus religiösen und politischen Empfindungen. Auch wenn der Islam erst im achtzehnten Jahrhundert seine Verbindung zu Jerusalem herstellte, ist die Legende von Mohammeds Aufstieg in den Himmel vom Tempelberg in Jerusalem aus inzwischen ein ebenso wesentliches Element für den Islam geworden wie der Auszug aus Ägypten für das Judentum und der Marienkult für das Christentum. In den ersten Jahrhunderten nach Christus kannte man diesen Marienkult überhaupt nicht. Aus welchen Gründen auch immer – religiösen, politischen oder psychologischen – scheint er sich erst während der Kreuzzüge voll entfaltet zu haben. Und das Dogma von der Unbefleckten Empfängnis wurde erst im letzten Jahrhundert verkündet.

Über die Rolle Jerusalems im Islam gibt es eine Unmenge an Literatur. Zwar ist es gut möglich, daß Mohammed die Stadt nicht selbst besucht hat, aber ihre religiösen und eschatologischen Assoziationen mit seinem Wirken und mit dem Ende aller Tage sind für die gläubigen Moslems von heute offenbar ebenso wichtig wie parallele Gedankenverbindungen für die meisten praktizierenden Juden und Christen. Wie und warum es dazu kam, daß Jerusalem im Islam eine so wichtige Rolle spielt, ist inzwischen fast nur noch eine akademische Streitfrage. R. J. Z. Werblowsky, Professor für vergleichende Religionswissenschaft in Jerusalem, hat dafür eine geistreiche Metapher geprägt: «Es gibt keine Direktflüge von Mekka in den Himmel; man muß schon in Jerusalem zwischenlanden.» [31]

Nach moslemischer Lehre wird am Tag des Jüngsten Gerichts die Kaaba, der Schrein, in den der heilige Schwarze Stein von Mekka eingemauert ist, nach Jerusalem gebracht und auf dem Berg Zion aufgestellt werden. In unserer Zeit haben sich in Jerusalem, bei Arabern und Juden gleichermaßen, Nationalismus und Religion zu einer hochexplosiven Mischung verbunden. Ein in der religiösen Erinnerung verankerter fanatischer Glaube facht einen anderen, in einer anderen religiösen Erinnerung verwurzelten fanatischen Glauben an. Die Ansprüche überschneiden sich, und Heiligkeit wird unweigerlich als etwas Ausschließliches betrachtet. Folglich heißt es jetzt, Mohammed habe seine geflügelte Stute Al-Burak ausgerechnet an der Klagemauer der Juden festgebunden. Daher auch der seit Mitte des letzten Jahrhunderts andauernde, gelegentlich blutige Zwist zwischen Moslems und Juden um das Bestimmungsrecht über den Mauerbezirk.

Ursprünglich war die Kibla (die Gebetsrichtung) nicht nach Mekka ausgerichtet. In den Anfängen des Islam sprachen die Moslems ebenso wie die Juden ihre Gebete mit dem Gesicht in Richtung Jerusalem. Später verlagerte sich die Kibla nach Mekka; trotzdem blieb Jerusalem die nach Mekka und Medina drittheiligste Stadt des Islam. Im Laufe der Jahrhunderte hat der Islam eine Unmenge an Literatur hervorgebracht, in der die Vorzüge Jerusalems gepriesen werden. Diese Lehrschriften sind in der Form von Hadithen verfaßt, jenen Aussprüchen, die dem Propheten Mohammed zugeschrieben werden. Hadithe über Jerusalem erlebten vor allem nach verlorenen Kriegen eine Blütezeit. Nachdem die Stadt im Jahr 1099 an die Kreuzfahrer gefallen war, erlangten sie zum erstenmal große Bedeutung. Diese Hadithe stellten eine frühe Form des «moslemischen Zionismus» dar. Einem solchen Hadith zufolge ist eine in Jerusalem begangene Sünde schlimmer als tausend anderswo begangene, während eine dort vollbrachte gute Tat tausend gute Taten anderswo aufwiegt. Andere aus der Zeit der Kreuzzüge stammende Hadithe werden noch heute zitiert: «Derjenige, der in Jerusalem lebt, gilt als Krieger im Heiligen Krieg.» – «In Jerusalem zu sterben ist fast so, als würde man im Himmel sterben.» – «Wer ein Jahr lang, trotz Schwierigkeiten und Not, in Jerusalem lebt, den wird Gott in diesem Leben mit dem täglichen Brot versorgen und ihm Glück im Paradies bescheren.»[32]

Die Verehrung Jerusalems aus eher weltlichen Gründen reicht im Islam bis in die Zeit vor dem Fall der Stadt an die Kreuzfahrer zurück. Im zehnten Jahrhundert behauptete der in

Jerusalem geborene arabische Geograph Mohammed ibn Ahmad al-Mukaddasi kühn, die Stadt würde die Annehmlichkeiten dieser Welt und der nächsten in sich vereinen. Mukaddasis Lobpreis dieser Stadt kannte keine Grenzen. Freilich läßt sich seine Begeisterung leicht als das Ergebnis religiöser Leidenschaft abtun (er lebte um 1000 v. Chr.). Aber er war ein aufmerksamer Berichterstatter und auch eine Art Gourmet; und er gab die zahlreichen Mängel der Stadt ganz offen zu – ihre Bäder und Kneipen waren schmutzig, überfüllt und teuer, um die Rechtsprechung war es übel bestellt, und Wasser war knapp. Vor allem gab es nach Mukaddasis Ansicht zu viele Juden und Christen. Trotzdem behauptete er hartnäckig, Jerusalem habe das beste Klima auf der ganzen Welt. Sodann führt er noch höhere Gründe an, indem er seine Leser daran erinnert, daß Mekka und Medina am Tag des Jüngsten Gerichts nach Jerusalem kommen und sich die Herrscher der drei Städte dort vereinen würden.

In der Zeit nach dem Sechstagekrieg von 1967 erlebte die Literatur über die Vorzüge Jerusalems abermals eine Blütezeit, die bis heute anhält. Ein besonders verführerischer Hadith stammt von dem Historiker Ibn Asakir aus dem zwölften Jahrhundert: Er definierte Glück als die Möglichkeit, «im Schatten des Felsendoms eine Banane zu essen»[33].

In der jüdischen Überlieferung leitet sich die Heiligkeit der Stadt Jerusalem vom Tempel her. Der Tempel war die Wohnstatt Gottes. «Gott ist in ihrer Mitte», sang der Psalmist (Ps 46,5), «darum wird sie niemals wanken.» Für die Juden (und die Moslems) war eine heilige Stätte stets räumlich definiert: als ein eingegrenzter, geweihter Bezirk. Diese Betrachtungsweise unterschied sich grundlegend von der christlichen Vorstellung von heiligen Einzelpersonen oder ihren Körpern, die auch nach dem Tod noch heilig blieben. Jochanan ben Zakkai, ein jüdischer Gelehrter aus dem ersten Jahrhundert, der sich während der römischen Belagerung im Jahr 70 n. Chr. in einem Sarg aus dem umkämpften Jerusalem herausschmuggeln ließ und das berühmte postexilische Lehrhaus in Jawne begründete, ging davon aus, daß die Juden von nun an kein irdisches Jerusalem mehr brauchten – daß sie von jetzt an den Allmächtigen und sein heiliges Gesetz hätten und daß ihnen dies genügen würde; aber es sollte nicht sein. Nach der Zerstörung des Tempels ging dessen Heiligkeit auf die Stadt als Ganzes über. Angeblich ruhte die göttliche Gegenwart auf den Trümmern Jerusalems. In seinem zerstörten Zustand wurde Jerusalem noch heiliger als zuvor. Als byzantinische und später arabische Stadt blieb es für die Juden ein heiliges Symbol. Die Erinnerung an Jerusalem bildete den glanzvollen Höhepunkt der anhaltenden Lebenskraft eines vertriebenen, in alle Winde zerstreuten, verfolgten Volkes, das nie die Hoffnung aufgab, irgendwann doch noch zurückzukehren, und sei es am Ende aller Tage. Die Macht der in der religiösen Vorstellungskraft verwurzelten Erinnerung schmiedete Bande, die so stark und leidenschaftlich waren wie die Bindungen seßhafter Völker an ihr Land.

In der jüdischen Lehre hat selbst das himmlische Jerusalem etwas merkwürdig Realistisches und schon fast Körperliches an sich. Die himmlische Stadt der Christen war sehr viel weniger konkret. Sie brauchte weder Sonne noch Mond, «denn die Herrlichkeit Gottes erleuchtete sie» (Offb 21,23). Im Gegensatz dazu behaupteten die Rabbiner, das himmlische Jerusalem der Juden sei eine exakte substantielle Kopie des irdischen. Freilich gingen sie nicht so weit wie Samuel Butler, der vorhersagte, das Neue Jerusalem würde dem alten so sehr gleichen, daß es seine Propheten ungeniert steinigen würde.

Im Laufe der Jahrhunderte wurde die Anhänglichkeit der Juden an Jerusalem zu einem unwiderstehlichen Band. Gut möglich, daß die Juden und ihre Religion ohne diesen mystischen Anreiz nicht überlebt hätten. Jerusalem war an jedem Tag der Woche gegenwärtig, an jedem Sabbat und jedem Feiertag, bei jeder religiösen Zeremonie und jedem Gebet, morgens, mittags und abends. Ganz gleich, in welche Teile der Welt es die Juden verschlug, sie beschworen stets die Erinnerung an Jerusalem herauf – wenn sie ein Mahl zubereiteten, wenn sie heirateten, wenn ein Sohn geboren wurde, wenn er mannbar wurde, wenn jemand starb und begraben wurde. Keine andere Religion forderte eine vergleichbare emotionale Hingabe an einen bestimmten Ort. Freilich ging es dabei nicht nur um religiöse Gefühle. Der im arabischen Spanien lebende mittelalterliche hebräische Dichter und Religionsphilosoph Jehuda Halevi schrieb:

> Mein Herz im Osten, und ich selber am westlichsten Rand.
> Wie schmeckte Trank mir und Speis! wie? dran Gefalln je ich fand?
> Weh, wie vollend ich Gelübd? wie meine Weihung? da noch
> Zion in römischer Haft, ich in arabischem Band. [34]

Die verstreuten Juden bildeten ein geistiges Reich mit Jerusalem als Hauptstadt. An sie wandten sich die Juden im Gebet und im Gesang, und selbst als sie sich an die Lebensgewohnheiten der Griechen, der Araber, der Spanier oder der Deutschen anpaßten, vergaßen sie sie nicht. Im zaristischen Rußland, in Nordafrika oder im hintersten Winkel des Iran blieben sie dank ihrer Rituale Bewohner eines imaginären Jerusalem. Bei keinem anderen vertriebenen Volk hat sich je eine annähernd vergleichbare Geisteshaltung entwickelt, die zudem von solcher Dauer gewesen wäre. In seinen Memoiren mit dem Titel *Kindheit im Exil* erzählt Schmarja Levin, wie man in Swislowitz, einer kleinen Stadt bei Kiew, in der Levin geboren wurde, in den achtziger Jahren des letzten Jahrhunderts den neunten Tag des Monats Aw (den Jahrestag der Zerstörung des Tempels von Jerusalem) beging. Die Art und Weise, wie seine Mutter die Geschichte zu erzählen pflegte, sei so lebendig, so leidenschaftlich und so voller Empörung gewesen, schrieb er, «daß der Zeitsinn völlig aufgehoben wurde»; es war, als hätten die Römer «uns» überwältigt, als sei es «unser» Haus gewesen, das sie brutal zerstörten, als hätten «wir, unsere Familie, unsere Verwandten und Freunde, gestern noch in dem herrlichen Jerusalem gelebt, und gestern erst hätte Titus der Bösewicht uns nach Swislowitz verjagt, so daß wir statt des goldenen Tempels und des Hohenpriesters die Synagoge aus Holz und [den Lehrer] Mottje die Bohne hatten»[35].

Schmuel Joseph Agnon, dessen moderne hebräische Romane das Leben und Sterben der Juden in Osteuropa schildern (er wurde gelegentlich mit Kafka verglichen), formulierte eine Art transzendentale Wahrheit, als er in seiner Rede bei der Verleihung des Nobelpreises für Literatur im Jahr 1966 sagte: «Aufgrund einer historischen Katastrophe – der Zerstörung Jerusalems durch den Kaiser von Rom... kam es dazu, daß ich in einer Stadt der Diaspora geboren wurde. Aber ich habe mich stets als einen Menschen betrachtet, der wirklich in Jerusalem geboren ist.»

In der jüdischen Überlieferung wurde Jerusalem beinahe zu einem Synonym für das jüdische Volk. Der moderne jüdische Nationalismus holte sich seine Bezeichnung von Zion, einem anderen Namen für Jerusalem. Das war kein Zufall. Der Begriff Zionist tauchte erstmals zu Beginn der neunziger Jahre des letzten Jahrhunderts ganz spontan bei nichtreligiösen Juden in Wien auf. Er wurde von Freunden wie Feinden sogleich aufgegriffen. Der frühe zionistische Hymnus *Hatikvah* («Die Hoffnung»), heute Israels Nationalhymne, handelt weder von Juden noch von Israel, sondern von der «Hoffnung... Daß ein Freivolk wir wieder werden in Zion, Jerusalems Land».

In der Vergangenheit war die Religion für die Araber und die Juden in Jerusalem *die* Sprache der Rechtfertigung. Heutzutage gibt es auch noch den Nationalismus. Der traditionelle Moslem in Jerusalem kannte die Juden nur als zahme Minderheit ohne jeglichen politischen Ehrgeiz, dankbar für den Schutz, den ihr zu verschiedenen Zeiten arabische oder osmanische Herrscher gewährten. Der neue Nationalismus der Juden war für die meisten Moslems ein Schock (ein Schock, von dem sie sich noch nicht erholt haben). Auch für die konservativen Katholiken war die Vorstellung von einem Israel *redivivus* in Jerusalem in theologischer Hinsicht problematisch, wenn nicht gar schlichtweg peinlich. In den Augen anderer Christen, vor allem protestantischer Fundamentalisten, war ein wiedererstandenes jüdisches Jerusalem weitgehend dasselbe wie für die meisten orthodoxen Juden, nämlich die Erfüllung einer Prophezeiung, ja sogar die Ankündigung vom Ende aller Tage. Die Grenzlinien zwischen Politik und Religion waren in Jerusalem stets verwischt. Wie in Indien oder Nordirland wurde die politische Situation durch theologischen Groll noch verschlimmert. In politischen Diskussionen greifen Araber und Israelis heutzutage ganz ungeniert auf religiöse Bilder und Reizwörter zurück. Selbst in einen weltlichen Kontext eingebettete Argumente beziehen ihre Kraft aus religiösen Wurzeln. Primitiver Ehrgeiz geriert sich bisweilen als geistiger Anspruch, Haß als Liebe. Der Ton erinnert gelegentlich an Orwell; doch bisher gibt es niemanden, der die widersprüchlichen Interessen der Frömmigkeit und der Vernunft miteinander in Einklang bringen könnte.

Yehuda Amichai schrieb 1967, Jerusalem sei eine Stadt, in der sich «alle daran erinnern, daß sie etwas vergessen haben» [36]. Ein Jahrzehnt später stellte er fest:

> Die Luft über Jerusalem ist mit Gebeten und Träumen
> gesättigt wie die Luft über Industriestädten.
> Man kann kaum noch atmen. [37]

Haß ist auch eine Form des Gebets, ebenso wie Angst. Für Jerusalem hat dies immer gegolten, und nie stimmt es mehr als dann, wenn Steine zu fliegen beginnen und Messer gezückt werden und Bomben losgehen.

Grausame Stadt

Jerusalem. Eine grausame Stadt, eine Stadt voller Zwist und Streit. Ihre Existenz scheint immer vorübergehend und fragwürdig gewesen zu sein, so als befände sie sich im Zentrum eines Wirbelsturms. Graham Greene nannte sie die «große Überlebende der Welt» [1]. Aldous Huxley bezeichnete sie als das riesige «Schlachthaus der Religionen» [2]. Das war 1953, als die Stadt noch in zwei Teile geteilt war. Die einzige Art der Kommunikation zwischen den beiden Stadthälften bestand in Gewehrsalven und Maschinengewehrfeuer. Die Menschen auf beiden Seiten wurden von den Mauern herab von Heckenschützen erschossen.

Huxley besuchte damals nur den arabischen Teil der Stadt. Er äußerte sich über «die hoffnungslose Situation der Einwohner von Jerusalem, für die diese heiligste Stadt ein Gefängnis ist, in dem unablässige Verzweiflung herrscht, unterbrochen nur durch gelegentliche Panik, wenn die Handgranaten zu fliegen beginnen» [3]. Er schrieb, nie zuvor habe er einen derart «tragischen Zustand der menschlichen Situation» [4] erlebt wie hier. Dieser düstere, unmittelbare Eindruck überwältigte ihn, traf seinen Nerv:

> Dieser Schmutz in den Ruinen und in der Finsternis der einstigen Grabstätten; diese Horden kränklicher Kinder; diese sterblichen Feinde jenseits der trennenden Mauern; diese von Priestern ange-

führten Pilgergruppen mit ihrem hohlen Geleiere, vor dem zu warnen der Begründer ihrer Religion alles Erdenkliche unternommen hatte – *all das war zeitlos, gehörte keiner bestimmten Epoche an.* In diesem oder jenem Gewand, unter dem einen oder anderen Herrn, zu dem Gott betend, der zufällig gerade zuständig war, hatte es sie hier von Anfang an gegeben... in demselben braunen Schmutz, abwechselnd aufbauend oder zerstörend, andere tötend oder selbst getötet werdend, ohne Ende.[5]

Arthur Koestler hatte die Stadt in nicht weniger bitterer Erinnerung. Er war kein flüchtiger Besucher, sondern lebte in den späten zwanziger Jahren mehrere Jahre lang in Jerusalem. «Eine Tragödie ohne Katharsis»[6], urteilte er. «Das zornige Gesicht Jahwes schwebt über den heißen Felsen, die mehr heilige Morde, Vergewaltigungen und Plünderungen erlebt haben als irgendein anderer Ort auf Erden. Seine Bewohner sind durch die Religion vergiftet.»[7]

Kann es sein, daß das Land vielleicht eher das Ergebnis seiner Legenden als die Ursache für diese Legenden war? Wäre es denkbar, daß sein desolater Zustand eine Folge der tödlichen Umarmung durch die Gottheit war? Wäre es so desolat gewesen, wenn die drei Religionen nicht so lange Zeit um seine Trümmer gekämpft hätten? Diese Fragen verfolgten Koestler. Vielleicht hat er auf die karge Landschaft übertrieben reagiert. Denn in den zwanziger Jahren war die unmittelbare Umgebung der Stadt noch so trostlos und karg wie eine Mondlandschaft. Im grellen Tageslicht, so berichtete Koestler, rief sie Selbstmordgedanken wach.

Fünfzig Jahre früher müssen die Hügel rings um Jerusalem noch rauher ausgesehen haben. Auf viele Europäer machten sie einen absolut morbiden Eindruck. Die Nobelpreisträgerin Selma Lagerlöf, Autorin des internationalen Bestsellers *Jerusalem*, betonte mit Nachdruck, daß viele Menschen nicht die psychische Kraft aufbrächten, um dort zu leben. Die Stadt «deprimiert und bedrückt sie, oder sie macht sie verrückt – ja, manchmal bringt sie sie sogar glattweg um»[8]. Die Katholiken, so berichtete sie, verleumdeten die Protestanten, die Methodisten die Quäker, die Lutheraner die Anhänger der Reformierten Kirche, die Russisch-Orthodoxen die Armenier. «Hier herrscht keine Gnade [und] man haßt seinen Mitmenschen zum Ruhme Gottes.»

Selbst Geistliche bekamen gelegentlich den zerstörerischen Einfluß dieses Ortes zu spüren. Der Dominikanerpilger Felix Faber behauptete im fünfzehnten Jahrhundert, es sei den Christen und Moslems in Wirklichkeit ziemlich gleichgültig, wer in Jerusalem herrsche, solange sie an den heiligen Stätten ungehindert beten könnten. Aber da sich die kirchlichen Oberhäupter in dieser Sache nicht einigen konnten, kam es dazu, daß «das unglückliche Jerusalem schlimmere Belagerungen, Zerstörungen und Schrecken erlitten hat, erleidet und in Zukunft erleiden wird als irgendeine andere Stadt auf der Welt»[9]. Zu Fabers Zeiten wurden die Pilger auf den Zufahrtswegen schikaniert und an den Stadttoren geschröpft. Jedesmal wenn sie die Grabeskirche betreten wollten, mußten sie beim moslemischen Türsteher erneut Eintritt bezahlen.

Die Vorstellung von einem einzigen Gott vereinte die unterschiedlichen Religionen in Jerusalem, doch die Umsetzung dieser Vorstellung in die Praxis spaltete sie in erbitterte Lager. Selbst der gute Pater Faber hatte für die Moslems und die Juden nichts als Verachtung und für alle anderen christlichen Glaubensgemeinschaften außer der seinen nichts als Haß übrig. «Die folgenden Völker weilen derzeit [1480–1483] in Jerusalem», schrieb er:[10]

- Die Sarazenen, «die mit dem Unrat von Ketzereien besudelte Mohammedaner sind, schlimmer als Götzenanbeter, hassenswerter als Juden... [von ihren Minaretten] plärren und heulen sie Tag und Nacht gemäß dem Brauch ihrer verfluchten Konfession... Sie praktizieren Sodomie.»

- Die Griechisch-Orthodoxen, «unter denen es in alten Zeiten Männer von außerordentlich großer Bildung gab, [die aber jetzt] grauenhafte Ketzer und Ränkeschmiede sind... Sie glauben jetzt in der Tat, daß der Heilige Geist vom Sohn ausging... [Schlimmer noch,] behaupten sie, daß einfache Unzucht keine Sünde ist.»
- Die Syrer, «die in Wahrheit keine Christen sind, sondern Kinder des Teufels, Lügner, die Diebstahl für nichts erachten... Sie sind weibisch und taugen absolut nicht zum Krieg.»
- Die Jakobiten, die in dunklem Unheil leben «und ihre Kinder beschneiden».
- Die Nestorianer, «die [in Hinblick auf] die Muttergottes und ihren Sohn von Irrtümern der schlimmsten Sorte fehlgeleitet sind».
- Die Armenier, «die verschiedenen Irrtümern verfallen sind... Sie essen am Freitag Fleisch... und teilen die Irrtümer der Jakobiten in Hinblick auf Christus.»
- Die Gregorianer, «die nur Christen genannt werden und mit nahezu sämtlichen Irrtümern der Griechen behaftet sind».
- Die Maroniten, «die Ketzer sind und glauben, daß Christus nur einen Willen und nur eine Kraft hatte».
- Die Beduinen, die die Allerübelsten sind und «die Sonne verehren».
- Die Turkmenen, die «umherziehende Wilde» sind.
- Die Mamelucken, die hassenswert sind, weil sie «abtrünnige Christen» sind.
- Die Juden, die «unter all denen als insofern verflucht gelten, als das [verdiente] Elend und die Verachtung, die sie erdulden, ihr Verständnis [des wahren Glaubens] weitgehend abstumpft».

Jerusalem war die Verkörperung sich bekämpfender Glaubensrichtungen in Gestalt einer Stadt. Seine Denkmäler sprachen eine eigene Sprache, die von jeder Religion anders interpretiert wurde. Seine Namen, die sich ständig veränderten – hebräisch, griechisch, lateinisch, arabisch –, spiegelten die unvereinbaren Ansprüche von Konfessionen und aufeinanderprallenden Nationalitäten wider. In der Bibel hieß Jerusalem YRSLM. Niemand kann mit Sicherheit sagen, wie dieser Name damals ausgesprochen wurde, da die Kennzeichnungspunkte für die Vokale *e*, *u* und *a* erst im zehnten Jahrhundert in die Hebräische Bibel eingefügt wurden. Er kann *Yeruschalem* geheißen haben oder auch *Yeruschalaim*. Als *Ierusalem* taucht der Name erstmals in der frühesten griechischen Übersetzung der Bibel auf, der Septuaginta (so genannt aufgrund der Legende ihrer Abfassung durch siebzig Übersetzer, von denen jeder für sich arbeitete, deren siebzig Versionen aber auf wunderbare Weise miteinander übereinstimmten, so daß es hieß, sie seien von Gott inspiriert gewesen).

Auf Münzen aus der Zeit des ersten jüdischen Aufstandes (66–70 n. Chr.) wird die Stadt als Jerusalem die Heilige bezeichnet. Daran anknüpfend nannte sie der heilige Matthäus im Neuen Testament Hagia Polis (Heilige Stadt). Kaiser Hadrian benannte sie nach sich selbst Aelia Capitolina (der Kirchenvater Philostronius behauptete im dritten Jahrhundert, er habe dies getan, um jegliche Verbindung zu den verfluchten Juden auszumerzen). Im vierten Jahrhundert sprach der heilige Hieronymus von der Stadt mit den drei Namen. Im siebten Jahrhundert fügten die arabischen Eroberer drei weitere hinzu: Iliya (eine Verballhornung von Aelia, an das sie eine phantastische biblische Etymologie knüpften), *al-Bilatt* (der Palast) und *Bait al-Maqdis* (Heiliges Haus), später zu *al-Quds* (das Heiligtum) abgekürzt. Die Kreuzfahrer im elften Jahrhundert führten den Namen Jerusalem wieder ein. (Die Christen hatten die Stadt nie anders genannt.) Saladin belebte im zwölften Jahrhundert den Namen al-Quds wieder. Bei den Moslems auf der ganzen Welt trägt sie bis zum heutigen Tag diesen Namen.

Die Kontroversen um die Liebe zu dieser Stadt haben so viele Feindseligkeiten entfacht, daß es bis in unsere Zeit kaum Jerusalemiten in dem Sinne gab, wie es Londoner oder Venezianer gibt. Die Venezianer charakterisierten sich im Mittelalter selbst als «Veneziani, poi Christiani» (erst Venezianer, dann Christen). In Jerusalem ist man immer in erster Linie Moslem, Jude oder Christ gewesen und erst in zweiter ein Jerusalemit.

Außer Streitereien und Kriegen größeren Ausmaßes gab es auch weniger bedeutsame Streitereien und manchmal sogar Kriege innerhalb der einzelnen Religionen. Seit dem frühen Mittelalter leben die unterschiedlichen christlichen Glaubensgemeinschaften und Sekten in ständigem Konkurrenzkampf und Hader miteinander. Die meisten Konflikte zwischen den Religionsgemeinschaften konzentrierten sich auf die Grabeskirche. Diese Kirche bildet bis zum heutigen Tag nicht nur das Kernstück des christlichen Jerusalem, sondern auch sein Schlachtfeld.

Die Konfessionsstreitigkeiten innerhalb der jüdischen Gemeinde waren nicht weniger erbittert. Die Sadduzäer gerieten mit den Pharisäern aneinander, die Hellenisierer mit den Makkabäern, die Zeloten mit den Sikariern. Auch heutzutage streiten sich orthodoxe, ultra-orthodoxe, unorthodoxe und nominelle Juden über nahezu sämtliche Grundsätze des täglichen Lebens – häufig gewaltsam. Orthodoxe und ultra-orthodoxe Juden lehnen sich gegenseitig als Andersdenkende und Götzenanbeter ab. Beide verdammen die Konservativen und die Reformjuden als Abtrünnige oder Ketzer. Und alle zusammen verachten die nichtreligiösen Juden, die sie für sündig und gottlos halten. Autos, die am Sabbat durch ein von ultra-orthodoxen Juden bewohntes Viertel fahren, werden mit ebenso großer Wahrscheinlichkeit mit Steinen beworfen wie in jüdischem Besitz befindliche Restaurants und Kinos in der ganzen Stadt, die am Sabbat geöffnet sind. Auf dem Weg zur Klagemauer durchqueren die Ultra-Orthodoxen die turbulenten arabischen Basare der Altstadt mit vollkommenem Gleichmut; denn schließlich wollen sie nicht die Moslems, sondern die nichtorthodoxen Juden um jeden Preis vor sich selbst und vor der Sünde bewahren – notfalls mit brachialer Gewalt. Randalierende Jeschiwa-Studenten liefern sich regelmäßig üble Straßenkämpfe mit nichtorthodoxen Juden und mit der Polizei. Nichtkoschere Restaurants und Fleischerläden werden mutwillig zerstört. Bushaltestellen werden niedergebrannt. Archäologen werden angegriffen, weil sie heiligen Grund und Boden entweihen. Auch zwischen den verschiedenen Richtungen innerhalb der ultra-orthodoxen Gemeinde herrscht Gewalttätigkeit. Das ist beinahe seit Beginn dieses Jahrhunderts so, und noch ist kein Ende abzusehen.

Animositäten zwischen Christen in Jerusalem sind eine Folge der sogenannten Ketzerlehren des fünften und sechsten Jahrhunderts; in dieser Zeit entwickelte sich der Monophysitismus, mit dem die historische Entfremdung zwischen den Ost- und den Westkirchen einsetzte. Die Monophysiten behaupteten, Christus habe keine zweifache, sondern eine einzige, zusammengesetzte Natur, die gleichzeitig menschlich und göttlich sei. Die Christen der Ost- und der Westkirchen, Angehörige der Lateinischen, der Griechisch-Orthodoxen und der Koptischen Kirche, Jakobiten und andere christliche Religionsgemeinschaften haben sich seitdem gegenseitig als Schismatiker und Häretiker beschimpft, mit dem Kirchenbann belegt und exkommuniziert. Die Gründe dafür waren teils politischer oder geopolitischer, teils theologischer Natur: Rivalitäten zwischen Ost und West – Konstantinopel und Rom – oder Kontroversen über Fragen wie die, ob der Heilige Geist nur vom Vater ausging oder vom Vater und vom Sohn. Die Monophysiten spalteten sich ab und gründeten eigenständige Kirchen – die Äthiopische, die Koptische, die Armenische und die Jakobitische bzw. Syrisch-Orthodoxe Kirche. Als die Araber im siebten Jahrhundert Jerusalem eroberten, fanden sie eine Kirche vor, die bereits in mindestens fünf rivalisierende Glaubensgemeinschaften gespalten war. Allerdings gab es nach wie vor nur einen Patriarchen, Sophronius, der bei der Übergabe von Jerusalem an den

Kalifen Omar die Verhandlungen führte. Heute gibt es in Jerusalem drei Patriarchen (einen griechisch-orthodoxen, einen lateinischen und einen armenischen) und außerdem die nominellen Oberhäupter von zweiunddreißig anderen unabhängigen christlichen Kirchen und Sekten (Erzbischöfe, Bischöfe und Dekane).

Der endgültige Bruch zwischen Ost- und Westkirchen in Jerusalem war eine Folge der christlichen, nicht etwa der moslemischen Vormachtstellung in der Stadt. Er erfolgte während des ersten Kreuzzugs; damals wurde die griechisch-orthodoxe Priesterschaft aus Jerusalem vertrieben und an ihrer Stelle ein lateinischer Patriarch eingesetzt. «Ferner haben wir auch die Türken und die Heiden geschlagen», berichteten die Anführer des ersten Kreuzzugs ihrem Papst, Urban II., «aber die Ketzer, nämlich die Griechen und Armenier, die Syrer und die Jakobiten konnten wir nicht besiegen.»[11] Diese Aufgabe wurde ein Jahrhundert später von den Rittern des vierten Kreuzzugs erledigt. Anstatt gegen die Moslems vorzurücken, um Jerusalem zurückzugewinnen, griffen sie das Zentrum des Ostchristentums an. Im Jahr 1204 wurde Konstantinopel auf denkbar grausame und schreckliche Weise geplündert und zerstört. Die Plünderungen und das Gemetzel dauerten eine ganze Woche lang an. «Seit der Erschaffung der Welt ist niemals in einer Stadt soviel Beute gemacht worden»[12], rief Gottfried von Villehardouin aus, der die Herrlichkeiten der Stadt Konstantinopel vor dem Fall beschrieb, ähnlich wie Josephus die von Jerusalem festgehalten hatte. Der Fall Konstantinopels vergiftete die Beziehungen zwischen der Lateinischen Kirche und den orthodoxen Ostkirchen derart, daß die Erinnerung daran sieben Jahrhunderte später für die Griechisch-Orthodoxen in Jerusalem noch immer sehr lebendig war. Noch 1912 mußten die Jungen einer griechisch-orthodoxen Volksschule in Jerusalem schauerliche Geschichten von diesen schrecklichen Ereignissen nacherzählen, so als hätten sie sich erst am Tag zuvor zugetragen. «[Der Haß der römischen Christen] auf den orthodoxen Glauben ist grenzenlos», verkündete ein Volksschüler, «und hat im Lauf der Jahrhunderte kaum abgenommen.»

Noch 1876 verzeichnete der Baedeker-Reiseführer *Palästina und Syrien* die «erniedrigende Tatsache», daß im Vorraum zur Grabeskirche in Jerusalem bewaffnete moslemische Wächter postiert seien. Allerdings wurde gleich darauf erklärt, dies sei «absolut notwendig», um für Ruhe zwischen den sich bekämpfenden christlichen Religionsgemeinschaften zu sorgen: «So vollkommen reißen Eifersucht und Fanatismus [in Jerusalem] die Stätte der wahren Religion an sich.» Heutzutage tun vor der Basilika israelische Polizisten Dienst. Die Schlüssel zur Grabeskirche befinden sich im Gewahrsam einer moslemischen Familie, damit Besitzstreitigkeiten zwischen den verschiedenen christlichen Glaubensgemeinschaften vermieden werden.

Die Geschichte des Christentums in Jerusalem während der vier Jahrhunderte der osmanischen Herrschaft (1516–1917) bestand aus einer Reihe endloser Auseinandersetzungen und gelegentlicher Gewalttätigkeiten unter den verfeindeten Glaubensgemeinschaften. Die Griechisch-Orthodoxe und die Armenische Kirche wurden von den Türken gelegentlich bevorzugt behandelt, da sie «Ostkirchen» – also einheimische Kirchen – waren. Die europäischen Mächte waren gespalten, wenn es darum ging, welche Kirchen sie unterstützen sollten. Die Franzosen bevorzugten traditionellerweise die Lateinische Kirche. Die Russen schlugen sich auf die Seite der Griechisch-Orthodoxen. Die Engländer und die Deutschen gaben sich Mühe, sich selbst am Rande des religiösen Lebens zu etablieren, indem sie die Armenische Kirche und die Juden unter ihre Fittiche nahmen. Die Türken und ihre Statthalter vor Ort waren grundsätzlich darauf bedacht, politisch und finanziell soviel wie möglich aus den Meinungsverschiedenheiten zwischen den Christen herauszuschlagen. Heilige Stätten wurden häufig an den Meistbietenden verscherbelt.

Zwischen 1625 und 1637 erließ der osmanische Sultan Murad IV. nicht weniger als zwölf einander widersprechende

Edikte bezüglich des «Besitzes» christlicher heiliger Stätten in Jerusalem. Im achtzehnten Jahrhundert wechselten sich die Lateinische und die Griechisch-Orthodoxe Kirche wenigstens fünfmal in ihrer Rolle als alleinige Eigentümer der Grabeskirche ab. Die meisten Veränderungen – die Folge von Druck, den die europäischen Mächte ausübten, von Bestechungsgeldern, die Beamte am osmanischen Hof einstrichen, oder von beidem – waren von kurzer Dauer. Im neunzehnten Jahrhundert erreichte der europäische Konkurrenzkampf in Jerusalem seinen Höhepunkt. Ein Historiker drückte das so aus: «Die Szenen aus dem Leben Unseres Herrn auf Erden wurden zu einem politischen Federballspiel» [13] und schließlich zum Anlaß für den Krimkrieg.

Im Jahr 1808 wütete ein Feuer in der Grabeskirche und zerstörte die Anastasis, die Auferstehungsrotunde. Die gewaltige Kuppel stürzte in sich zusammen, so daß das Grab selbst schwer beschädigt wurde. Römische Christen, Griechisch-Orthodoxe, Kopten und Armenier warfen einander verbrecherische Nachlässigkeit vor und beschuldigten sich sogar gegenseitig, das Feuer vorsätzlich verursacht zu haben (angeblich soll ein betrunkener armenischer Mönch statt Wasser Aquavit auf die Flammen gegossen haben). Die Wiederherstellung der ausgebrannten Basilika wurde jahrelang hinausgezögert. Die römischen Christen und die Armenier befürchteten, daß sich dadurch die Eigentumsverhältnisse im gesamten Bauwerk zugunsten der Griechisch-Orthodoxen verlagern würden. Diverse Ministerhände wurden mit französischem und russischem Gold geschmiert, da man hoffte, auf diese Art und Weise der einen oder anderen Kirche Vorteile zu verschaffen. Nach langem diplomatischem Hin und Her ermächtigte die osmanische Regierung die Griechisch-Orthodoxen, die Kirche zu restaurieren (angeblich nachdem ein Bestechungsgeld in Höhe von zweieinhalb Millionen russischen Rubeln gezahlt worden war – fast doppelt soviel wie die Restaurierungskosten).

Mit Beginn der konkreten Arbeiten verschärften sich die

Spannungen zwischen den einzelnen Religionsgemeinschaften noch. Abgesehen davon, daß über dem Grab Christi ein besonders abscheuliches neues Gebilde errichtet wurde – das nach Aussage eines zeitgenössischen franziskanischen Schriftstellers eher wie ein grellbunter Zeitungskiosk in Saloniki aussah –, «verfolgte der kirchenschänderische Hammer der Griechisch-Orthodoxen keine andere Absicht, als jede Spur und jedes Zeugnis von lateinischer Zivilisation und Katholizismus vom Bauwerk der Kreuzfahrer zu tilgen... Die Basilika ging mit schlimmeren Schäden aus der Sache hervor, als die zerstörerischen Flammen sie angerichtet hatten.» [14]

Wie auch immer, jedenfalls ließen die Griechisch-Orthodoxen die verbliebenen Sarkophage der lateinischen Könige, Gottfried von Bouillon und seiner zwei Nachfolger, verschwinden, die Chateaubriand noch zwei Jahre vor dem Feuer unversehrt gesehen und gezeichnet hatte. Sie verschwanden spurlos und sind seitdem nicht wieder aufgetaucht. Sechs christliche Religionsgemeinschaften teilten sich damals die Grabeskirche: Griechisch-Orthodoxe, Armenier, römische Christen, Kopten, syrische Jakobiten und Äthiopier. Im Anschluß an das Feuer häuften sich ihre Raufereien und nahmen gewalttätigere Züge an. Sie spiegelten die zunehmenden Machtkämpfe zwischen den wichtigsten europäischen Mächten wider. Während der ganzen ersten Hälfte des neunzehnten Jahrhunderts wurde es bei den Geistlichen aller Bekenntnisse zur Gewohnheit, den Besuchern Narben und frische Wunden zu zeigen, die sie sich angeblich bei irgendeiner Rauferei in der Kirche zugezogen hatten. Diese Kämpfe beschränkten sich nicht nur auf die Basilika. Im Jahr 1854 brachen griechisch-orthodoxe Mönche in den Wohnsitz des neu eingesetzten lateinischen Patriarchen von Jerusalem ein – des ersten in der Stadt seit dem Ende der Kreuzfahrerherrschaft –, vertrieben ihn und brachten eine Kamelherde in seinen Räumen unter. Als der erste anglikanische Bischof – Dr. Michael Alexander, ein ehemaliger Rabbiner, der kurz zuvor zum Christentum übergetreten war – ernannt wurde, riet man ihm (klugerweise, wie es scheint), den Titel des anglikanischen Bischofs *in* Jerusalem und nicht *von* Jerusalem anzunehmen, um keinen Anstoß zu erregen.

Im Jahr 1856 brach während der österlichen Zeremonie des Heiligen Feuers im Innern des Grabes Christi ein Handgemenge zwischen armenischen und griechisch-orthodoxen Mönchen aus. Zehn Männer wurden verletzt, vier davon schwer. Die Griechisch-Orthodoxen waren mit «Stöcken und Knüppeln ausgerüstet, die sie zuvor [so behaupteten die Armenier] hinter den Säulen und in dunklen Winkeln versteckt hatten» [15]. Die Glaubensgemeinschaften wurden schon dann handgreiflich, wenn nur ein Teppich verschoben oder eine Kerze zur falschen Zeit angezündet wurde. Sogar die Säuberung der Basilika wurde zu einem Zankapfel. Das noch so geringfügige Abschweifen eines Besens oder Hammers über den jeder Gemeinschaft zugewiesenen Bereich hinaus konnte Blutvergießen zur Folge haben. Wenn sich dank übertrieben häufigen Abstaubens ein Nagel in der Mauer lockerte, folgten komplizierte und langwierige Verhandlungen, und manchmal bedurfte es sogar bewaffneter Polizeikräfte, um ihn wieder anzubringen.

Streitereien unter den Christen wurden oft auf die Tatsache zurückgeführt, daß Jerusalem unter der Herrschaft einer nichtchristlichen Macht stand. Doch als 1917 unter den Briten wieder eine christliche Regierung eingesetzt wurde, erreichten die Rivalitäten einen neuen Höhepunkt. Diesen hat Sir Ronald Storrs, der erste britische Gouverneur von Jerusalem, sehr lebendig beschrieben. In seinen Memoiren zitierte er einige ausgesprochen aberwitzige Mitteilungen, die er von hohen christlichen Geistlichen erhalten hatte. «Exzellenz», schrieb der griechisch-orthodoxe Patriarch, «ich habe Ihre Aufmerksamkeit wiederholt auf die unerträgliche Überheblichkeit der Kopten gelenkt.» [16] – «Euer Exzellenz sind die unzumutbaren Überschreitungen der Äthiopier wohl bekannt», schrieben die Kopten. Der armenische Bischof bat dringend darum, Storrs möge gegen die «Habgier und Scheinheiligkeit» der Griechisch-Orthodoxen einschreiten. Letztere hatten einen Teppich ein paar Zentimeter über die vorgeschriebene Linie hinausgeschoben.

Kopten und Franziskaner lagen sich ebenfalls in den Haaren. Die Kopten hatten ein kleines Heiligtum auf der Rückseite der Aedicula der Grabeskirche, eine winzige Nische, die nur für eine Person Platz bot. Der koptische Priester mußte die Messe im Knien lesen, während sich die versammelte Gemeinde draußen auf dem kreisförmigen Gang um das Grab befand. Die Franziskaner pochten hartnäckig auf ihr Benutzungsrecht dieses schmalen Durchgangs, indem sie Bänke durch die Versammlung der Gläubigen schleppten, und zwar «mit einem Eifer», wie Storrs schrieb, «den der heilige Franziskus wohl kaum gutgeheißen hätte»[17]. Die Kopten rächten sich auf ihre Weise. Sie hatten ein Kloster an der Via Dolorosa, an der neunten Kreuzwegstation, und sie schütteten «ihr Schmutzwasser genau dort aus den Fenstern, wo die Franziskaner bei ihrer Freitagsprozession normalerweise niederknieten».

Die einzige Einigung, die zu Storrs Zeiten zwischen den zerstrittenen Anhängern der Lateinischen Kirche und den Griechisch-Orthodoxen bezüglich einer längst überfälligen baulichen Veränderung an einer ihrer gemeinsamen heiligen Stätten erzielt wurde, kam nur durch eine List zustande. Zuerst überredete Storrs den lateinischen Patriarchen, die Vereinbarung zu unterschreiben, indem er ihm versicherte, die Griechisch-Orthodoxen hätten dagegen Einspruch erhoben. Dann brachte er den griechisch-orthodoxen Patriarchen dazu, sie zu unterzeichnen, indem er behauptete, die Lateinische Kirche hätte ihre Zustimmung nur sehr ungern gegeben. Seine Tricks trugen Storrs den Spitznamen «Oriental Stores»[18] ein, eine Anspielung auf einen ziemlich zweifelhaften Souvenirladen dieses Namens im Basar.

Inzwischen wurde die Grabeskirche altersschwach und baufällig. Ein Erdbeben richtete noch zusätzlichen Schaden an, der aber nicht repariert werden konnte, da es den Religionsgemeinschaften nicht gelang, eine Einigung zu erzielen. Und die Briten waren nicht gewillt, sie zu erzwingen. Jahrzehntelang hielten Notgerüste aus Stahl die Fassade aufrecht. Die Eingangshalle unterhalb des Kalvarienberges war so mit Gerüsten abgestützt, daß sie aussah wie ein Tunnel zu einem unterirdischen Bergwerk. Auf der Grundlage von Artikel 14 des Völkerbundmandats für Palästina wurde eine gemischtkonfessionelle Kommission einberufen, die die Rechte und Ansprüche der verschiedenen Religionsgemeinschaften klären sollte. Sie trat nie zusammen, denn immer erhob eine Gemeinschaft Einspruch gegen die Teilnahme einer anderen. Als der einzige in Jerusalem erhalten gebliebene Grabstein eines Kreuzfahrers – des Engländers Philip d'Aubigny, eines Unterzeichners der Magna Charta – unter dem Haupteingang zur Grabeskirche ausgegraben wurde, mußte Storrs einen ganzen Trupp britischer Soldaten aufbieten, um ihn zu heben und zu bewachen, denn ringsum auf den Dächern, Terrassen und Balustraden drängten sich griechisch-orthodoxe Priester, «die voller Trauer und Zorn die Erhaltung eines lateinischen Denkmals in ihrer Mitte mit ansahen» [19].

Der britische General Edmund Allenby hatte in seiner ersten Bekanntmachung an dem Tag, an dem seine Streitkräfte im Jahr 1917 Jerusalem besetzten, versprochen, an allen heiligen Stätten den Status quo «entsprechend den existierenden Gepflogenheiten und Glaubenslehren der Menschen, deren Glauben sie heilig sind», aufrechtzuerhalten und zu gewährleisten. Das war leichter gesagt als getan. Der Status quo erwies sich als problematischer Maßstab. Einen schwankenderen und ungenaueren hätte man sich kaum vorstellen können. Definiert wurde der Status quo als der Zustand, der im Jahr 1757 in der Basilika geherrscht hatte. Es bestand jedoch keine generelle Übereinstimmung darüber, welche religiöse Gruppe nun an welchem Altar, Teppich, Schrein, Wandbehang, Bild, Portal, Vorhang, Durchgang – oder Teilen davon – zu diesem weit zurückliegenden Zeitpunkt «Vorrang» gehabt hatte. Einige «gehörten» einer oder zwei Glaubensgemeinschaften. Und innerhalb dieser Gemeinschaften gab es wiederum mehrere widersprüchliche Gepflogenheiten.

Schließlich und endlich hatte eine moslemische Macht dort Erfolg, wo die Macht oder der gute Wille von Christen so viele Jahrhunderte lang versagt hatte – allerdings nicht ohne den zusätzlichen Anstoß in Gestalt mehrerer abbröckelnder Stützpfeiler und Decken. Im Jahr 1958 brachte König Hussein von Jordanien die verschiedenen Gemeinden endlich dazu, zu kooperieren und einen gemeinsamen Plan zur Restaurierung zu verabschieden. Die Rivalitäten und der Argwohn verringerten sich in der Folge nur teilweise. Die gemeinsamen Vereinbarungen wurden wiederholt von einer oder mehreren der zerstrittenen Parteien verletzt. Ein typischer Vorfall ereignete sich im Jahr 1964, kurz bevor der Papst Jerusalem besuchte. Paul VI. hatte den Wunsch geäußert, in einem Teil der Geburtskirche in Bethlehem, in dem die Griechisch-Orthodoxen das Sagen hatten, zu beten. Abgesandte der Lateinischen Kirche sprachen im griechisch-orthodoxen Patriarchat vor, wo man ihnen zu verstehen gab, daß dies kein Problem darstellen würde. Man legte ihnen nahe, eine schriftliche Eingabe zu machen. Man stellte also einen Antrag, der prompt abgelehnt wurde. Jahre später gab der griechisch-orthodoxe Patriarch zu, er habe absichtlich einen schriftlichen Antrag verlangt, um einen von Vertretern des Papstes stammenden schriftlichen Beweis in Händen zu halten, daß die Griechisch-Orthodoxen Vorzugsrechte in der Geburtskirche genossen.

Jede Religion war eine Insel für sich. Natürlich gab es bestimmte Dinge, an die sie alle glaubten: Sie glaubten an den einen Gott, an einen ähnlichen ethischen Kodex, an die Wirksamkeit des Gebets und an das Jüngste Gericht. Sie waren sogar einer Meinung, was die genaue Stelle betraf, an der einst das Jüngste Gericht stattfinden würde – inmitten der Grabsteine in der Schlucht zwischen Stadtmauer und Ölberg. Doch im Verlauf der Jahrhunderte hatten sie, ganz grundsätzlich, nichts miteinander zu tun, außer in negativer Hinsicht – in Form von Verachtung, Zwietracht, gegenseitigen Anschuldigungen oder Krieg.

Selbst in Zeiten relativ großer Toleranz waren sie von einer Art Narzißmus besessen, wenn es um kleine Unterschiede ging. Die Angehörigen der Lateinischen Kirche hänselten die orthodoxen Gemeinden der Ostkirche, sie würden sich untereinander wegen eines einzigen Buchstabens zanken. Die Griechisch-Orthodoxen und die Armenier entgegneten scharf, der Unterschied zwischen einem Atheisten und einem Theisten bestünde schließlich auch nur in einem einzigen Buchstaben. Voltaire war vermutlich der erste, der (unter Vorwegnahme der Erkenntnisse der modernen Psychologie) darauf verwies, daß die Verfolgung eines Glaubens durch die Anhänger eines anderen gleichbedeutend mit dem Aufbegehren gegen den eigenen Gott sei. Am Gipfelpunkt ihrer Macht und ihres Einflusses empfanden die in Jerusalem vertretenen Glaubensrichtungen offenbar ein tief verwurzeltes Bedürfnis, alle anderen schlechtzumachen und herabzusetzen.

Das Goldene Tor, auch Tor der Gnade genannt, befindet sich in der Ostmauer des Tempelberges und stammt aus byzantinischer oder früharabischer Zeit. Dieses vielleicht schönste Stadttor steht im Mittelpunkt zahlreicher Überlieferungen und Legenden. Juden wie Christen glaubten, daß durch dieses Tor dereinst der Messias zurückkehren würde, um Gericht zu halten. Folglich beschlossen die Moslems im dreizehnten Jahrhundert, es endgültig zu schließen. Das Tor wurde zunächst fest zugesperrt und sodann zugemauert. Davor wurde ein Friedhof angelegt, da man glaubte, der Erlöser würde zögern, sich seinen Weg über fremde Gräber zu bahnen.

Im vierzehnten Jahrhundert wurde auf Anordnung der Behörden der Glockenturm der Grabeskirche gekappt, so daß er weniger hoch war als das nächstgelegene Minarett. Da es jetzt verboten war, die Kirchenglocken zu läuten, mußten die Gläubigen mit hölzernen Rasseln zum Gebet gerufen werden, wie man sie noch heute vor der armenischen Jakobskathedrale sieht. Bis zur Mitte des neunzehnten Jahrhunderts durften Kirchen und Synagogen nicht höher gebaut werden als Moscheen. Kurz nachdem im Jahr 1858 die neue Hurva-Synagoge in der Altstadt eingeweiht worden war, schoß unmittelbar daneben ein etwas höheres moslemisches Minarett aus dem Boden.[20]

Die Moslems spotteten über die Christen, weil diese zu behaupten wagten, Gott habe von einer sterblichen Frau einen Sohn bekommen. Die Christen wiederum fanden es lachhaft, daß die Erzengel einem ungebildeten Stammesangehörigen aus einer obskuren Stadt in Arabien die ganze Wahrheit über Gott eingegeben haben sollen. Die Juden verachteten alle beide wegen ihrer unglaubwürdigen Legenden, ohne sich dessen bewußt zu sein, daß es einem ebenso unglaubwürdig vorkommen mag, daß Gott mit ihnen allein ein besonderes Abkommen getroffen und den Rest der Menschheit im dunkeln gelassen haben soll. Die Christen glaubten an die Eucharistie, fanden aber die Tatsache, daß Moslems und Juden sich weigerten, Schweinefleisch zu essen, absurd.

Alle verachteten sich gegenseitig mit derselben unbeugsamen Hartnäckigkeit, die sie, wenn es um die Verteidigung (und manchmal das Propagieren) ihres eigenen Glaubens ging, unempfindlich gegenüber Spott, Folter oder gar dem Tod machte. Von frühester Zeit an bezeichneten selbst gebildete Moslems die Grabeskirche abfällig als *al-Qumama* (auf arabisch ‹Abfallhaufen› – eine absichtliche Verballhornung von *al-Quijama* – ‹Auferstehung›). Mujir al-Din, der bedeutendste moslemische Historiker des mittelalterlichen Jerusalem und ansonsten ein ungeheuer vernünftiger Mann, verachtete die Christen von Jerusalem, weil sie «in ihrer Kirche des *Qumama* Abscheulichkeiten [begingen], die einen vor Entsetzen schaudern lassen»[21]. Die Juden, die etwas feinfühliger – oder verletzlicher – waren, bezeichneten das Bauwerk als die Kirche, die das Grab «jenes Menschen» enthielt. Während der Eroberung Jerusalems durch die Kreuzfahrer degradierten Ritter des Templerordens die Gebetsnische in der Al-Aksa-Moschee zu einem Pissoir. Der bereits zuvor zitierte Pilger Felix Faber aus dem fünfzehnten Jahrhundert berichtete über einen Vorfall in einem Wirtshaus, das neben einer Moschee an der Durchgangsstraße nach Jerusalem lag. Ein Mitglied seiner Pilgergesellschaft, ein deutscher Edelmann, «stand nachts auf, kletterte auf das gewölbte Dach der Moschee und beschmutzte sie durch die Öffnung, was uns sehr zum Lachen brachte» [22].

Im Jahr 1860 mußte die offene Kuppel über dem Grab Christi mit einer Schutzplane abgedeckt werden, um die Moslems auf den umliegenden Dächern daran zu hindern, ihren Abfall hineinzuwerfen. 1967 entdeckte man, daß während der Besetzung von Ostjerusalem durch die Jordanier Grabsteine aus dem alten Friedhof am Ölberg entfernt worden waren, um damit die Latrinen einer jordanischen Militärbaracke in der Nähe zu pflastern. (Zur gleichen Zeit stellten die Moslems erbost fest, daß auf israelischer Seite ein ebenso alter moslemischer Friedhof unter einem Fünfsternehotel verschwunden war.)

Nach Ansicht der Moslems fälschten die Christen und Juden ihre eigenen Schriften, um die darin prophezeite Ankunft Mohammeds zu verheimlichen. Die Muezzins der Al-Aksa-Moschee würzten ihre Rufe zum Gebet gelegentlich mit einer polemischen Auslegung des Koranverses, der besagt: Der Herr hat keinen Sohn gezeugt. Die Christen bezeichneten Mohammed im allgemeinen als des Satans erstgeborenen Sohn, der sich zu Unrecht als Prophet ausgab. Die Juden wurden natürlich als Mörder Christi beschimpft. Mindestens bis zum Jahr 1917 stimmten verzückte Gläubige während der feierlichen Zeremonie des Heiligen Feuers, die jedes Jahr an Ostern am Grab Christi stattfindet, in Anwesenheit des griechisch-orthodoxen und des armenischen Patriarchen folgenden Gesang an:

> O Juden! O Juden!
> Euer Fest ist das Fest der Teufel,
> Unser Fest ist das Fest Christi.

Wir sind heute glücklich,
Ihr aber seid voller Trauer.
Ach ihr Juden! Ach ihr Ungläubigen!
Euer Fest ist das Fest der Toten,
Unseres aber ist das Fest Christi. [23]

Eine Reihe gegenseitiger Ausschlußvorschriften sorgte dafür, daß Angehörige einer Glaubensrichtung die heiligen Bezirke einer anderen nicht betreten durften. Der Brauch, Ungläubige auszuschließen, wurde in alter Zeit von den Juden eingeführt. Nichtjuden war der Zutritt zum Heiligtum, dem inneren Teil des jüdischen Tempels, untersagt. An jedem Eingangstor verkündeten Inschriften in lateinischer und griechischer Sprache das sogenannte Reinheitsgesetz, dem zufolge bei Todesstrafe kein Nichtjude das Heiligtum betreten durfte. [24]

Das Prinzip, Nichtgläubigen den Zugang zum Tempelberg zu verwehren, wurde von den Moslems nachgeahmt. Bis zur Mitte des neunzehnten Jahrhunderts war es Juden und Christen verboten, den heiligen Bezirk der Moslems zu betreten. Ein französischer Abenteurer, der an einem Freitagmorgen im Jahr 1827 vor dem Felsendom erwischt wurde, soll vom Mob in Stücke gehackt worden sein.

Bis 1967 hatten Juden keinen Zugang zur Grabeskirche – Moslems allerdings schon. Während der Zeit des Britischen Mandats (1917–1948) wurden Verdächtige an der Tür angehalten und aufgefordert, sich andächtig zu bekreuzigen, um zu beweisen, daß sie keine Juden waren. Sich als Christ auszugeben erwies sich gelegentlich als ein höchst riskantes Unterfangen. Im Jahr 1922 wurde ein junger Mann, dem ein Taxifahrer, ein arabischer Christ, vorwarf, er sei Jude, in der Kapelle neben der Stätte des Kalvarienbergs um ein Haar gelyncht. Nachdem er ein Messer in die Wade und mehrere Schläge auf den Kopf bekommen hatte, wurde er im allerletzten Augenblick von britischen Polizisten gerettet.

Da die Juden von Jerusalem im Mittelalter keinerlei Macht

besaßen, konnten sie sich nur gegenseitig ausschließen. Dies geschah von Zeit zu Zeit, wenn es Streit um Lehrmeinungen und Bibelauslegungen gab. Im neunzehnten Jahrhundert wurde der britische Philanthrop Sir Moses Montefiore von den Jerusalemer Rabbinern exkommuniziert, weil er sich über die Halacha hinweggesetzt hatte, die den Juden den Besuch des Tempelberges verbot. (Er hätte die Stätte des altehrwürdigen Allerheiligsten durch seine Gegenwart entweihen können.)

Der Franziskanermönch Francesco Suriano, Verfasser von *Il tratto di Terra Santa e dell'Oriente* (Abhandlung über das Heilige Land und den Orient), stellte 1485 voller Genugtuung fest, daß die Juden «in Jerusalem, wo sie die Sünde begingen, derentwegen sie jetzt über die ganze Welt versprengt sind, von Gott schlimmer bestraft und heimgesucht werden als in irgendeinem anderen Teil der Welt» [25]. Über lange Zeiträume hinweg durften sich die Juden nicht einmal innerhalb der Altstadt frei bewegen. Ein osmanischer Ferman (Herrschererlaß) vom 29. April 1534, der bei den Franziskanern in Jerusalem im Archiv der Custodia di Terra Santa ausgestellt ist, enthält «die Anweisung an die Juden von Jerusalem, jeden Sabbat in der Synagoge ihres Volkes von der Kanzel herab zu verkünden, daß es keinem von ihnen gestattet ist, über den Platz vor der Grabeskirche zu gehen oder das Gelände des Berges Zion oder irgendeines anderen christlichen Heiligtums zu betreten».

Drei Jahrhunderte später war die Lage ziemlich unverändert. Am Karfreitag des Jahres 1864 machte Ermete Pierotti, ein italienischer Architekt im Dienste des türkischen Paschas von Jerusalem, die Beobachtung, daß die Juden ihr kleines Viertel im Westen der Klagemauer nicht zu verlassen wagten, «da die römischen Christen, die Griechisch-Orthodoxen und die Armenier sie beleidigen und auch ansonsten übel behandelten. Bei mehreren Gelegenheiten war der Pascha genötigt, die Zugänge zu ihren Straßen mit einem Aufgebot an Soldaten und Polizei zu bewachen, um sie vor den fanatischen Christen zu schützen, die sie sonst angegriffen hätten.» Pierotti zufolge ist «die gesamte einheimische Bevölkerung leider noch immer der Ansicht, daß einen Juden zu verletzen eine im Angesicht Gottes wohlgefällige Tat ist»[26].

Die neue Gesellschaftsschicht aufgeklärter Konsularbeamter aus dem Westen legte dieselbe Selbstgerechtigkeit an den Tag wie die alte. James Finn, zu Pierottis Zeiten britischer Konsul in Jerusalem, war bekannt für sein menschenfreundliches Interesse am Wohlergehen der Moslems und der Juden. Als Vorsitzender der neugegründeten Literarischen Gesellschaft von Jerusalem charakterisierte er als deren Ziel und Zweck die eingehende Beschäftigung mit «mohammedanischer Hochstapelei» und «rabbinischen Ungeheuerlichkeiten»[27]. Mag sein, daß der Glaube durch solche Aussagen nicht geschwächt wurde; die organisierte Religion schon.

Ein paar Jahrzehnte später begann die Feindseligkeit, die sich verhärtet hatte, in Nationalismus umzuschlagen. Dieser fraß sich ebenso in das Herz des Patriotismus wie in die Religion und führte häufig dazu, daß der Patriotismus in nagenden Mißmut umschlug, die Religiosität in Bigotterie. Als zwischen Moslems und Juden offene Gewalt ausbrach, verwischte sich die Trennungslinie zwischen Nationalismus und Religion noch mehr. «Zu meiner Zeit [1926–29]», so erinnerte sich Arthur Koestler, «rief die moslemische Geistlichkeit im Durchschnitt zweimal im Jahr zu einem Blutbad auf. Es konnte passieren, daß ein friedlicher arabischer Hausbesitzer während des Ramadan mit der Familie seines jüdischen Mieters scherzte, in die Moschee ging, dem Imam zuhörte, nach Hause lief und Mieter, Frau und Kinder mit einem Küchenmesser abschlachtete... Ich habe nie in so unmittelbarer Nähe Gottes gelebt und nie so weit von ihm entfernt.»[28]

In den zwanziger und dreißiger Jahren wurden, sobald es nur Gerüchte von Krawallen gab, die eisernen Rolläden in der Altstadt ratternd heruntergelassen. In unserer Zeit haben moslemische Fundamentalisten mehrere Dschihads (Heilige Kriege) gegen Juden gepredigt und geführt; und jüdische Fundamentalisten haben sich angewöhnt, die Araber als Amalekiter zu betrachten, also als Angehörige jenes Volkes, das zu bekämpfen und zu vernichten Jehova ihnen in der Bronzezeit befohlen hatte. Wieder und immer wieder zitieren jüdische Fundamentalisten das Versprechen, das Gott Abraham gegeben hat – «Deinen Nachkommen gebe ich dieses Land» (Gen 12,7) –, wobei sie nur selten innehalten, um darüber nachzudenken, daß auch Ismael zu Abrahams Nachkommen gehörte. Noch sind die Fundamentalisten unter den heutigen jüdischen Jerusalemiten in der Minderheit. Aber der bekannte Psalm 137 – «An den Strömen von Babel, da saßen wir und weinten, wenn wir an Zion dachten» – ist nicht nur ein Lied voller Liebe und Sehnsucht, sondern auch ein grimmiger Rachegesang, wie in einem späteren, weniger häufig zitierten Vers (8) deutlich wird:

> Tochter Babel, du Zerstörerin!...
> Wohl dem, der deine Kinder packt
> und sie am Felsen zerschmettert!

Im Laufe der Jahre entwickelte sich zwischen den jüdischen und den moslemischen Fundamentalisten und Extremisten eine merkwürdige Ähnlichkeit, so als hätte sich mitten in Jerusalem ein Spiegel zwischen beide Seiten herabgesenkt. Und es war keine rein rhetorische Floskel, als der in Jerusalem geborene Romanschriftsteller Amos Oz sagte, Jerusalem sei eine Stadt, in der jeder eine Art Messias ist, ganz versessen darauf, seine Gegner wegen ihres Glaubens ans Kreuz zu schlagen, und bereit, sich für seinen eigenen kreuzigen zu lassen.

Die meisten Religionen im Nahen Osten sind natürlich an ethnische Gruppen gekoppelt. Einige waren von jeher schlicht und einfach nationale Religionen. So ist etwa die Armenische Kirche ausgesprochen nationalistisch. Ebenso wie die jüdische Religion wird sie von dem Mythos eines verlorenen Heimatlandes, das es zurückzugewinnen gilt, beflügelt. Die Griechisch-

Katholische und die Griechisch-Orthodoxe Kirche, die Russisch-Orthodoxe, die Rumänische und die Bulgarische Kirche, die Ägyptische (Koptische) und die Äthiopische Kirche, die syrischen Jakobiten und die Libanesische Kirche (die Maroniten) – um nur ein paar zu nennen – sind Nationalkirchen. Die Lateinische Kirche, an deren Spitze seit 1987 ein palästinensischer Patriarch steht, ist auf dem besten Weg, eine zu werden. Die vor mehr als einem Jahrhundert unter einem konvertierten deutschen Juden aus politischen Gründen etablierte Anglikanische Kirche ist heute, unter Führung eines palästinensischen Bischofs, vorwiegend arabisch.

Der nationale Charakter des Judentums versteht sich beinahe von selbst. Das Zusammentreffen des jüdischen Passahfestes und des christlichen Osterfestes erregte im Mittelalter bei den Moslems in Jerusalem derartige Besorgnis, daß der ansonsten ausgesprochen tolerante Sultan Saladin das moslemische Fest Nabi Musa (Prophet Moses) erfand, das im selben Frühlingsmonat stattfinden sollte. Der jüdischen Überlieferung zufolge starb Moses in Moab, und «bis heute kennt niemand sein Grab» (Dtn 34,6). Doch der moslemischen Lehre zufolge gefiel Moses diese Begräbnisstätte in Moab nicht, und so rollte er unter der Erde zu einem Grab am Rande der Stadt Jericho, die ein Stück von Jerusalem entfernt an der alten Römerstraße liegt. An dieser Stelle ließ Saladin einen Tempel errichten. Unter osmanischer Herrschaft schlängelte sich jedes Jahr eine gewaltige Prozession den Berg hinab zu diesem Grab. Diese Prozession brach am Karfreitag auf und zeichnete sich durch antichristliche Untertöne und manchmal auch durch Gewalt aus, da an diesem Tag die Christen dieselbe Straße in der entgegengesetzten Richtung heraufzogen. In unserem Jahrhundert nahm das Fest Nabi Musa einen nationalistischen, antijüdischen Charakter an. Während die Prozessionen der frommen und verzückten Gläubigen, begleitet von Horden politischer Krawallmacher, auf dem Weg zum Ehrengrabmal durch Jerusalem zogen, erhitzten sich jedesmal die Gemüter, und es kam häufig zu Gewalttätigkeiten. Bei einem Passahfest in den zwanziger Jahren, das mit Nabi Musa zusammenfiel, verschärften sich die Spannungen so sehr, daß «sich ein Pferd in der Altstadt aufbäumte und innerhalb von fünf Minuten alle Läden im Basar geschlossen waren und bewaffnete Soldaten durch die Gassen patrouillierten» [29]. Juden und Moslems prallten in blutigen Straßenschlachten aufeinander. In den jüdischen Stadtteilen von Jerusalem und Hebron wurden ganze Familien vom arabischen Mob niedergemetzelt. Läden wurden geplündert und niedergebrannt.

Nun behaupteten die moslemischen Geistlichen und Politiker, die Klagemauer sei kein jüdisches, sondern ein moslemisches Heiligtum. Im Jahr 1930 erklärte einer ihrer Sprecher vor einer internationalen Kommission, die Juden hätten kein Recht, an der Mauer zu beten, es sei denn, «es würde ihnen von den Moslems entgegenkommenderweise gestattet... [sie dürfen] den Mauerbezirk betreten, allerdings ohne die Stimme zu erheben oder irgendeine Zeremonie abzuhalten... Die Mauer ist eine rein moslemische Stätte und fester Bestandteil der geheiligten Al-Aksa-Moschee. Die Moslems und die Christen vertreten in dieser Hinsicht, politisch wie auch religiös gesehen, einen sehr dezidierten Standpunkt.» [30]

Inzwischen hatte die öffentliche Meinung bei Juden und Arabern derartige Streitfragen längst aus dem rein religiösen Bereich herausgerückt und sie zu politischen und nationalen Fragen gemacht. Als 1929 ein jüdischer Junge einen Fußball in einen arabischen Garten in der Altstadt schoß, wurde das unschuldige Kind von moslemischen Fanatikern mit dem Ruf «Allah akbar!» (Gott ist groß) erdolcht. Die Juden protestierten gegen diesen Todesfall mit einer Demonstration beim Begräbnis des Jungen. Binnen Stunden erfolgte eine arabische Gegendemonstration. Wenig später waren 133 Juden und 116 Araber umgekommen und 571 Menschen (339 Juden und 232 Araber) verwundet.

Von da an waren in der Geschichte der Stadt und des arabisch-israelischen Konflikts Politik und Religion, ähnlich wie bei der Laokoon-Gruppe, aufs komplizierteste miteinander verflochten. Für die Nichtreligiösen auf beiden Seiten wurde die «Geschichte» zu einer Art Glauben. Die politische Diskussion war mit religiösem Vokabular durchsetzt. Jede Seite beharrte darauf, daß ihr, religiös und politisch betrachtet, die Stadt Jerusalem «heiliger» sei als der anderen. Die Juden behaupteten, sie hätten nur *ein* Jerusalem. («*Ihre* heilige Stadt ist Mekka», lautete das Argument, «und Medina haben sie noch obendrein. Jerusalem gehört uns ganz allein.» Oder: «Jerusalem wird im Koran nicht ein einziges Mal erwähnt, in der Bibel hingegen über siebenhundertmal!») Die Araber behaupteten, historisch betrachtet sei die Anwesenheit der Juden in der Stadt ein vorübergehendes Phänomen. («Jerusalem sollte seinen wahren Kindern zurückgegeben werden. Die Palästinenser sind die direkten Nachkommen der einheimischen Amoriter, Kanaaniter und Jebusiter!») Dieser Argumentation zufolge waren die alten Hebräer unter Josua auch nur «fremde Eindringlinge» wie die Babylonier oder die Briten.

Kein Aspekt der Zeitgeschichte oder der aktuellen Politik wurde fortan losgelöst von religiöser Voreingenommenheit erörtert, und jeder Schritt der Kontrahenten wurde von leidenschaftlichem Glauben bestimmt. Auf jüdischer Seite gab es zumindest ein paar berühmte Versuche, sich der wachsenden Durchdringung nationaler Politik mit religiösen Vorurteilen zu widersetzen. (Auf arabischer Seite gab es keine.) Während der jüdisch-moslemischen Kontroverse um die Kontrolle über den Bereich der Klagemauer im Jahr 1929 ersuchten die jüdischen Politiker Gerschom Scholem, den namhaften Fachmann für jüdische Mystik, ihnen kabbalistische Texte an die Hand zu geben, die die religiösen und historischen Ansprüche der Juden untermauern würden. Scholem weigerte sich und wurde wenig später von der Presse angegriffen und als unpatriotischer, wenn nicht gar «selbsthasserischer» Jude beschimpft. Scholem führte als Argument ins Feld, daß der Streit um die Klagemauer ein politischer Streit sei. Und als solcher sollte er Gegenstand politischer Verhandlungen sein und nicht Anlaß dafür, sich gegenseitig mystische Texte unter die Nase zu halten. Die politische Auseinandersetzung zwischen Arabern und Juden sei schon schwierig genug, argumentierte er; es gäbe keinen Grund, sie noch durch das Hinzuziehen religiöser Argumente zu komplizieren.

Mit dieser Einstellung stand Scholem bald mehr oder minder allein da, sogar unter den Juden. In den Gottesdiensten auf beiden Seiten wurden die Ereignisse von 1948 und 1967 mit den Absichten des Himmels und der Hölle in Verbindung gebracht, so wie das die Kreuzfahrer und die Sarazenen bereits in den Jahren 1099 und 1187 getan hatten. In allen fünf Kriegen, die die Araber und die Isrealis zwischen 1948 und 1982 gegeneinander führten, riefen die moslemischen Geistlichen die Gläubigen ständig zum Dschihad, zum Heiligen Krieg, mit dem Ziel der Befreiung Jerusalems auf: «Nennt nicht die tot, die für Allah fallen – sie leben ewig, selbst wenn sie ohne Empfindung sind!»

Als das Jüdische Viertel in der Altstadt von Jerusalem 1948 an die Araber fiel, brannte der Mob zweiundzwanzig der siebenundzwanzig Synagogen nieder; die restlichen fünf wurden von der jordanischen Armee geplündert und abgerissen. Zu Beginn der sechziger Jahre protestierten arabische christliche Geistliche in Ostjerusalem dagegen, daß der Vatikan die Juden von der Schuld des Gottesmordes freisprechen wollte; einige meinten warnend, dies sei nur wieder ein zionistisches Komplott. Jüdische Geistliche wiederum erklärten, die Schechina, die göttliche Gegenwart, sei vor den siegreichen israelischen Truppen einhermarschiert, als diese 1967 Jerusalem einnahmen. Nichtreligiöse Politiker schlugen ähnliche Töne an. Itzhak Navon, der spätere Staatspräsident (und anschließend Erziehungsminister), veröffentlichte 1978 ein langes patriotisches Gedicht über diesen Krieg. Es ist in seinem Kern ein leidenschaftliches Bittgebet von jedem der sieben Tore Jerusalems.

Eine kitschigere Übertragung von Religion auf die aktuelle Politik kann man sich schwer vorstellen, schon gar nicht aus der Feder eines bekannten nichtreligiösen Juden. In diesem Gedicht «sprechen» die Tore. Jedes Tor bittet Gott, er möge den auf die Altstadt zumarschierenden bewaffneten israelischen Einheiten befehlen, durch eben dieses Tor einzufallen. Gott wird gebeten zu entscheiden, «welches Tor es verdient, daß die Erlösung hindurchmarschiert»[31]. (Letzten Endes entscheidet Gott zugunsten des Löwentors, weil es im Gegensatz zu den anderen Toren «sein Licht unter den Scheffel gestellt hat».)

Wystan Hugh Auden konnte sich als alter Mann noch gut daran erinnern, wie er im Jahr 1970 mit Teddy Kollek, dem liberalen Bürgermeister von Jerusalem, auf einer Terrasse stand, von der aus man einen Blick über die Altstadt und die kahlen, rosa leuchtenden Hügel hatte. Palästinensische Terroristen hatten gerade an einer belebten Kreuzung im Geschäftsviertel von Jerusalem eine Handgranate geworfen, bei deren Explosion mehrere Fußgänger verwundet worden waren. In einem Vorort im Norden waren soeben orthodoxe Krawallmacher mit der Polizei zusammengestoßen. So ganz nebenbei ließ der Bürgermeister die Bemerkung fallen, daß Jerusalem eine herrliche Stadt wäre, wenn es nicht diese vielen Kriege gäbe und nicht ausgerechnet die Orthodoxen ewig Streit anfangen und Krawall schlagen würden. Auden erinnerte sich, daß er das so sagte, «wie man in London sagen könnte, es wäre eigentlich eine recht hübsche Stadt, wenn nur nicht dieses Wetter wäre»[32].

Omar, der arabische Eroberer Jerusalems, hatte eine sehr genaue Vorstellung von den Gefahren, die ein Ort birgt, der mehr als einem Glauben heilig ist. Als man ihn im Jahr 638 durch die Grabeskirche führte, lehnte er die Aufforderung des Patriarchen Sophronius, hier ein Gebet zu sprechen, ab. «Wenn ich in der Kirche gebetet hätte», erklärte er dem Kirchenmann, «wäre sie für euch verloren gewesen, denn die Rechtgläubigen hätten sie mit dem Argument ‹Omar hat hier gebetet› für sich beansprucht.» Omars Nachfolger waren, was die heiligen Stätten der Juden betraf, leider weniger besonnen. Die Folge davon ist, daß sich die Pilgerwege der Moslems und der Christen in Jerusalem nicht überschneiden, die der Juden und der Moslems hingegen schon.

Neben den großartigen moslemischen und christlichen Heiligtümern in Jerusalem wirkte die Klagemauer bis vor wenigen Jahren recht armselig. Sie hatte nichts Spektakuläres an sich, war nichts weiter als eine völlig schmucklose Steinfläche, das Überbleibsel einer alten Stützmauer, die Herodes der Große im Jahr 20 v. Chr. errichten ließ, um die Tempelplattform im Westen (daher der Name Westmauer) abzusichern. Sie war nie in ihrer ganzen Länge zu sehen. Der größte Teil wurde von Häusern verdeckt. Am südlichen Ende stand ein kurzes Stück frei. Die Steinquader waren gewaltig und kunstvoll bearbeitet. Mehrere Reihen stammten noch aus der Zeit des Herodes; der Rest war etwas jüngeren, nämlich türkischen Ursprungs. Nach der Chinesischen Mauer war dies vermutlich die berühmteste Mauer auf der Welt. Jahrhundertelang nannte man sie auch den Klageort der Juden. Doch ihr juristischer Status war unklar. Nach Angaben des britischen Konsuls James Finn mußte die jüdische Gemeinde im neunzehnten Jahrhundert «dem Efendi, dessen Haus an die Mauer angrenzt, 300 [Pfund?] im Jahr bezahlen, um dort beten zu dürfen». Juden kamen an die Mauer, um zu beten und die Zerstörung ihres Tempels zu beklagen. Sie küßten die rauhen Steine und schoben kleine, mit persönlichen Gebeten oder allgemeineren Anliegen an den Allmächtigen vollgekritzelte Zettelchen in die Ritzen.

Während der ersten zwei oder drei Jahrzehnte dieses Jahrhunderts war der für die Juden zum Beten zugängliche Bereich an der Mauer knapp dreißig Meter lang und drei Meter breit – eine muffige Gasse, schmal und kurz. Graue steinerne Wohnlöcher, in denen arme moslemische Familien hausten, reichten bis drei oder vier Meter an die Mauer heran. Im Süden und Norden wurde sie von anderen Gebäuden blockiert. Es gibt keine Aufzeichnungen darüber, daß diese schmale Gasse vor dem siebzehnten Jahrhundert auch den Moslems heilig war. Im siebzehnten Jahrhundert begannen die Moslems offenbar, sie für den Ort zu halten, an dem Mohammed auf seinem Weg in den Himmel sein bemerkenswertes Pferd Al-Burak festgebunden hatte. Es wurde behauptet, nicht aber bewiesen, daß die Moslems noch im Mittelalter das Goldene Tor als den Ort verehrten, an dem Mohammed das Heiligtum betrat. Dieser Theorie zufolge verlegte man die Stelle, an der Al-Burak festgebunden worden war, erst an die Westmauer, nachdem die osmanischen Sultane das Recht der Juden, dort zu beten, inoffiziell anerkannten. Wie dem auch sei, in diesem Jahrhundert ist um diese Streitfrage viel Blut vergossen worden.

Der erste blutige Tumult brach im Jahr 1919 aus. Es gab mehrere Versuche, den Frieden an der Mauer zwischen den zerstrittenen Parteien wiederherzustellen. Sie schlugen allesamt fehl. Eine ganze Reihe mehr oder minder vernünftige britische Kolonialbeamte beschäftigten sich mit dem Problem, ergriffen einmal die Partei der Juden, dann wieder die der Moslems. Die Juden wollten an der Mauer den Schofar, ein Widderhorn, blasen, wie es an Rosch-ha-Schana (Neujahr) bei den Gottesdiensten in der Synagoge Brauch ist. Moslemische Geistliche und Politiker ließen verlauten, daß das Blasen des Schofar an der Mauer in ihren Augen eine tödliche Beleidigung für den Islam darstelle; sie konnten es auch nicht einmal im Jahr dulden. Ihre plötzlich sehr heftige Reaktion war natürlich eine Folge des sich verschärfenden politischen Konflikts zwischen Arabern und Juden. Die Juden wollten, wie es seit Jahrhunderten der Brauch war, ein paar Holzbänke an der Mauer aufstellen, damit sich die alten Männer beim Beten hinsetzen konnten. Die moslemischen Geistlichen erhoben auch hier vehement Einspruch. Sie betrachteten das Aufstellen von Bänken an der Mauer, selbst wenn es sich nur um ein paar Stunden in der Woche handelte, als widerrechtliche Aneignung unveräußerlicher moslemischer Rechte, die bis in die Zeit des Propheten und seiner frommen Jünger zurückreichten. Moslemische Geistliche und Politiker behaupteten, die Mauer sei ein fester – und geheiligter – Bestandteil der großen Moschee dahinter. Die Juden dürften dort zwar beten, wenn es unbedingt sein mußte, würden aber nur stillschweigend geduldet. «Wie jedermann weiß, rühren ihre Tränen und Küsse an der Mauer nicht von ihrer Liebe zu ihr her, sondern von ihrer heimlichen Sehnsucht, die Herrschaft über die geheiligten Moscheen des Haram asch-Scharif [‹Erhabenes Heiligtum›] zu ergreifen.» [33]

Das hintere Ende der schmalen Gasse vor der Mauer war seit mindestens zwei Jahrhunderten eine Sackgasse. 1920 brach ein arabischer Anwohner einen neuen Zugang durch. Der moslemische Klerus erklärte ihn zu einem öffentlichen Durchgang. Um der Sache Nachdruck zu verleihen, trieb man Vieh durch die Gasse, um die Betenden entlang der Mauer zu schikanieren. Oberhalb der Mauer wurde ein Muezzin plaziert, der fünfmal am Tag den einen wahren, barmherzigen, gnädigen Gott verkündete.

Eines Morgens im Jahr 1928 stellten jüdische Gläubige einen kleinen Wandschirm aus Stoff, nicht länger als einen Meter, in der Gasse auf, um orthodoxem Brauch zufolge Männer und Frauen beim Gebet zu trennen. Dieses schäbige kleine Ding – einem Augenzeugen zufolge sah es «genauso wie ein ganz gewöhnlicher Schlafzimmer-Paravent» [34] aus – markierte den Beginn eines schrecklichen neuen Kapitels in der mörderischen Fehde zwischen Moslems und Juden. Bei den Straßenschlachten, die folgten, gab es Hunderte von Toten. Schließlich legten beide Seiten ihre widersprüchlichen Standpunkte vor einem vom Völkerbund eingesetzten Untersuchungsausschuß dar. Dieser bestand aus einem schwedischen Professor, einem eidgenössischen Richter aus der Schweiz und einem ehemaligen niederländischen Kolonialgouverneur. Die jüdischen Sprecher flehten die Mitglieder der Kommission an, doch ihr Recht anzuerkennen, an ihrer allerletzten heiligen Stätte beten zu dürfen

– alle anderen hatten sie verloren –, «nur auf einer Seite eines kleinen Teils einer Mauer, die an die Stätte ihres alten Heiligtums angrenzt... und wo dieses Volk im Sommer bei Hitze und im Winter bei Regen zweitausend Jahre lang gestanden und Gott im Himmel sein Herz ausgeschüttet hat. Und selbst dieses armselige Recht wird ihm verwehrt.» [35]

Die Sprecher der Moslems argumentierten nicht weniger leidenschaftlich, daß kanonischem Recht zufolge die Mauer ein moslemisches Heiligtum sei; laut bürgerlichem Gesetz war sie das alleinige Eigentum der moslemischen *Auqaaf* (karitative Einrichtung). Die Rechte der Moslems an der Mauer seien uralt und unveräußerlich. «Die Moslems werden sich keinem Urteil beugen, das ihren Glauben antastet, selbst wenn die ganze Welt es fällen sollte.» [36]

Inhalt und Grundtenor der von beiden Seiten vorgelegten Argumente spiegelten die tiefe Kluft zwischen ihnen wider, die auch das abschließende (leicht projüdische) Urteil nicht überbrücken konnte. Die Moslems lehnten es rundweg ab. Die britischen Behörden reagierten darauf (am 19. Mai 1931) mit einer salomonischen Verordnung seitens der Schlichtungskommission Seiner Königlichen Hoheit. Die Moslems erklärten, diese neue Verfügung würde jeder Gerechtigkeit hohnsprechen; die Juden bezeichneten sie als gefühllos und erniedrigend. In der Verordnung hieß es, die Westmauer und das Straßenpflaster davor seien fraglos «moslemisches Eigentum, ... da [sie] einen festen Bestandteil des Haram asch-Scharif bilden». Die Juden sollten jedoch «zu allen Zeiten zum Zwecke des Gebets ... freien Zugang» [37] haben. Sie dürften weder einen Wandschirm aufstellen noch ihre Stimmen zum Gesang erheben. Das Blasen des Schofar wurde ebenfalls verboten. Der «Heilige Schrein», in dem die Thorarollen aufbewahrt werden, mußte tragbar sein und nach jedem Sabbatgottesdienst wieder aus dem Mauerbezirk entfernt werden. Es war nicht mehr gestattet, diesen Schrein an Wochentagen an der Mauer aufzustellen. Seine Ausmaße wurden gesetzlich festgelegt. Ein hochrangiger Regierungsbeamter sollte sich in regelmäßigen Abständen davon überzeugen, daß er die vorgeschriebenen Maße von 102 mal 50 mal 30 Zentimeter nicht überschritt. Außerdem gestand man den Juden «ein Waschbecken und einen Wasserbehälter auf einem Gestell» zu, beide tragbar und einer regelmäßigen Kontrolle durch die Behörden unterworfen, damit sichergestellt war, daß sich deren Ausmaße innerhalb der gesetzlich festgelegten Grenzen hielten. Alles andere «Gottesdienstzubehör» war verboten, vor allem Bänke und Stühle.

Gleichzeitig gewährte diese Verordnung den Moslems das Recht, jederzeit ungehindert den Mauerbereich durchqueren zu dürfen. Es wurde ihnen lediglich untersagt, «am Samstag und an staatlich anerkannten jüdischen Feiertagen zwischen acht Uhr morgens und drei Uhr nachmittags» Vieh durch die Menge der Betenden zu treiben. An der Mauer wurde ein fester Polizeiposten eingerichtet.

Wie fruchtlos selbst diese Vorsichtsmaßnahme war, geht aus einem zeitgenössischen Dokument hervor – dem Tagebuch von Isaac Victor Orenstein, einem Jerusalemer Rabbiner, der für die Einhaltung der religiösen Vorschriften an der Klagemauer verantwortlich war. Er führte fast täglich Buch. Hier ein paar typische Einträge[38]:

> *9. Februar 1932:* Gestern schlugen die Araber auf Trommeln und Töpfen herum und störten das Gebet... Britische und arabische Polizisten standen dabei, ohne einzugreifen. Ein paar junge Araber gingen durch den Mauerbezirk und rauchten dabei Zigaretten; als ein junger Jude auf sie zuging und ihnen erklärte, das sei nicht fair, mischte sich ein britischer Polizist ein und erklärte dem jungen Mann, er würde eine Störung verursachen.

> *13. April 1933:* Um 6 Uhr 30 morgens entdeckten Juden, die zum Beten an die Mauer kamen, in einer Ecke einen Haufen menschlicher Exkremente.

14. April 1933: Der ehrwürdige alte Rabbi Sonnenfeld kam am Morgen, um zu beten. Einer der Umstehenden schob ihm einen niedrigen Hocker hin, damit er sich kurz ausruhen konnte. Sofort kam die Polizei angerannt und zog den Stuhl unter ihm weg.

2. April 1934: Sergeant Wright hat mir mitgeteilt, daß der Scheich von Abu Madyan [der nahe gelegenen Moschee] bei der Polizei Anzeige gegen mich und den Verwalter, Mr. Mejuchass, erstattet hat, weil dieser am Vorabend von Pessach den Mauerbezirk mit Besen und Wasser gewischt und damit das Gesetz verletzt hat, das es Juden untersagt, den Mauerbezirk zu säubern.

22. Februar 1936: Der [achtzigjährige] Rabbi Mosche Grossman beschwerte sich, daß man ihn auf dem Weg zur Mauer mit menschlichen Exkrementen beworfen habe... Später wurden während des Gottesdienstes [von einem Dach in der Umgebung] Steine auf uns geworfen. Die Polizei fragte Grossman, ob er denn glaube, die Exkremente seien absichtlich geworfen worden.

5. November 1935: Während der Morgenandachten wurden wiederholt Schafe an der Wand entlanggetrieben, hin und zurück, doch da nicht Sabbat war, griff die Polizei nicht ein.

30. Dezember 1935: Um die Mittagszeit stellte ich fest, daß ein Teil der Mauer mit Exkrementen beschmiert war... Der diensthabende Polizist fragte, ob ich vorhätte, Beschwerde einzureichen. Ich sagte, ich wüßte nicht, gegen wen, würde aber darum bitten, daß die Polizei etwas besser aufpaßt...

23. Januar 1936: Der Scheich von Abu Madyan hat Anzeige erstattet, weil er an der Mauer neben dem Waschbecken zwei Nägel entdeckt hat, an die der Verwalter die Handtücher hängt... Der britische Corporal befragte mich in dieser Sache. Ich sagte, wir bräuchten die Nägel nicht, und der Scheich könne sie haben, wenn er wolle.

4. Juni 1937: Ich fand zahlreiche kleine Zettelchen, wie die Juden sie in die Ritzen in der Mauer stecken, zu Asche verbrannt auf dem

Boden... Der diensthabende Polizist behauptete, er habe die ganze Nacht nichts gehört und nichts gesehen.

1. September 1938: Heute nacht war wieder kein fester Wachposten an der Mauer. Die britischen Polizeibeamten nannten mir den Grund: Es bestünde die Gefahr, während der Nacht [von Krawallmachern] tätlich angegriffen zu werden.

2. September 1938: Gestern nacht ist schließlich das eingetreten, womit zu rechnen war. Während der zuständige Wachpolizist in der Nacht abwesend war, wurde der Polizeiposten an der Mauer mit allem Drum und Dran niedergebrannt... Zuerst feuerten die Angreifer ungefähr fünfundvierzig Schüsse auf das Häuschen ab. Als sie merkten, daß niemand reagierte, kamen sie [vom Tempelberg] herunter, brannten die Bretterhütte nieder und nahmen das Telefon mit... Die [arabischen] Anwohner behaupten, sie hätten nichts gehört und nichts gesehen. Es wurde ein neues Telefon angebracht. Es wurde direkt an der Mauer befestigt, worüber viele Gläubige sehr verärgert waren.

16. Oktober 1938: Auf meinem Weg zur Mauer... wurde ich von einer Polizeipatrouille aufgehalten; die Männer erklärten mir, sie hätten Anweisung, niemanden an die Mauer heranzulassen, da das gefährlich sei.

29. Oktober 1938: Als ich heute morgen zum erstenmal – nach einer Pause von zwei Wochen – an die Mauer kam, entdeckte ich voller Betrübnis, daß sie auf abscheuliche Weise geschändet worden war. Die Steine waren an mehreren Stellen abgeschlagen. Die Marodeure haben ein Feuer angezündet, so daß die Oberfläche der Mauer ganz verrußt war. Die Gemeinde war sehr aufgebracht... In Begleitung des britischen Polizeisergeanten und eines Polizisten suchte ich die Räume auf, in denen wir die heiligen Gefäße aufbewahren, und stellte fest, daß sie allesamt verbrannt oder zerstört worden waren: Thorarollen, Waschbecken, Bücherregale, mehr als zweihundert Gebetbücher und Bücher mit Psalmen...

5. November 1938: Ein arabischer Anwohner, der in einem Haus gegenüber der Mauer wohnt, teilte mir mit, daß die Schändung das Werk einer Bande von etwa zweihundert bewaffneten Männern gewesen sei, die alle hier wohnen. Es habe keine Möglichkeit gegeben, ihnen Einhalt zu gebieten. Trotz dieser Situation kamen an diesem Sabbat etwa dreihundert Menschen und beteten an der Mauer...

Der Verfasser dieses Tagebuchs wurde 1948 von einem arabischen Heckenschützen erschossen.

Gefährliche Stadt

Es gab noch immer sporadische Schußwechsel in der Altstadt, als im Krieg von 1967 der oberste Militärgeistliche der israelischen Armee mit einer Thorarolle in der einen und einem Schofar in der anderen Hand durch die Via Dolorosa rannte. «Seien Sie nicht unverschämt», schrie er einen jungen Offizier der Infanterie an, der ihn zurückzuhalten versuchte. Der Geistliche bog nach links ab, tauchte unter dem Geschützfeuer hindurch, ohne seinen Schritt zu verlangsamen, und gelangte ein paar Minuten später zu der schmalen Gasse vor der Westmauer. Dort angekommen, hob er triumphierend die Rolle hoch und blies seinen Schofar.

Über neunzehn Jahre lang hatte kein Israeli mehr an der Klagemauer gebetet. Dort den Schofar zu blasen war seit 1931 gesetzlich verboten. Die wenigen Juden aus dem Ausland, die zwischen 1948 und 1967 bis hierher vorgedrungen waren, hatten dies nur mit Hilfe gefälschter Geburtsurkunden geschafft.

Vor knapp einer Stunde war der Mauerbezirk von israelischen Truppen erobert worden. Dort hatten sich etwa ein Dutzend Soldaten versammelt; einige von ihnen waren verwundet. Sie begrüßten den Geistlichen mit lautem Jubelgeschrei. Der Geistliche blies abermals in seinen Schofar. Der rauhe Klageton hing in der heißen Luft, wo er sich wie eine Fahne entfaltete. Ein paar Soldaten weinten. Alle waren zutiefst ergriffen. Mehrere Augenzeugen haben diese Szene beschrieben. In der Luft lag der Geruch von Schießpulver. Es herrschte eine Atmosphäre voller Jubel. Das hier war nicht unbedingt ein religiöses Erlebnis, doch für einige muß es auch das gewesen sein. Die jungen Soldaten an der Westmauer – und die Scharen israelischer Zivilisten, die schon bald folgten – standen Aug in Auge dem bedeutungsvollsten historischen Überrest ihres Volkes gegenüber, manche zum erstenmal in ihrem Leben.

Die Tatsache, daß bei einer «neuen», bis dahin weitgehend weltlich orientierten Nation dieser Überrest eine religiöse Stätte war, hatte etwas Ironisches an sich. Aber etwas anderes gab es nicht. Die Westmauer war gleichzeitig Siegestrophäe und Mythos – das, was die Franzosen als *architecture parlante* bezeichnen. Ihre Eroberung verkündete eine Botschaft, die die meisten Menschen zu jener Zeit ohne jede Zweideutigkeit hören wollten. Die Klagemauer war ein Denkmal im Reich der Erinnerung und im Reich des Glaubens. In diesem Augenblick symbolisierte sie das weitverbreitete Bedürfnis, politische Angelegenheiten in religiöse umzumünzen. Der Sieg im Krieg von 1967 – dessen Höhepunkt die sogenannte Befreiung der Westmauer in Jerusalem darstellte – war für die meisten Israelis überraschend gekommen. Viele hatten offenbar das Gefühl, daß hier so etwas wie ein Wunder geschehen war. Rabbiner redeten von messianischen Geschehnissen. Politiker sprachen vom Finger Gottes. Jerusalem – bis 1967 eine verschlafene kleine Stadt ganz am Ende einer schmalen Schneise in den Hügeln – wurde zum Sinnbild eines neuen Elements im Bewußtsein der Nation. Die Klagemauer ging aus diesen Ereignissen auch als ein nationales Denkmal hervor, ein weltliches Heiligtum, das als geheiligter Freiraum für die Entfaltung der Persönlichkeit Israels eine Sonderstellung einnahm. Nach der Eroberung wollte man sie gleich unter den Schutz der für die Nationalparks zuständigen Behörden stellen.

Vor 1967 waren die Israelis ein Volk mit zu viel Geschichte und zu wenig Geographie gewesen. Nach 1967 trat der umgekehrte Fall ein. Vor dem Krieg von 1967 war das israelische

Territorium zwar reich an Relikten aus den Zeiten der Römer, der Nabatäer und der Kreuzfahrer, besaß aber wenige historische Denkmäler, die seine jüdische Vergangenheit bezeugten. Vor 1967 umfaßte das israelische Territorium nicht etwa das historische Heimatland der alten Hebräer, die ja ein Hügelvolk gewesen waren, sondern vielmehr das ihrer Feinde, der Philister, in der Küstenebene, außerdem die Wüste Negev der Edomiter und das sogenannte heidnische Galiläa. Der Krieg von 1967 konfrontierte die Israelis unserer Tage plötzlich mit der Geographie ihrer fernen Vergangenheit. Und deren Wiege war nicht Tel Aviv, eine hypermoderne Stadt am Meer, sondern die mauerumringte Altstadt von Jerusalem, wo der alte jüdische Tempel gestanden hatte. Ein prominenter Zeitzeuge drückte das so aus: «Wir hatten das Gefühl, als würden wir der Geschichte die Hand reichen.» [1]

In den Wochen unmittelbar nach dem Krieg strömten Hunderttausende von Menschen nach Jerusalem und zur Klagemauer, wo es eine Zeitlang beinahe den Anschein hatte, als sei die Vergangenheit nichts anderes als die rückwärts verlaufende Fortsetzung der Gegenwart. Für viele wurde ein Traum Wirklichkeit, der uralte Traum eines jeden Juden, als freier Mann an der Klagemauer zu stehen. Fromme Gläubige, denen es jahrelang verwehrt war, an der Mauer zu beten, umarmten und küßten die Soldaten, die ihnen diese Möglichkeit zurückerobert hatten. Auch gab es Augenblicke, in denen, wenn man nur nach dem urteilte, was man sah und hörte, die Szenen an der Westmauer denen ähnelten, die sich in Süditalien im Anschluß an ein «Wunder» abzuspielen pflegen. Frauen begannen zu heulen. Männer schluchzten.

Die Bezeichnung, die man diesem Krieg gab, war eine Anspielung auf die sechs mystischen Tage der Schöpfung und der Wiedergeburt. Israel hatte diesen Krieg gegen alle Wahrscheinlichkeit gewonnen. Seine Feinde hatten ihn unklugerweise provoziert. Das Ergebnis war ein immenser, unerwarteter Gewinn an Territorium. Die am stärksten mit Emotionen beladenen territorialen Gewinne befanden sich in Jerusalem. In Anbetracht dieses Krieges und der Angst und Panik, die ihm vorausgegangen war – seit dem Nazi-Holocaust waren erst zweiundzwanzig Jahre vergangen –, mischte sich in den allgemeinen Jubel ein Element der Katharsis. Doch er enthielt auch eine Vorahnung.

Der Romanschriftsteller Amos Oz diente zu dieser Zeit in der Armee. Einen Tag nach Kriegsende schlenderte er, in Uniform und mit einem Maschinengewehr bewaffnet, durch Ostjerusalem, erfüllt von dem dringenden Wunsch, sich wie ein Mann zu fühlen, der seine Feinde besiegt und die Stadt seiner Vorväter zurückerobert hat. Er hätte liebend gern in den allgemeinen Jubel mit eingestimmt. «Aber hier leben Menschen. Sie sind hier *zu Hause*, und *ich* bin der Eindringling.»[2] Wären da nur nicht diese vielen Palästinenser gewesen. «Ich sah Feindseligkeit und Groll, Scheinheiligkeit, Angst und Erniedrigung, und ich sah, wie neues Unheil geschmiedet wurde.» Er kam sich vor wie jemand, der in verbotenes Gelände eingedrungen war, fühlte sich wie «ein Fremder in einer fremden Stadt».

Diese Sichtweise teilten in der Zeit nach dem Krieg nur sehr wenige Leute. In dem Maße, in dem dadurch in manchen Herzen der neu entfachte, unversöhnliche Nationalismus mit einem archaischen religiösen Fundamentalismus verschmolz, entstanden auch neue Reibungsflächen zwischen Israelis und Arabern. Der Tempelberg – heutzutage ein prachtvolles moslemisches Heiligtum, einstmals jedoch der Standort des großen jüdischen Tempels – war dafür ein typisches Beispiel.

Auf dem Tempelberg führte die Verschmelzung von Nationalismus und Religion zu einer kritischen Situation. Von nun an galt eine Hauptsorge jeder israelischen Regierung den Sicherheitsvorkehrungen, die eine Sprengung – mit unvorhersehbaren Folgen – verhindern sollten. Die Reibereien um den Tempelberg begannen auf der Stelle. Ein paar Stunden nachdem er von israelischen Truppen eingenommen worden war, verkündete der Verteidigungsminister Mosche Dayan: «Wir sind an unsere allerheiligsten Stätten zurückgekehrt, um sie nie wieder zu verlassen.»[3] Doch mit seinem Scharfblick für die Punkte, an denen sich am ehesten Ärger vermeiden läßt, gab Dayan umgehend Anweisung, die israelische Flagge vom Felsendom – wo israelische Soldaten sie in ihrer Begeisterung gehißt hatten – herunterzuholen, da sie etwas unnötig und gefährlich Demonstratives an sich hatte. (Später schlachteten die arabische und die iranische Horror-Propaganda ein Foto von dieser Flagge für ihre Zweck aus: «Juden schänden unsere heiligsten Moscheen.»)

Eine ebenso demonstrative Militärparade im Vorhof der großen Moscheen hat Dayan nicht verhindert – oder konnte es nicht. In seiner Ansprache an die siegreichen Truppen sagte deren Kommandeur, Oberst Mordechai Gur (später Generalstabschef): «Sie hatten das Privileg, den Menschen von Israel ihre Hauptstadt und ihr Heiligtum zurückzugeben.»[4] (In seinen Memoiren schildert Gur seine Gefühle an der heiligen Stätte und die Gründe, die ihn dazu bewogen hatten, die Klagemauer an diesem Tag *nicht* aufzusuchen: «Ich hatte mein Ziel erreicht. Der Tempelberg *ist* gleichzeitig die Westmauer. Auf dem Tempelberg befinde ich mich sozusagen im Salon. Die äußeren Mauern üben auf mich keinerlei Anziehungskraft aus. Hier fühle ich mich zu Hause. Die fernsten Grenzen der Sehnsucht. Tempelberg. Berg Moriah! Abraham und Isaak. Die Zeloten. Die Makkabäer. Bar Kochba. Römer und Griechen. Im Geiste strömen sie alle zusammen.»)

Dayan gab dem moslemischen Klerus das feierliche Versprechen, daß seine Aufsichtsbefugnis über diesen Bezirk nicht angetastet würde. Auch setzte er die vom Obersten Moslemischen Kirchenrat angestellten arabischen Sicherheitsbeamten innerhalb des heiligen Bezirks wieder als Wächter ein. Er verlangte lediglich, daß den Juden, die als friedliche Besucher kamen, der Zugang gestattet würde. Diese Forderung wurde erfüllt, was unter den gegebenen Umständen nicht verwunderlich war – allerdings widerstrebend. «Es handelt sich um moslemische Moscheen», schrieb Dayan später, «und die Moslems haben das

Recht, hier autonom zu walten.»[5] Zweifellos unterschätzte er die leidenschaftlichen Emotionen, die seine Politik und seine diesbezüglichen Aussagen bei jüdischen Nationalisten und religiösen Extremisten hervorriefen.

Schon bald forderten prominente Stimmen in Israel die Entfernung aller moslemischen «Scheußlichkeiten» vom Tempelberg. Immerhin (so lautete das Argument) hatten auch die Makkabäer im Jahr 165 v. Chr. nach ihrem Sieg über die Griechen deren Götterbilder zerstört und aus dem Tempel Gottes hinausgeworfen. Andere schlugen vor, auf dem großen Platz zwischen den beiden Moscheen eine jüdische Synagoge zu errichten. Die Regierung wehrte sich entschieden gegen alle derartigen Aufrufe.

Damals wie heute bestand die Regierung aus einer Mehrheit weltlicher und einer Minderheit religiöser Politiker. Erstere befürchteten ein Blutbad. Letztere hatten vor allem den Wunsch, die Halacha, das jüdische «Religionsgesetz», buchstabengetreu zu befolgen. Der jüdischen Lehre zufolge wird der dritte Tempel nach der Ankunft des Messias einzig und allein von Gott gebaut werden. Eine rabbinische Verordnung verbietet es den Juden, ihren Fuß irgendwo auf den Tempelberg zu setzen, aus Angst, sie könnten die Stätte, an der sich früher das Allerheiligste befunden hatte, womöglich entweihen. Obwohl man häufig davon ausgeht, daß sie sich unter dem Felsendom befindet, ist die genaue Stelle unbekannt. Damit nicht jemand aus Versehen darauf tritt – heutzutage gilt jeder als unrein –, wurde das rituelle Tabu auf den ganzen Bereich des Tempelbergs ausgedehnt.

Doch der Krieg, der bei den nichtreligiösen Juden heftige nationale Leidenschaften entfachte, weckte bei den religiösen tiefe messianische Regungen. Eine kleine, aber lautstarke Minderheit von Fundamentalisten erhob die Wiederinbesitznahme des Tempelberges zur heiligen Pflicht. Traditionelle Vertreter der jüdischen Religion sahen sich von einem neuen Schlag militanter, radikaler Rabbiner herausgefordert, die verkündeten, die Zeit des Messias sei nahe. Ihnen schlossen sich Nationalisten vom rechten Flügel an, auf die der Tempelberg als mächtiges nationales Symbol eine große Anziehungskraft ausübte. In der Zeit nach dem Krieg herrschte eine sehr weit verbreitete antiarabische Stimmung. Eine von der Jerusalemer Stadtverwaltung in Auftrag gegebene Meinungsumfrage förderte eine derartige Feindseligkeit der Juden gegenüber den Arabern zutage, daß ihre Ergebnisse nie veröffentlicht wurden, da man die Atmosphäre nicht noch mehr vergiften wollte.

Mit dem sprichwörtlichen Schwert in der einen und der Bibel in der anderen Hand behaupteten einige Fanatiker in Jerusalem, legendäre Verpflichtungen aus der Bronzezeit bildeten eine ebenso rechtmäßige juristische Grundlage für konkrete Territoriumsansprüche wie solche, die erst tags zuvor beim Jerusalemer Bezirksgericht abgeschlossen wurden. Ein führender orthodoxer Rabbiner verkündete ungeniert, im Krieg von 1967 hätten israelische Bajonette im ganzen Heiligen Land «das Gesetz Gottes»[6] eingeführt. Fast täglich entdeckten schwärmerische und erleuchtete Amateurarchäologen Gräber namhafter hebräischer Propheten und Könige, die angeblich alle absolut authentisch waren, außerdem Sauls Thron und Samsons vorgebliche Höhle. Zu den neuen Funden gehörten auch die Gräber relativ unbedeutender biblischer Gestalten, wie etwa die von Abner, dem Heerführer des Königs Saul, und dem Propheten Nathan. (Diese «Entdeckungen» erinnerten an ähnliche Funde während des Ersten Kreuzzugs – zum Beispiel die Entdeckung der «Heiligen Lanze» in Antiochia und den Becher aus der Beute von Caesarea, den Balduin I. als den «Becher des Heiligen Abendmahls» erkannte.) Der Minister für religiöse Angelegenheiten gab eine öffentliche Erklärung ab, in der er den bekannten Archäologen Professor Yigael Yadin kritisierte, der in der Presse darauf hingewiesen hatte, daß es sich bei den mittelalterlichen Grabsteinen in der großen Moschee von Hebron nicht um die von Abraham, Isaak, Jakob und ihren jeweiligen Gemahlinnen handelte, sondern sehr viel wahrscheinlicher um die einiger längst vergessener arabischer

Scheichs. Ein paar alte Steine ungeklärter Herkunft wurden zum Gegenstand einer Vergötterung, die an Fetischismus grenzte. Während sie in vieler Beziehung an katholische Gepflogenheiten erinnerte – die Verehrung von Kreuzessplittern, dem Schweißtuch oder einem Fußabdruck von Jesus, dem Zahn oder Fingernagel eines Heiligen –, war dies in der von alters her bei den Juden üblichen abstrakten Form der religiösen Verehrung ein neues Element, zumindest im Westen. Bei den Juden im Orient hatte es schon immer ein gewisses Maß an Grabstätten- und Reliquienverehrung gegeben.

Ein paar Stunden nachdem sich Ostjerusalem ergeben hatte, gab Dayan Pioniertruppen den Befehl, mit Bulldozern eine Straße durch die Hügel in der Umgebung zu bahnen, die so breit sein sollte, daß «jeder Jude auf der Welt an die Westmauer»[7] gelangen konnte. Die Menschenmassen unmittelbar an der Mauer unterzubringen war ein schwierigeres Unterfangen. In der schmalen Gasse vor der Klagemauer gab es höchstens Platz für zweihundert oder zweihundertfünfzig Gläubige. Um Raum für den endlosen Menschenstrom zu schaffen, der sich dorthin wälzen würde, ließ man über Nacht ein ganzes dichtbesiedeltes Viertel – eine kleine Moschee eingeschlossen – niederreißen. Seine moslemischen Bewohner bekamen drei Stunden Zeit, um auszuziehen. Bulldozer und schwere Straßenwalzen, gefahren von überschwenglichen Zivilisten, die sich freiwillig gemeldet hatten, quetschten und preßten den Schutt zusammen, um eine glatte Fläche zu schaffen. «Nach zwei Tagen war die Arbeit geschafft – fertig, sauber!»[8] brüstet sich Bürgermeister Kollek in seinen Memoiren. In einer für die Atmosphäre dieser Zeit charakteristischen Erklärung legte er der Allgemeinheit nahe, in Zukunft nicht mehr den jahrhundertealten Begriff ‹Mauer der Tränen› oder ‹Klagemauer› zu benutzen. Kollek zufolge war die Zeit der Tränen vorbei.

Südlich des neuen Platzes vor der Klagemauer, der groß genug war, um mindestens hunderttausend Menschen zu fassen, führte eine Rampe zum Tempelberg hinauf. Große, auf Befehl des Oberrabbiners dort aufgestellte Hinweisschilder erinnerten die orthodoxen Juden an die rabbinische Vorschrift, die das Betreten des heiligen Bezirks untersagte. Weitere Warnschilder wurden anderswo in der Altstadt aufgestellt. Doch im Laufe der Zeit wurden sie von den mit messianischen Regungen erfüllten Fundamentalisten in zunehmendem Maße selbstverständlich ignoriert.

An ihrer Spitze stand lange Zeit einer von Dayans höchsten Offizieren, der bald zum Oberrabbiner von Israel gewählt werden sollte: der damalige Militärgeistliche Generalmajor Schlomo Goren. Er bildete sich ein, die Schritte des Messias zu hören, und meinte, das Schicksal habe ihm, Goren, die Rolle zugewiesen, als sein Herold zu fungieren. Am 16. August 1967 (dem 1897. Jahrestag der Verbrennung des Tempels durch die Römer) drang Goren, in voller Uniform und gefolgt von einer Schar begeisterter Anhänger, an den verblüfften moslemischen Wachen vorbei auf den Tempelberg vor. Goren behauptete, er habe das große Geheimnis aller Zeiten enthüllt, das es ihm gestatte, das rituelle Tabu zu umgehen. Er behauptete zwar nicht, die Stelle des Allerheiligsten zu kennen, aber er meinte, man könne mit Sicherheit sagen, wo es sich *nicht* befunden habe: in den großen Vorhöfen zwischen den beiden Moscheen. Juden dürften – ja sollten – diese betreten, natürlich nach entsprechender Vorbereitung, zu der Fasten, Gebete und rituelle Bäder gehörten. In diesen Vorhöfen hielt Goren einen Gebetsgottesdienst ab und verkündete seine Absicht, hier eine Synagoge zu errichten. Er goß frisches Öl auf das Feuer der religiösen Zwietracht, indem er behauptete, diese Vorhöfe seien den Moslems, im Gegensatz zu den Juden, nicht heilig. Die Moslems selbst würden dies dadurch eingestehen, so polemisierte er, daß sie ihre Schuhe erst *in* der Moschee auszögen und nicht schon draußen auf dem Vorplatz.

Die Moslems von Jerusalem gerieten in Panik. Zwar wurde Goren von seinen Vorgesetzten gerügt, aber sein öffentlicher

Auftritt verlieh einer aus der Zeit des Britischen Mandats stammenden fixen Idee der Araber neues Gewicht, einer tief im Islam verwurzelten Überzeugung, die im Zweiten Weltkrieg durch die Propaganda der Nazis noch geschürt worden war: dem Glauben, daß die Juden entschlossen seien, die Moscheen niederzureißen, um ihren Tempel wiederzuerbauen. Die Regierung versprach dem moslemischen Klerus, daß Goren bei seinem nächsten Versuch, den heiligen Bezirk zu betreten, von der Polizei aufgehalten würde. Die Panik flaute ab, wurde jedoch ein paar Tage später durch den Minister für religiöse Angelegenheiten, den ultra-orthodoxen Zerach Warhaftig, aufs neue angefacht. In einem Interview erklärte der Minister, daß nach zivilem Recht die Juden die «Besitzer» des Tempelbergs seien und all dessen, was sich darauf befindet. Der Journalist fragte verwundert nach, wie das denn möglich sei. Darauf erklärte der Minister, Israel hätte noch immer einen gültigen Rechtsanspruch auf den Tempelberg; er bestünde seit der Zeit Davids, «der dem Jebusiter Arauna dafür den vollen Preis [fünfzig Silberschekel] bezahlt hatte, wie im Zweiten Buch Samuel, Kapitel 24, Vers 24 berichtet wird»[9].

Frage: «Hat sich denn in den tausend Jahren seit dieser Zeit nicht einiges ereignet? Wollen Sie behaupten, daß der Tempelberg... auch heute noch jüdisches Eigentum ist?»

Warhaftig: «Ja, [er wurde] in mehr als einer Beziehung erworben. Generationen haben Blut vergossen, um das Land Israel zu unserem Land zu machen; und außerdem wurde [von David] der volle Preis in Geld bezahlt.»

Anschließend fügte der Minister hinzu, es bestünde zwar keinerlei Zweifel daran, daß die Ansprüche der Juden auf den Tempelberg Vorrang vor denen der Moslems hätten und daß die Juden sogar das Recht hätten, die dort befindlichen Moscheen niederzureißen, daß sie dies im Augenblick aber nicht zu tun beabsichtigten. Indirekt sagte er damit, daß dies nur für den Augenblick gelte, und so wurde es auch verstanden. Seitdem wird die Atmosphäre durch die ständige Phrasendrescherei der

Fanatiker und durch die immer wieder aufflackernde Gewalt vergiftet. Im Lauf der Zeit haben sich mehrere israelische Regierungen und Gerichte gegenseitig den Schwarzen Peter zugeschoben und sind auf diese Weise einer klaren Entscheidung dieser Frage aus dem Weg gegangen.

Gleichzeitig mit der Annexion Ostjerusalems wurde im Jahr 1967 das israelische «Gesetz zum Schutz der heiligen Stätten» verabschiedet. Es bezog sich nicht direkt auf das Problem jener heiligen Stätten, die mehr als einer Glaubensrichtung heilig waren. Das Gesetz garantierte Gläubigen aller Religionen freien Zugang zu *ihren* heiligen Stätten. Freier Zugang beinhaltete anscheinend auch die Freiheit zu beten. Seitdem haben die Gerichte den Tempelberg formell zu einer «jüdischen heiligen Stätte» erklärt und damit bestätigt, daß die Juden das Recht haben, dort zu beten. Doch der Kernfrage gingen sie unter Berufung auf eine alte britische Verfügung einfach aus dem Weg, indem sie die Verantwortung für die öffentliche Ordnung an den heiligen Stätten der Regierung zuschoben. Diese hat bislang die Polizei angewiesen, Juden zwar den Zugang zum Tempelberg zu gestatten, aber dafür zu sorgen, daß sie keine Gebetsgottesdienste dort abhalten. Mit dieser Situation sind alle unzufrieden. Die Liberalen haben dagegen protestiert, daß keine prinzipielle Entscheidung getroffen wird. Die Fundamentalisten haben gegen die aberwitzige, geradezu kafkaeske Tatsache protestiert, daß sie ein vom höchsten Gericht im Land als «legitim» anerkanntes Recht nicht wahrnehmen dürfen. Islamisten und Arabisten warnen weiterhin vor einem möglichen Armageddon für den Fall, daß die moslemischen Rechte auf dem Tempelberg angetastet werden sollten. Der moslemische Klerus lebt weiterhin in Angst, da er weiß, daß das, was «legitim» ist, womöglich nicht mehr lange verwehrt bleiben kann. Die Moslems haben den Anspruch der Juden auf die Westmauer nie anerkannt und sind natürlich noch weniger bereit, in der Frage, ob Juden das Recht haben, direkt auf dem Tempelberg zu beten, nachzugeben.

Dies ist einer der Gründe, warum sich der moslemische Klerus seit langem weigert, archäologische Vermessungen auf dem Tempelberg zu gestatten. Luftaufnahmen weisen darauf hin, daß es dort seit 1967 weitreichende äußerliche Veränderungen gegeben hat. Mehrere präislamische archäologische Überreste auf dem Tempelberg wurden offenbar beseitigt oder unter Rasenflächen vergraben. Gänge unter dem Felsendom, die zu alten jüdischen Grabgewölben führen, sind zugemauert worden. Der moslemische Klerus hat seit 1967 große Anstrengungen unternommen, alle konkreten Spuren, die den Tempelberg mit seiner jüdischen Vergangenheit in Verbindung bringen, zu tilgen. Mag sein, daß dies ein hoffnungsloses Unterfangen ist; aber es ist nicht schwer zu erkennen, welche Ängste zu diesen Maßnahmen geführt haben.

Bekannte israelische Persönlichkeiten sind weiterhin dafür eingetreten, daß die jüdischen Religionsvorschriften auf dem Tempelberg eingehalten werden. Unter ihnen waren zwei Oberrabbiner, Schlomo Goren (1969–1979) und Mordechai Eliahu (seit 1982). Goren befahl die Entfernung der Schilder, die sein Vorgänger am Eingang zum Tempelberg hatte anbringen lassen. Eliahu sprach sich kurz vor seiner Wahl zum Oberrabbiner dafür aus, die Ungläubigen vom Tempelberg zu vertreiben. Er habe vor, dort zumindest eine Synagoge und eine Jeschiwa einzurichten. Dazu erklärte er:

> Wir sehen mit eigenen Augen, daß Füchse hier herumstreichen und Fremde auf der Stätte herumlaufen und sie entweihen, von der gesagt worden ist, daß «der Fremde, der des Nachts daherkommt, den Tod finden wird». Unsere Weisen seligen Angedenkens haben festgesetzt, daß Heiden unrein sind und den heiligen Ort nicht betreten dürfen. Wir haben die heilige Pflicht zu verhindern, daß dieser traurige Zustand [andauert], und es soll keiner fürchten, was [Nichtjuden] sagen könnten. [10]

Das Schicksal des neuen, riesigen Platzes vor der Westmauer ist ein weiterer Hinweis darauf, in welche Richtung sich die Dinge entwickeln könnten. Nachdem er geräumt und provisorisch mit Steinen gepflastert worden war, forderten die Stadtväter den kanadisch-israelischen Architekten Mosche Safdie auf, Pläne für eine dauerhafte Bebauung des ganzen Areals und seiner unmittelbaren Umgebung vorzulegen. Seit 1970 haben Safdie und die Stadtverwaltung mindestens vier Vorschläge vorgelegt, die jedoch alle vom Rabbinat abgelehnt wurden. Sogar gegen schattenspendende Bäume hat das Rabbinat Einspruch erhoben, da es das derzeitige, ziemlich improvisierte, provisorische Aussehen des Platzes bevorzugt. Meir Yehuda Getz, der für die Westmauer zuständige Rabbiner, erläuterte den Grund: «Safdies Pläne waren zu grandios ... ich möchte nicht, daß die Mauer zum dritten Tempel wird.» [11] Nicht daß Getz den dritten Tempel nicht gern gesehen hätte. Er wollte ihn gebaut wissen, erklärte er einem Journalisten, aber am richtigen Ort – unmittelbar auf dem Tempelberg. «Sie werden sehen», sagte er, «der richtige Augenblick, um ihn [dort] zu erbauen, wird kommen. Vielleicht gab es 1967 einen solchen Augenblick. Wir haben ihn verpaßt.»

Frage: «Und was wird aus den Moscheen auf dem Tempelberg?»

Getz: «Keine Sorge, die werden verschwinden ... Der Allmächtige wird sie zerstören. *Wir* werden ihm dabei zur Hand gehen.» Getz lächelte wissend. Dann fügte er hinzu: «Das Szenario ist klar.»

Verrückte und Spinner waren die ganze Zeit über dieser Ansicht. Hie und da tritt einer vor, um Gott zur Hand zu gehen. So kam es, daß an einem heißen Augusttag im Jahr 1969 um sieben Uhr morgens plötzlich Flammen durch die Al-Aksa-Moschee oberhalb der Westmauer züngelten. Ein geisteskranker neunundzwanzigjähriger Tourist aus Australien namens Denis Michael Rohan war zu dieser frühen Stunde irgendwie in die abgeschlossene Moschee eingedrungen und hatte ein mit Benzin getränktes Stoffbündel unter eine hölzerne Kanzel gestopft. Nachdem er die Lumpen mit einem Streichholz angezündet hatte, marschierte Rohan vor den Augen der nichtsahnenden Wächter (die ihn später wiedererkannten) seelenruhig hinaus.

Binnen Minuten stand die Moschee in Flammen. Rohan betrachtete das Schauspiel aus einiger Entfernung – lachend, wie er später beim Polizeiverhör behauptete – und machte mit einer Instamatic-Kamera Fotos. Rohan gehörte einer chiliastisch-protestantischen Sekte an. Er glaubte, daß sich die Wiederkunft Christi oder die des jüdischen Messias – welchen von beiden er meinte, wurde nie geklärt – auf tragische Weise verzögern würde, wenn nicht alle «Scheußlichkeiten» vom Tempelberg entfernt seien. Sein Ziel war es, dieser Verzögerung ein Ende zu machen, da sie seiner Überzeugung zufolge der Grund für die Sünde und das Unglück auf der ganzen Welt war. Rohan glaubte, das Abbrennen der Al-Aksa-Moschee würde das Tausendjährige Reich Gottes einleiten. Sich selbst betrachtete er als einen eigens zu diesem Zweck von Gott gesandten Boten. Er wollte, daß der jüdische Tempel wiederaufgebaut wird, «auf daß der liebe Jesus zurückkehren und darin beten kann». Der Polizei erklärte er, er sei in Australien zu dieser Aufgabe aufgerufen worden; anscheinend hatte er auf seinem Kurzwellenradio einen Sender mit dem Namen ‹Radio Church of God› gehört und war nach Israel gefahren, um die Sendungen, die von Amman in Jordanien ausgestrahlt wurden, besser empfangen zu können.

Das Feuer breitete sich schnell bis zur Kuppel über dem südlichen Teil der Moschee und zu den schweren alten Balken des Dachgestühls aus, die alsbald herunterkrachten. Scharen erzürnter Moslems versammelten sich auf dem Tempelberg und protestierten lauthals gegen die vermeintlich jüdische Brandstiftung. Hysterische Männer und Frauen stießen wüste Beschimpfungen gegen die Feuerwehrleute aus, zogen und zerrten an ihren Gerätschaften und Overalls und warfen ihre Leitern um. Ein paar versuchten, ihnen die Schläuche aus den Händen zu reißen, da sie befürchteten, daß damit Benzin und nicht Wasser auf die Flammen gespritzt würde. Das daraus entstehende Durcheinander und die Rangeleien behinderten die Arbeit der Feuerwehrleute erheblich. Völlig gelöscht werden konnte das Feuer erst fünf Stunden später. Erst als sich der Rauch schließlich verzogen hatte, war der ungeheure Schaden, den die Flammen angerichtet hatten, in vollem Umfang sichtbar: Außer einer kostbaren Kanzel, die 1187 zur Feier der Befreiung Jerusalems von der Herrschaft der Kreuzfahrer in Aleppo geschnitzt worden war, hatten sie auch einen großen Teil der Kuppel und der Decke zerstört.

Inzwischen bezichtigten Araber und Moslems auf der ganzen Welt Israel und die Juden der vorsätzlichen Brandstiftung an der drittheiligsten Stätte des Islam. Von Marokko bis Pakistan forderten die erzürnten Massen einen Dschihad. Im Sender Radio Bagdad verkündete ein Prediger, daß auch Ströme von Blut dieses unsägliche Verbrechen nicht sühnen könnten. Ein Ulema von der großen Azhar-Moschee in Kairo rief die Gläubigen auf, einen unerbittlichen Krieg zu führen gegen die jüdischen Feinde Gottes und, «wie aus ihrem heiligen Buch offenbar wird», des menschlichen Lebens. In Jerusalem traten arabische Geschäftsinhaber in Streik. Die Straßen der moslemischen Viertel hallten wider vom Geschrei der Demonstranten, die «Nasser! Nasser!» und «Tod den Juden!» forderten. Der Oberste Moslemische Rat in Jerusalem beraumte eine Pressekonferenz an und erklärte, die Feuerwehrleute hätten mit Absicht langsam gearbeitet; schlimmer noch, er stellte die Behauptung auf, die Stadtverwaltung habe während des Feuers absichtlich die Wasserversorgung für den Tempelberg abgesperrt.

Die offizielle israelische Reaktion auf diese Katastrophe war eine Mischung aus Entschuldigung und Zorn darüber, daß die Araber die Situation so ausnutzten. In den zwei Jahren seit dem Krieg von 1967 waren die Israelis zu der Überzeugung gelangt, daß sich die Moslems von Jerusalem mit der jüdischen Regierung ausgesöhnt hatten. Die Enttäuschung darüber, daß man nun eines Besseren belehrt wurde, erzeugte neue Ängste und noch mehr Vorurteile gegenüber den Arabern. Teddy Kollek, der Bürgermeister von Jerusalem, eilte an den Ort des Geschehens und sprach von einer fürchterlichen Katastrophe; sofort wurde er von Aktivisten des rechten Flügels angegriffen, weil er sich zu sehr mit den Gefühlen der Moslems identifizierte. Niedergeschmettert von den möglichen Folgen dessen, was geschehen war, erklärte Premierministerin Golda Meir ihrem Kabinett: «Wir müssen diese Greueltat verurteilen.» [12] Menachem Begin, einer ihrer Minister (und später selbst Premierminister), entgegnete: «Ja, natürlich. Aber nicht zu heftig.» Das Unglück kam den arabischen Interessen so sehr zugute, daß mindestens ein israelischer Kabinettsminister die Vermutung äußerte, die Moschee sei von einem arabischen Provokateur in Brand gesteckt worden.

Rohan wurde rasch verhaftet. Später behauptete er, er habe die ganze Zeit vorgehabt, sich zu stellen. Er wollte die nächste Polizeiwache aufsuchen und sagen: «Guten Morgen, Jungs, ich hab die Moschee angezündet. Ich habe es getan, damit Jesus nach Jerusalem zurückkommt und die Menschen dort erlöst.» Er legte großen Wert darauf, daß alle Welt erfuhr, was er getan hatte und warum. Das war seine Bestimmung gewesen. Er war stolz darauf. Bevor er die Moschee in Brand gesteckt hatte, war er, berauscht von biblischen Texten und ihren himmlischen Offenbarungen, in der Stadt herumgelaufen. Er hielt sich für auserwählt, den Tempel des Herrn auf der Asche der Al-Aksa-Moschee zu erbauen. Es läßt sich leicht behaupten – und damals taten das viele –, daß Rohan «verrückt» war. Natürlich war er verrückt. Der Gnostizismus mit seinem geheiligten Glauben an die Erlösung der Welt durch das Niedere und Gemeine verwischt jeglichen Unterschied zwischen einem Verrückten und einem Fanatiker, zwischen Glaube und Wahn, zwischen Leidenschaft und Psychose.

Rohan schien seinen Prozeß zu genießen. Er blieb während der ganzen Zeit ruhig und gelassen. Ein junger arabischer Fremdenführer, der ihn am Vorabend des Feuers in Jerusalem herumgeführt hatte, sagte aus, daß ihm Rohan ein bißchen wie ein «Narr» vorgekommen sei. Mit einer der üblichen Gesten deutete er an, was er damit meinte. «Die Zuhörer im Gerichtssaal», schrieb Professor Schlomo Schoham, ein Kriminologe von der Universität Tel Aviv, der den Prozeß verfolgte, «brachen in Gelächter aus, in das Rohan einstimmte. In dem Augenblick schienen die Schranken zwischen Richtern und Zuhörern, Anklage und Verteidigung, geistiger Gesundheit und Wahnsinn dahinzuschmelzen, und das sanfte Lächeln auf Rohans sorgenvollem Gesicht spiegelte den Narren in Christus.»[13]

Schoham führte ins Feld, daß soziologische «Abweichungsmodelle» den religiösen Glauben und andere transzendentale Faktoren nicht mehr ausschließen dürfen. «Durch Religion motiviertes abweichendes Verhalten beschränkt sich nicht auf einen Rohan oder einen Charles Manson, der seine eingeweihten Hippies in Kalifornien in eine mörderische Trance versetzt, oder auch auf einen Jean Genet, der in einer säkularisierten Kathedrale eine schwarze Messe abhält. Die abweichenden Wege zur Erlösung stellen allem Anschein nach nur einen logischen Schritt über den konventionellen Mystizismus hinaus dar.»[14] Das Gericht kam zu dem Ergebnis, daß Rohan aufgrund eines «unwiderstehlichen Drangs» gehandelt habe, und wies ihn in eine psychiatrische Anstalt ein. Infolge seines Wahns habe er nicht anders handeln können.

Der Rohan-Prozeß weckte Erinnerungen an die Ermordung von König Abdullah von Jordanien im Jahr 1951 auf eben diesem Tempelberg (in Gegenwart seines Enkels, des derzeitigen Königs Hussein). Der Attentäter war ein junger Schneider namens Mustapha Shukri Ashu. Er stand in Verbindung mit einer Organisation, die sich ‹Heiliger Dschihad› nannte, und mit einem führenden moslemischen Politiker in Jerusalem, der die

Kriegsjahre im Hitler-Deutschland verbracht hatte. Ashu war ein frommer Moslem. Am Tag vor dem Attentat war er, berauscht von Koransprüchen, ähnlich wie Rohan von biblischen, durch Jerusalem gewandert. Er erschoß den König, weil dieser versucht hatte, mit den israelischen Ungläubigen Frieden zu schließen.

Im April 1982 lief der achtunddreißigjährige Amerikaner Alan Harry Goodman auf dem Tempelberg Amok. Er schoß sich den Weg in den Felsendom mit einem automatischen Gewehr frei, tötete dabei einen Mann und verletzte drei andere schwer.

Goodman war ein sogenannter Büßer oder «wiedergeborener Jude». Als Freiwilliger in der israelischen Armee trug er deren Uniform. Im Innern des Doms angelangt, kletterte Goodman über eine Absperrung auf den Gründungsstein – die Stelle, an der Abraham angeblich seinen Sohn Isaak opfern wollte – und hielt sein Maschinengewehr hoch, in einer ähnlichen Positur, wie er auf zahlreichen Gemälden Moses mit den Gesetzestafeln auf dem Berg Sinai abgebildet gesehen hatte. Dann ergab er sich widerstandslos der Polizei. Goodman behauptete, Jerusalem würde nicht befreit werden, solange sein Herz – der Tempelberg – noch unter fremder, moslemischer Herrschaft stünde. Sein Ziel war es gewesen, den Berg zu befreien und «König der Juden» zu werden.

Auch er war ein Fanatiker, der glaubte, daß die Welt untergehen würde und mit ihr auch der Tod, so daß er getrost in eine Schar von Gläubigen schießen, Menschen töten und Moscheen, Kirchen und Synagogen in Brand stecken konnte. Er war überzeugt, dem «ewigen Frieden» zu dienen. Und seine Opfer, so behauptete er, würden über sein Handeln frohlocken. Goodmans Argumentation, falls man das so nennen kann, war so völlig losgelöst von der Umgebung, auf die er seinen Anschlag verübte, wie etwa bei Kozo Okamoto, dem verrückten japanischen Terroristen, der ein paar Jahre zuvor unter den ankommenden Fluggästen auf dem Flughafen von Tel Aviv ein

Blutbad angerichtet hatte. Zum Richter sagte Okamoto später, er und seine Opfer würden «im Tod vereint» und als Sterne wiedergeboren werden; ihr gemeinsames Leuchten, so erklärte er, würde «ewigen Frieden über die Erde» verbreiten. Goodmans Bewußtsein war von ähnlichen mystischen Vorstellungen getrübt wie Rohans. «Im Himmel wird man mich feiern», verkündete er. «Die Engel werden mir ein Loblied singen.»

Als Goodman vom Ort seines Verbrechens weggeführt wurde, mußte sich die Polizei gegen eine riesige Meute rachsüchtiger, Steine werfender Moslems zur Wehr setzen, die ihn lynchen wollten. In der ganzen Stadt riefen die Muezzins die Gläubigen auf, zur Moschee auf dem Tempelberg zu eilen, die die Juden zerstören wollten. Die Tumulte, die daraufhin ausbrachen, dauerten den ganzen Tag an. Die Ereignisse fielen mitten in die Karwoche. Tausende von jüdischen und christlichen Pilgern drängten sich in den Straßen der Altstadt. Passanten wurden angegriffen und Touristenbusse mit Steinen beworfen. Zweiunddreißig Menschen wurden verletzt. Später behauptete Goodman, er habe einer übermächtigen höheren Stimme gehorcht. Wie sich herausstellte, war er vor seiner Auswanderung nach Israel in den Vereinigten Staaten wegen paranoider Schizophrenie in psychiatrischer Behandlung gewesen. Es konnte nie geklärt werden, wie es dazu kommen konnte, daß ein so schwer gestörter Mann in die Armee aufgenommen und bei der Musterung sogar für absolut tauglich befunden wurde. Die Richter wiesen Goodmans Behauptung zurück, er habe, wie Rohan, aus einem «unwiderstehlichen Drang» heraus gehandelt. Sie differenzierten zwischen einem «unwiderstehlichen» und einem «unwiderstandenen» Drang und entschieden, daß Goodman für seine Handlungen verantwortlich sei. Er wurde zu lebenslänglicher Haft verurteilt.

Seit Goodmans Prozeß im Jahr 1982 hat man mehr als zwanzig religiöse Fanatiker bei Vorbereitungen für den einen oder anderen Terroranschlag auf dem Tempelberg ertappt. Weitaus mehr Verdächtige wurden festgenommen, aus Mangel an Beweisen aber wieder freigelassen. So konnte man Meir Kahane von der American Jewish Defense League (Amerikanisch-Jüdische Selbstverteidigungsliga), der zweimal (gemäß den israelischen Notstandsbestimmungen zur Bekämpfung palästinensischer Terroristen) in Vorbeugehaft genommen wurde, weil er angeblich irgendeinen spektakulären Gewaltakt auf dem Tempelberg vorbereitete, nichts nachweisen.

Anfang 1984 wurden sechzehn Mitglieder einer abstrusen jüdischen Sekte von Kabbalisten und Mondanbetern zu Haftstrafen verurteilt, weil sie Sprengstoffvorräte angelegt hatten, angeblich um die Moscheen auf dem Tempelberg in die Luft zu jagen. Zu diesem Zeitpunkt hielt man sie für ziemliche Randerscheinungen. Ein paar Monate später wurden eines Nachts achtundzwanzig junge Jeschiwa-Studenten aus führenden Rabbinerschulen in Jerusalem mit Leitern und Seilen in der Hand am Fuß des Tempelberges verhaftet. Man warf ihnen vor, sie hätten versucht, in die alten Gänge unterhalb des Tempelberges einzudringen, die in die Al-Aksa-Moschee führen. Ihre Motive blieben im dunkeln. Vielleicht hatten sie vorgehabt, sich in der Moschee zu verbarrikadieren, weil sie hofften, sie könnten auf diese Weise die Erlaubnis von der Regierung erzwingen, daß die Juden dort Gebetsgottesdienste abhalten dürfen. Dieser Einbruchsversuch fand ein paar Tage vor Pessach statt. Er führte zu Spekulationen darüber, daß die Angeklagten womöglich die Absicht gehabt hätten, auf einem improvisierten Altar ein Osterlamm zu opfern. (Angeblich existiert ein alter mystischer Glaube, dem zufolge ein an Pessach auf dem Tempelberg geopfertes Lamm die Ankunft des Messias beschleunigt.)

Der mit diesem Fall betraute Richter verurteilte zwar den geplanten Anschlag, nicht aber die jungen Eindringlinge, die er nicht ernst nahm. Er ließ sie laufen. Welche Rolle spielte es schon, wenn sie versucht hatten, den dritten Weltkrieg auszulösen, hieß es im Kommentar eines Journalisten in der *Jerusalem Post*. Im Zusammenhang mit dem Streit um den Tempelberg wird häufig auf die Möglichkeit einer Kettenreaktion verwiesen, die zu einem – weltweiten oder regionalen – Armageddon führen könnte. Einige Universitäten haben Simulationsspiele durchgeführt, in denen infolge einer Explosion auf dem Tempelberg der dritte Weltkrieg ausbricht. Vielleicht ist das ein weiteres Beispiel für die für Jerusalem charakteristische Hybris. Henry Kissinger meinte 1986, es sei höchst unwahrscheinlich, daß der Streit um den Tempelberg mehr auslösen könne als einen regionalen Großbrand.

Jedenfalls wurden die achtundzwanzig angehenden Rabbiner als unfähige Amateure abgetan, die der Richter einfach nicht ernst nehmen wollte. Ein knappes Jahr später allerdings wurde eine Verschwörung ganz anderer Größenordnung aufgedeckt. Achtundzwanzig Mitglieder einer fundamentalistischen, terroristischen «jüdischen Untergrundorganisation» [15] wurden von der Polizei bei dem Versuch festgenommen, moslemische Heiligtümer auf dem Tempelberg in die Luft zu jagen. Vier wurden auf frischer Tat ertappt, als sie Sprengladungen unter arabischen Bussen anbrachten. Zwei weitere wurden wenig später auf dem Weg zur Klagemauer festgenommen, wo sie anschließend beten und Dank sagen wollten. Zweiundzwanzig Komplizen wurden in ihren Häusern verhaftet. Die Sprengladungen waren so eingestellt, daß sie während der Hauptverkehrszeit unter den arabischen Bussen losgehen sollten. Sie hätten Hunderte unschuldiger Menschen getötet und verwundet.

Diesmal handelte es sich bei den Verschwörern nicht um wirre, weltfremde Kabbalisten. Vielmehr waren es wohlbekannte West-Bank-Siedler; einige von ihnen hatten hervorragende militärische Führungszeugnisse. Einige waren Persönlichkeiten des öffentlichen Lebens. Ihre Fotos erschienen häufig in den Zeitungen, meist im Zusammenhang mit neuen Siedlungsprojekten; da sah man sie dann in Begleitung von Regierungsministern, die sich diese Projekte ansahen. Sie waren ohne Ausnahme fromme orthodoxe Juden. Die meisten hatten berühmte theologische Seminare absolviert. Unter ihnen befanden sich hochrangige Reserveoffiziere und ein ehemaliger Kampfflieger.

Die Verhaftung dieser Männer war zweifellos darauf zurückzuführen, daß sich Geheimpolizisten in ihre Reihen eingeschlichen hatten. Bei den Verhören gestanden die Verhafteten, daß das Anbringen von Sprengladungen an Bussen nicht ihre erste terroristische Handlung gewesen sei. Drei waren ihrem eigenen, stolzen Geständnis zufolge die seit langem gesuchten Killer, die 1981 auf dem Campus einer palästinensischen Universität eine wilde Schießerei angefangen hatten, bei der drei Studenten getötet und ein halbes Dutzend verwundet worden waren. Andere gaben zu, im Jahr 1981 Sprengsätze an den Autos von drei palästinensischen Bürgermeistern angebracht zu haben. Zwei Bürgermeister wurden bei den Explosionen schwer verwundet – es riß ihnen die Füße weg –, und ein israelischer Polizeibeamter verlor das Augenlicht. Die Verschwörer behaupteten, sie hätten stets nur im Interesse ihres Landes gehandelt. Ihr Ziel sei es gewesen, palästinensische Terrorakte gegen Juden zu rächen – und ihre Gegner abzuschrecken.

Die Geständnisse wurden schnell, ja fast bereitwillig abgelegt, in ausgesprochener Hochstimmung und voller patriotischer Selbstgerechtigkeit. Während der Verhöre gestand einer der Konspiratoren eines Morgens, daß sie am Abend vor der Verhaftung mit der Planung ihres bislang größten Coups beschäftigt gewesen seien: sie wollten den Felsendom auf dem Tempelberg in die Luft sprengen. Sie hatten sich in die Überzeugung hineingesteigert, diese besondere Greueltat würde von den Menschen in Israel und auf der ganzen Welt als großartiges «spirituelles» Ereignis aufgenommen werden. Die Gründe, die sie in ihren Geständnissen anführten, waren gleichermaßen «religiöser» wie «politischer» Natur. Die geplante Zerstörung des moslemischen Heiligtums auf dem Tempelberg würde eine Ära «wahrer Erlösung» einleiten. Sie würde die Ankunft des Messias beschleunigen. Die Grundlage für diese Argumentation bildete der gemeinsame Grundstock der jüdischen, und später christlichen, Lehre von der Apokalypse, der Traum eines Jerusalem als Mittelpunkt eines messianischen Königreichs. Die Nation, so behaupteten sie nachdrücklich, würde sich «geistig wiedergeboren» fühlen; zumindest würde die Zerstörung des Felsendoms die «nationale Moral» gewaltig stärken. Einer der Konspiratoren behauptete, er sei durch eine mystische Lichterscheinung zu dieser beruhigenden Erkenntnis gelangt – ein plötzlicher Lichtblitz, der sein ganzes Leben verändert habe, vergleichbar dem, der die Propheten inspiriert hatte.

Wieder einmal liefen die lebhafte Phantasie und die Naivität von ein paar verrückten Hirnen im Namen der «Religion» und des «nationalen Interesses» Amok. Im Gegensatz zu Rohan und Goodman handelte es sich in diesem Fall nicht um Menschen, die erwiesenermaßen geisteskrank waren, sondern um ehrenwerte Offiziere und Gentlemen mit einem Hang zu metaphysischen Spekulationen. Der Anführer der Verschwörung war ein Maschinenbauingenieur, der sich hervorragend mit raffinierten Sprengtechniken auskannte. Seine rechte Hand war ein orthodoxer Jeschiwa-Student, angeblich ein Mann von «großer Gelehrsamkeit». (Es war bekannt, daß er auch für die Wiedereinführung ritueller Opfer an hohen Festtagen eintrat.) Außerdem gehörten dieser Gruppe ein Bauer, ein wohlhabender Immobilienmakler, ein Beamter des öffentlichen Dienstes und ein Journalist an – alles Leute, die sich in der West-Bank oder auf den Golanhöhen niedergelassen hatten. Alle waren strenggläubige orthodoxe Juden. Sie waren überzeugt, daß die Zerstörung der moslemischen Heiligtümer auf dem Tempelberg schlagartig die «religiöse Wiedergeburt» des jüdischen Volkes herbeiführen würde.

Und sie glaubten auch, daß auf den «menschlichen» Akt der Zerstörung eine «göttliche» Reaktion erfolgen würde – der dritte Tempel würde, auf wunderbare Weise unversehrt, vom Himmel herabkommen. Das bedeutsame Ereignis seines Wiederauftauchens auf dem alten Tempelberg würde gewaltige moralische Folgen haben. Israel würde das «Vakuum» des «bloßen Existierens» und der «moralischen Banalität» verlassen und in das Stadium «messianischer Herrlichkeit» übergehen. Es würde sich erheben und ein Königreich von Heiligen werden. Und in seiner Mitte – genau im Herzen Jerusalems – würde der wiedererbaute Tempel stehen.

Zum Zeitpunkt ihrer Verhaftung hatten die Konspirateure die Vorbereitung für die geplante Sprengung auf dem Tempelberg bereits abgeschlossen. Sie hatten den Dom von allen Seiten und aus allen Perspektiven ausgemessen und fotografiert. Die genauen Einsatzpläne waren fertig, die statischen Berechnungen beendet. Sie wußten genau, wo und wie sie die Sprengladungen an den Säulen aus dem siebten Jahrhundert anbringen mußten, damit der gewaltige Dom schlagartig in sich zusammenfallen würde. In ihrem Besitz fand man enorme Mengen Sprengstoff. Einen Großteil davon hatten sie aus Militärbeständen entwendet. Als Offiziere in der Reservearmee hatten die Konspirateure ohne weiteres Zugang zu militärischen Einrichtungen. Sie hatten seit Monaten Wachposten auf Kirchtürmen aufgestellt, um die moslemischen Heiligtümer rund um die Uhr beobachten zu lassen.

Ihre Pläne und viele ihrer geheimsten Gedanken und Überzeugungen kennen wir zum einen aus den detaillierten Geständnissen, die sie unterschrieben haben, zum anderen aus einem bemerkenswerten Buch mit dem Titel *Dear Brothers* (Liebe Brüder), das einer der Terroristen später im Gefängnis schrieb. Dieses Buch enthält nahezu wörtliche Aufzeichnungen von Gesprächen und Diskussionen der Konspirateure. Der Autor, der ehemalige Journalist Chagai Segal, behauptet, die Beteiligten seien die ganze Zeit davon ausgegangen, daß sie nach der Sprengung des Tempelberges festgenommen und vor Gericht gestellt würden. Sie waren jedoch davon überzeugt, bei der Bevölkerung einen so überwältigenden Rückhalt zu finden, daß sie dadurch moralisch von aller Schuld freigesprochen würden.

Ihr sensationeller Prozeß vor dem Bezirksgericht in Jerusalem im Jahr 1985 wurde zum Treffpunkt für Vertreter des rechten Flügels und Fundamentalisten aller Schattierungen. Die Konspirateure sonnten sich in der Aufmerksamkeit, die ihnen zuteil wurde; ständig erhielten sie Sympathiekundgebungen von vielen ihrer Freunde und Glaubensgenossen aus der West-Bank und gelegentlich sogar von Gefängniswärtern und Wachpolizisten. (Ein Gefängniswärter wurde gerügt, weil er mit ihnen nach einem Verhandlungstag einen Ausflug an den Strand machte, statt sie in die Haftanstalt zurückzubringen.) Berühmte Leumundszeugen bestätigten, daß die Angeklagten irregeleitete Idealisten seien. Im Gefängnis bekamen sie Besuch von den zwei Oberrabbinern und von einem ehemaligen Generalstabschef. Der spätere Premierminister Itzchak Shamir äußerte die Ansicht, ihre Schuld bestünde in erster Linie in «übertriebener Liebe» zur Stadt Jerusalem und zum Land Israel. In Hunderten von Synagogen im ganzen Land wurden von einer von prominenten Rabbinern unterstützten Organisation Spenden für ihre Verteidigung gesammelt.

Nicht alle Terroristen, die sich zu ihren Taten bekannten, waren auch bereit, Reue zu zeigen. Als man sie fragte, ob sie sich nicht Sorgen gemacht hätten, daß die Sprengung der drittheiligsten Stätte des Islam möglicherweise ein Blutbad in Jerusalem oder unter den Juden im Iran auslösen oder zumindest weite Teile der moslemischen Welt gegen Israel auf den Plan hätte rufen können, antwortete einer der Konspirateure, ein examinierter Rabbiner, daß «sie uns nicht mehr hassen könnten, als sie es ohnehin schon tun». Ein Anwalt der Verteidigung ermahnte die Richter, doch nicht zu vergessen, daß sie jüdische Richter bei einem Jerusalemer Gericht seien und nicht auf der Richterbank eines internationalen Gerichtshofes säßen.

In Anbetracht der schweren Vergehen, die den Angeklagten zur Last gelegt wurden, kamen die meisten von ihnen mit ziemlich milden Urteilen davon. Diejenigen, die freiwillig ein Geständnis ablegten und damit das Verfahren abkürzten, bekamen Haftstrafen zwischen einigen Monaten und ein paar Jahren. Drei, die man des Mordes für schuldig befand, wurden zu der dafür vorgeschriebenen lebenslänglichen Haft verurteilt. Kaum waren die Urteile gefällt, da forderten die zwei Oberrabbiner den Staatspräsidenten auch schon in aller Form auf, die Verurteilten zu begnadigen. Shamir, inzwischen Premierminister im Rahmen einer Rotationsvereinbarung, schloß sich diesem Aufruf an. Andere Politiker, Siedler von der West-Bank und orthodoxe Rabbiner, die dieses Anliegen unterstützten, hielten monatelang Tag und Nacht eine Mahnwache vor dem Wohnsitz des Präsidenten Chaim Herzog, um eine Amnestie zu erwirken. Fast eine Million Israelis unterzeichneten eine Petition ähnlichen Inhalts an den Staatspräsidenten. Von den achtundzwanzig Mitgliedern der 1985 verurteilten terroristischen Untergrundorganisation waren vier Jahre später nur noch die drei, die zu lebenslänglicher Haft verurteilt worden waren, im Gefängnis. Der Rest hatte seine Strafte entweder verbüßt oder vom Präsidenten Strafmilderung erhalten.

Die Geschichte von Gewalttätigkeiten auf dem Tempelberg ließ ein Muster erkennen. Die Wahnvorstellungen, die hier ausgelebt wurden, entstammten ähnlichen Quellen. Ihre destruktive Naivität entsprang gemeinsamen Träumen von «Rache», «Auserwähltheit» und «Erlösung». Die Terroristen wurden von tiefen Überzeugungen geleitet. Ein paar wurden von sogenannten geistigen Führern erfolgreich manipuliert. Andere manipulierten selbst. Einige konnten im Stadium der Planung aufgehalten werden, andere nicht. Wenn sie auch manchmal eindeutig an Figuren aus der komischen Oper erinnerten, waren sie deshalb nicht unbedingt weniger verbrecherisch oder potentiell weniger gefährlich. Alle standen offenbar unter dem Einfluß der reichhaltigen Ablagerungen an böswilligem Aberglauben, deren Vorrat in Jerusalem schier unerschöpflich zu sein scheint.

Die Stadt übt auf Gläubige wie auf Geistesgestörte, auf unschuldige Pilger wie auf Spinner dieselbe Anziehungskraft aus. Es wird oft behautet, daß es in Jerusalem wahrscheinlich mehr Exzentriker, harmlose Verrückte und Monomanen pro Quadratkilometer gibt als in irgendeiner anderen Stadt auf der Welt. Flavius Josephus, der erste bedeutsame Geschichtsschreiber Jerusalems, klagte schon früh darüber, daß die Verbindung von göttlichen und menschlichen Dingen höchst lästig sei. Der Krieg von 1967, den jüdische und christliche Fundamentalisten als ein von Gott herbeigeführtes, mit dem Ende aller Tage in Zusammenhang stehendes Ereignis betrachteten, lieferte eine Bestätigung für diese Feststellung. So waren es nicht nur harmlose Verrückte und Exzentriker, die 1970 in der Altstadt ein eigenes Institut gründeten, das sich mit den Ritualen beschäftigte, die es dereinst im wiedererbauten Tempel einzuhalten galt, oder die ihr Geld in eine Jeschiwa steckten, in der jüdische Priester (Cohanim genannt) für den konkreten Dienst dort ausgebildet wurden. Ihre Schüler betrachteten sich als Vorhut einer Bewegung, als Kern einer zukünftigen Priesterkaste. (Dort gab es auch einen Workshop, in dem nach genauen Angaben aus den Büchern Leviticus und Ezechiel heilige Gewänder angefertigt wurden, die die zukünftigen Hohenpriester am Versöhnungstag tragen sollten.)

Mag sein, daß die Spinner und Weber harmlose Käuze sind. Die mehreren hundert Jeschiwa-Studenten und die bekannten Rabbiner, die regelmäßig an den Seminaren und an öffentlichen Tagungen des Instituts in der Altstadt teilnehmen, sind es jedenfalls nicht. Diese öffentlichen Versammlungen beschäftigen sich mit Themen wie etwa «Der dritte Tempel: Der zukünftige Standort und sein Aussehen» oder «Der dritte Tempel: Die Heilige Pflicht, ihn jetzt in unserer Zeit zu erbauen». Die Tagungen finden unter der Schirmherrschaft der Ministerien für Erziehung und religiöse Angelegenheiten statt.

Der Prophet Jesaja (28,16) betonte – oder warnte vielleicht davor –, daß, wenn es an der Zeit sei, den Tempel aufs neue zu bauen, der Gläubige nicht eilen soll. Diejenigen, die an diesen

Tagungen teilnehmen, scheinen in großer Eile zu sein. Es sind zumeist junge Leute. Viele kommen aus den staatlich subventionierten theologischen Seminaren in der West-Bank und betreten den Kongreßsaal in der Altstadt mit Maschinengewehren bewaffnet. Die Atmosphäre ist eine sonderbare Mischung aus Wildem Westen und osteuropäischem Schtetl des neunzehnten Jahrhunderts. Die Gewehre werden unter den Holzstühlen verstaut; Patronengürtel liegen auf den Tischen der Teilnehmer, und daneben stapeln sich die dicken Bände der Mischna, der Gemara und anderer voluminöser Werke rabbinischer Exegese. Bei einer solchen Tagung im Jahr 1985, kurz nach der Aufdeckung des im jüdischen Untergrund geplanten Sprengstoffanschlags auf den Felsendom, sagte der Vorsitzende in seiner einleitenden Rede, die Verhaftungen «bewiesen wieder einmal, wie stark und unwiderstehlich die Sehnsucht des Volkes nach dem Tempelberg [sei]... Die Gewalt verzeihen wir nicht, aber die Absichten [der Verschwörer] waren heilig und rein... Auch wir wollen eine Rolle in dieser unwiderstehlichen Bewegung spielen... Wir gehen davon aus, daß wir vorwärts geführt werden, vorwärts führen, hin zum dritten Tempel!» [16]

Nach dieser Eröffnungsrede trugen mehrere bekannte Rabbiner und Exegeten gelehrte Erörterungen vor, die das Publikum zu Fragen und lebhaften Kommentaren veranlaßten. Es wurde diskutiert über «Geeignete Zeitpunkte für die Wiedererbauung des Hauses des Herrn», «Geistige Natur und [Tier-] Opfer», «Der dritte Tempel als moralischer Wert» und «Messianische Zeichen in unserer Zeit». Obwohl die ausdrückliche Betonung auf «Geistige Natur» und «Messianische Zeichen» lag, lag die unterschwellige Betonung der meisten Redner auf der überwältigenden Schlagkraft israelischer Waffen. In den Augen von Fundamentalisten ist das nicht unbedingt ein Widerspruch in sich. Auch im Iran sind die Fundamentalisten dazu bereit, im Namen reiner Geistigkeit von den technologischen Errungenschaften der «materialistischen Kultur», die sie verdammen, zu profitieren.

Am Ende der ersten Vortragsreihe stieg ein Polizeibeamter in Uniform auf die Rednertribüne und stellte sich als der Mann vor, der für den hiesigen Polizeibezirk zuständig war. Als erstes wünschte er «dieser wichtigen Versammlung bei der großen Aufgabe, die sie sich selbst gestellt hatte, Erfolg» und fügte dann folgende Warnung hinzu:

> Wie ich sehe, sind hier viele nette Leute, aber [ich sehe auch, daß ihr] bewaffnet seid. Es liegt mir fern zu sagen, daß ihr von euren Gewehren keinen Gebrauch machen sollt... Jedermann muß in dieser Zeit des PLO-Terrors auf der Hut sein... Es liegt mir fern, nein zu sagen. Wenn sie auf uns schießen, werden wir nicht weglaufen... Aber ich fordere jeden in diesem Saal auf, zweimal zu überlegen, bevor er Gebrauch von... Schußwaffen macht. Vergeßt nicht, daß ihr sie nur zur Selbstverteidigung bekommen habt. Wenn jemand hier mit dem Gedanken spielen sollte, die Araber zu provozieren, dann sollte er sich erst den Erfolg dieser wichtigen Versammlung vor Augen halten.

Aufmerksam lauschte das Publikum diesen Worten. Von der Straße drangen die Klänge von Musik und christlichen Liedern herein. Deutsche Pilger zogen vorbei, die ein schweres Holzkreuz die Via Dolorosa entlangtrugen und sangen: «Ich will den Kreuzstab gerne tragen/Er kommt von unserm lieben Herrn.» Während einer kurzen Pause verteilte ein Mann aus dem Publikum fotokopierte Konstruktionszeichnungen eines mechanischen Webstuhls, den er soeben aus den Vereinigten Staaten importiert hatte, um daraus für Priester und Leviten Gewänder aus reinem Leinen herzustellen.

Die programmatische Rede hielt ein prominentes Mitglied der Knesset, des israelischen Parlaments, ein erfahrener Politiker, der eine der religiösen Parteien vertrat. Die Zuhörer erhoben sich, um ihm Ehre zu erweisen (er ist ein examinierter Rabbiner). Er trat ans Rednerpult, gefolgt von einem Gehilfen, der einen Armvoll heiliger Bücher trug. Die Zuhörer folgten jedem seiner Worte mit gespannter Aufmerksamkeit. «Die Gegebenheiten führen unausweichlich dazu, daß wir den dritten Tempel auf dem Tempelberg erbauen», sagte er, wobei er sorgfältig jede einzelne Silbe artikulierte. «Der dritte Tempel wird in alle Ewigkeit stehen», versicherte er den versammelten Zuhörern. Um das zu beweisen, blätterte er in den vor ihm liegenden Büchern, zitierte die entsprechenden Stellen aus der Bibel und dem Talmud und die Aussagen moderner Schriftgelehrter. «Die Erlösung hat bereits begonnen. Es gibt kein Zurück! Der Allmächtige, gesegnet sei Sein Name, leitet uns. Es gibt kein Zurück! Die Erlösung wird vollendet werden!» Er schob die Bücher beiseite und setzte mit halbgeschlossenen Augen seine leidenschaftliche Rede fort. Seine kräftige Stimme erfüllte den Saal. Die Zitate flossen ihm so mühelos von den Lippen, als würde ihm ein Computer soufflieren. Dann riß er die Augen weit auf und blickte um sich. Das Publikum war wie gebannt. Das Vertrauen und die Begeisterung, die er seinen Zuhörern einflößte, rührten offenbar auch von einem nahezu enzyklopädischen Gedächtnis für heilige Texte her. Seine Augen leuchteten, als er sah, in welche Erregung er die Leute ringsum versetzt hatte. Er war ein eindrucksvoller Redner, und es dauerte einige Sekunden, bis einem Außenseiter klar wurde, daß er von nichts anderem sprach als vom Ende aller Tage. Zu seinen Füßen saßen die Cowboys der Apokalypse auf ihren Gewehren. Der Redner meinte, man müsse die gegenwärtige Situation in Jerusalem als Teil eines «göttlichen Plans» betrachten, «der Israel im Sechstagekrieg die Herrschaft über Jerusalem und den Tempelberg verschafft hat». Das Volk Israel, rief er, sei seit dem Auszug aus Ägypten bis zum heutigen Tag ständig vorangeschritten. Wegen seiner Sünden wurden der erste und der zweite Tempel zerstört, aber die unmittelbar bevorstehende Rettung würde für die Ewigkeit sein. «Der Allmächtige baut derzeit Jerusalem wieder auf, und er sagt uns, daß es von jetzt an bis in alle Ewigkeit stehen wird... Wir werden alle in eine neue Zeit hinein wiedergeboren. Das gewaltige Haus des Herrn soll auf dem Gipfel der Berge errichtet werden, und alle

Nationen sollen dorthin strömen.» Er beendete seine Rede mit einer eindringlichen Aufforderung an alle Anwesenden, «sich bereitzumachen». Die Zuhörer regten sich. Dem unbeteiligten Außenseiter kam der Redner vor wie der Demagoge in dem Chaplin-Film *Der große Diktator*, dessen feurige Rede aus nichtssagendem Geschwätz bestand. Für den Eingeweihten schien er beinahe mit Engelszungen zu reden.

Die Tatsache, daß immer mehr Politiker den Tempelberg für politische Zwecke ausschlachten, machen es einem schwer, derartige Vorkommnisse als harmlose Überspanntheiten abzutun. Ein Geysir läßt sich nur kanalisieren, bevor er ausbricht. Ein Teil des Geldes für diese Überspanntheiten war in den vergangenen Jahren auch von Evangelikalen und Anhängern der charismatischen und der Pfingstbewegung gekommen, vor allem aus den Vereinigten Staaten. Ähnlich wie die orthodoxen Juden betrachten auch die fundamentalistischen Christen die Bibel als frei von Irrtümern. Die Anhänger der Pfingstbewegung glauben an die Pfingstgaben, die Visionen hervorrufen und bewirken, daß Sterbliche «in fremden Sprachen [...] reden, wie es der Geist ihnen eingab» (Apg 2,4). Nach Ansicht der Anhänger der Pfingstbewegung sind diese Visionen wahr. Die Männer, die den Tempelberg zu sprengen versuchten, waren die terroristischen Randgestalten einer weltweiten, inoffiziellen Bewegung, die fundamentalistische Juden und fundamentalistische Christen umfaßt und in dem Glauben vereint, daß das Ende aller Tage nahe ist. Für die fundamentalistischen Juden bedeutet dies die unmittelbar bevorstehende Ankunft des Messias; für die evangelikalen Christen die Wiederkunft Christi – die nach der Überzeugung vieler sofort erfolgen wird, wenn die Juden den Tempel in Jerusalem wiederaufgebaut haben. An diesem Punkt trennen sich die beiden Richtungen; denn der evangelikalen Lehre zufolge wird der Tempel, sobald die Juden ihn wiedererbaut haben, zum drittenmal zerstört werden, und alle Juden werden zum Christentum übertreten.

Doch die unterschiedlichen Vorstellungen von dem, was als allerletztes geschehen wird, hat bisher kein Hindernis für eine eher lockere Verbindung zwischen den beiden Gruppen dargestellt. 1984 veranstaltete ein amerikanischer Evangelikaler, angeblich ein führender Physiker einer kalifornischen Universität, mehrere Tiefflüge über die Moscheen auf dem Tempelberg, um dessen tiefste Eingeweide mit Cäsiumstrahl-Magnetometern und anderen komplizierten Geräten zu durchleuchten. Er stand in engem Kontakt mit Israelis vom rechten Flügel und hielt Ausschau nach der Bundeslade, die zu Zeiten von Nebukadnezar auf dem Tempelberg vergraben worden sein soll. Außerdem kundschaftete er das Gelände aus, um sich, wie er behauptete, mit der «strategischen» Form des Berges vertraut zu machen. Wie manche Evangelikale glaubte auch er, daß der Letzte Kampf zwischen Gut und Böse auf dem Tempelberg stattfinden wird. In diesem Kampf werden Israel und die Streitende Kirche triumphieren. (Er flog so tief, daß er die Polizei in Alarmzustand versetzte. Den Tempelberg zu überfliegen ist aus Sicherheitsgründen verboten.)

In der Knesset gibt es seit Jahren eine sogenannte «Tempel-Lobby». Wichtige Persönlichkeiten aus den Reihen der Evangelikalen standen in engem Kontakt mit dieser Lobby und mit anderen militanten Israelis, die ebenfalls dafür kämpfen, daß die Christen auf dem Tempelberg beten dürfen. Die Versuchung Jesu und das Martyrium seines «Bruders» Jakob sollen sich angeblich in der südöstlichen Ecke abgespielt haben. Im Laufe der Jahre haben sich Evangelikale, Adventisten, Davidisten, Vertreter der charismatischen Bewegung, Southern Baptists und andere christliche Sekten in Amerika und Europa in aller Öffentlichkeit für den Wiederaufbau des dritten Tempels der Juden eingesetzt. Auf ihren Karten vom Tausendjährigen Reich Gottes gehören zum Israel der nachapokalyptischen Zukunft weite Teile Ägyptens, Syriens, des Irak und Saudi-Arabiens. Im Jahr 1985 schalteten amerikanische «Evangelists for Freedom and Worship on the Temple Mount» (Evangelikale für die Freiheit des Gebets auf dem Tempelberg) große Anzeigen in israelischen Zeitungen, in denen sie gegen die Verhaftung jüdischer Terroristen protestierten. Diesen Anzeigen zufolge beruhten die Ansprüche der Moslems auf den Tempelberg auf einem «Irrtum» und widersprachen dem «in den Büchern der Propheten und von Jesus und den Aposteln» verkündeten göttlichen Befehl.

Mitte der achtziger Jahre blühte in Teilen der Vereinigten Staaten eine ganze Subkultur auf, die sich dieser Aufgabe widmete; dort wurden die Angehörigen einiger protestantischer Kirchen, innerhalb und außerhalb des Bible Belt[17], plötzlich von einer Woge der Begeisterung für den Pfingstgedanken erfaßt. Monatlich erscheinende, im Dienst dieser Mission stehende Zeitschriften und Broschüren, darunter *Israel My Glory*, *Endtime* und *Vision*, wurden angeblich in Auflagen bis zu mehreren hunderttausend Exemplaren verteilt. Es wurde Reklame für Reisen nach Jerusalem gemacht und Geld gesammelt, um die Idee der Wiedererbauung des Tempels von Jerusalem in aller Herrlichkeit zu propagieren. Ein hoher Polizeibeamter aus Jerusalem war, nachdem er 1981 eine repräsentative Sammlung derartiger Publikationen erhalten hatte, derart besorgt, daß er eigens ein paar Geheimdienstleute einsetzte, um diese regelmäßig zu überprüfen. Im selben Jahr eröffnete eine sogenannte Internationale Christliche Botschaft, die nach eigenen Angaben Hunderttausende von Evangelikalen und Anhängern der charismatischen Bewegung auf der ganzen Welt repräsentierte, in großzügigen Amtsräumen in Jerusalem ihren Sitz. An der Spitze dieser «Botschaft» stand ein Geistlicher der südafrikanischen Niederländischen Reformierten Kirche, der dafür bekannt war, daß er im Namen der «von Gott verfügten» Rassentrennung für die Apartheid eintrat. Die Presse brachte ein Zitat von ihm, in dem es hieß, alle Evangelikalen auf der ganzen Welt würden «täglich für die Wiederherstellung des jüdischen Kultes auf dem Tempelberg» beten. Die Moslems, die ihn derzeit besetzt hielten, waren dem Geistlichen zufolge Usurpatoren.

Die Stätte müsse den Juden zurückgegeben werden, «selbst wenn das ein Armageddon bedeutet». Etwa zur selben Zeit begannen amerikanische und europäische Evangelikale, jährliche Zusammenkünfte in Jerusalem abzuhalten, an denen inzwischen Tausende von Delegierten teilnehmen. Die Teilnehmer werden mit Bussen direkt vom Flughafen zum Gipfel des Ölbergs gefahren, um die berühmte Aussicht zu bewundern und sich über Megaphon sagen zu lassen, daß sie genau an der Stelle stehen, an der Jesus am Tage des Jüngsten Gerichts stehen wird. Anschließend wird Geld eingesammelt und alle begeben sich in ihre Hotels. Die zu Besuch nach Jerusalem kommenden Evangelikalen betreten grundsätzlich weder die Grabeskirche (die in ihren Augen von katholischen und griechisch-orthodoxen Dämonen belagert wird), noch besteigen sie den Tempelberg. Aber sie gehen oben auf den Mauern um die Altstadt herum. Einmal im Jahr belegen sie das riesige Kongreßzentrum in der Nähe des Hilton mit Beschlag. Begleitet von *Halleluja*-Rufen aus dem Publikum, begrüßen ihre Prediger jubelnd das neue «strategische Zeitalter» – jene Zeitspanne, in der der Tempel wiederaufgebaut und zerstört und dann abermals auf dem Berg des Herrn aufgebaut werden soll. Aber zuerst wird es einen fürchterlichen großen Krieg zwischen den Vereinigten Staaten und der Sowjetunion geben – in Jerusalem. Dieser wird Schrecken und Zerstörung über die ganze Welt bringen. Aber der böse König des Nordens (damit ist Rußland gemeint, wo der Thron Satans steht) wird vernichtet werden. Gott selbst wird in seiner Macht und Herrlichkeit kommen, ihn mit einem Blitzstrahl töten und das Jüngste Gericht abhalten. Dieser Botschaft liegt, genau wie den apokalyptischen Reden fundamentalistischer Juden, eine Pol-Pot-Logik zugrunde: Das reale Jerusalem muß brennen und vergehen, auf daß sich aus seiner Asche und seinem Staub das ideale, von den Übeln der Vergangenheit gereinigte Jerusalem erheben kann.

Man fragt sich, wie im allgemeinen Verständnis der drei großen Religionen Jerusalem je zur sprichwörtlichen Stadt des

Friedens werden konnte. Die Stadt wurde von einem Kriegerkönig gegründet. Jehova war ein «Herr der Heere» (1 Sam 1,3). Christus weissagte Krieg und Pest (denn «die Liebe [wird] bei vielen erkalten»; Mt 24,12). Und Mohammed war mit Sicherheit kein Friedensstifter.

Mag sein, daß der Beiname aus dem alten Namen Jerusalems, nämlich Salem (nach dem heidnischen Stadtgott), entstanden ist; in den semitischen Sprachen ist Salem etymologisch mit den Wörtern für Frieden (*schalom* im Hebräischen, *salam* im Arabischen) verknüpft. In seinem Brief an die Hebräer (7,2) erinnert Paulus an Melchisedek, den Priesterkönig von Salem, den «König des Friedens». Vielleicht war dieser Beiname auch nur als ein Gebet zu verstehen, wie in dem berühmten postexilischen Psalm 122 (6–7):

> Erbittet für Jerusalem Frieden!
> Wer dich liebt, sei in dir geborgen.
> Friede wohne in deinen Mauern,
> in deinen Häusern Geborgenheit.

Gotthold Ephraim Lessing, der große protestantische Dichter und Denker der Aufklärung, siedelte sein Drama *Nathan der Weise*, seine berühmte Parabel über religiöse Toleranz, ausgerechnet im Jerusalem zur Zeit der Kreuzfahrerherrschaft an – dem vielleicht fanatischsten und auf grausame Weise engstirnigsten Regime des Mittelalters. Lessings jüdischer Freund und Schüler Moses Mendelssohn betitelte sein eigenes Buch über Toleranz und religiöse Freiheit *Jerusalem*.

Jerusalems Friedensstiftern muß es häufig so vorgekommen sein, als pflügten sie die See. Jeremia wurde in ein Verlies geworfen. Jesus wurde gekreuzigt. Friedrich II., der eine friedliche Verständigung zwischen Christen und Moslems anstrebte, wurde exkommuniziert. Judah Magnes, der erste Präsident der Hebräischen Universität, predigte den jüdisch-arabischen Kompromiß; er wurde von den Arabern ignoriert und von den

Juden übel beschimpft. Folke Bernadotte, der schwedische UN-Beauftragte, wurde in Jerusalem am hellichten Tag auf der Straße ermordet, ebenso König Abdullah von Jordanien. Beide wurden umgebracht, während sie versuchten, Frieden zwischen Arabern und Juden zu stiften. Einer der damals im Zusammenhang mit dem Mord an Bernadotte verhafteten Verdächtigen sollte vierzig Jahre später zu den führenden kämpferischen Köpfen der Bewegung zum Wiederaufbau des jüdischen Tempels gehören und häufig als Redner bei Zusammenkünften der amerikanischen Evangelikalen auftreten.

Während sich die in Jerusalem jeweils dominierenden Religionen abgewechselt haben, gibt es nichts, was sich beständiger gehalten hätte als der Fanatismus ihrer militanten Vertreter. Allein in den letzten neunzehnhundert Jahren wechselte die herrschende Religion mindestens elfmal, häufig um einen hohen menschlichen Preis: Im Jahr 70 n. Chr. und im Jahr 132 kamen die Römer ans Ruder, 335 die Byzantiner, 614 die Zoroastristen, 628 die Byzantiner, 638 die Araber, 1099 die Kreuzfahrer, 1187 dann wieder die Araber, 1917 die Briten, 1948 die Jordanier und 1967 die Israelis. Wenige andere Städte haben ein solches Register aufzuweisen.

Im Bereich der Geschichtsschreibung gibt es eine Überfülle lebhafter Schilderungen von den Kriegen und Belagerungen in der Stadt des Friedens. Die Kreuzfahrer – Gibbon nannte sie «wüste Helden des Kreuzes» [18] – sollen angeblich allein in Jerusalem fünfzigtausend Moslems und Juden umgebracht haben. Noch heute sind überall in der Altstadt Kirchen und Befestigungsanlagen aus der Zeit der Kreuzfahrer zu sehen. Ihre Architektur – eine politische Architektur, wie häufig in Jerusalem – bestimmt noch immer das Gesamtbild der Altstadt. Die Kreuzfahrer bauten massiv, als würde ihre Welt in alle Ewigkeit fortbestehen. In ihrer düsteren, kantigen und dunklen Art, der wuchtigen Linienführung und dem groben Dekor hatte die Architektur aus der Zeit der Kreuzzüge in Jerusalem wenig an sich, was an die reizvollen, luftigen und großzügigen Räume der Frühromanik in Europa erinnert, obwohl man damals viele Steinmetzen aus Südfrankreich kommen ließ. Die Kreuzfahrer ritten, «bis hinauf zu den Knien und zum Zaumzeug in Blut» [19], in die Stadt des Friedens ein und riefen aus, welch gerechtes und herrliches Urteil für die Ungläubigen dies doch sei. Wilhelm von Tyrus schrieb: «Man konnte nicht ohne Entsetzen diese Mengen von Toten sehen, und der Anblick der Sieger, die von Kopf bis Fuß mit Blut bedeckt waren, war nicht minder entsetzlich.» [20]

Fulcher von Chartres zufolge war die Stadt ein halbes Jahr nachdem sie in die Hände der Kreuzfahrer gefallen war, noch immer vom Gestank vermodernder Leiber erfüllt. Die Araber, die Jerusalem 1187 zurückeroberten, verhielten sich menschlicher als ihre europäischen Widersacher. Ihre Sprache jedoch war beinahe ebenso gewaltsam. [21] Und sie hat sich seitdem kaum verändert, angefangen von dem Wunsch «Möge Jerusalem durch ein Blutbad gereinigt werden... mögen Ströme von Blut vergossen werden, um *Al-Quds* zu reinigen» [22] im zwölften Jahrhundert bis hin zu der theoretischen und gelegentlich in die Tat umgesetzten Forderung «Vernichtet die jüdischen Ungläubigen!» im zwanzigsten Jahrhundert. Am Vorabend des Kampfes um Jerusalem im Jahr 1948 drohte Azzam Pascha, Generalsekretär der Arabischen Liga, den Juden ganz offen mit einem Blutbad nach Art eines Dschingis-Khan oder Tamerlan.

Was die Juden als Tempelberg bezeichnen, ist für die Moslems der Haram asch-Scharif (das Vornehme Heiligtum). Die Alten nannten den heiligen Bezirk Moriah. Überquert man ihn in der Morgendämmerung, so sieht man hinter dem Ölberg die Sonne aufgehen. Die ersten Sonnenstrahlen fallen auf die Kuppel, dann erstrahlt der Rundbau in lebhaften Blau- und Gelbtönen. Lange Schatten fallen finster und gespenstisch auf das große Plateau, das mit rosafarbenen und grauen glatten Steinen gepflastert ist. Zu dieser frühen Stunde hat es etwas vom Aussehen und von der Einsamkeit eines Berggipfels an sich. Ein leichter

Wind rauscht durch die Zypressen und Pinien. Von weit her kommt das Gemurmel der erwachenden Stadt. Die vergoldete Kuppel wölbt sich über jenem kahlen Stück nackten Felsens, der den Inbegriff von so viel Ermahnungen und Frömmigkeit verkörpert, von so viel Freude und Jammer, so viel Gewalt und Blutvergießen. Die Kuppel glitzert in der Sonne. Noch haben sich keine Gläubigen zum Gebet eingefunden. Touristen werden derzeit nur zwischen zwölf Uhr mittags und drei Uhr nachmittags zugelassen. Hinter der großen Stützmauer im Westen erhebt sich der Singsang betender Juden. Unter einem der dunklen Portale, die in die Al-Aksa-Moschee führen, liegt noch schlafend ein einsamer Aufseher. Doch auf den Festungswällen im Osten und Süden laufen die Wachen bereits mit Sprechfunkgeräten in der Hand auf und ab. Sie gehen hin und her zwischen den Wachtürmen und den Suchscheinwerfern, die in den letzten Jahren aufgestellt und angebracht wurden, um tagsüber Eindringlinge und in der Nacht Sprengstoffattentäter und Brandstifter fernzuhalten. Niemand will ein Risiko eingehen. Nach moslemischer Lehre ist das Vornehme Heiligtum der Ort auf Erden, der dem Paradies am nächsten ist, dem Paradies, in dem die Gerechten dann von schönen Jünglingen bedient werden, die niemals altern, und wo man unablässig die eine Zauberformel «Salam! Salam!» hört.

Früh am Morgen schneiden oberhalb der schimmernden Mauern und Wälle oft Militärflugzeuge wie silberne Messerklingen durch den Himmel. Es ist ein merkwürdiger Gedanke, sich diese Wiege der Religionen als eine abschreckende Festung vorzustellen. Doch bereits ihre Architektur kündet von kämpferischen Auseinandersetzungen. Die massiven Mauern und Schutztürme lassen eher an Belagerungen als an Wallfahrten denken. Das große Heiligtum auf dem Tempelberg ist eine Festung innerhalb einer Festung. Desgleichen der Klagemauerbezirk in der Nähe, mit seinem Spalier bewaffneter Wachen und Bereitschaftspolizisten, die jeden Zugang blockieren und jede Tasche und jeden Beutel nach Waffen durchsuchen. Auf den

Hausdächern oberhalb des Mauerbezirks halten Scharfschützen der Armee mit Gewehren und Fernrohren unablässig Ausschau nach Terroristen.

In einer Gasse in der Nähe hat man zum Gedenken an ein vor kurzem erdolchtes Opfer eine schlichte Steinplatte angebracht, deren hebräische Inschrift lautet: «Möge Gott sein Blut rächen.» Nach einem solchen Ereignis eilen städtische Angestellte in Autos, auf denen in drei Sprachen JERUSALEM – STADT DES FRIEDENS geschrieben steht, mit Scheuerlappen und Besen an den Ort des Geschehens. Sie waschen das Blut von den Steinplatten ab. Wenig später geht, wie es im Journalistenjargon heißt, das Leben wieder seinen gewohnten Gang. Das gilt auch für das Geschäftsleben. Touristen, denen kaum bewußt ist, daß hier vor kurzem Blut vergossen wurde, drängen sich in den Souvenirläden. Sie bewegen sich in ihrer eigenen Traumwelt, probieren komische Hüte auf und schnüffeln an Deodorants und Sonnenschutzmitteln. Man kann leicht über sie spotten. Doch wenn man beobachtet, wie sich die Massen durch die schmalen Basare schieben, spürt man, wie recht Samuel Johnson hatte, als er sagte, die Menschen seien nie auf unschuldigere Weise beschäftigt, als wenn sie Geld verdienen oder Geld ausgeben.

Scheinbar unbekümmert fließt der dichte Menschenstrom durch die Basare, an den Gedenksteinen vorbei, unter geduckten Torbögen hindurch, die malerischen Treppen hinunter. Die heiligen Stätten grenzen unmittelbar an. Einige sind innerhalb desselben Gebäudes aufeinandergepackt – eine Moschee, eine Synagoge, eine Kirche –, alle sind gleichermaßen vom Alter gebeugt und mit Reliquienschreinen und Grabmälern beladen. Durch einen unterirdischen Gang, der nach 1967 im Norden der Klagemauer gegraben wurde, gelangen die orthodoxen Juden in ein tief unter dem Moslemischen Viertel liegendes Gewölbe aus dem ersten Jahrhundert, um dort einen Gebetsgottesdienst abzuhalten. Unmittelbar über ihnen erörtern die Kadis des Obersten Moslemischen Rats vielleicht gerade einen subtilen Aspekt des islamischen Gesetzes. Auf dem nahe gelegenen Berg Zion verehren Juden – mindestens schon seit dem fünfzehnten Jahrhundert – im Erdgeschoß eines baufälligen Gebäudes das vermeintliche Grab König Davids. Eine Etage über ihnen verehren Christen im selben Gebäude das Cenaculum, jenen Raum, in dem der christlichen Lehre zufolge das Heilige Abendmahl stattgefunden hat. Um das Durcheinander noch zu vergrößern, erhebt sich über das sowohl den Christen als auch den Juden heilige Gebäude ein moslemisches Minarett.

Durch die Bögen erhascht man hie und da einen Blick auf die Landschaft ringsum. Ihre «Spannungsfelder zwischen widersprüchlichen geologischen und geographischen Faktoren, zwischen der Wüste und dem mediterranen Gebiet», schreibt Leo Picard, ein bekannter Geologe, spiegeln «die Geschichte der Stadt und den Geist ihrer Bewohner» [23] wider.

Yehuda Amichai, ein zeitgenössischer Schriftsteller, fängt diese prekäre Situation in seinem Werk ein. «Es ist traurig, der Bürgermeister von Jerusalem zu sein» [24], schreibt er in einem berühmten Gedicht. Es ist schrecklich. Was kann man mit dieser Stadt anfangen? Wie kann ein Mann Bürgermeister einer solchen Stadt sein? Er baut und baut und baut,

> Und des Nachts,
> da kriechen die Steine von den Hügeln ringsum
> hinab zu den steinernen Häusern.
> Sie kommen wie Wölfe und heulen die Hunde an,
> die zu Sklaven der Menschen geworden sind.

Der arabische Geograph Mukaddasi, dessen Name bereits beinhaltet, daß er in Jerusalem geboren ist [25], formulierte zehn Jahrhunderte früher eine ähnliche Empfindung. «Jerusalem», so schrieb er, «ist ein goldenes Becken, gefüllt mit Skorpionen.» [26]

Stadt der Pilger

Ein goldenes Becken, gefüllt mit Skorpionen – und doch gleichzeitig, so viel Liebe, so viel Zuversicht, so viel Vertrauen. Vor allem, so viel Hoffnung – täglich, wie das von jeher der Fall war, zum Ausdruck gebracht mit so viel altertümlichem und kunstvollem Gepränge, überall in der Stadt, in Hebräisch, Arabisch, Griechisch, Armenisch, Französisch, Lateinisch, Äthiopisch und in einem Dutzend anderer Sprachen. Die Stadt ist eine Wiege der Hoffnung. Die Pilger, die gegen alle Hoffnung weiterhin an die Hoffnung glauben, kommen, wie sie seit eh und je gekommen sind, in Zeiten der Not und in Zeiten des Friedens noch immer hierher. Hoffnung ist ein psychologisches Bedürfnis, ein wandelnder Traum. Von Hoffnung erfüllt oder um sie betrogen, neigen die Pilger die Stirn auf den Boden der Moscheen oder schlagen mit der Brust gegen die Klagemauer. Sie liegen am Kalvarienberg ausgestreckt auf dem Boden und küssen den nackten Fels, als hinge dort noch immer Christi Leib am Kreuz. Angesichts so viel anhaltender Frömmigkeit und so viel anhaltenden Elends ist man weniger von der Macht des Glaubens überwältigt als von seinem Unvermögen, seine Versprechungen einzulösen. Jerusalem wird in alle Ewigkeit von diesem Scheitern verfolgt. Doch dieses Scheitern vollzieht sich in solcher Pracht, daß es eine Art verzweifelten und existentiellen Sieg darstellt.

Dafür legten die Psalmen schon früh Zeugnis ab. Und die

Pilger rezitieren sie bis heute: «*De profundis* – aus der Tiefe rufe ich, Herr, zu dir» (Ps 130,1). «Ich hebe meine Augen auf zu den Bergen: Woher kommt mir Hilfe?» (Ps 121,1). Mit ihrer unablässigen Hoffnung sind die Pilger die absurden, heldenhaften Narren in der Geschichte der Stadt. Sie kommen auch weiterhin, und jedes Jahr sind es mehr. Die Hotels sind voll und gelegentlich überbelegt. Angst und Hoffnung entstammen denselben Wurzeln. Die Unruhe unter den Bürgern, ja sogar ein gelegentlicher Terrorakt beeinträchtigt den Zustrom von Pilgern nur am Rande. Sie kommen, wie sie von jeher gekommen sind, um zu tun, was ihnen der Psalm 48 (13–14,3) vorschreibt: «Umkreist den Zion, umschreitet ihn, zählt seine Türme! Betrachtet seine Wälle, geht in seinen Palästen umher, damit ihr dem kommenden Geschlecht erzählen könnt: ...[Der Berg Zion] ragt herrlich empor; er ist die Freude der ganzen Welt.» Der Blick vom Gipfel des Ölbergs – heute kann man ihn bequem durch die schußsicheren Panzerfenster eines Luxushotels genießen – ist anregend. Und er ist grandios. Nach unten zu schauen ist oft ehrfurchtgebietender als aufzublicken.

Pilger haben diese Ehrfurcht und dieses Staunen zu allen Zeiten empfunden. Gott wohnte in Jerusalem; von frühester Zeit an kamen die Juden hierher, um vor ihm zu stehen und von ihm gesehen zu werden. Anfangs waren es kleine Scharen, die barfuß auf gewundenen Wegen durch die Hügel zum Heiligtum in Jerusalem hinaufstiegen. Im dritten vorchristlichen Jahrhundert versammelten sich bereits riesige Menschenmengen aus der gesamten Mittelmeerwelt und dem Nahen Osten wiederholt zu einer Art panhebräischem Treffen in Jerusalem. Dort gab es einen heiligen Ort und eine heilige Zeit. Der heilige Ort war das Heiligtum, die heilige Zeit der Sabbat oder Feiertag, an dem sich die Pilger auf geheimnisvolle Weise in eine andere Zeit, die Zeit Gottes, versetzt fühlten. Bereichert und vermutlich als bessere Menschen kehrten sie nach Griechenland oder Ägypten oder Mesopotamien zurück.

Heiligkeit galt als etwas Mitteilbares. Sie bleib an jenen haften, die beteten und sie «an der Stätte, die [Gott] auswählt» (Dtn 16,16), ehrten.

Eine Wallfahrt war ein in hohem Maße emotionales Erlebnis. So wurde vermutlich der berühmte Psalm 122 (1–2) gesungen, wenn die Pilger durch die Stadttore nach Jerusalem einzogen:

> Ich freute mich, als man mir sagte:
> «Zum Haus des Herrn wollen wir pilgern.»
> Schon stehen wir in deinen Toren, Jerusalem.

Jedes Jahr gab es drei große Wallfahrtsfeste, die auf Fruchtbarkeitsriten früherer Zeiten zurückgingen. Das erste war Pessach, möglicherweise ein frühheidnisches Frühlingsfest, das zum Fest der ungesäuerten Brote wurde, zum Fest der Freiheit, das an den Auszug aus Ägypten erinnerte. Die zweite große Wallfahrt fand sieben Wochen nach Pessach an Pfingsten, beziehungsweise am Wochenfest, statt. An Pfingsten feierte man in Jerusalem die erste Weizen- und Obsternte. Später erhielt das Fest eine tiefere Bedeutung als Dankesfest dafür, daß Gott Moses auf dem Berg Sinai die Thora offenbart hatte. Die dritte Wallfahrt fand während des Laubhüttenfestes statt. Es wurde im Herbst gefeiert, zur Zeit der Weinlese, wenn auch die Oliven, die Granatäpfel und die Nüsse reif waren. Zu Lebzeiten Jesu war das Laubhüttenfest das prachtvollste der drei Wallfahrtsfeste. Es zog die größten Pilgerscharen an und wurde einfach nur *chag*, ‹Das Fest›, genannt. (Dasselbe Wort, *al-Haddsch*, benutzen die Araber für die Wallfahrt nach Mekka.) Die Laubhütten waren aus Palmenblättern und Ästen gebaute Hütten, in denen die Bauern schliefen, um während der Erntezeit die Ernte vor Dieben zu schützen; noch vor einem halben Jahrhundert konnte man auf den Hügeln rings um Jerusalem Hütten sehen, die diesem Zweck dienten.

Zu jedem dieser drei großen Feste kamen Hunderttausende von Pilgern nach Jerusalem. Josephus berichtet, daß im ersten

Jahrhundert an Pessach einmal eine Zählung abgehalten wurde, der zufolge sich 2,7 Millionen Pilger in der Stadt aufhielten. Da Josephus stets darauf bedacht war, seine Leser mit der Pracht dieser Stadt, die die Römer zerstört hatten, zu beeindrucken, hat er vermutlich etwas übertrieben, aber sicher nicht allzu sehr. Der Tempelberg war eines der größten künstlichen Gebilde dieser Art – wahrscheinlich das größte – in der antiken Welt. Allein der Tempelplatz faßte etwa dreihunderttausend Menschen. Die Stadt war eine einzige Zurschaustellung von Reichtum und Macht. Zudem war sie erstaunlich kosmopolitisch:

> Als der Pfingsttag gekommen war, befanden sich alle am gleichen Ort... In Jerusalem aber wohnten Juden, fromme Männer aus allen Völkern unter dem Himmel... Parther, Meder und Elamiter, Bewohner von Mesopotamien, Judäa und Kappadozien, von Pontus und der Provinz Asien, von Phrygien und Pamphylien, von Ägypten und dem Gebiet Libyens nach Zyrene hin, auch die Römer, die sich hier aufhalten, Juden und Proselyten, Kreter und Araber, wir hören sie in unseren Sprachen Gottes große Taten verkünden. (Apg 2,1.5.9–11)

Einen verblüffend ähnlichen Bericht lesen wir tausend Jahre später über das Jerusalem zur Zeit der Kreuzfahrer. «Denn da gibt es Griechen, Bulgaren, Lateiner, Deutsche und Ungarn [in der Stadt]», schrieb der deutsche Ritter Johann von Würzburg, «Schotten, Navarresen, Bretonen, Engländer, Franken, Ruthenen, Böhmen, Georgier, Armenier, Jakobiten, Syrer, Nestorianer, Indier, Ägypter, Kopten, Kapheturiker, Maroniter und noch viele andere, die aufzuzählen allzulang wäre.»[1] Venedig und Konstantinopel hätten keine kosmopolitischere Atmosphäre haben können als Jerusalem zu Beginn des zwölften Jahrhunderts. In den Jahrhunderten zwischen Josephus und Johann schlief der Brauch, nach Jerusalem zu pilgern, gelegentlich ein, aber nie für lange Zeit.

Heutzutage führt in der Kirche zum Heiligen Grab eine breite Treppe vom Ambulatorium hinunter in die alte Zisterne, wo die Kaiserinwitwe Helena im Jahr 327 n. Chr. angeblich das echte Kreuz Christi und die Dornenkrone gefunden hat. Heute befindet sich dort eine ziemlich schlichte Kapelle, die offiziell den etwas unglücklichen Namen «Crypt of the Invention of the Cross» (Krypta der «Erfindung» des Kreuzes) trägt. (Ironisch klingt die englische Bezeichnung nur für heutige Ohren; die frühe, inzwischen ungebräuchliche Bedeutung von *invent* war ‹entdecken, zufällig stoßen auf›, hergeleitet vom lateinischen *invenire*.) Die langen Wände zu beiden Seiten der Zisterne und der zur Krypta führende Treppenaufgang sind mit Tausenden von winzigen eingeritzten Kreuzen übersät. Unzählige Pilger haben hier voller Ehrfurcht gestanden und im Dunkeln geschabt und gekratzt, um einen ordentlichen, anonymen Nachweis zu hinterlassen, daß sie da gewesen sind. Heute steht man hier im Halbdunkel und wundert sich über ihren Mut und ihre Ausdauer – denn zu damaligen Zeiten war die Reise hierher stets beschwerlich und oftmals gefährlich. (Das englische Wort für Reise – *travel* – weist bereits darauf hin; es kommt von *travail*, das vom lateinischen *tripalium* abgeleitet ist, einem Folterinstrument, bestehend aus drei Haken, die den Körper strecken und auseinanderreißen.) Und man fragt sich, ob die Pilger, wenn sie endlich bei ihren Heiligtümern angelangt waren, nicht auch einen Hauch Enttäuschung verspürten. Ganz gleich, welch hohe Gesinnung sie gehabt haben mögen, sie gerieten unweigerlich ins Gedränge und Geschiebe vulgärer Geschäftemacherei, das ein fester Bestandteil jedes großen Wallfahrtsortes ist – dabei waren sie von so weit angereist, um genau diesen Nichtigkeiten zu entgehen.

In einer kleinen Nische in der Nähe der Krypta entdeckten Archäologen 1972 an der Wand eine hinreißende kleine Zeichnung von einem Segelboot und Spuren einer Inschrift, die vermutlich «*Domus Domini Ibimus*» (Zum Hause des Herrn wollen wir gehen) hieß. Bei dem Segelboot handelt es sich um einen

Bootstyp, der im vierten Jahrhundert auf dem Mittelmeer üblich war. Die Inschrift spielt auf den bekannten Psalm 122 an. Dies ist der älteste archäologische Nachweis für eine frühchristliche Pilgerfahrt nach Jerusalem. Aus schriftlichen Aufzeichnungen wissen wir, daß das Pilgertum ziemlich hoch im Kurs stand. Nachdem Kaiser Konstantin im Jahr 313 zum Christentum übergetreten war, das daraufhin die Staatsreligion des Römischen Reiches wurde, erlebte Jerusalem eine ungeheure Blüte im Bereich der Liturgie und der sakralen Kunst. Der Geist des neuen christlichen Glaubens überflutete die gesamte römische Welt. Angelockt von der Nachricht, daß Helena das authentische Kreuz und die Stelle des Heiligen Grabes entdeckt habe, zogen die Pilger nach Jerusalem, um Dank zu sagen oder um einfach nur den Fuß auf denselben Boden zu setzen, über den Christus gegangen war. Helena «lokalisierte» mit Erfolg sämtliche Orte in Jerusalem, an denen sich angeblich die wichtigen Stationen im Leben Jesu zugetragen haben, und ließ sie ausgraben. Gibbon sagte über sie, sie «vereint die Glaubwürdigkeit des Alters mit den glühenden Gefühlen einer frischen Konvertierung»[2] zum Christentum. Man kann sie getrost als den erfolgreichsten Archäologen in der gesamten Geschichte bezeichnen. Was immer sie suchte, sie fand es drei Jahrhunderte nach den historischen Ereignissen und konnte es sofort identifizieren (kein Wunder, da sie das per kaiserlichen Erlaß tat): das Grab, Golgotha, das authentische Kreuz, die Utensilien des Leidenswegs, die Höhle, in der Christus zur Welt gekommen war, die Stelle, an der er in den Himmel auffuhr. (In Evelyn Waughs Roman über die heilige Helena werden dieser in einem Traum die genauen Orte offenbart, und zwar vom Ewigen Juden, der das Jiddisch der Ganoven aus dem Londoner East End spricht.)

Helenas Beispiel rechtfertigte den Eifer und die Frömmigkeit der in der Folgezeit anrollenden Pilgerscharen. Die Pilger übernahmen die von ihr lokalisierten Stellen und erfanden neue hinzu. Sie kamen aus aller Herren Länder. Es war eine frühe

Form von ideologischem Tourismus. Die frühesten christlichen Pilger, von denen wir Kenntnis haben, stammten aus unterschiedlichen gesellschaftlichen Schichten: ein Bischof, eine Kaiserin, eine reiche römische Witwe, ein Staatsbeamter, ein Bauer, ein Mann aus Bordeaux, eine spanische Dame und eine große Anzahl von Nonnen und Mönchen, die sich in die Höhlen zurückzogen, die man noch heute rings um die Stadt sehen kann. Unzählige andere kamen nach ihnen. Sie brachten eine neue Literaturgattung hervor: die frommen Reiseberichte. Sie existiert bis heute – ein wildes Durcheinander aus Mythen und Tatsachen, andächtigen Gedanken und eigenen Abenteuern, Beschreibungen von Gebäuden, Essen und Preisen, begleitet von frommen Ermahnungen, Gebeten und Beobachtungen.

Der früheste erhalten gebliebene Reisebericht stammt von einem Mann aus Bordeaux, der im Frühjahr 333 nach Jerusalem fuhr. Merkwürdigerweise kam er nicht mit dem Schiff; dabei legten römische Galeeren die Strecke von Südfrankreich bis zur Ostküste des Mittelmeers in weniger als drei Wochen zurück. Doch der sogenannte «Pilger von Bordeaux» nahm den Landweg, der zwar länger, aber vielleicht weniger riskant war. Er wurde von der kaiserlich römischen Post unterhalten, verfügte über vorzüglich instand gehaltene, bis zu sieben Meter breite Straßen, die mit großen, glatten Steinen gepflastert waren, und bequeme Gasthöfe und Raststationen. Der Pilger von Bordeaux muß ein betuchter Mann gewesen sein. Seine Reisegeschwindigkeit betrug im Durchschnitt vierzig Kilometer am Tag. (Mehr als fünfzehn Jahrhunderte später, im Jahr 1876, brauchte man dem Baedeker zufolge für die rund 65 Kilometer von Jaffa nach Jerusalem noch immer mindestens zwei Tage.) Wer war dieser Mann? Wir kennen nicht einmal seinen Namen. Er muß gewisse Sonderrechte genossen haben, sonst hätte er die kaiserliche Post nicht benützen können. Vielleicht war er ein Konvertit, möglicherweise aber auch ein heimlicher Jude. In Jerusalem galt sein erster Besuch nicht dem Heiligen Grab, das erst wenige Jahre zuvor «auf wunderbare Weise» entdeckt worden war, sondern dem ehemaligen jüdischen Tempelberg, wo es, wie er berichtet, «einen durchlochten Stein [*lapis pertusus*] gibt, zu dem die Juden alljährlich kommen. Sie salben ihn mit Öl, klagen und stöhnen, zerreißen ihre Kleider und dann gehen sie wieder fort»[3].

Mit den Augen des Pilgers von Bordeaux «sehen» wir den verlassenen Tempelberg zum erstenmal nach seiner Zerstörung im Jahr 70 n. Chr. (und zum letztenmal, bevor 638 die Moslems kommen). In seinem schlichten, schmucklosen Text beschreibt er eine geisterhafte Landschaft. Mit Ausnahme der Juden, die auf dem Tempelberg klagen, sind nirgendwo irgendwelche Menschen, nur Stätten und Gebäude. Über diese sagt er lediglich, daß sie «wunderschön» sind.

Er listet nicht nur die Namen aller kaiserlichen Poststationen auf, an denen er vorbeigekommen ist, sondern auch die dazwischenliegenden Entfernungen. Sein Bericht liest sich fast wie ein Reiseführer – als hätte er gewußt, daß noch viele Pilger nach ihm kommen würden. Und in den folgenden Jahrhunderten kamen in der Tat Hunderttausende. Der heilige Hieronymus schrieb, daß sie bis aus Britannien im Westen und Indien im Osten kamen. Sie drängelten sich um den nackten Felsen des Kalvarienberges, um dort zu beten und die Stelle zu berühren, die angeblich – darauf wird noch heute hingewiesen – der Mittelpunkt des Universums ist und an der Gott den Lehm aufhob, um Adam daraus zu formen. Sie bewunderten die Reliquien, die Stoffasern, die Splitter aus Holz und Metall, von Zähnen und alten Knochen. Dort befanden sich die angeblich echten Nägel, die Lanze und die Essigflasche vom Leidensweg Christi, die Dornenkrone, der Ring Salomos und das Horn, aus dem die Könige Israels gesalbt worden sein sollen.

Aber vor allem anderen war dort das echte Kreuz. Nach dem Wunder der Auffindung des echten Kreuzes hatte sich das Wunder seiner «Vervielfachung» ereignet. Man hatte das Kreuz in kleine Stücke geschnitten, um die enorme Nachfrage zu befriedigen. Aber seine Wächter behaupteten, es verfüge über die wunderbare Eigenschaft, sich zu erneuern; auf diese Weise erwies es sich als unerschöpflicher Lieferant für Andenken (und Einnahmen). Ganz gleich, wie viele Stückchen abgeschlagen wurden, es wuchs ständig nach und blieb vollständig und unversehrt. Trotzdem mußte das Kreuz Tag und Nacht vor den Pilgern geschützt werden, die, während sie es küßten, oft kleine Stücke herausbissen und sie im Mund versteckten. Während des ganzen Mittelalters gelangten nicht nur tonnenweise Splitter vom authentischen Kreuz aus Jerusalem nach Europa, sondern auch von den berühmten Zähnen des heiligen Matthäus; außerdem Berge von Fasern vom Schweißtuch der Veronika und nicht weniger als fünf Schädel des heiligen Johannes (sie waren in Amiens, Soissons, Nemours und Rom ausgestellt). Im neunzehnten Jahrhundert hieß es, es seien noch genug Teile vom echten Kreuz in Umlauf, um daraus ein Schlachtschiff zu bauen. Die heiligen Stätten mußten vollkommen mit Marmor verkleidet werden, sonst hätten die Pilger sie Stück für Stück mit nach Hause genommen.

In den Hügeln rings um Jerusalem lebte eine große Anzahl von Eremiten in Höhlen und Grabgewölben. Das unablässige Treiben weltlicher Geschäftigkeit und lauter Vergnügungen in der Stadt erregte ihren Zorn. Die frühen Kirchenväter prangerten die Gebräuche oder Mißbräuche des Pilgerwesens an. Weniger als fünfzig Jahre nach dem Pilger von Bordeaux verurteilte Gregor von Nyssa die «extreme Zügellosigkeit»[4] der Pilger, die er in Jerusalem erlebt hatte. Der heilige Augustinus und andere ermahnten die Pilger eindringlich, sie sollten «mit dem Herzen wandern, nicht mit den Füßen»[5]. Dieser Rat wurde nicht befolgt. Ähnliche Warnungen wiederholten sich das ganze Mittelalter hindurch. Sie hatten auf die römischen Christen eine ebenso geringe Wirkung wie auf die orthodoxen Anhänger der Ostkirche. In der ersten Hälfte des zwölften Jahrhunderts fragte der russische Mönch Cyril den Erzbischof von Nowgorod, wie er auf die ungeheure Anfrage um Genehmigungen für Pilgerreisen nach Jerusalem reagieren solle. Der

Ratschlag des Erzbischofs war unmißverständlich: Es sollten überhaupt keine Genehmigungen erteilt werden. Er wurde nicht sehr lange befolgt.

Nach Jerusalem zu pilgern galt als eine Möglichkeit, Vergebung für seine Sünden zu erlangen. Eine Wallfahrt war eine Form der Bestrafung – und Sühne – für Missetaten. Einige bußfertige Sünder unternahmen sie freiwillig, andere wurden dazu verdonnert. Wieder andere lebten äußerst asketisch, bettelten sich, angetan mit härenen Hemden und Ketten, von Irland oder aus der Normandie nach Jerusalem durch.

Andererseits gab es auch bombastische Prachtentfaltung, etwa als Sigurd, der König von Norwegen, ein zwanzigjähriger Jüngling, der «keine Kosten [scheute], wo es um seine Ehre ging»[6], nach Jerusalem pilgerte und auf einer Straße in die Stadt einritt, die zum Schutz vor Staub mit kostbarer Seide ausgelegt war («je näher an der Stadt, um so wertvoller»). Sigurd tafelte mit dem Patriarchen, der ihm einen Splitter vom Heiligen Kreuz überreichte, auf goldenem Geschirr. Karl der Große hat, soweit wir wissen, Europa nie verlassen, konnte aber eine nachempfundene Wallfahrt unternehmen. Im Chorumgang der Kathedrale von Chartres ist auf einem ganzen Buntglasfenster die Legende seines prachtvollen Einzugs in Jerusalem abgebildet.

Die meisten Pilger allerdings waren äußerst enthaltsam. Einige legten den ganzen Weg zu Fuß zurück und gelobten, ihre Kleider erst in Jerusalem zu wechseln oder zu waschen. Auf dreißig Meter langen Schiffen waren unter Deck oft fünfhundert Menschen zusammengepfercht. Die Unbequemlichkeit und der Gestank müssen entsetzlich gewesen sein. Die Mittel der meisten Pilger, worin auch immer sie bestanden haben mochten, waren erschöpft, lange bevor sie in der Stadt ankamen. Im elften Jahrhundert konnte von Tausenden kaum einer für sich selbst aufkommen. Obwohl die meisten in erbärmlicher Verfassung waren, hilflos, das Opfer von den vielen Strapazen der Reise, von regionalen Kriegen, Hitze, Kälte, Piraterie, Krankheit, Hunger und Durst, zeugte ihre Beharrlichkeit von der phantastischen Macht ihrer Besessenheit.

Etwas besser wurde die Situation nach der Gründung des Ritterordens der Templer – der erste große Reiseveranstalter in der Geschichte –, der unter anderem mit dem Transport von Pilgern nach Jerusalem und ihrem Schutz während der Reise betraut wurde. Jetzt konnten Pilger in gut behüteten Gruppen von bis zu tausend Männern und Frauen reisen. Als 1187 der Kreuzfahrerstaat von Jerusalem gestürzt wurde, riß der Pilgerstrom keineswegs ab. Zu den Leuten, die Jerusalem besuchten, nachdem es an die Moslems zurückgefallen war, gehörte auch Marco Polo. Er befand sich auf dem Weg nach China und machte nur Station, um sich etwas Öl aus der Lampe zu holen, die über dem Heiligen Grab brannte (als Geschenk für Kublai Khan in Peking, der sich für die westliche Religion interessierte). Im Jahr 1219 kam der heilige Franz von Assisi nach Jerusalem; seine Pilgerfahrt sollte erhebliche geistige und künstlerische Auswirkungen auf Europa haben. Über andere Pilger aus dieser Zeit ist wenig bekannt. Der Geschichtsschreiber Jacques de Vitry aus dem dreizehnten Jahrhundert beklagte, daß es unter den Pilgern so viele «Vatermörder, Meineidige, Ehebrecher, Verräter, Piraten, Hurenböcke, Trunkenbolde, Spielleute, Würfelspieler, Mimen und Schauspieler, abtrünnige Mönche [und] Nonnen, die nichts anderes sind als gemeine Metzen»[7], gebe. Manchmal verwandelten die Pilger sogar die Grabeskirche in «ein regelrechtes Bordell»[8]; einem alten Aberglauben zufolge sollten Kinder, die in der Kirche gezeugt worden sind, vom Glück gesegnet sein.

Ein altes arabisches Sprichwort, das viele Jerusalem-Reisende (von Jacques de Vitry bis hin zu Flaubert) voller Zustimmung zitierten, ermahnte die Klugen, sich «vor jedem, der nach Jerusalem reist»[9], in acht zu nehmen. Und ein türkisches Sprichwort lautet: Wenn dein Freund die Pilgerfahrt einmal macht, dann mißtraue ihm; macht er sie zweimal, dann schlag ihn tot. Was hätte das wohl für Chaucers Frau aus Bath bedeutet, die *dreimal* nach Jerusalem gepilgert war und außerdem noch Wallfahrten nach Köln, Canterbury und Santiago de Compostela unternommen hatte? Gut möglich, daß sie den unbekannten Autor des folgenden Sprichworts inspiriert hat:

He that on pilgrimage goeth ever
Becometh holy late or never.

(Etwa: Wer jemals auf Pilgerschaft geht, wird spät oder gar nie heilig.)

Im vierzehnten und fünfzehnten Jahrhundert pilgerten die Menschen immer öfter und zahlreicher nach Jerusalem. Die Frömmigkeit verband sich jetzt häufig mit anderen Beweggründen – Neugier, Abenteuerlust, Geschäftemacherei. Selbst die Kreuzfahrer hatten oft so getan, als seien sie nur «bewaffnete Pilger». Jerusalem schlug sie alle in ihren Bann. Lage und Geschichte der Stadt verschmolzen im Bewußtsein der Menschen und schufen einen allgemeinen Brauch.

Auch das jüdische Pilgerwesen, weniger pompös und mengenmäßig geringer, bestand das Mittelalter hindurch weiter. Die Christen zogen singend in die Stadt ein; die Juden zerrissen voller Trauer ihre Kleider. Zu Beginn der byzantinischen Herrschaft durften jüdische Pilger nur einmal im Jahr auf den ehemaligen Tempelplatz hinaufgehen – er war jetzt eine Müllhalde – und die Asche beweinen. Des heiligen Hieronymus lebhafte Darstellung dieses alljährlichen Rituals ist ein klassisches Beispiel für frühchristlichen Antisemitismus. Er verspottet die «treulosen Menschen, die den Sohn Gottes getötet haben»[10] und jetzt in ihrem Elend stöhnen. Er suhlt sich buchstäblich in Schadenfreude, verhöhnt den «Mob der armen Teufel», die «erbärmliche Schar, die sich hier versammelt, gramgebeugte Frauen und alte Männer, von ihren Lumpen und ihrem Alter zu Boden gedrückt, in deren Kleidern und Körpern sich der Zorn Gottes kundtut... Um den Preis ihrer Tränen», so behauptet

Hieronymus, versuchen sie «die Stadt, die sie einstmals für das Blut Christi verkauften», zurückzukaufen.

Dieses jährliche Ritual wurde nach einiger Zeit anscheinend eingestellt. Nach dem vierten Jahrhundert ist es nicht mehr nachgewiesen. Im fünften Jahrhundert war es den Juden nach Entrichten einer Abgabe gestattet, ihr «verlassenes Haus der Herrlichkeit» aus der Entfernung zu betrachten. Nach der Eroberung Jerusalems durch die Moslems hatten sie wieder Zugang zur eigentlichen Stadt. Früher ging man üblicherweise davon aus, daß es im ersten Jahrhundert unter der moslemischen Herrschaft (638–1099) so gut wie keine Juden in Jerusalem gab. Als jedoch im letzten Jahrhundert unter dem Dach einer alten Synagoge in Kairo die sogenannte Genisa entdeckt wurde – eine Abstellkammer mit einer Unmenge jüdischer Manuskripte, Briefe und Dokumente aus dem frühen Mittelalter –, mußte man diese Sicht zwangsläufig grundlegend revidieren.

Dieser Fund brachte Dokumente ans Licht, die belegen, daß es während dieser Zeit fast ständig eine Ansiedlung in Jerusalem gab und daß regelmäßig jüdische Pilger in die Stadt kamen. Ein italienischer Rabbiner namens Ahima'az aus dem neunten Jahrhundert machte, ähnlich wie einige hundert Jahre später Chaucers Frau aus Bath, diese Wallfahrt dreimal. Ein anderer betuchter Pilger stiftete eine Synagoge für eine ständige, ortsansässige Gemeinde. Im neunten Jahrhundert tauchten erneut jüdische Pilger mit apokalyptischen Vorstellungen auf. Das Jerusalem, von dem sie besessen waren, war noch immer dasselbe: ein irdisches Reiseziel, das es zu erreichen galt, und ein Symbol, das Abbild einer wunderbaren Hoffnung. Da der heilige Fels jetzt ein moslemisches Heiligtum war, beteten sie vorwiegend auf dem Gipfel des Ölberges mit seinem vertrauten Blick über die Stadt. Dieser Hügel war der Schauplatz ekstatischer jüdischer Rituale und Umzüge. In den in der Kairoer Genisa gefundenen Dokumenten ist die Rede von einer mystischen Sekte, die im zehnten Jahrhundert in Jerusalem existierte und sich «Trauernde Zions» nannte. Ihre Mitglieder hatten offenbar die Angewohnheit, dreimal am Tag – morgens, mittags und abends – auf den Ölberg zu steigen, um dort um Erlösung zu beten. Jüdische Pilger kamen nicht nur hierher, um zu beten, sondern auch, um hier zu bleiben und zu leben. Bis zum Ende des zehnten Jahrhunderts bildeten sie offenbar eine Gemeinde von beträchtlicher Größe. Mukaddasi beschwerte sich im Jahr 985 darüber, daß in Jerusalem die Juden (und Christen) überall das Sagen hätten. Das Massaker, das die Kreuzfahrer unter den ortsansässigen Juden anrichteten, unterbrach freilich die jüdische Präsenz in der Stadt, allerdings nicht für lange Zeit. Die Kreuzzüge wirkten als geistiges (und vielleicht auch politisches) Beispiel und lösten schon bald einen neuerlichen Aufschwung des jüdischen Pilgerwesens aus. Sechzig Jahre nach dem Gemetzel kam Benjamin von Tudela durch Jerusalem und berichtete, daß unter dem Davidsturm zweihundert Juden hausen würden.

Im Jahrhundert nach der Zurückeroberung der Stadt durch die Moslems kamen mehr jüdische Pilger als zu irgendeiner anderen Zeit seit der Zerstörung Jerusalems durch die Römer im Jahr 70 n. Chr. Wallfahrten wurden jetzt von den Rabbinern ausdrücklich befürwortet. Das Gesetz gab Männern das Recht, sich von ihren Frauen scheiden zu lassen, wenn diese sich weigerten, mit ihnen nach Jerusalem zu pilgern, und umgekehrt. Moses ben Nahman (Nachmanides), ein bekannter jüdischer Philosoph des dreizehnten Jahrhunderts, der sich 1267 in Jerusalem niederließ, nahm die zionistische Bewegung des neunzehnten Jahrhunderts vorweg, indem er nicht etwa Theorien über das Ende aller Tage entwickelte, sondern vielmehr über Bergbau und Ackerbau im Heiligen Land, über Getreideanbau und Viehzucht und über den Bau von Häusern und Synagogen in Jerusalem. Überreste einer von ihm gegründeten Synagoge überlebten in der Altstadt bis zum Jahr 1948. Eine solche Einstellung freilich war unter den Juden seiner Zeit keineswegs weit verbreitet. Aber man sollte sich ihrer erinnern, und im zionistischen Katechismus sollte sie später noch eine wichtige

Rolle spielen. Einige jüdische Pilger änderten bei ihrer Rückkehr nach Europa oder Mesopotamien ihre Namen und nannten sich von da an Jeruschalmi (Jerusalemiten).

Vom spanisch-jüdischen Dichter Ibn Esra im zwölften Jahrhundert und seinem Klagelied – «Wie lange noch soll es Tränen in Zion geben und Trauer in Jerusalem? O erbarme dich Zions und baue seine Mauern wieder auf!» [11] – bis hin zu den diversen «Messiassen» und den Gnostikern, die das Judentum im siebzehnten und achtzehnten Jahrhundert erschütterten, blieb Jerusalem das Symbol einer unbesiegbaren Hoffnung. Jerusalem – beziehungsweise die abstrakte Vorstellung davon – blieb eine Zwangsvorstellung, eine beherrschende Leidenschaft, die die jüdischen Mystiker in aller Welt erfaßte. Die Kabbalisten waren davon besessen. Sie hofften, in Jerusalem einen okkulten Sabbat ihrer Geschichte zu feiern. Als Stadt und als Symbol bildete Jerusalem den Mittelpunkt ihrer individuellen und nationalen Identität. Christen und Moslems hatten noch andere Heiligtümer – Canterbury, Assisi, Santiago de Compostela, Mekka und Medina. Die Juden hatten nur Jerusalem.

Besonders spannend wurden die Reiseberichte in der Renaissance. Oberflächlich betrachtet, herrscht im Christentum und im Judentum noch immer eine mittelalterliche Einstellung. Die Juden bringen sie in dem uralten Gebet zum Ausdruck, das jeden Morgen wiederholt wird: «Ich glaube mit ganzem Herzen an die Ankunft des Messias, und selbst wenn er aufgehalten werden sollte, werde ich trotzdem Tag für Tag auf ihn warten.» Das christliche Ideal war eine Lebensführung in Form einer Pilgerschaft – wie Chaucer es in seiner letzten Canterbury-Geschichte formulierte:

> Jhesu, for this grace with me send
> To shewe you the wey, in this viage
> Of thilke parfit gloriouse pilgrimage
> That highte Jerusalem celestial.

(«Mag Jesu Gnade den Verstand mir senden, / Damit ich euch die rechten Wege weise / Der ewiglich glorreichen Pilgerreise / Zu jenem himmlischen Jerusalem.»)[12]

Überall in Europa stieß man auf Reliquien und Andenken aus Jerusalem. Nicht alle Pilger waren so anschaffungsfreudig wie William Wey vom Exeter College im Jahr 1458 – sonst wäre nur wenig, wenn überhaupt etwas, übriggeblieben. Wey hinterließ eine Liste seiner Errungenschaften, die unter anderem folgende Gegenstände umfaßte:

- einen Stein vom Kalvarienberg
- einen Stein von der Grabesstätte
- einen Stein vom Berg Tabor
- einen Stein von jener Säule, an die man unseren Herrn gebunden hatte
- einen Stein von jenem Ort, an dem das Kreuz verborgen lag und gefunden wurde
- des weiteren einen Stein aus der heiligen Höhle von Bethlehem[13].

Das fünfzehnte und sechzehnte Jahrhundert leiteten ein neues Zeitalter der Entdeckungen und Erfindungen ein. Häufig trat jetzt Neugier an die Stelle von religiöser Betrachtung, selbst bei frommen Leuten. Man hielt es, milde ausgedrückt, für sonderbar, daß nicht weniger als vierzehn Vorhäute[14] von Christus in verschiedenen europäischen Kirchen in Poitiers, Coulombs, Chavraux, Hildesheim, Le Puy-en-Velay, Antwerpen und Rom zu besichtigen waren. Calvin listete zynisch die große Anzahl von Phiolen auf, die angeblich mit der Milch der Jungfrau Maria gefüllt waren, und merkte an, selbst wenn sie eine Kuh gewesen wäre, hätte sie keine so gewaltigen Mengen hervorbringen können. Thomas Morus, der Freund von Erasmus von Rotterdam, erhob den Vorwurf, die meisten Pilger kämen nicht mehr zum Beten hierher, sondern um in guter Gesellschaft zu sein, zu schwatzen und zu trinken. Fragen sind vermutlich zu allen Zeiten gestellt worden, wurden aber nie aufgezeichnet.

Viele damalige Reiseberichte sind von einer neuen Art Weltläufigkeit durchdrungen. Bevor sich der italienisch-jüdische Psalmist Obadja Bertinoro 1487 endgültig in Jerusalem niederließ, hatte er offenbar Erfahrungen aus erster Hand mit der italienischen Stadtstaatenpolitik auf der Höhe der Renaissance gemacht. Er hört sich an wie ein Mann, der einen Coup vorbereitet, wenn er schreibt, daß sich in Jerusalem «ein intelligenter Mann, versiert in politischer Wissenschaft, leicht selbst zum Anführer der Juden oder auch der Araber erheben könnte, denn unter sämtlichen Einwohnern gibt es nicht einen klugen und vernünftigen Mann, der weiß, wie man leutselig mit seinen Mitmenschen umgeht; sie sind allesamt ungebildete Menschenhasser, die es nur auf Gewinn abgesehen haben.»[15] Er starb zwanzig Jahre später in Jerusalem, ohne bis dahin eine Machtposition bekleidet zu haben.

Der Dominikanerpater Felix Faber, der zweimal nach Jerusalem pilgerte, 1480 und 1483, war derart desillusioniert, daß er fast seinen Glauben verlor, als er feststellen mußte, wie schmal das Josaphattal (Kidrontal) war, in dem angeblich das Jüngste Gericht stattfinden sollte. Seiner Schätzung zufolge hätte nicht einmal ein kleines Volk im Stehen darin Platz gefunden, «so es doch nicht so groß isst/das drinne möchten gestan alle menschen/allein auß Schwaben ...»[16], geschweige denn alle noch nicht geborenen Menschen und die, die bereits gestorben waren. Solche Bemerkungen wären ein halbes Jahrhundert früher undenkbar gewesen. Fabers Schilderung richtet sich an ein weltliches Publikum. Er ist bestrebt, die irdischen Interessen seiner Leser zu befriedigen, ihre Abenteuerliebe und ihre Neugier bezüglich fremder und ferner Völker.

Unter den Verfassern von Pilgerbüchern ist Faber der erste richtige Reporter. Er hat gute Augen und Ohren. Wir folgen ihm, während er anderen Pilgern durch das Fischtor – das heutige Jaffator – nachgeht, die mit leiser, gedämpfter Stimme das *Tedeum* singen, um ihre moslemischen Reisebegleiter nicht zu kränken. Doch im Innern der Grabeskirche findet Faber ihre wahnwitzige Erregung eher interessant als beeindrukkend. Er hört die Männer stöhnen, seufzen und schluchzen und die Frauen kreischen, als lägen sie in den Wehen. Sobald ein Pilger weint, kann der nächste die Tränen nicht unterdrükken. Faber registriert auch sehr wohl ihre Langeweile, sobald sich der Reiz des Neuen abgenützt hat. Er empfindet das ständige Wandern von Ort zu Ort in Hitze und Staub als außerordentlich mühsam. Er verabscheut die Graffiti, die die Pilger an den Wänden und sogar auf der Steinplatte, die das Grab Christi bedeckt, hinterlassen. Er deutet einen Zweifel bezüglich der Echtheit des Grabes an. Auch dies wäre wenig früher in einem von einem Mönch verfaßten Pilgerbuch undenkbar gewesen.

Faber betet die neue europäische Klischeevorstellung vom Osten als einer Gegend des Überflusses und der Sinnlichkeit nach. Jerusalem, wenngleich rückständig, schien ein Teil davon zu sein. Er war fasziniert von der Einrichtung der Polygamie bei den Moslems und, auch wenn er das nur andeutet, von ihrer mutmaßlichen sexuellen Tüchtigkeit. Faber stellte einen sehr vorteilhaften Vergleich zwischen der Schönheit und Sauberkeit der Moscheen, vor allem des Felsendoms – freilich nur von ferne betrachtet –, mit den unsäglichen hygienischen Verhältnissen im Petersdom in Rom an. (Dies genau zu der Zeit, 1480–1483, in der Botticelli, Ghirlandaio, Perugino und Signorelli die Wandfresken in der Sixtinischen Kapelle malten!) Er war blind für die Tatsache, daß die Betenden in diesen Moscheen ebenso andächtige und fromme Pilger waren wie er selbst und wie er fest daran glaubten, daß sie durch ihre Wallfahrt in eine andere Epoche versetzt und damit zu Zeitgenossen Gottes (*ihres* Gottes) wurden. Auch die Moslems stellten sich vor, daß sie bereits durch die Wallfahrt als solche den ursprünglichen Zustand der Menschheit wiederherstellen könnten.

Seit dem Gegenkreuzzug der Moslems unter Saladin dreihundert Jahre zuvor war Jerusalem im Bewußtsein der Moslems eng mit Mekka verbunden. Tausende moslemischer Pilger machten auf dem Weg nach Mekka oder auf dem Heimweg in Jerusalem Station. Besondere Belohnungen wurden jenen verheißen, die im selben Jahr in beide Städte pilgerten. Unter den moslemischen Pilgern in Jerusalem befanden sich auch Männer und Frauen aus Syrien und den umliegenden Regionen, die aus dem einen oder anderen Grund nicht nach Mekka pilgern konnten und statt dessen nach Jerusalem gingen.

Die Vorstellung von der Heiligkeit Jerusalems war ursprünglich ein jüdisch-christliches Erbe, das Eingang in den Islam gefunden hatte. Während der Kreuzzüge verband sich die Stadt für den Islam allmählich mit der Vorstellung vom Heiligen Krieg (Dschihad). Die zahlreichen Hadithe, die die Tugenden von Jerusalem preisen, waren eine Form der Kriegspropaganda, bei der sowohl an den Glauben als auch an den weltlich ausgerichteten, gesunden Menschenverstand appelliert wurde. In den Heiligtümern von Jerusalem zu beten wurde den moslemischen Pilgern als besonders effektive Möglichkeit zur Vergebung ihrer Sünden empfohlen. In Jerusalem, so hieß es, würde der Pilger «so unschuldig wie am Tag seiner Geburt». Jede noch so bescheidene fromme Tat eines Pilgers wog in Jerusalem angeblich schwerer als anderswo: «Ein Almosen in Form von einem Laib Brot [in Jerusalem] wiegt ein Geschenk vom Gewicht aller Berge auf Erden in Gold auf.»

Es läßt sich schwer feststellen, wie wirksam solche praktischen Appelle waren. Gut möglich, daß sie überhaupt nicht notwendig gewesen wären. Lange vor der Ankunft der Kreuzfahrer berichtete der persische Reisende Nasir-i-Khusrau aus dem elften Jahrhundert, daß sich in den ersten Tagen des Wallfahrtsmonats bis zu zwanzigtausend moslemische Pilger in Jerusalem aufgehalten hätten. Wahrscheinlich waren es später nicht weniger. Sicher war die Zahl der moslemischen Pilger größer als die der christlichen oder jüdischen. Die Moslems kamen mindestens von ebensoweit her. Die Welt des Islam erstreckte sich damals von Spanien bis Indien und noch darüber hinaus. Bekleidet mit ihren weißen Ihrams, den traditionellen Gewändern, die sonst nur in Mekka getragen werden, umkreisten die Pilger den heiligen Felsen unter der goldenen Kuppel, ähnlich wie sie die berühmte Kaaba in Mekka umkreisten. Anschließend folgten sie einem genau festgelegten Weg, den ihnen ihre Führer oder Reisebücher wiesen, von einer heiligen Stätte auf dem Tempelberg zur nächsten. (Der moslemische Mystiker Burhan ad-Din listet in seinem «Buch der Seelen, die sich erheben, um die heiligen Mauern von Jerusalem zu besuchen», einem Reiseführer aus dem vierzehnten Jahrhundert, mehrere Dutzend davon auf.)

Die wenigen Berichte, die es über Berührungspunkte zwischen moslemischen und christlichen Pilgern gibt, weisen zumeist auf die wechselseitige Geringschätzung hin. Beide Gruppen betrachteten sich gegenseitig als Götzenanbeter. Die Moslems hatten auf dem ehemaligen Tempelberg die uralte jüdische Vorstellung von einer unpersönlichen Gottheit, die an einem abstrakten Ort verehrt wird, zu neuem Leben erweckt. Folglich fanden sie die Vorstellung der christlichen Pilger von einer Inkarnation und ihre Bindung an Bilder und Individuen schockierend. Als man einem moslemischen Pilger ein Bild von Maria mit dem Jesuskind im Schoß zeigte und ihm erklärte, dies sei Gott als kleines Baby, soll er, wie Usama ibn-Munqidh berichtet, schroff entgegnet haben: «Allah steht weit über dem, was Ungläubige über ihn reden.» [17] Daß einige Moslems dazu neigten, jüdische oder christliche eschatologische Überlieferungen zu befürworten, erregte den Zorn der moslemischen Puristen. «Es wird behauptet, daß die Toten auferweckt und in Jerusalem versammelt werden sollen», schrieb einer von ihnen. «Aber das ist nur eine Erfindung der Männer aus Syrien. Allah wird die Toten auferwecken, wo immer es ihm gefällt.» [18]

In der rationalistischeren Atmosphäre des achtzehnten Jahrhunderts wurden Pilgerberichte über Jerusalem gelegentlich bespöttelt und zum erstenmal mißtrauisch betrachtet. «Ich bin nie in Judäa gewesen, Gott sei Dank!» prahlte Voltaire. «Und ich werde nie dort hingehen.»[19] Sogar in Rußland wurde ein namhafter Pilger vom Außenminister des Zaren ermahnt, «nur die Wahrheit nach Hause zu schreiben, *ohne Gleichnisse*»[20]. Mit dem neunzehnten Jahrhundert begann die große Zeit des literarischen Jerusalem-Tourismus. Allein schon der Name dieser Stadt war noch immer ungeheuer beziehungsreich. Der erste bedeutsame pilgernde Literat war im Oktober 1806 der typische Romantiker und *réactionnaire*, François René de Chateaubriand. Außerhalb Frankreichs erinnert man sich heutzutage hauptsächlich wegen des Porterhouse-Steaks an ihn, das sein *maître de cuisine* Montmireil kreiert hatte; zu seiner Zeit war er allgemein bekannt als einer der wichtigsten Vertreter der Romantik, als Gesandter Napoleons in Rom und als Minister des Auswärtigen unter Ludwig XVIII.

Chateaubriand war kein sonderlich gläubiger Mensch. «Ich zog aus, um Bilder zu suchen, das ist alles»[21], gab er zu. Vielleicht war die einzig echte, tiefe Bindung, die er empfand, die an seine Freundin Madame Récamier; sie ist uns, graziös auf ihrem Diwan ausgestreckt, aus Jacques Louis Davids berühmtem Gemälde in Erinnerung. Chateaubriands Überzeugungen waren ziemlich hohl, kamen aber in einer prachtvollen, scharf pointierten Verpackung daher; sein Einfluß auf die französische Literatur und Politik war gewaltig. André Maurois behauptete, Chateaubriand sei das Original das Romantikers gewesen, als dessen Kopie Byron so häufig wirkte. Das *Itinéraire de Paris à Jérusalem* (Reisetagebuch von Paris nach Jerusalem) des französischen Staatsmannes, das im Jahr 1811 im Anschluß an eine ebenso berühmte literarische Reise durch das wilde Amerika erschien, war ein ungeheurer Erfolg. Drei Jahre nach seiner Erstveröffentlichung hatte es bereits die zwölfte Auflage erreicht.

In Chateaubriands Augen war Bonaparte der letzte Kreuzfahrer und er selbst ein vornehmer, der Römischen Kirche angehörender Pilger – der letzte einer aussterbenden Rasse. In seinem ungestümen Text vereinte sich der galante Geist des elften Jahrhunderts mit der Selbstgerechtigkeit des neunzehnten. Chateaubriand lehnte sich gegen den Einfluß der rationalistischen Philosophen des achtzehnten Jahrhunderts auf, die die Kreuzfahrten in einem anrüchigen Licht dargestellt hatten. Er vertrat die Ansicht, die Kreuzzugskriege seien nicht nur geführt worden, um das Grab Christi aus fremden Händen zu befreien, sondern auch um die ungleich wichtigere Frage zu entscheiden, wer in dieser Welt das Sagen haben soll – «die Feinde der Zivilisation, die systematisch Unwissen, Despotismus und Sklaverei bevorzugen» (also der Islam), oder die Religion, zu deren Hauptvertretern das katholische Frankreich gehörte, jene Religion also, die in der Moderne «den Genius der Antike wiedererweckt und die niedere Knechtschaft abgeschafft» hatte.

Chateaubriand fuhr auf dem Weg nach Jerusalem durch Griechenland und kehrte über Ägypten und Tunis zurück. Er wäre auf keinen Fall billig, unbequem oder auf eigene Kosten gereist. Die Frau des Zaren Alexander I. bestritt seine Ausgaben, die sich auf vierzigtausend Franc beliefen. Sie hoffte, sein Buch würde der üblen Gesinnung der französischen Revolutionäre entgegenwirken. Chateaubriands prachtvolle Reisekutsche war mit Pelzen, Gewehren und Munition für alle Eventualitäten beladen. Er blieb nur vier Tage in Jerusalem, behauptete jedoch, mehr Zeit brauche er nicht, da er zweihundert Bücher von Zeitgenossen über das Heilige Land und außerdem alle «rabbinischen Sammelwerke» und antiken Quellen, die er ausfindig machen konnte, gelesen habe. Er glaubte an flüchtige Besuche und erklärte, in den meisten Fällen genüge ihm ein Blick, um den vorgefaßten Eindruck, mit dem er gekommen sei, entweder bestätigt zu finden oder zu korrigieren.

Dank dieser Geisteshaltung schätzte er sich selbst in intellektueller Hinsicht als Gegenstück zu Napoleon ein. «Ich spreche ewig von mir selbst», gestand er – und dies tat er so ausschließlich, daß Stendhal, selbst kein Mensch, der sein Licht unter den Scheffel stellte, Chateaubriands Versagen als Künstler seinem «widerlichen Egoismus»[22] zuschrieb. Und doch verfassen Egoisten oft exzellente Reisebücher. Sie nehmen uns nicht nur auf eine äußere Reise mit, auf der wir interessante Sehenswürdigkeiten kennenlernen und sonderbaren Menschen begegnen, sondern auch auf eine Reise nach innen, ins Herz des Autors und in unser eigenes.

Chateaubriand konnte durchaus auch Courage zeigen: Er war der einzige Mann in Napoleons Diensten, der aus Protest gegen die Ermordung des Herzogs von Enghien sein Amt niederlegte. Außerdem war er die auffälligste Gestalt der französischen Literatur während des Kaiserreichs. Seine intimsten Verrichtungen wurden unter anderem von seinem Barbier Adolphe, seinem Sekretär Danilo und vor allem von seinem Kammerdiener Julien aufgezeichnet, der uns seine eigene, unterwürfige Version von dieser Pilgerfahrt in Gestalt eines Buches hinterließ, das ebenfalls *Itinéraire de Paris à Jérusalem* («von Julien, dem Domestiken des M. de Chateaubriand») betitelt war.

Chateaubriand war ethnozentrisch in jener typischen Art der Franzosen, die ihre Launen dem Jahrhundert als solchem und der Welt als ganzer zuschreiben. Der armenische Patriarch von Jerusalem bereitete Chateaubriand eine große Freude mit der Behauptung, ganz Asien würde begierig auf die Ankunft der Franzosen warten: Ein einziger französischer Soldat genügte, um überall allgemeinen Aufruhr zu verursachen. Den Höhepunkt von Chateaubriands Aufenthalt in Jerusalem stellte seine Ernennung zum Ritter vom Heiligen Grab in Jerusalem dar. Mit diesem uralten Ehrentitel wurde seiner Sehnsucht nach der Zeit des Mittelalters entsprochen. Er wurde ihm von den franziskanischen Grabeswächtern (als Gegenleistung für eine ansehnliche Schenkung) verliehen. Die Zeremonie fand in der lateinischen Kapelle hinter verschlossenen Türen statt, da sie vor den türkischen Wächtern, die vor dem Kircheneingang standen, geheimgehalten werden sollte. Man legte Chateaubriand die Sporen an, und der amtierende Priester schlug ihm dreimal mit dem «Schwert des Gottfried von Bouillon» auf die Schulter, das sich im Kirchenschatz der Franziskaner befand. Die Patres knieten im Kreis um ihn nieder. Chateaubriand war zutiefst bewegt. «Ich war ein Franzose: Gottfried von Bouillon war ein Franzose: Die Berührung mit seinem altehrwürdigen Schwert hat mir neue Liebe zum Ruhm und zur Ehre meiner Heimat eingeflößt.» Das Hemd, das er bei der Zeremonie trug, bewahrte er sorgfältig «wie ein Denkmal» auf. Viele Jahre später machte seine Witwe einen Ärmel dieses Hemdes der Universitätsbibliothek von Genf «mit der Garantie für seine Echtheit» zum Geschenk.

Chateaubriand gehörte zu den letzten, die die Grabeskirche vor dem großen Feuer im Jahr 1808 sahen und beschrieben. Er erlebte sie als Festung der Frömmigkeit und der christlichen Nächstenliebe. Die Stadt selbst betrachtete er kritisch und mit kaum verhohlenem Zorn. Sie war in unsagbar jämmerlichem Zustand und litt unter der Mißherrschaft der tyrannischen Türken. Die Straßen waren nicht gepflastert, die Gewölbe dunkel und vereinsamt, wie die verstreuten Überreste eines «riesigen Friedhofs in einer Wüste».

Inmitten dieser «außergewöhnlichen Einsamkeit» hielt Chateaubriand inne, um sich Gedanken über «zwei noch außerordentlichere Dinge» zu machen: die christlichen Mönche (vermutlich die franziskanischen Wächter des Heiligen Grabes) und die Juden. Beide fanden in ihrer Religion die Kraft, die es ihnen ermöglichte, ihr Entsetzen und ihr Elend inmitten der Trümmer von Jerusalem zu überwinden. Das bittere Schicksal der Mönche unter den Türken erinnerte an das der Franzosen «unter der Schreckensherrschaft». Die Mönche, so behauptete er, würden sich auch noch von ihrer letzten Habe trennen, um die, die zu ihnen als Bittsteller kommen, freizukaufen.[23] Nachdem sie am Morgen von den Türken ausgeplündert worden sind, kommen sie abends wieder zurück, um am Fuß des Kalvarienbergs zu beten. Nichts kann sie dazu bewegen, das Heilige Grab im Stich zu lassen,

> weder Plünderungen noch Mißhandlungen noch Todesdrohungen. Tag und Nacht erklingen ihre Gesänge rund um die Grabeskirche... Was hält den bewaffneten Unterdrücker davon ab, seine Beute zu verfolgen und solch schwache Bollwerke einzureißen? Die Nächstenliebe der Mönche...

Die Juden von Jerusalem waren in Chateaubriands Augen ebenso ungewöhnlich; sie waren ein

> unbedeutendes Volk, das abgesondert von den anderen Bewohnern dieser Stadt lebt. Gehaßt und verachtet, beugt es den Kopf, ohne zu klagen; es erduldet jegliche Beleidigung, ohne Gerechtigkeit zu fordern... wenn man seinen Kopf fordert, so bietet es ihn auf dem Friedhof dar... Was dieses Volk vor fünftausend Jahren getan hat, das tut es noch heute. Siebzehnmal hat es die Zerstörung von Jerusalem miterlebt, doch nichts kann es entmutigen; nichts kann es davon abhalten, sein Gesicht gen Zion zu wenden... man muß erleben, wie diese rechtmäßigen Herren von Judäa versklavt und als Fremde in ihrem eigenen Land leben; man muß erleben, wie sie, unter all den Bedrückungen, auf einen König warten, der sie erlösen wird.

Chateaubriand war von solcher Treue tief beeindruckt. Und doch diente sie nur dazu, sein Vorurteil zu verstärken. Er geißelte die «bedauernswerte Blindheit» der Juden. Sie waren «zerlumpt, kauerten auf dem Sandhügel von Zion, zupften sich die Flöhe ab, die sie auffraßen». Worauf warteten sie nur? Was war von ihnen zu erwarten? Nichts. Jetzt gab es ein neues auserwähltes Volk: die Franzosen.

Fünfundzwanzig Jahre nach Chateaubriand kam ein anderer großer Vertreter der romantischen Literatur nach Jerusalem – einer, der die Stadt in einem völlig anderen Licht sah. Benjamin

Disraeli wollte sich von dem inspirieren lassen, was er als das asiatische Geheimnis bezeichnete. Seine Vorstellungen waren exzentrisch und grenzten, wie die von Chateaubriand, häufig ans Lächerliche. Auch Disraeli war ein Konservativer mit einem sentimentalen Hang zum Mittelalter. Doch er glaubte, daß der Zusammenbruch des Kreuzfahrerstaates, auf den so viel Geld, Tapferkeit und glühender Glaube verschwendet worden war, unvermeidlich gewesen war. «Jerusalem wird immer entweder Israel oder Ismael gehören.» [24] Vielleicht gehörte es eigentlich beiden, denn die Araber, so lautete seine Schlußfolgerung, waren nichts anderes als «reitende Juden».

Disraeli ritt an einem sonnigen Februartag im Jahr 1831 in Jerusalem ein; er war in übertrieben prachtvolle türkische Gewänder gehüllt und trug einen mit Pistolen und Dolchen behangenen Gürtel, rote Pantoffeln und einen roten Fez. Er war sechsundzwanzig Jahre alt, ein junger Dandy voller Abenteuerlust, in London bereits wegen seines gewagten Schlüsselromans *Vivian Grey* berühmt, oder vielmehr berüchtigt, in dem die führenden Köpfe der englischen Gesellschaft, unter kaum verschleierten Namen, lebhafte Intrigen ausheckten und geistreiche Gespräche führten.

Disraeli, der mit dreizehn getauft worden war und seitdem der Anglikanischen Kirche angehörte, war von der romantischen Vorstellung seiner jüdischen Wurzeln und von der jüdischen Geschichte fasziniert. Er war der Erfinder des politischen Romans im englischen Sprachraum. (Stendhal hatte ihm in Frankreich mit *Le rouge et le noir* (*Rot und Schwarz*) soeben den Weg gebahnt.) Er kam nach Jerusalem, um dort Stoff für einen neuen politischen Roman zu suchen; seine Grundlage sollte die Geschichte des David Alroy bilden, einer legendären jüdischen Gestalt aus dem zwölften Jahrhundert; Alroy hatte sich gegen das Kalifat von Bagdad erhoben, um ein neues jüdisches Königreich in Jerusalem zu gründen. Die Protagonisten von Disraelis Romanen gaben häufig seine politischen Lieblingsansichten wieder. In *Alroy* trugen sie deutlich autobiographische Züge.

Buckle und Monypenny, Disraelis Biographen, behaupteten, Alroy würde sein «Idealziel» verkörpern. Im Roman sagt ein alter weiser Jude zu Alroy: «Du fragst mich, was ich mir wünsche: Meine Antwort lautet, ein Dasein als Nation, das wir nicht haben... meine Antwort lautet, das Gelobte Land... meine Antwort lautet, Jerusalem.»

Disraelis große Reise hatte ihn zunächst nach Konstantinopel geführt, wo er eine Audienz beim Sultan hatte, «auf üppigen Ottomanen» ruhte, «erlesene Pfeifen rauchte und täglich den Luxus eines Bades genoß, zu dessen Zubereitung ein halbes Dutzend Bedienstete erforderlich waren». Es gab, wenn überhaupt, nur wenig derartigen Luxus in Jerusalem. Und doch gehörten die paar Tage, die der junge Dandy im Winter 1831 dort verbrachte, zu den aufregendsten und denkwürdigsten seines Lebens. «Ich war wie vom Donner gerührt», schrieb er seiner Schwester in nostalgischer Verzückung. Für Disraeli war Jerusalem eine altehrwürdige Ruhmeshalle; innerhalb seiner Mauern hatte er das Gefühl, er würde inmitten der Menschen, von denen er durch Herkunft und Namen abstammte, an seine tiefsten Wurzeln rühren. «Ich sah vor mir eine herrliche Stadt... Mit Ausnahme von Athen habe ich nie etwas Beeindruckenderes gesehen. In ihrer Blütezeit müssen Athen und Jerusalem die erlesensten Verkörperungen des Schönen und Vornehmen gewesen sein.» Was die Landschaft betrifft, «so kann man sich nichts Wilderes und Schrecklicheres und Kahleres vorstellen als die Umgebung der Stadt, [aber] dichte Wälder und üppiger Anbau wären fehl am Platze».

Das Wetter im Februar war mild. Jeden Abend speiste Disraeli unter dem Sternenhimmel auf dem Flachdach seines Gasthauses im Armenischen Viertel, wo man ihm würzige orientalische Speisen vorsetzte, «die meinen Vater begeistert hätten». Jeden Morgen blickte er hinaus auf «Jehovas verlorene Hauptstadt». Er fühlte sich verjüngt. Es kam ihm vor, als hätten während der Nacht auf den Hügelkuppen ringsum Engel Wache gestanden, so lieblich duftete die Luft, und so friedlich war die

Erde. Mit jedem Tag wuchs seine exotische Vorstellungskraft und bestätigte erneut seinen mystischen Glauben an das Erbe der Juden – dieser ältesten, reinsten Aristokratie, des am meisten privilegierten Volkes überhaupt. 1831 war allen Nichtmoslems der Zugang zu den moslemischen Heiligtümern auf dem Gelände des ehemaligen jüdischen Tempels noch immer verboten. Disraeli besaß die Kühnheit, in den Felsendom vorzudringen, wurde aber im Nu von einer Schar von «Fanatikern im Turban» umringt und entkam nur mit knapper Not.

Viele Passagen seiner späteren Bücher – einige beredt, einige in übertrieben blumiger Prosa gehalten und manche voll peinlicher rassistischer Platitüden – legen Zeugnis ab von dem nachhaltigen Eindruck der Stadt auf das Denken des jungen Schriftstellers. Es war ein persönlicher Eindruck, frei von jeglicher Politik. Disraeli war kein jüdischer Nationalist und sollte auch in Zukunft keiner werden. Er interessierte sich für die Vergangenheit der Juden, nicht für ihre Zukunft. Vor und während seiner Zeit als Premierminister nahm er keinerlei Notiz von einer Reihe prominenter Engländer, die den Vorschlag machten, in Palästina unter dem Britischen Protektorat einen jüdischen Staatenbund mit Jerusalem als Hauptstadt zu gründen. Ebensowenig hatte er Jerusalem als mögliches Objekt für die kolonialen Ambitionen der Briten im Visier, auch wenn er sich darum bemühte, dem britischen Empire Zypern und den Suezkanal zu sichern. Disraeli empfand keinen nostalgischen Stolz auf seine jüdische Herkunft. In der Gegenwart bedeutete sie ihm wenig oder gar nichts. Er war zumindest in dem Sinne ein moderner Jude, als er sich im Widerspruch zu seinem Judentum befand. Königin Viktoria fragte ihn einmal nach seiner Religion. «Madame», antwortete er, «ich bin die leere Seite zwischen dem Alten und dem Neuen Testament.» Und doch spürte Disraeli, wie so viele Juden, den Sog Jerusalems in seinen Knochen. Und in seinen Romanen bringt er ihn deutlich zum Ausdruck. Obwohl Disraeli nichts mit dem Wiederaufbau Israels zu tun hatte, trug er dazu bei, den Boden dafür zu bereiten. Er gehört in diesen Kontext, wie Barbara Tuchman es formulierte, «ebenso notwendig hinein wie der Geist ins Hamlet-Drama»[25].

Ein weiterer Romantiker, Dichter, Staatsmann und Gelehrter, der Jerusalem als Testgelände für seine diversen ideologischen und religiösen Zwangsvorstellungen benutzte, war Alphonse de Lamartine. Er behauptete, mehr mit dem Herzen und mit der Seele zu reisen als mit den Augen und dem Verstand. Sein Herz befand sich wie das von Chateaubriand im Mittelalter; seine Seele sehnte sich nach der Wiedereinsetzung der Bourbonen und der Juden. Als er 1832, ein Jahr nach Disraelis Besuch in Jerusalem, Abschied von der französischen Politik nahm, um den Orient zu bereisen, geschah dies in erster Linie, weil er als Aristokrat die bourgeoise Revolution von 1830 ablehnte und sich weigerte, unter ihr zu dienen.

Er bildete sich ein, in einem Zeitalter der Dekadenz und der Auflösung zu leben, und klagte über die *maladie du siècle*. Die zeitliche Terminierung seines Jerusalem-Besuchs war unbeabsichtigt perfekt, da sie mit dem schlimmsten Ausbruch der Pest seit zweihundert Jahren zusammenfiel. Lamartine betrachtete dies als Omen. Er reiste mit einer Eskorte glutäugiger Beduinen, «sechsundzwanzig Pferden und Hutschachteln voller kleiner, häufig geküßter Hunde»[26]. Um sich selbst gegen die Pest zu schützen, rieb er sich «mit Öl und Knoblauch ein, einem Präservativ, das ich selbst erfunden habe, da es allgemein bekannt ist, daß die Ölhändler und Ölträger in Konstantinopel am wenigsten der Ansteckung unterworfen sind». Trotzdem warnte man ihn, daß er sein Leben aufs Spiel setzen würde, wenn er die Stadt betrete. Nachdem er zunächst zögerte, gab er sich damit zufrieden, mehrere Male um die Mauern der Stadt herumzureiten. Es war ein rauher Novembertag. Der Himmel spiegelte die düstere Stimmung auf der Erde wider. In den Friedhöfen außerhalb der Stadt beklagten Frauen die Toten. Der trockene, ausgedörrte Sand, der aussah, «als wären es von der Stadt herabgefallene Aschenhaufen», war mit vielen frischen Gräbern bedeckt. Es gab keine Vögel, keine Bäume – nur ein paar Feigen und Oliven auf dem aschfarbenen Boden. «Niemand ging aus oder ein ... wir sahen nichts, wir hörten nichts; die gleiche Öde, das gleiche Stillschweigen ... als hätten wir vor den ausgestorbenen Toren von Pompeji oder Herculaneum gestanden! ... Hier herrscht vollkommene, ewige Stille.» Im Laufe des Tages kamen vier Trauerprozessionen durch das Damaskustor und zogen langsam an der Mauer entlang. Jerusalem, so befand Lamartine, war das «Grab eines ganzen Volkes».

Der russische Dichter Nikolaj Gogol pilgerte nach Jerusalem, weil er an einer Schreibhemmung litt und fast verrückt wurde, da er nicht in der Lage war, den zweiten Teil seines Romans *Tote Seelen* fertigzustellen. Er arbeitete bereits an der dritten Fassung; die ersten zwei hatte er verbrannt. Der große Humanist versank in einen tiefen Mystizismus, da er überzeugt war, Gott würde ihm wegen seiner Sünden absichtlich die Schaffenskraft rauben. In dieser Stimmung kam Gogol nach Jerusalem. Er glaubte, er habe noch immer eine große geistige Mission in Rußland zu erfüllen, doch «bis ich nicht in Jerusalem gewesen bin, werde ich unfähig sein, irgend jemand etwas Tröstliches zu sagen»[27].

Er war ganz versessen auf ein religiöses Erlebnis. Als ihm dieses verweigert wurde, brach er vollständig zusammen. Dazu kam, daß er entsetzt war über den Schmutz, die Gleichgültigkeit und die Unruhe in der Grabeskirche. Er versuchte zu beten, doch in der Basilika herrschte zuviel Durcheinander. Die Liturgie wurde so rasch abgespult, «daß auch noch so geflügelte Gebete ihr nicht hätten nachfliegen können. Bevor ich Zeit hatte, meine Gedanken zu sammeln, war alles vorbei.» Er verließ die Kirche in einem völligen Schockzustand, so als hätte es irgendein fürchterliches Mißverständnis gegeben. Das grellbunte Dekor und der schimmernde Marmor stießen ihn ab. Wie so viele Pilger vor und nach ihm sinnierte er darüber nach, um wieviel anrührender die Krypta gewesen wäre, wenn man sie als nackten, völlig kahlen Felsen belassen hätte, als ein in der Dunkelheit klaffendes Loch. An den Grafen Tolstoj schrieb er: «Nicht nur, daß meine Gebete nicht in den Himmel aufsteigen konnten, ich konnte sie mir nicht einmal von der Brust losreißen.»

Die monotonen Hügel in der Umgebung empfand Gogol als ebenso abschreckend. Er verglich sie mit den grauen Wellen des Meeres bei Sturm. Zweifellos waren sie zur Zeit Jesu, als jeder Jude unter seinem Weinstock oder seinem Feigenbaum saß, sehr fruchtbar und malerisch gewesen, sinnierte Gogol; aber jetzt war die Landschaft einfach nur deprimierend. Es gab nur einige wenige Olivenbäume, die sich unregelmäßig über die Hänge verteilten – ebenso staubig und grau wie das felsige Gestein. Sie bedeuteten ihm nichts. Vielleicht war ja doch Rußland das Gelobte Land. Überdeutlich spürte er seine Unfähigkeit, etwas zu empfinden. Er fühlte sich ausgetrocknet und hart wie ein Stück Holz. «Ich bin mit meinem Gemütszustand nie so wenig zufrieden gewesen wie in Jerusalem und danach.» Als Gogol mit dem Schiff nach Hause fuhr, fragte er sich, warum Gott einen so erbärmlichen Tropf wie ihn nicht vernichtete. Nach seiner Rückkehr verfiel er in Melancholie und geriet noch tiefer unter den Einfluß fanatischer Mystiker. Sie überzeugten ihn davon, daß seine Kunst sündig war. Er rang weiter mit der dritten Version seines Buches. Im Jahr 1852 zerstörte er sie, und kurze Zeit später starb er.

Mit dem Eintreffen von Gustave Flaubert in Jerusalem zog ein neues Zeitalter herauf (vielleicht wurde auch der Geist des achtzehnten Jahrhunderts neu entfacht). Flaubert war der erste große literarische Bilderstürmer, der seine wahren Gefühle über das irdische Jerusalem kundtat. Als er 1850 in Jerusalem eintritt, begann die Idee zu *Madame Bovary* in seinem Kopf allmählich Gestalt anzunehmen. Was veranlaßte ihn zu dieser

Reise? Er konnte nicht gehofft haben, zu diesem Zeitpunkt und an diesem Ort geistige Entdeckungen zu machen. Madame Bovary begann bereits seine Freundin Louise Colet aus seinem Herzen zu verdrängen. Lief er vor ihr davon? Oder vor der provinziellen Langeweile im Haus seiner Mutter in Rouen? Wonach suchte er? Anfangs war er etwas zu selbstbewußt. «Wir kommen durch das Jaffator herein, und ich lasse einen Furz fahren, während ich ganz unabsichtlich die Schwelle überschreite.»[28] Dann weicht das Selbstbewußtsein dem Bedürfnis zu entlarven. «Ich war zutiefst verärgert über diesen Voltairianismus meines Anus.»

Wohin Flaubert in Jerusalem auch ging, überall hielt er Ausschau nach Makabrem. Sein erster Besuch galt dem Schlachthof, einem gepflasterten Platz, der ganz mit geronnenem Blut überzogen war. Flaubert hatte die ganze Zeit über das Gefühl, auf menschliche Knochen zu treten, während ringsum, unheimlich und muffig, die alten Religionen «in der Sonne verrotteten». Das Licht – es war August – kam ihm vor wie an einem Wintertag, so grell und weiß war es. Er war fasziniert von dem gespenstischen Anblick der Ruinen, die er als «teuflisch grandios» empfand. Alles andere war «beschissen» – «die toten Hunde auf der Straße, die Religionen in den Kirchen (großartige Idee). Der polnische Jude geht schweigend an seiner einstürzenden Mauer vorbei, in deren Schatten der träge türkische Soldat rauchend die Perlen an seiner Gebetsschnur zählt. Die Armenier verfluchen die Griechisch-Orthodoxen, die Griechisch-Orthodoxen die römischen Christen, und diese wiederum exkommunizieren die Kopten.»

Flaubert, desillusioniert, schon bevor er nach Jerusalem kam, stellte das völlige Fehlen aller «erwarteten Empfindungen» welcher Art auch immer fest. Er verspürte weder religiöse Ergriffenheit, noch bekam er irgendeine künstlerische Anregung. Er war nicht einmal in der Lage, ein bißchen «Haß auf die Priester» zusammenzukratzen, «was wenigstens etwas gewesen wäre... Heute morgen in der Grabeskirche wäre selbst ein

Hund gerührter gewesen als ich. Wessen Schuld ist das, gnädiger Gott? Die Schuld der anderen, deine oder meine? Die Schuld der anderen, glaube ich, dann meine, aber vor allem *deine*! Wie falsch doch alles ist! Was für Lügen! Alles ist übertüncht, geschönt, poliert, zielt auf Anlockung und Ausbeutung des Kunden ab.» Im Inneren der Basilika nahm der schlechte Geschmack «monumentale Dimensionen» an, und Flaubert konnte nicht entscheiden, ob es eher traurig als grotesk oder eher grotesk als traurig war, daß ein lebensgroßes Abbild von Louis Philippe die lateinische Kapelle zierte.

Am Abend begab er sich mit seinem Reisebegleiter, dem Journalisten und Fotografen Maxime Du Camp, zu ein paar Runden Haschisch oder Opium ins französische Konsulat.[29] Der damalige Konsul war Paul Emil Botta, ein berühmter Naturwissenschaftler, Arzt und Archäologe. Einen verwandteren Geist hätten Flaubert und Du Camp schwerlich finden können. Schon bevor das halbe Jahrhundert um war, kultivierte Botta eine Atmosphäre des *fin de siècle*. Er war «eine menschliche Ruine in der Stadt der Ruinen, der an nichts glaubte und alles haßte, außer die Toten», schrieb Du Camp. Gleichzeitig war er ein großartiger Gesellschafter, gastfreundlich wie ein arabischer Stammesfürst, hager, leidenschaftlich und ein großer Musikliebhaber. Als Protestant neigte er dazu, die Wiedereinführung der Inquisition ausschließlich für katholische Würdenträger zu befürworten. Wenn eine Debatte allzu hitzig wurde, «griff [Botta] nach seinem Cello, spielte eine Melodie von Schubert und wurde ruhig wie Saul beim Klang der Harfe Davids». Flaubert reiste ab, durch den Aufenthalt in Jerusalem noch verbitterter als zuvor. Außerdem litt er unter den ersten Symptomen einer Syphilis – die er sich in Beirut, einer früheren Etappe seiner Reise, bei einem homosexuellen Abenteuer mit einem jungen Maroniten eingefangen hatte.

Während der ersten Hälfte des neunzehnten Jahrhunderts hatten europäische Pilger noch immer den Eindruck, in Jerusalem ins Mittelalter zurückversetzt zu werden. Die Straßen der Stadt waren unsicher. Die Tore wurden in der Nacht zugesperrt. Gegen Mitte des Jahrhunderts begann sich die allgemeine Lage in Jerusalem allmählich zu bessern. Die türkische Herrschaft, beziehungsweise Mißherrschaft, war noch immer so willkürlich und unberechenbar wie eh und je. Doch jüdische und andere europäische Einwanderer begannen das Gesicht der Stadt zu verändern. Durch die Eröffnung des Suezkanals im Jahr 1869 wurde ein wachsender Touristenstrom nach Jerusalem gelenkt, das bis dahin nur ein Anziehungspunkt für die besonders Frommen, die besonders Reichen oder die besonders Exzentrischen gewesen war. Wie Steuermänner notierten die Pilger nach wie vor den genauen Zeitpunkt, zu dem sie die Stadt zum erstenmal aus der Ferne erblickten, und die Stunde, zu der sie sie auf dem Rückweg an die Mittelmeerküste zum letztenmal sahen. Dort warteten bereits relativ schnelle und komfortable Schiffe auf sie. Im Jahr 1869 startete Thomas Cook, ein baptistischer Laienprediger, seine Eastern Tours und begleitete persönlich die erste Reisegruppe mittelständischer englischer Touristen nach Jerusalem. Die Reisegesellschaft kampierte außerhalb der Mauern, in Zelten, die mit Teppichen ausgelegt waren; auf Tischen mit gestärktem Leinen und silbernem Geschirr bekamen die Herrschaften englischen Tee und Sauerteigfladen serviert, während sie die Aussicht genossen.

Die Reise nach Jerusalem wurde einfacher und ungefährlicher als zu irgendeiner anderen Zeit seit dem Fall des Römischen Reiches. Neue Dampfschiffe legten den Weg von Neapel nach Port Said in fünf oder sechs Tagen zurück. Barbarische Szenen konnte man in Jerusalem nach wie vor erleben. Verbrecher wurden wie eh und je in aller Öffentlichkeit vor dem Jaffator mit dem Schwert hingerichtet. Ein Augenzeuge berichtet von einer Hinrichtung, bei der der erste Hieb des Henkers, eines Anfängers, danebenging und das unglückliche Opfer schrie: «Du tust mir weh.» Schlag auf Schlag sauste das Schwert auf ihn herab; als er beim sechzehnten Hieb noch immer nicht tot war, drehte der Henker sein Opfer um und schnitt ihm die Kehle durch, wie einem Schaf.

Im neunzehnten Jahrhundert kamen nahezu eine Million europäische Pilger und Touristen nach Jerusalem. Die Folge davon war eine Lawine von Büchern und Reiseberichten über Jerusalem und das Heilige Land. Allein in England belief sich die zwischen 1840 und 1880 erschienene Anzahl frommer Reisebücher über das Heilige Land auf schätzungsweise sechzehnhundert. Viele waren in einem Ton atemloser Erregung verfaßt. Jerusalem wurde als Traumstadt inmitten einer Landschaft beschrieben, in der es nur so von unwirklichen biblischen Gestalten wimmelte: von Batsebas, majestätisch wie Renaissance-Madonnen, und gutaussehenden jungen Davids und Jonathans, die ihre Schafe hüteten. Es gab Holzschnitte und handkolorierte Lithographien mit malerischen Arabern, die in Jerusalem unter stattlichen Palmen an abgebrochenen Säulen lehnten, und an Rembrandt-Gestalten erinnernde Rabbiner vor der Klagemauer. Die dort herrschende Armut und den Schmutz oder auch den Götzendienst der Reliquien- und Andenkenindustrie bildete freilich niemand ab. Der Jordan, kaum breiter als zehn Meter, wurde als dunkler, mächtig dahinbrausender Strom dargestellt.

Zu den Besuchern dieser Zeit gehörte auch Herman Melville. Wie so viele andere fühlte er sich hin und her gerissen zwischen dem Wunsch zu glauben und dem Bedürfnis zu zweifeln – ein Übel, das er bereits als zentrales emotionales Thema in seinem Roman *Moby Dick* verarbeitet hatte. Melville brachte Stunden damit zu, in der kleinen Nische vor der Grabeskirche mit den türkischen Wächtern zu plaudern, deren Aufgabe es war, Angehörige der verschiedenen christlichen Sekten davon abzuhalten, sich gegenseitig zu erdolchen.

Ein weiterer Besucher war der Landschaftsmaler und Dichter Edward Lear, Autor des berühmten Nonsens-Verses:

There was an Old Man of the East
Who gave all of his children a feast
But they all ate so much
And their conduct was such
That it killed the Old Man of the East. [30]

(Etwa: Ein alter Mann aus dem Osten,/der ließ sich sein Fest etwas kosten./Seine Kinder war'n so gierig/und aßen so schmierig,/daß dran starb der alte Mann aus dem Osten.)

Lear war vom Prinzen von Wales beauftragt worden, Jerusalem zu malen. Er schuf ein Gemälde, das eine mystische, heitere Stadt von erlesener Schönheit zeigte. Doch in einem persönlichen Brief an Lady Waldgrave bezeichnete er Jerusalem als einen «üblen Ort, den widerlichsten und abscheulichsten auf der ganzen Welt» [31].

Und natürlich war da noch Mark Twain, der 1867 kam, um zu lachen und zu spotten und in *The Innocents Abroad* (*Die Arglosen im Ausland*) die inbrünstigen Autoren und Illustratoren von Büchern über Jerusalem, darunter jede Menge protestantische Pastoren, anzuprangern. Sie «konnten darüber ebensowenig leidenschaftslos und unparteiisch schreiben wie über ihre eigenen Frauen und Kinder» [32], meinte er. Twain war der Ansicht, Respektlosigkeit sei eine Waffe im Kampf um die Freiheit und deren beste Verteidigung. Er wanderte durch die Stadt und sah nicht das Jerusalem der andächtigen Reisebücher, deren Autoren die Stadt weinend betreten hatten, sondern ein eintöniges, verarmtes Dorf, «beulenartig übersät mit unzähligen kleinen Kuppeln wie eine Gefängnistür mit Bolzenköpfen» [33]. Twain wetterte gegen die Bibel, die er so gut kannte («ein paar gute Lehren und tausend Lügen» [34]), und gegen ein Jerusalem, das er nicht kennenlernen wollte («der Aufenthaltsort ungebildeter, verderbter, abergläubischer, dreckiger, verlauster, diebischer [arabischer] Vagabunden» [35]). Es wird keine Wiederkunft geben, verkündete Twain: Christus ist einmal in Jerusalem gewesen; er wird sich nicht herablassen, nochmals zu kommen.

Die Stadt übte einen fatalen Zauber auf ihre Betrachter aus, auf Skeptiker wie auf Gläubige; sie trübte ihren Blick, so daß er sich einem inneren Bild anpaßte.

Auf niemanden übte dieser Zauber einen nachhaltigeren Einfluß aus als auf die großen Massen armer russischer Bauern, die in der zweiten Hälfte des neunzehnten Jahrhunderts nach Jerusalem zu pilgern begannen. Auslöser für diese Massenbewegung waren zur Hälfte religiöse, zur Hälfte politische Gründe. Bisher hatte die Russische Kirche über Wallfahrten nach Jerusalem die Stirn gerunzelt. Die gewaltige russische Pilgerwelle nach Jerusalem begann erst im Jahr 1847 zu rollen, als die russische Regierung dies aus politischen Gründen aktiv unterstützte.

Allein zu Ostern versammelten sich jetzt bis zu zwanzigtausend russische Pilger in einem Zustand erheblicher Erregung in Jerusalem. Ihre fromme Einstellung, wenn nicht ihre Armut, verlangte es, daß sie zu Fuß gingen. Sie kamen einzeln oder in Zweier- und Dreiergrüppchen aus den verlassensten und fernsten Winkeln des Zarenreiches. Viele kamen aus dem weit entfernten Landesinneren oder vom oberen Ural. Einige überquerten das Schwarze Meer im Dezember – tausend Menschen zusammengepfercht auf den schutzlosen Decks von Dampfschiffen, die nicht größer waren als Flußdampfer. Andere wurden zu Fuß wie Viehherden durch die Türkei und Syrien geführt; sie beklagten sich nicht, sondern murmelten nur unablässig: «Ehre sei dir, o Gott! Ehre sei dir!» Viele kamen unterwegs um. Die meisten brachten ihre Verpflegung mit: große Mengen von Schwarzbrot, keine ganzen Laibe, sondern Reststücke und aufgesparte, oft schon angeschimmelte Kanten, die sie dann in die Sonne legten, damit sie trockneten und wieder genießbar wurden.

Sie gingen bei Jaffa an Land, küßten den Boden, bekreuzigten sich ausgiebig, sangen Loblieder, während aus ihren Augen Tränen der Ergriffenheit flossen. Sie nannten einander *brat*

(Bruder), *otets* (Vater) oder *dyed* (Großvater), je nachdem, in welchem Alter sie zueinander standen. Sie gingen überallhin, badeten in jedem heiligen Becken, näherten sich jeder heiligen Stätte auf Händen und Knien. Wenn sie sich aus den Fluten des Jordans erhoben, in die sie, in weiße Leichentücher gehüllt, wie sie bei Bestattungen üblich sind, eintauchten, sahen sie aus wie die auferweckten Toten am Tag des Jüngsten Gerichts.

Sie erwarteten kein Wunder. Vielmehr hofften sie, als verwandelte Menschen heimzukehren; mag sein, daß das für viele zutraf. Wohin sie auch gingen, sangen sie Loblieder und wurden von Geldwechslern, Bettlern und Straßenhändlern mit billigen Andenken verfolgt. Selbst wenn sie noch so arm waren, erübrigten sie eine Kopeke oder zwei für ein Almosen. Zahlreichen Beobachtern fielen ihre liebevolle Art und ihre ständig gute Laune auf. Im Jahr 1884 zogen russische Pilger, hauptsächlich Frauen, die auf dem ganzen Weg sangen, eine in Rußland gegossene, zwölftausend Pfund schwere Glocke von Jaffa nach Jerusalem und auf den Ölberg hinauf. Damals war die Straße nach Jerusalem noch nicht gepflastert. Der Transport dauerte zwei Wochen. Die Frauen wechselten sich alle paar Minuten ab, die ausgeruhten nahmen die Plätze derer ein, die müde waren. Die russische Regierung ließ in Jerusalem ein eigenes Lager aufbauen, in dem die Pilger kostenlos untergebracht und mit Kohlsuppe und *kascha* (gekochtem Buchweizen) verpflegt wurden. Das russische Konsulat und die Jerusalemer Büroräume der sogenannten Kaiserlich Russisch-Palästinensischen Gesellschaft befanden sich auf demselben Gelände. Ebenso ein paar «bessere» Wohnungen für «Pilger höherer Schichten». Das Nebeneinander von Reichtum und Elend im russischen Lager – wie aneinandergekettete Leiber von Lebenden und Toten – spiegelte die Gesamtsituation des Zarenreiches wider.

Was veranlaßte russische Bauern, nach Jerusalem zu pilgern? Stephen Graham, ein junger englischer Schriftsteller, der sich als Pilger ausgab und mit ihnen zog, maßte sich nicht an, die vollständige Antwort auf diese Frage geben zu können.

Manchmal steckte dahinter ein Gelübde, das jemand abgelegt hatte, um einen Sterbenden zu retten oder eine Sünde zu sühnen. Aber es steckte auch noch etwas Älteres, Grundsätzlicheres dahinter, schrieb Graham, «eine Kraft, die ungleich tiefer reichte, als sie [die Bauern] zum Ausdruck bringen konnten» [36]. Ähnlich wie Tolstoj vermutete er, daß es im Leben des armen Muschik eine neue Straße gab, die in ein «neues Jerusalem» führte.

Auch Angehörige von Königshäusern kamen in zunehmendem Maß nach Jerusalem. Speziell für sie importierte die Firma Cook & Son vergoldete Möbel und europäische Küchenchefs und schlug außerhalb der Stadtmauern kleine Zeltstädte auf. Kronprinz Rudolf von Österreich und seine Reisegesellschaft kamen 1881 in neun Kutschen mit 145 Pferden und Maultieren und einem Gefolge von «28 Dienern, 5 Köchen, von denen zwei *maîtres chefs de cuisine* waren» [37], hier an. Untergebracht wurden der österreichische Prinz und sein Gefolge in

> fünfundzwanzig Zelten der ersten Kategorie, von denen zwei mit kostbarer Seide in den Farben Grün, Rot und Gelb ausgeschlagen [waren], die die österreichische Flagge symbolisieren sollten, zwei Speisezelten, einem Empfangszelt für Seine Hoheit, einem Schlaf- und einem Ankleidezelt für Seine Hoheit samt Toilettenausstattung, Spiegel, Kannen und Waschbecken aus erstklassigem Chinaporzellan, jedes ausgestattet mit den erlesensten persischen Teppichen, zwei eleganten, seidenweichen Samtsofas und sechs gepolsterten Armsesseln sowie dreißig Stühlen, sogenannten *pliantes à la mode de Paris*, und dreißig Klappstühlen, Kandelabern, chinesischen Blumenvasen, drei verschiedenen Kaffeegeschirren (aus chinesischem, türkischem und Sèvres-Porzellan), Wasserpfeifen, türkischen Tabakspfeifen und Zigaretten *à volontée* und einer prächtigen Spieldose, die zwölf Melodien spielte. [38]

Die Kenntnis dieser Einzelheiten verdanken wir Alexander Howard, dem Agenten der Firma Cook in Jaffa, der 1888 eine kleine Broschüre verfaßte, «um jenen, die durch Palästina gereist sind, eine Vorstellung von den aufgetauchten und überwundenen Schwierigkeiten zu vermitteln»[39]. Die Mahlzeiten, die serviert wurden, umfaßten französische Austern und fässerweise russischen Kaviar. Es gab keine Kühlmöglichkeit in der großen Hitze, aber offenbar auch keine aufgebrachten königlichen Mägen, sonst wäre Howard nicht zum Ritter des Kaiserlich-Österreichischen Franz-Joseph-Ordens ernannt worden und kurze Zeit darauf, vom späteren König Viktor Emanuel III., zum Ritter des Kronenordens von Italien.

Auch Prinz Edward, der zukünftige König von England, kam angereist und ließ sich von einem Tätowierungskünstler in der Altstadt die Brust tätowieren, bevor ihn der türkische Pascha mit zweiundsechzig Gerichten, das Dessert eingeschlossen, bewirtete. Zehn Jahre später ließ sich sein Sohn, der spätere König Georg, «von demselben Mann, der Papa tätowiert hat»[40], tätowieren – doch im Gegensatz zu Papa bestand George darauf, sich seine Nase verzieren zu lassen (die Tätowierung wurde kurz vor seiner Krönung operativ entfernt). Der deutsche Kaiser Wilhelm II. kam im Jahr 1898. Er wurde auf einer neuen Straße, die extra für seinen Besuch gebaut worden war, auf den Ölberg hinaufgefahren. An einer Kurve ließ er den Wagen anhalten, um seine türkischen Gastgeber zu belehren, daß diese Kurve für den Transport einer Kanone viel zu eng und zu scharf sei. Im Anschluß an Kaiser Wilhelm ergoß sich eine Flut von Königen, Herzögen, Prinzen, amerikanischen Millionären und Exzentrikern, reichen und armen – Monomanen, schrulligen Käuzen und Spinnern – über Jerusalem. Besonders für harmlose Spinner wurde die Stadt um die Jahrhundertwende zu einem Magneten, und daran hat sich bis heute nichts geändert.

Als Sammelbecken dreier verschiedener Religionen, die jeweils die noch größeren Unvereinbarkeiten zwischen den einzelnen Sekten und den unterschiedlichen Nationen einschlossen, war es kaum verwunderlich, daß Jerusalem eine solche Anziehungskraft auf Exzentriker und Spinner ausübte. Zwischen den Verrücktheiten bestand eine psychische Wesensverwandtschaft. Durch die selbstquälerische Askese der frühchristlichen Epoche, den Fanatismus der moslemischen Derwische und den Wahn der selbsternannten jüdischen Messiasse von Jerusalem im späten Mittelalter zog sich so etwas wie ein roter Faden. Diese Wesensverwandtschaft läßt sich heutzutage zwischen den Kriegstreibern des Islam und den jüdischen Fanatikern erkennen, die glauben, eine sogenannte geistige Wiedergeburt zu bewirken, wenn sie die Juden ins Meer werfen oder eine Moschee in die Luft jagen. «Es ist eine anerkannte Tatsache, daß ein Großteil der Geisteskrankheiten die Gestalt eines religiösen Wahns annimmt»[41], behauptete 1904 – offenbar mit gutem Grund – der Autor eines populären Buches über das Leben in Jerusalem kategorisch. Um die Jahrhundertwende lockte Jerusalem einige besonders auffallende exzentrische Erscheinungen aus dem christlichen Amerika und aus Nordeuropa an. Jedes Jahr gab es einige Besucher oder Touristen, die behaupteten, sie seien wiedergeborene Jesaja oder Christus habe sie geschickt, um seine unmittelbar bevorstehende Wiederkunft anzukündigen.

Einige gaben sich auch für die Propheten Nathan oder Elias aus. Andere kamen, um – oft mit katastrophalen Folgen – einen Vers aus der Bibel buchstabengetreu zu erfüllen, zum Beispiel, «Feuer geht aus von Heschbon» (Jer 48,45) oder «Wenn dich dein rechtes Auge zum Bösen verführt, dann reiß es aus und wirf es weg! Denn es ist besser für dich, daß eines deiner Glieder verloren geht, als daß dein ganzer Leib in die Hölle geworfen wird» (Mt 5,29). Wieder andere reisten nach Jerusalem, weil sie den genauen Tag und die Stunde der Ankunft Christi berechnet hatten. Wenn dieser Zeitpunkt verstrich, ohne daß sich etwas Besonderes ereignete, brachen sie zusammen oder rissen sich in der Grabeskirche die Kleider vom Leib oder versuchten, auf dem Gipfel des Ölbergs Selbstmord zu begehen. Die englische Lady, die sich auf dem Scopusberg niederließ und ständig darauf vorbereitet war, den Herrn bei seiner Wiederkehr mit einer Tasse Tee zu begrüßen, war noch harmlos; nicht hingegen der Mann, der von einem Kirchturm sprang, weil ihm Ezechiel in einem Traum versichert hatte, er würde direkt in den Himmel fliegen. Eine holländische Gräfin gab ein Vermögen für den Bau eines gewaltigen, geheimnisvollen Gebäudes an der Mamilla Street (der heutigen Agron Street) aus, weil sie sich verpflichtet fühlte, die «hundertvierundvierzigtausend aus allen Stämmen der Söhne Israels» zu beherbergen, von denen in der Offenbarung (7,4) die Rede ist. Es blieb als leeres Gehäuse stehen, bis es siebzig Jahre später abgerissen wurde, um einem Luxushotel Platz zu machen.

Im Jahr 1883 konnte man monatelang einen einsamen Engländer mit ziegelrotem Gesicht mit einem Meterstab und einer Bibel unter dem Arm durch die Vororte von Jerusalem wandern sehen, der mit leiser, sanfter Stimme erklärte, er kenne nicht nur die wirkliche Stelle der Kreuzigung (die Stelle, die als der Kalvarienberg gilt, sei «falsch», erklärte er), sondern auch die genaue Lage des Gartens Eden. Er setzte seine Suche fort, bis ihn ein Telegramm zurückbeorderte und in den Kampf gegen einen anderen Fanatiker, nämlich Mahdi, in den Sudan abberief. Dieser Engländer war General Charles George Gordon, der wenig später im Kampf um Khartum ums Leben kam. Außerdem gab es Lyditen, Milleriten, Tischbiten und andere obskure Sekten, deren Mitglieder während der diversen Kundgebungen vor Aufregung in Ohnmacht fielen; und es gab Männer, die sieben Tage auf dem Gipfel des Ölberges fasteten und erwarteten, der Berg würde sich vor ihren Augen in zwei Teile spalten. Im Jahr 1928 machte Arthur Koestler die Bekanntschaft eines selbsternannten Propheten, der in den als Richtergräber bezeichneten Grabschächten hauste. Koestler zufolge behauptete der Seher, er habe bereits sämtliche Ereignisse, die sich zu seinen Lebzeiten zugetragen hätten, vorhergesagt, und 1928 würde das Jahr des Jüngsten Gerichts sein. (1953 setzte er sich noch einmal mit Koestler in Verbindung, diesmal von seinem Heiligtum außerhalb von Los Angeles aus.)

Ärzte sprachen von einer Form der Hysterie, die nur Pilger ergriff. Man nannte sie *Jerusalem squabble poison* oder *fièvre Jerusalemienne*. Dieses Phänomen grassiert auch heute noch. Die Pilger kommen und drehen ihre Runden, benommen vor Staunen und Sonne. Manche erwarten Stille wie in einer Kirche oder einem Museum und sind schockiert, eine lärmende Stadt vorzufinden – eine Stadt voller Spannung und sogar Krieg. Jedes Jahr gibt es Pilger, die das einfach nicht verkraften und zusammenbrechen. Ortsansässige Psychiater sprechen inzwischen von einem Jerusalem-Syndrom. Jedes Jahr werden rund hundert Pilger und Touristen im Kfar-Schaul-Krankenhaus, der staatlichen Nervenklinik für den Bezirk Jerusalem, infolge von Zusammenbrüchen behandelt, die mit diesem Syndrom zusammenhängen; kennzeichnend dafür sind messianische Phantasien und Wahnvorstellungen wie etwa die, Maria Magdalena, Johannes der Täufer oder eine andere Gestalt aus der Bibel zu sein. Die meisten Patienten sind Amerikaner, fast ausschließlich Protestanten. Viele fühlen sich fest in der Bibel verwurzelt. In Jerusalem reißen sie sich plötzlich die Kleider vom Leib oder schreien an Straßenecken Prophezeiungen, kehren allerdings nach einer mehrtägigen Behandlung zum Normalzustand zurück.

Der Direktor des Kfar-Schaul-Krankenhauses mit dem passenden Vornamen Bar-El – das bedeutet ‹Sohn Gottes› – erklärte vor ein paar Jahren in der Presse, beim Jerusalem-Syndrom handle es sich um eine Krankheitserscheinung, die für diese Stadt typisch sei und vermutlich durch die Diskrepanz zwischen der Vorstellung und der Wirklichkeit von Jerusalem hervorgerufen würde. Diese Diskrepanz löst bei den Betroffenen plötzlich eine mystische Erfahrung aus, die einem heftigen Schock gleichkommt. «Sie sind enttäuscht und frustriert und reagieren, indem sie versuchen, ihre Stimmung dadurch zu heben, daß sie die Kontrolle über sich verlieren. Sie tun Dinge, die sie anderswo nie tun würden.» [42] Die Patienten werden normalerweise in eine geschlossene Abteilung gebracht, wo man sie mit Hilfe von Beruhigungsmitteln und einer intensiven Behandlung wieder in die Wirklichkeit zurückholt. Sobald sie sich erholt haben, behaupten sie nach Aussage von Doktor Bar-El häufig, ihr Zusammenbruch sei durchaus nicht traumatisch oder unangenehm gewesen, sondern eine «gute Erfahrung». Ihre Pilgerfahrt, so sagen sie, habe sich gelohnt.

Blick von den Wällen

Edward Gibbon, der höhere Motive häufig anzweifelt, schrieb, der Ruf Jerusalems leite sich «von der Anzahl und der Bedeutung seiner denkwürdigen Belagerungen» [1] her. Wir wissen von mindestens fünfzig großen Belagerungen, Plünderungen, Eroberungen und Zerstörungen im Laufe der letzten dreißig Jahrhunderte (drei davon allein in diesem Jahrhundert). Belagerungen sind die älteste Form des totalen Krieges. Während einer Belagerung sind die Zivilisten verwundbarer als die Soldaten. Sie sterben als erste und bekommen als letzte zu essen. Die Soldaten werden besser mit Nahrung versorgt und kämpfen im Schutz hoher Mauern oder anderer gut abgesicherter Stellungen.

In Jerusalem ist es den Soldaten normalerweise fast ebenso schlecht ergangen wie der Zivilbevölkerung. Im Laufe der Jahrhunderte hat sich gezeigt, daß die hohen Mauern nur von begrenztem Verteidigungswert sind. Sie erinnern uns daran, daß Jerusalem in der Vorstellung der westlichen Welt auch eine Metapher für Zerstörung und für die Rache eines beleidigten Gottes gewesen ist – und für viele noch heute ist. Es ist die Stadt, in der Gläubige Ungläubige getötet haben, um den Glauben zu beleben.

Josephus' Beschreibung des belagerten Jerusalem im Jahr 70 n. Chr. wird häufig zitiert: In den Häusern stapelten sich unbestattete Leichen, in den Straßen wimmelte es von verhungernden Kindern und alten Männern. Die Erzählung des Josephus liest sich wie die Geschichte von der Belagerung Leningrads, wo allein mehr Zivilisten an Hunger starben, als in Hiroshima und Nagasaki durch die Atombomben getötet wurden. In den wenigen Monaten der Belagerung Jerusalems durch die Römer starben Josephus zufolge siebenhunderttausend Menschen. Es gab eine solche Unmenge von Leichen, daß die Lebenden sich nicht mehr die Mühe machten, sie zu begraben. Titus, der römische Oberbefehlshaber, rief Gott zum Zeugen an – derlei leeres Gerede ist in der Kriegsgeschichte an der Tagesordnung –, «daß dies nicht sein Werk sei» [2].

Eine Vorstellung davon, was im Altertum ein totaler Krieg bedeutete, gibt uns der Text der sogenannten Israel-Stele (sie befindet sich im Ägyptischen Museum in Kairo) mit der Siegeshymne des Merenptah aus dem Jahr 1230 v. Chr.:

> Geplündert ist Kanaan,
> Erobert ist Aschkelon,
> Israel ist vollkommen verwüstet.

Im selben Stil ist eine Inschrift des assyrischen Generals Sargon gehalten. Sargon eroberte das in den Hügeln nördlich von Jerusalem gelegene Samaria, ein Jahrhundert bevor Jerusalem zum erstenmal völlig zerstört wurde. Auf seinem Siegesdenkmal stellt er sich als der Mann dar, der «Aschdod plünderte... die Griechen [auf ihren Inseln] wie Fische fing [und] Kasku auslöschte» [3]. Anschließend prahlt er: «Wie eine Sturmflut zerschmetterte ich das Land Hamath, zerstörte sechzehn Bezirke von Damaskus, [so daß sie aussahen] wie die Hügel von [zerstörten Städten, über die] die Flut [hinweggerollt war].»

Die Inschrift auf der berühmten Tafel des Sanherib, die an die völlige Zerstörung Babylons ein paar Jahrzehnte später erinnert (die Bibel berichtet über vergleichbare Taten dieses Mannes in der Umgebung Jerusalems), hört sich ähnlich an: «Die Stadt und ihre Häuser habe ich von ihren Grundmauern bis zum Dach zerstört, vernichtet, mit Feuer verbrannt. Die Mauer und die Ringmauer, Tempel und Götter, so viele Türme aus Ziegeln und Lehm, als da waren, habe ich niedergerissen ... Ich sorgte dafür, daß die Zerstörung vollkommener war als bei einer Flut.»[4]

Sowohl der Akt der Zerstörung als auch deren moralische Rechtfertigung nahmen das Atomzeitalter vorweg. In seinem Werk *Die Stadt* schrieb Lewis Mumford, Sanherib habe es lediglich an unserer Effektivität, unseren Raketen und Bomben gefehlt und an der gewaltigen Scheinheiligkeit, mit der wir unsere Motive sogar vor uns selbst verschleiern.

Die Bibel ist voll von ähnlich lebhaften Schilderungen von Metzeleien und Zerstörungen. In der Bibel ist das Zerstören die Regel, nicht die Ausnahme. Im Buch der Richter (9,45) lesen wir, daß Abimelech eine Stadt eroberte und, ganz selbstverständlich, «ihre Einwohner [tötete]. Dann zerstörte er die Stadt und streute Salz über sie.» Die kräftigsten Metaphern der Zerstörung beziehen sich auf Jerusalem. Aus dem zweiten Buch der Könige erfahren wir, daß alle Häuser der Stadt von Truppen niedergebrannt wurden, die «auch die Umfassungsmauern Jerusalems [niederrissen]» (25,10), und von Streitkräften, die Jerusalem «auswischen, wie man eine Schüssel auswischt und dann umdreht» (21,13). Bei Jeremia ist Jerusalem eine Trümmerstätte, «die niemand mehr bewohnt» (44,2), und «die Leichen der Leute liegen wie Dünger auf dem Feld» (9,21).

Zerstörung ist das Thema eines ganzen Buches. In unheilverkündenden, elegischen Rhythmen – wie die Klänge des Untergangs – schildert der anonyme Autor der Klagelieder die Szenen, die sich infolge von Hungersnot, Blutbädern und Zerstörung in Jerusalem abspielten, nachdem es im Jahr 586 v. Chr. an die Babylonier fiel. Als Augenzeuge gibt er dramatische Einblicke. Sein Entsetzen wird durch keine Hoffnung gelindert. Gott selbst ist «wie ein Feind» (Klgl 2,5).

Weh, wie einsam sitzt da
die einst so volkreiche Stadt.
Einer Witwe gleich
die Große unter den Völkern.
Die Fürstin über die Länder
ist zur Fron erniedrigt. (Klgl 1,1)

Ein gewaltiges Flachrelief aus dem Königspalast von Ninive, das sich jetzt im Britischen Museum befindet[5], gibt uns die Möglichkeit, uns eine der in der Bibel erwähnten großen Belagerungen genau vorzustellen. Es zeigt den Fall von Lachisch, einer judäischen Festung im Südwesten Jerusalems. Der Fall von Jerusalem kann nicht sehr viel anders gewesen sein. Das Flachrelief nimmt eine ganze Wand ein und ist erstaunlich gut erhalten. Es besteht aus drei deutlich gegliederten Teilen, die die wichtigsten Stadien der Schlacht und ihre Nachwirkungen darstellen. Beim Betrachten haben wir das Gefühl, als würden wir das Schlachtfeld, das etwa einhundertfünfzig Meter von der Südwestecke der Stadt entfernt liegt, aus nächster Nähe sehen – von einer Stelle aus, an der möglicherweise Sanherib stand und das Vorrücken seiner Truppen überwachte.

Wir sehen einen jener großen Belagerungszüge, die dazu dienten, ganze Städte anzugreifen und dem Erdboden gleichzumachen. Er bewegt sich vom Nordwesten auf Lachisch zu. Wir sehen die doppelten Mauern und Türme der Stadt, ähnlich wie bei Jerusalem. Innerhalb der Mauern steht im Hintergrund ein gewaltiger Palast. Überall wimmelt es von Menschen. Ein gewaltiger Menschenstrom fließt in beide Richtungen. Die Verteidiger reihen sich an den Festungsmauern auf und schießen mit Schleudern und Pfeil und Bogen auf die Angreifer. Wir sehen, wie Sanheribs Bogenschützen und Steinewerfer eine dieser Festungsmauern unter einem Hagel brennender Fackeln und Pfeile erklimmen. Der Festungsgraben ist mit Leichen übersät. Die Angreifer werden von Männern in Kriegshelmen angeführt, die mit Speeren und großen Schilden bewaffnet sind. Andere häufen Erde und Holz so vor der Stadtmauer auf, daß eine große Rampe entsteht. Stetig bewegen sie ihre Leitern, ihre Rammböcke und ihre Kriegsmaschinen auf Rädern (modernen Panzerfahrzeugen oder Panzern nicht unähnlich) weiter nach oben.

Nach dem Ende der Schlacht sehen wir Sanherib vor seinem Feldlager auf einem Thron sitzen. Ein Zug Gefangener wird ihm vorgeführt. Andere Gefangene – vielleicht die Anführer – werden gefoltert oder durch Enthaupten oder Pfählen hingerichtet. Die Legende erzählt: «Sanherib, König der Welt, König von Assyrien, saß auf seinem Thron, und die Siegesbeute von Lakisu [Lachisch] defilierte an ihm vorbei.»

Hinter dem König erkennen wir verzweifelte Frauen und alte Männer – die überlebende Zivilbevölkerung von Lachisch – mit Bündeln auf dem Rücken, die durch eine vertraute Landschaft mit Weinstöcken, Oliven- und Feigenbäumen in die Verbannung oder in die Sklaverei wandern.

Sanherib ging in Lachisch ebenso gründlich vor wie zuvor in Babylon. Die Stadt wurde fast vollständig niedergerissen. Das Gelände von Lachisch blieb, wie sich aus archäologischen Funden ergibt, fast ein Jahrhundert lang unbewohnt. Lachisch war eine der großen Städte in der Ebene. Wegen des flachen Geländes mußte jeder Festungswall und jedes Haus einzeln niedergerissen werden. Relativ gesehen war es einfacher, eine Hügelstadt wie Jerusalem zu zerstören. Ihre strukturelle Empfindlichkeit ist selbst heute noch für jeden ersichtlich, der rings um die Mauern der heutigen Altstadt geht. Die Stadt stand auf einem künstlichen Unterbau aus Terrassen und Haltemauern, von denen jede durch die Füllung der nächsttieferen Terrasse gestützt wurde und so weiter bis hinunter zum Fuß der steilen Hänge. Die Stabilität der ganzen Struktur hing letzten Endes von den untersten Mauern ab, die Jerusalem an der Basis stützten. Sobald eine Bresche in diese untersten Mauern geschlagen wurde, brach die dahinterliegende Füllung, die die Terrassen stützte, zusammen. Dies wiederum führte dazu, daß die oberen

Terrassen absackten. Innerhalb weniger Jahre sorgten dann Regen und Erosion dafür, daß sich die Zerstörung nach oben hin bis zu dem bebauten Gelände fortpflanzte. Die daraus entstehenden Kaskaden kamen bei mehreren archäologischen Ausgrabungen ans Tageslicht.

> Wie ein Feind ist geworden der Herr, Israel hat er vernichtet. Vernichtet hat er alle Paläste, zerstört seine Burgen... Seinen Altar hat der Herr verschmäht, entweiht sein Heiligtum... und zog nicht zurück die Hand vom Vertilgen. Trauern ließ er Wall und Mauer; miteinander sanken sie nieder. In den Boden sanken ihre Tore, ihre Riegel hat er zerstört und zerbrochen... darum sind trüb unsere Augen über den Zionsberg, der verwüstet liegt; Füchse laufen dort umher. (Klgl 2,5.7–9; 5,17–18)

Natürlich sind untergegangene große Städte in den meisten Kulturen vertraute Archetypen. In seinem Roman *Salammbô* sah Flaubert den Fall Karthagos als ein Symbol für die Zivilisation als Ganzes. Tolstoj benutzte in *Krieg und Frieden* den Brand Moskaus als ein «Zeichen»: Über das Gewimmel und Gebalge erheben sich, wie in einem Klagegesang, ewige Gesetze, die das Universum regieren. Katastrophen, die über Städte hereinbrechen, erscheinen nicht selten als mythische Ereignisse – und dies gilt nirgends mehr als für den Fall Jerusalems im Jahr 586 v. Chr. und dann nochmals 70 n. Chr. Er wurde beide Male als ein mit metaphysischer Bedeutung geladenes, ehrfurchtgebietendes Ereignis betrachtet. Seitdem ist Jerusalem so sehr in seinen eigenen Mythos verstrickt, daß es oft schwerfällt, Dichtung und Realität auseinanderzuhalten.

Wenn man über den Fall einer großen Stadt berichtet – sei es nun Jerusalem oder auch Babylon oder Hiroshima –, verliert man leicht den Blick für die Verhältnismäßigkeit und verfällt in leeres Gerede. Der Bericht über den eigentlichen Fall gerät häufig zu einer sich wiederholenden Geschichte gleichförmiger Kalamitäten: Belagerung, Feuer, Vergewaltigung, Hungersnot, Zerstörung, Plünderung, Gemetzel, der Verkauf und gelegentliche Freikauf von Gefangenen. Derartige Katastrophen wurden häufig als Vorboten größerer Ereignisse betrachtet, als Anzeichen dafür, daß eine neue Zeit heraufzieht und eine, die sich selbst überlebt hat, untergeht. Das Gefühl des Verlustes – oder die Theologie des Falls – hängt vom moralischen Klima der Zeit ab. Es entspricht nicht immer dem tatsächlichen Ausmaß der Zerstörung. Die religiösen Phantasievorstellungen, die in Europa zu Beginn der Reformation herrschten, hatten viel mit denen gemeinsam, die es im ersten Jahrhundert in Jerusalem gab. Insofern wurden der Fall von Konstantinopel an die Moslems im Jahr 1453 und die Verwüstung und Plünderung Roms durch die Truppen Karls V. (unter ihnen viele Lutheraner) vierundsiebzig Jahre später als *apokalyptische* Ereignisse von tiefer, allumfassender Bedeutung betrachtet, obwohl beide Städte in der Vergangenheit weitaus schlimmere Katastrophen durchgemacht hatten. Die äußeren und die gesellschaftlichen Folgen hielten sich ziemlich in Grenzen. Rom und Konstantinopel fielen nicht, wie Jerusalem nach seinem Fall, vollkommener Bedeutungslosigkeit anheim. Konstantinopel erlebte unter den osmanischen Sultanen eine prachtvolle Blüte. Bereits zwei Jahre nach dem Sturz Roms wurde mit großem Pomp der Karneval gefeiert; sechs Jahre später arbeitete Michelangelo bereits wieder an der Sixtinischen Kapelle und schuf an ihrer Stirnwand ein Fresko vom Jüngsten Gericht – vielleicht ein Versuch, die Vernichtung Roms zu sühnen oder einen bösen Traum nach außen zu verlagern.

In der jüdischen Theologie gab es, was den Fall von 70 n. Chr. betraf, sogar noch mehr abergläubische Zwangsvorstellungen und übernatürliche Erwartungen. In den letzten Tagen der Belagerung Jerusalems durch die Römer, als sich der Tempelberg bereits in Feindeshand befand und in Flammen stand, stellte die jüdische Garnison, die in der Oberstadt aushielt, nach wie vor täglich Wachposten auf den Hausdächern auf, die auf den Berggipfeln in der Umgebung Ausschau nach dem

Messias halten sollten: man rechnete damit, daß er jeden Augenblick von irgendeinem Hügel in der Umgebung herabsteigen würde. Aufgrund der kollektiven Ängste der Juden war der Ausgang der Belagerung in ihren Augen mehr als nur eine weitere militärische Niederlage. Nicht nur sie waren besiegt worden, sondern Gott selbst. Nicht nur sie wurden ins Exil getrieben, Gott selbst befand sich im Exil. Das Ganze war eine theologische und eine existentielle Katastrophe. In einem späteren Zeitalter hätte man sie vielleicht als kafkaesk bezeichnet oder niedergeschlagen vom «Tode Gottes» gesprochen. Die ganze Welt war aus den Fugen. Die Zerstörung war ein Symbol dafür.

Für die Beschreibung dieser tiefgreifenden Katastrophe wurde das neue hebräische Wort *churban* geprägt, ein abstraktes, bis dahin nie in dieser Bedeutung verwendetes Nomen, das einen Zustand transzendentaler Vernichtung bezeichnete. Die Zeit vermochte das Gefühl des Verlustes nicht zu lindern. Die Stadt verfolgte die Vertriebenen wie ein Gespenst. Wohin sie auch gingen, immer schauten sie zu ihr zurück. Ihre Ruinen blieben weiterhin im Blickfeld. Nirgendwo gab es ein neues Land für sie. So wurde Jerusalem zu ihrer ausgehöhlten Hauptstadt der Erinnerung. Keinem anderen besiegten Volk ist jemals etwas Derartiges widerfahren. Es ist müßig, heutzutage darüber zu spekulieren, ob dies vorsätzlich oder durch Zufall oder eine Laune des Schicksals geschehen ist. Die Folgen jedenfalls waren erheblich und sind noch heute zu sehen. Der Verlust und die Zerstörung Jerusalems wurden in gelehrten theoretischen Büchern, die lange nach dem Ereignis niedergeschrieben wurden, aufbewahrt. Mutmaßungen und Auslegungen zeugten von der anhaltenden Macht dieser Obsession. Jahrhunderte nach der Zerstörung hielt es der Talmud noch immer für angebracht, die täglichen Rituale im Tempel von Jerusalem zu beschreiben und zu erläutern, als fänden sie nach wie vor statt. Jahrhundertelang wurden zum Gedenken an Jerusalem dieselben Gebete gesprochen. Dieselben Klagelieder wurden gesungen. Interpretation wurde auf Interpretation gehäuft – ein endloser Versuch, mit dem fertig zu werden, was wie ein unnatürlicher Niedergang anmutete.

In der christlichen Theologie grassierten in bezug auf den Fall der Stadt gleichfalls übernatürliche Überlegungen und eine gewisse verstohlene Boshaftigkeit. In den Augen der Kirchenväter war die Zerstörung der Stadt die gerechte Strafe dafür, daß sie Christus zurückgewiesen hatte. Was immer Christus beabsichtigt haben mochte, Jerusalems Untergang wurde als wortgetreue Erfüllung seiner Weissagung betrachtet. Man fand es jedoch bemerkenswert, daß die Flammen des Krieges den Tempel von Jerusalem und das Kapitol in Rom beinahe zur selben Zeit verschlungen hatten. (Das Kapitol wurde im Bürgerkrieg zwischen Vitellius und Vespasian am 19. Dezember des Jahres 69 n. Chr. niedergebrannt; der Tempel brannte im folgenden Jahr am 10. August ab.)

Um seiner Überzeugung Nachdruck zu verleihen, daß die Zerstörung Jerusalems das außergewöhnlichste Ereignis in seiner militärischen Karriere war, ließ Titus in Rom einen Triumphbogen errichten, der bis heute am Südrand des Forums an der Via Sacra steht. Ein Relief an der Innenseite des Bogens zeigt die erbeuteten jüdischen Kultgegenstände: den siebenarmigen Leuchter, die silbernen Trompeten, den Tisch für die Schaubrote. Titus hatte diese Stücke in den Friedenstempel bringen lassen. Offenbar waren sie unter all den Herrlichkeiten Roms ganz besonders bemerkenswert, denn man bewahrte sie sorgfältig auf und erinnerte sich ihrer noch vier Jahrhunderte später, als sie nämlich nach der Verwüstung Roms durch die Wandalen nach Karthago gebracht wurden.[6]

Die Tatsache, daß achtzehn Jahrhunderte nach der Zerstörung Jerusalems durch die Römer der französische Orientalist und Historiker Ernest Renan dieses Ereignis noch immer als ein «*immense bonheur*»[7] bezeichnete, sagt eine Menge über kollektive Phantasievorstellungen aus. Wäre die Stadt verschont geblieben, so hätte, wie Renan befürchtete, möglicherweise nicht das Christentum, sondern das Judentum die Welt erobert. Innerhalb weniger Monate veröffentlichte Moses Hess, einer der frühen Ideologen des modernen Zionismus, sein Pamphlet *Rom und Jerusalem*, in dem er alle Juden dringend aufforderte, sich wieder in Jerusalem zu versammeln, um «den Sabbath ihrer Geschichte» in Szene zu setzen, wie das die Italiener damals «auf den Ruinen des alten Rom»[8] taten. Der Glaube ist von sprichwörtlicher Blindheit. Hess ignorierte völlig, daß in Jerusalem sowohl moslemische als auch christliche Araber lebten. Sie lösten sich vor seinen Augen in Luft auf wie in ihren eigenen Erzählungen aus *Tausendundeiner Nacht*.

Das Zusammentreffen so zahlreicher unterschiedlicher Erinnerungen – ein gewaltiger Trümmerhaufen aus widersprüchlichen Ansichten, Versprechungen und Sehnsüchten – führt dazu, daß Jerusalem zu einer Stadt sich gegenseitig reflektierender Spiegel wird. Jede Lage Steinblöcke der uralten Mauern, die noch immer den historischen Stadtkern umgeben, steht für eine – oder mehrere – der sich bekämpfenden fixen Ideen. Die derzeitigen Mauern wurden zwischen 1537 und 1541 unter dem osmanischen Sultan Suleiman dem Prächtigen erbaut, der sich selbst folgendermaßen ankündigte:

> Ich, der ich der Sultan aller Sultane aus Ost und West bin, der glückliche Herrscher über das Gebiet der Römer, Perser und Araber, der Held der Schöpfung, der Neriman der Erde und der Zeit, Padischah und Sultan des Mittelmeerraums und des Schwarzen Meeres, der gepriesenen Kaaba, des glanzvollen Medina und des vornehmen Jerusalem ...[9]

Es folgt eine lange Liste von Ländern und Königreichen; Bagdad im Osten, Ungarn und Algerien weit im Westen; Jemen im Süden, Ktesiphon und Aserbaidschan im Norden. Obwohl Jerusalem einer der unwichtigsten Außenposten des Sultanreiches war, hatte Suleiman gewaltigen Einfluß auf die Architektur der Stadt. Seit den Anfängen des Islam stellte er die ernsthafteste Bedrohung für das Christentum dar. Bei seinem Vormarsch nach Mitteleuropa kam er erst vor den Toren Wiens zum Stehen. Möglicherweise hätte er den Verlauf der europäischen Geschichte verändert, häten ihn nicht die sintflutartigen Regenfälle daran gehindert, den überwiegenden Teil seiner schweren Artillerie heranzuführen. Noch während seines Europafeldzugs befahl er seinen Architekten, die Mauern von Jerusalem wiederaufzubauen. Man geht allgemein davon aus, daß die neuen Mauern von seinem Baumeister für Befestigungsanlagen konzipiert wurden, dem berühmten Sinan, der neben anderen großartigen Baudenkmälern die Suleimaniye (die Moschee Suleimans I.) in Istanbul erbaute. Sinans eigentümliche und charakteristische Bauweise ist unverwechselbar. Seine Architektur zählt zu den wichtigsten kulturellen Beiträgen der Osmanen.

Die neuen Mauern von Jerusalem folgten mehr oder minder der Linienführung des zerstörten Walls, den die Kreuzfahrer auf den alten Fundamenten errichtet hatten, die noch von den Arabern, Byzantinern, Römern und Juden stammten. Die Mauern aus der Kreuzfahrerzeit waren 1219 von dem Ajubiden-Sultan Malik al-Muazzam Isa, dem Neffen Saladins, niedergerissen worden, um die Kreuzfahrer davon abzuhalten, die Stadt wieder zu besetzen – eine frühe Form der «Politik der verbrannten Erde». Drei Jahrhunderte lang war Jerusalem unter den Mamelucken-Sultanen von Ägypten eine frei zugängliche, von keiner Mauer umschlossene Stadt – ein Ort, an dem man sich zur Ruhe setzte oder an den Angehörige der ägyptischen Militärhierarchie ins «ehrenvolle» Exil geschickt wurden. Deren imposante Stadthäuser, die elegante Bauweise ihrer Minarette und Klöster, ihre üppig ausgestatteten theologischen Kollegien, ihre prachtvollen Säulengänge und öffentlichen Brunnen standen in merkwürdigem, aber durchaus nicht unangenehmem Kontrast zu ihrem Ruf als einer Gesellschaftsschicht skrupelloser Militaristen (ehemaliger Sklaven), die genauso ausgesucht und herangezüchtet wurden wie Hunde, Falken oder Pferde.

Die Mamelucken bauten in Jerusalem zwar keine Befestigungsanlagen, drückten der profanen Stadt jedoch einen deutlichen Stempel auf; sie hinterließen ihr ein eleganteres architektonisches Erbe als die meisten anderen moslemischen Regime zuvor und seitdem. Viele bürgerliche Bauten aus dieser Zeit stehen noch heute und lassen sich, obwohl sie baufällig geworden sind, durchaus mit den schönsten Häusern von Kairo vergleichen. Sie haben Gewölbe und sind ganz aus Stein gebaut; für das Dachgestühl wurden weder Ziegel noch Holz verwendet.

Im letzten Viertel des fünfzehnten Jahrhunderts berichteten zwei jüdische Reisende, Jerusalem sei eine Stadt ohne Mauern, deren Bevölkerung jedoch offenbar zehntausend moslemische und zweihundertfünfzigtausend jüdische Haushalte umfaßte. Und so fanden denn auch die Osmanen die Stadt nach einem außergewöhnlich kurzen Kampf im Jahr 1516 vor.

> Unser Herr, der große Sultan und hervorragende Kommandant, Sultan der Andersgläubigen, der Araber und Perser, hat den Bau dieser gesegneten Mauer befohlen... Suleiman, der Sohn von Sultan Selim, möge Allah sein Reich und sein Königtum erhalten.

So lautet eine Inschrift aus dem sechzehnten Jahrhundert über dem Damaskustor, dem größten und phantasievollsten Tor in der osmanischen Mauer. Man weiß nicht genau, warum die Osmanen sich entschlossen, die Mauern wiederaufzubauen, nachdem es drei Jahrhunderte lang auch ohne gegangen war. Da die Sicherheit unter Suleiman zunahm, konnte dies nicht der Grund für den Bau neuer Mauern gewesen sein. Vielleicht wurden sie zur Zierde, aus ästhetischen Gründen oder als ein Denkmal zum Ruhme des Sultans errichtet. Der zinnenbewehrte Rand und die schmalen Schießscharten wurden bereits während der Bauzeit durch die Erfindung von Feuerwaffen überflüssig. Zwei osmanische Grabsteine innerhalb des Jaffators (jeder hübsch ordentlich von einem steinernen Fez gekrönt) erinnern an zwei ortsansässige Handwerker, die am Bau mitgewirkt hatten – oder vielmehr an ihre Schmach. Angeblich wurden sie wegen gewisser Überschreitungen hingerichtet, die öffentlichen Bauunternehmern häufig zur Last gelegt werden.

Die unteren noch sichtbaren Steinreihen – aus römischer oder herodianischer Zeit – sind wegen der besonderen Art ihrer Bearbeitung bemerkenswert: Lage um Lage gewaltige, kunstvoll behauene Steinblöcke mit glatten Rändern, jeder drei oder vier Fuß hoch und bis zu zehn Fuß (drei Meter) lang. Verglichen damit wirken die späteren Reihen aus der Zeit der Byzantiner, Araber, Kreuzfahrer und Osmanen klein und schäbig.

Die Restaurierung der Mauern wurde dank des unermüdlichen Gouverneurs Ronald Storrs im Jahr 1919 von den Briten in Angriff genommen. Doch nach Storrs' Weggang wurden die Arbeiten völlig eingestellt, sei es aus Mangel an Geldern, wegen Bürgerunruhen oder aus beiden Gründen. Nach 1967 nahm die israelische Stadtverwaltung die Restaurationsarbeiten wieder auf. Ringsum wurde eine Promenade gebaut. So ist es jetzt möglich, einen Großteil der Stadt einigermaßen bequem auf dem Befestigungswall zu umrunden. Der einzige Abschnitt, der aus Gründen der öffentlichen Sicherheit für die Allgemeinheit gesperrt ist, befindet sich im Osten, wo die Mauer am alten Tempelplatz entlangführt.

Der Ausblick von der Promenade ist fast überall dramatisch und für den neugierigen Spaziergänger – sofern er etwas Phantasie walten läßt und durch die Brille der Vergangenheit blickt – ausgesprochen suggestiv. Eindringlicher als irgendeine andere Stätte in Jerusalem führt er «die Anzahl und Bedeutung ihrer denkwürdigen Belagerungen» [10] plastisch vor Augen. Es wird einem schnell klar, wie klein die historische Stadt war; und wie empfindlich gegenüber Angriffen, vor allem von Norden. Dort ist das Gelände flach und fällt nicht in tiefe Schluchten ab. Man begreift, warum die meisten Eroberer von Nebukadnezar bis Dayan von dieser Seite her angriffen.

In zügigem Tempo kann man die gesamte Stadt auf den Befestigungswällen in weniger als zwei Stunden umrunden. Die

Strecke, die man dabei zurücklegt, beträgt insgesamt nur vier Kilometer. Von den Wällen im Südosten bieten sich über die Schluchten hinweg überwältigende Ausblicke in die Ferne. So schaut man zum Beispiel über die Wüste in Richtung Jericho – eine der ältesten städtischen Ansiedlungen auf der Welt; in Jericho bauten Menschen Zitadellen zu Kriegszwecken, lange bevor sie Tiere domestizierten und Pflanzen anbauten oder lernten, aus Stein oder Bronze Pfeilspitzen anzufertigen.

Ein anderer dramatischer Blick reicht das Hinnomtal entlang, wo auf städtischen Weideflächen Schafe grasen und sich ein ländliches und friedvolles Bild darbietet – es sei denn, schwarz gekleidete ultra-orthodoxe Juden oder junge Palästinenser mit karierten Keffias schlagen gerade Radau; dann nämlich hallt das Tal wider von wildem Geschimpfe auf die Archäologen, die angeblich die Heiligkeit uralter Knochen antasten, oder von PLO-Slogans, die ein Ende der israelischen Besetzung fordern: «Nieder mit den Unterdrückern!» – «Ein arabisches Jerusalem!» – «Im Geiste und mit Blutvergießen werden wir dich befreien, Falestin[11]!»

Weiter oben im Tal, an den steilen Abhängen längsseits der heutigen Mauern, befanden sich das legendäre Salem aus der Zeit Abrahams und die alte jebusitische Stadtmauer, die David und seine *giborim* (wörtlich: ‹tapfere Männer›) etwa um 1000 v. Chr. einnahmen; bis heute sind keine Spuren von Salem gefunden worden. Inmitten der Geröllhalden und der Kaskaden von Steinen, die zum Teil noch vom Feuer aus dem Jahr 586 v. Chr. geschwärzt sind, bekommt man einen flüchtigen Eindruck von der ursprünglichen Stadt Davids (die sich jetzt außerhalb der Mauern befindet) und von seinem königlichen Teich, der geschützt im Schatten von Feigenbäumen und hohen Dattelpalmen lag. Man entdeckt Überreste von einem Turm aus dem sechsten vorchristlichen Jahrhundert, unter dem man babylonische und israelitische Pfeilspitzen gefunden hat, außerdem Bullen und alte hebräische Siegel, von denen eines den Namen eines königlichen Schreibers trägt, den wir aus dem Buch der

Könige kennen. Solche Funde verleihen den uralten Texten eine konkrete Grundlage, einen realen geographischen Bezug.

Vom Befestigungswall aus kann man beobachten, wie sich die Touristen einem Zug Ameisen gleich aufreihen, um die kunstvoll angelegten, alten unterirdischen Wasserspiele und Tunnelgänge zu besichtigen. Diese Gänge unter der Mauer wurden, wie wir von Jeremia erfahren, am Vorabend der Ankunft von Sanheribs Streitkräften fertiggestellt, gerade rechtzeitig, um eine kontinuierliche Wasserversorgung der Stadt aus ihrer einzigen Quelle zu gewährleisten. Man versiegelte die Quelle und leitete ihr Wasser auf unterirdischen Wegen in die Stadt. Der Bach Siloah lief nicht mehr durch freies Gelände, denn, wie Hiskia (2 Chron 32,4) sagte, «Wozu sollen die Könige von Assur bei ihrer Ankunft reichlich Wasser finden?» (Sie fanden es nicht.)

Noch heute fließt das Wasser durch den erstaunlichen Tunnel, den Hiskias Männer durch den weichen Fels unter den Dattelpalmen und Feigenbäumen gegraben hatten. Er ist ganze 533 Meter lang. Zwei Bohrmannschaften arbeiteten fast siebzig Meter unter der Erde von beiden Seiten aufeinander zu – ein gewagtes Unternehmen in Anbetracht der technischen Möglichkeiten des Jahres 701 v. Chr. Beide gruben sich auf gut Glück voran (wie sich an mehreren blinden Streckenabschnitten erkennen läßt). Sie verständigten sich durch Klopfzeichen und trafen schließlich irgendwann aufeinander. 1880 wurde in diesem Tunnel eine Bauinschrift entdeckt, eine der ältesten hebräischen Inschriften, die uns erhalten sind (sie befindet sich jetzt im Museum in Istanbul). Sie beschreibt das Unternehmen mit sparsamen, dramatischen Worten, die fast an ein Epos aus der Zeit vor Homer erinnern:

> ... Und dies war die Geschichte der Durchbohrung: Als noch (die Arbeiter) die Hacke [erhoben] einer zum anderen hin und als noch drei Ellen durchbohrt [werden mußten, hörte] man, wie einer dem

> andern zurief, weil rechts und links ein Spalt im Felsen entstanden war. Und am Tage des Durchbruchs schlugen die Tunnelarbeiter einer dem andern entgegen, Hacke gegen Hacke, da strömten die Wasser aus der Quelle in den Teich ... [12]

Von ebendiesem Teich aus betrachtete Nehemia, wie in seiner Chronik erzählt wird, nach seiner Rückkehr aus dem babylonischen Exil im Jahr 444 v. Chr. die zerstörte Stadt. Da lag das verwüstete Jerusalem, vom Feuer verzehrt, eine Geisterstadt. Sie war «weit ausgedehnt und groß; es war aber wenig Volk darin, und es gab nicht viele Häuser, die wiederaufgebaut waren» (Neh 7,4). Drei Tage nach seiner Ankunft stand Jeremia des Nachts auf und verließ die zerstörte Stadt durch das Taltor, ohne einem Menschen mitzuteilen, «was mein Gott mir eingegeben hatte, für Jerusalem zu tun... [ich] besichtigte die Mauern Jerusalems: Sie waren niedergerissen und die Tore vom Feuer verzehrt» (Neh 2,12–13). Nehemia zeichnet ein lebhaftes Bild der Stadt, die er gesehen hatte, und beschreibt eine so ungeheuer realistische Reiseroute, daß Archäologen dazu neigten, sie als «Tatsachenbericht in einem historischen Dokument» [13] gelten zu lassen.

«Ich ritt zum Quelltor und zum Königsteich hinüber», berichtet Nehemia (2,15), «hier konnte ich mit dem Reittier nicht mehr vorwärts kommen.» Von einem günstigen Aussichtspunkt auf den Wällen kann man den Umweg, den Nehemia nahm, in etwa ausmachen. Der Weg am Bach war durch Geröll blockiert, so daß sich Nehemia gezwungen sah, umzukehren und auf demselben Weg zurückzukehren, den er gekommen war. Er hatte sich entschlossen, die Stadt aus den Trümmern wiederaufzubauen. Sein Buch ist eine für das Altertum einmalige Autobiographie. Sie behandelt nicht das übliche Thema, die Zerstörung einer Stadt und eines Volkes, sondern vielmehr das des Wiederaufbaus. Nehemia warb unter den Bürgern und der Landbevölkerung Bauarbeiter an. «Gehen wir daran», forderte er sie auf, «und bauen wir die Mauern Jerusalems wieder auf! So machen wir unserer Schande ein Ende» (Neh 2,17). Alle Gesellschaftsschichten beteiligten sich an der Arbeit – Händler und Priester, Vornehme und Bauern aus der unmittelbaren Umgebung. Man führte ein recht effektives Kolonnensystem ein. Beim Bau der Mauer halfen nicht nur die Einwohner der Stadt, sondern auch viele Leute aus den umliegenden Ortschaften mit; dabei wurden jeweils genau festgelegte Mauerabschnitte und bestimmte Tore den Angehörigen einzelner Stämme oder Berufsstände zugeteilt. Alle arbeiteten mit den Händen, und da sie von ihren Feinden bedroht wurden, bauten sie so, wie es in dieser Gegend häufig der Fall war: «Mit der einen Hand taten sie ihre Arbeit, in der anderen hielten sie den Wurfspieß» (Neh 4,11) oder ihr Schwert.

Im Altertum wurde schnell gearbeitet. Nehemia berichtet, daß der Wiederaufbau der zerstörten Mauern nur zweiundfünfzig Tage in Anspruch nahm. Von Josephus wissen wir, daß römische Soldaten und Sklaven die außerordentliche Leistung vollbrachten, am Vorabend der nächsten vollständigen Verwüstung der Stadt die Ringmauer in nur drei Tagen fertigzustellen. Sie war etwa zehn Kilometer lang und führte vollständig um die belagerte Stadt herum. Wenn sie wirksam gewesen sein soll, muß sie mindestens zwei Meter hoch gewesen sein und (da sie aus lose aufeinandergeschichteten Steinen bestand) am Fuß mindestens sechzig Zentimeter breit. Daß sie wirksam war, wissen wir. Die Hungersnot in der eingekesselten Stadt raffte schon bald ganze Familien hinweg. Die Menschen kämpften miteinander um eine Handvoll Mehl. Wie Josephus berichtet, hängte man Männer an ihren empfindlichsten Körperteilen auf und stieß ihnen spitze Stöcke ins Fleisch, damit sie verrieten, wo sie möglicherweise noch einen Bissen Brot versteckt hatten. Tacitus behauptete, in der umzingelten Stadt hätten sechshunderttausend Menschen festgesessen. Viele davon waren Pilger, die die Gewohnheit oder blinder Glaube mitten in einem Krieg nach Jerusalem geführt hatte und die der scharfsinnige Titus nach Jerusalem hineingelassen hatte, um die Anzahl der nutzlosen Mäuler, die in der belagerten Stadt gestopft werden mußten, noch zu vergrößern.

Geht man an einem Sommerabend auf den Befestigungswällen umher, ist man versucht, sich die römischen Truppen vorzustellen, die sich in den goldenen Schatten auf den Hängen des Scopusberges oder auf der anderen Seite jenseits des Hinnomtales hinter ihrer Ringmauer versammelt hatten. Diese verlief unmittelbar unterhalb des heutigen King David Hotels, führte durch die Rasenflächen neben dem heutigen Swimmingpool. Das ganze Gelände ringsum war gerodet. Die Römer hatten sämtliche Bäume gefällt, um ihre gewaltigen Belagerungsmaschinerien zu bauen.

Steht man auf den Wällen, kann man sich auch gut den späteren Geschichtsschreiber Josephus vorstellen – ein paar Monate nachdem er zu den Römern übergelaufen war. Josephus ist eine der faszinierendsten Gestalten in der Geschichte des Verrats. Man sieht ihn vor sich, wie er, kräftig schwitzend, in sicherer Entfernung von der Mauer um die belagerte Stadt herumgeht, wie er heult und seine Landsleute in der eingeschlossenen Stadt anfleht und beschwört, sich zu ergeben. Er erklärt ihnen, sie müßten sich selbst retten und dafür sorgen, daß ihre Familien, ihr Land und ihr heiliger Tempel verschont würden. Er führt ihnen die Vorteile einer Zusammenarbeit mit Rom vor Augen. Die belagerten Juden beschimpfen ihn nur und bewerfen ihn von der Mauer aus mit Steinen. «Ihr Unglücklichen, die ihr vergeßt, wer eure wahren Verbündeten sind» [14], rief er, und Tränen rannen ihm über die Wangen. Der Rest der Welt hat sich der Herrschaft Roms gebeugt; nur sie wehren sich in ihrer Dummheit dagegen. Wie können sie nur so unrealistisch sein! Die römische Macht ist unbesiegbar, schreit er. Die römische Zivilisation ist großartig. Ja, sogar Gott hat sich allem Anschein nach in Italien niedergelassen. Alles weist darauf hin, daß er aus seiner heiligen Wohnstatt in Jerusalem «geflohen ist und jetzt auf seiten derer steht, die ihr bekämpft».

Diejenigen, die Josephus' Ratschlag befolgten und aus der

Stadt flohen, wurden dessenungeachtet noch in Sichtweite der Mauern von den Römern gefangengenommen und gekreuzigt: «Und da ihrer so viele waren, fehlte es bald an Raum für die Kreuze und an Kreuzen für die Leiber.»[15] Die ganze Gegend muß vom Gestank toter Leiber, die man an hölzerne Kreuze genagelt hatte, verpestet gewesen sein. Das römische Feldlager befand sich beim sogenannten Assyrerlager, also dort, wo Sanherib 771 Jahre zuvor seine Zelte aufgeschlagen hatte. In einem sich wandelnden Jerusalem ist nichts so beständig wie die Geographie.

Wenn man an einem Wintertag auf der Mauer steht und der Nebel über die Hausdächer streicht, dann hüllt er die Neustadt mit ihren Fernsehantennen und den geparkten Autos ein, so daß nur noch der historische Kern ohne irgendwelches moderne Zubehör übrigbleibt. Ganz kurz bietet sich ein Anblick, wie er zur Zeit von Jesaja oder Josephus gewesen sein muß – zeitlos, «[euer] Himmel wie Eisen und euer Land wie Bronze» (Lev 26,19). Wir kennen diese flachen Steindächer aus Jesaja (22,1): «Was ist mit dir? Warum sind deine Bewohner alle auf die Dächer gestiegen ...?» Die kompakten kleinen Häuser, die dicht aneinandergedrängt die düsteren, schmalen Gäßchen säumen, ziehen sich steil den Hang hinauf. Im nächsten Augenblick bricht die Sonne durch die Wolken und fällt auf die nassen Steine, so daß die schmalen Gassen, die Josephus im ersten Jahrhundert so häufig beschrieb, wieder in ihrer glasklaren Schönheit erstrahlen.

Bei diesem weichen Licht hat man von den Befestigungswällen aus einen guten Blick auf die Oberstadt, auf den Berg Zion, wo sich der letzte jüdische Zelot noch einen Monat lang behauptet hatte, nachdem der Rest der Stadt in die Hände der Römer gefallen war. Die Familien der Reichen und der Priester wohnten in der Oberstadt; von dort aus schauten sie, wie bei Hohenpriestern häufig der Fall, herab auf den Berg Gottes, der ihnen ihren Lebensunterhalt verschaffte. Die Oberstadt war vom brennenden Tempel durch eine große Brücke getrennt, über die, wie Josephus behauptet, die Römer deren Bewohner mit Reden bombardierten und schikanierten. Die vergangenen neunzehnhundert Jahre haben zusätzliche Verwüstungen auf diesem Hügel angerichtet. Von dem Tempel an seinem Fuß und dessen Vorhöfen ist nur die riesengroße Plattform übriggeblieben. Und doch ist es noch heute möglich, viele der von Josephus erwähnten markanten Stellen zu bestimmen, unter anderem die Brücke. Sie beschwören vor dem inneren Auge den vergangenen Glanz der Stadt und die letzten blutigen Szenen ihrer Unterwerfung herauf. Es ist offensichtlich, warum die Oberstadt bis zuallerletzt durchgehalten hat. Die Römer konnten sie nicht stürmen, nachdem sie den darunterliegenden Tempelplatz eingenommen hatten. Sie waren gezwungen, neue Wälle zu errichten. Holz mußte geschlagen und von weit her herangeschafft werden; in der Umgebung gab es bis auf eine Entfernung von hundert Achtelmeilen (das sind zwei Kilometer) keine Bäume mehr. Auf erbitterte Kämpfe von Haus zu Haus folgten Nahkämpfe von Mann zu Mann in den unterirdischen Gängen und abermals ein großes Feuer. Das Gemetzel, so behauptete Josephus – und vermutlich hat er nicht sonderlich übertrieben –, «überschwemmte die Stadt mit Blut, so daß manche Feuersbrunst durch Blut gelöscht wurde» [16].

In den vergangenen Jahren machten zwei bekannte Archäologen, die Engländerin Kathleen Kenyon und der Israeli Nachman Avigad, bei Ausgrabungen einige dramatische Funde aus der Zeit der Zerstörung im Jahr 70 n. Chr. Unter dem Schutt, der durch die winterlichen Regenfälle außerhalb der derzeitigen Mauern aufgewühlt worden waren, entdeckte Kenyon Menschenknochen, darunter drei zertrümmerte Schädel, «eine Erinnerung an das von Josephus beschriebene Gemetzel, bei dem die Straßen mit Blut überschwemmt wurden» [17]. Die Datierung dieser Schädel wurde durch eine bei den Knochen gefundene Börse mit Münzen erleichtert, die ein paar Monate vor der Zerstörung der Stadt geprägt worden waren. Das von Kenyon ausgegrabene Gelände war später nie wieder besiedelt. Die Überreste, die sie fand, lagen unmittelbar unter der obersten Erdschicht – ohne Zwischenschichten aus byzantinischer, arabischer oder der Kreuzfahrerzeit.

Innerhalb der Oberstadt hat Avigad die Überreste mehrerer Priesterpaläste freigelegt, die allesamt rußgeschwärzt sind. Auch hier gaben im Jahr 69 n. Chr. geprägte Münzen einen Hinweis auf das Datum des Feuers, ebenso Haushaltsartikel und andere in der Asche gefundene identifizierbare Gegenstände. Doch erst ein in den Trümmern entdecktes Familiensiegel vermittelte dem Archäologen jenes seltene, köstliche Gefühl, daß er es mit ganz konkreten Menschen zu tun hatte. Die Inschrift auf dem Siegel wies darauf hin, daß eines der niedergebrannten Häuser dem reichen Kathros gehört hatte, einem wegen seiner Habgier und Bestechlichkeit verhaßten Hohenpriester, an den eine bekannte Parodie auf die Priesteroligarchie aus dem Talmud erinnert:

> Leid kommt mir aus dem Hause Baytos, Leid kommt mir von ihren Stöcken,
> Leid kommt mir aus dem Hause Hannin, Leid kommt mir von ihrem Getuschel.
> Leid kommt mir aus dem Hause Ismael, Leid kommt mir von ihren Fäusten,
> Leid kommt mir aus dem Hause Kathros, Leid kommt mir von ihren vergifteten Federn.
> Sie alle sind Hohepriester, und ihre Söhne sind Steuereintreiber, ihre Schwiegersöhne sind Kassierer, und ihre Diener schlagen die Leute mit Peitschen.[18]

Die Trümmer rauchten noch, da begannen die Überlebenden schon die Theologie des Verderbens zu spinnen. Sie weigerten sich zu glauben, daß Gott sie aufgegeben hatte. Vielleicht war er müde oder alt oder einfach nur im Exil, genau wie sie. Aber eines Tages würde er zurückkommen. Es würde eine Rückkehr geben. Und bis zu diesem Tag würden sie ein leidgeplagtes

Volk sein. Am Jahrestag der Zerstörung würden sie fasten, auf niedrigen Schemeln sitzen und sich Asche auf ihre Häupter streuen. Und sie würden jahrhundertelang über die Bedeutung dieses Ereignisses Vermutungen anstellen.

Einige dieser – anfangs mündlich überlieferten – Vermutungen wurden im fünften Jahrhundert zusammengetragen und im *Midrasch Echa Rabbati*, den rabbinischen Erläuterungen zu den Klageliedern, kodifiziert. Das Ende der realen Stadt veranlaßte die Überlebenden dazu, ihre Spekulationen über das in ihrer Vorstellung existierende Jerusalem zu verdoppeln. Im Verlauf dieser Entwicklung bekam die Tradition der Exegese selbst etwas Heiliges.

Die Klagelieder waren die großen Elegien auf die Zerstörung Jerusalems im Jahr 586 v. Chr. Im Midrasch zu den Klageliedern wurde jedes Wort, jeder Satz des Originaltextes auf die spätere Tragödie bezogen. Ähnliche exegetische Beschäftigungen und Verworrenheiten sollten über die Jahrhunderte hinweg Konjunktur haben. Der erste Satz in den Klageliedern (1,1) heißt: «Weh, wie einsam sitzt da die einst so volkreiche Stadt. Einer Witwe gleich die Große unter den Völkern.» Das Schlüsselwort war hier den Exegeten zufolge das Wort ‹wie› (*eicha*).

Im Hebräischen, wie auch in zahlreichen anderen Sprachen, hat *eicha* (mit Ach-Laut ausgesprochen) einen eindeutig wehmütigen, lautmalerischen Klang. *Eicha* klingt wie Geheul. «Wie *kannst* du nur!» *Eicha*, nicht Klagelieder, lautet die hebräische Bezeichnung für dieses Buch. Aber der Midrasch zu den Klageliedern besteht nicht nur aus zwanghafter Qual, Selbstmitleid oder Gejammere. Er ist durchaus geistvoll und enthält die freie und ungebundene Philosophie einer faszinierenden und komplexen Gemeinschaft von gelehrten Rabbinern – Sherlock-Holmes-Gestalten auf der Suche nach einer neuen Religionsphilosophie. Sie leben in einem einmaligen Bildungsstaat, in dem das religiöse Drama nicht mehr in konkreten Kulissen in Szene gesetzt wird, wie im zerstörten Tempel, sondern im Geiste. Gott ist überall. Der Mensch ist dazu aufgerufen, sich seine

Pracht und Herrlichkeit zu vergegenwärtigen, indem er sich auf das Studium der heiligen Bücher verlegt. Zu diesem Zweck genügt jede Studierstube, jede noch so kleine Synagoge irgendwo auf der Welt. Jerusalem ist nach wie vor das Schlüsselwort, das prachtvolle Visionen von einem messianischen Zeitalter heraufbeschwört. Die Exegeten nehmen solche Tagträume in diesem Stadium nicht allzu wörtlich. Die Erinnerung an die verlorene Stadt ist noch immer lebendig; der Messias jedoch ist nicht mehr unbedingt die himmlische Gestalt auf die Apokalypse bezogener Überlegungen. Im Verlauf der Jahrhunderte verlagert sich der Schwerpunkt auf das Hier und Jetzt, auf den Menschen und auf die Vernunft. Chaim Raphael, ein zeitgenössischer Midraschforscher, meinte, die Autoren des Midrasch zu den Klageliedern seien, ohne sich dessen bewußt zu sein, Vorläufer des Liberalismus des neunzehnten Jahrhunderts gewesen. Als die Mauern von Jerusalem fielen, erhob sich aus den Trümmern eine höhere Form der Religion. Doch die Gespenster der alten sind geblieben.

Von der osmanischen Zitadelle mit ihren imposanten herodianischen Türmen, die die Römer als Denkmal für den Heldenmut ihrer Waffen hatten stehenlassen, verlaufen die Mauern der Altstadt in gerader Linie an der Schlucht entlang zum Scheitelpunkt Zions. Hier waren die Mauern wegen der Beschaffenheit des Geländes ähnlich wie im Norden ziemlich empfindlich. Infolgedessen erzählen sie mehr von der Geschichte der Stadt. Die Grundmauern wurden wahrscheinlich im Jahr 445 v. Chr. von Nehemias Leuten gebaut oder wiederaufgebaut. Antiochus IV. (sein griechischer Beiname Epiphanes bedeutet «der Sichtbare [Gott]») stürmte diese Mauer im Jahr 148 v. Chr., um, wie uns Tacitus erklärt, den nationalen Aberglauben zu zerstören. Achtzigtausend Menschen wurden hingemetzelt und ebenso viele in die Sklaverei verkauft. Der Tempel wurde geplündert. Der Erfolg des Antiochus war jedoch von kurzer Dauer. Wenig später brach der Makkabäeraufstand aus, und

Jerusalem kehrte wieder zu einem älteren Glauben zurück. Die Grundmauern der Hasmonäer überlebten die Zerstörung des Jahres 70 n. Chr. Sie sind noch heute auf Bodenniveau zu sehen; und über ihnen erheben sich die großartigen Überreste aus byzantinischer Zeit.

Von der Promenade an den Mauern aus kann man heutzutage nur noch wenige byzantinische Überbleibsel sehen. Wir haben jedoch eine ziemlich genaue allgemeine Vorstellung davon, wie die byzantinische Stadt ausgesehen hat. Diese verdanken wir einem aus dem sechsten Jahrhundert stammenden Blick aus der Vogelperspektive auf Jerusalem, dem sogenannten Mosaik von Medeba, das im vergangenen Jahrhundert unter dem Querschiff einer Kirche in Transjordanien gefunden wurde. Es zeigt zwei gewaltige, von geschlossenen Säulengängen gesäumte Straßen, die in Nord-Süd-Richtung durch die Stadt verlaufen und auf beiden Seiten an einer großen Basilika enden. Im Norden stand eine gewaltige Säule, auf der sich möglicherweise eine Statue des Kaisers Hadrian befand. Imposante Überreste der beiden Straßen und der Basiliken – der Anastasis und der Nea – wurden, vor allem nach 1967, bei ausgiebigen Ausgrabungen in der Altstadt freigelegt.

Die byzantinische Stadt wurde 614 von den Persern unter Khosrow II. eingenommen. Den Persern als Anhängern der Lehren des Zarathustra war jeder Christ ein Greuel. Sie erhielten Unterstützung von den Juden in der Umgebung, die freudig die Gelegenheit ergriffen, es ihren christlichen Peinigern heimzuzahlen. Die herrlichsten Kirchen wurden niedergebrannt, die Pracht, die sich in drei Jahrhunderten angesammelt hatte, vernichtet. Sehr maßvollen Berechnungen zufolge wurden 33 877 Menschen abgeschlachtet. Ein Mönch namens Sophronius hielt die Katastrophe in einer Ode fest, die auch eine Auflistung aller zerstörten Gebäude beinhaltete. Vierundzwanzig Jahre später kamen die Araber und nahmen die Stadt ohne Kampf ein. Wie die meisten Bewohner Jerusalems behaupteten auch sie, hier habe Gott gesiegt. Die Araber bauten die Mauern wieder auf – und die Kreuzfahrer belagerten sie im Jahr 1099.

Wie üblich, wurde die Stadt von den Kreuzfahrern vom Norden und vom Südwesten her eingeschlossen, wo sich das Gelände, da es keine hinderlichen steilen Abhänge aufweist, gut zum Angreifen eignet. Die Belagerung begann Anfang Juni und endete mit dem Fall Jerusalems Mitte Juli. Wenn man an einem heißen Sommertag auf den Wällen steht, ist es verlokkend, sich vorzustellen, wie unten, in schweren, für ein kühleres Klima gedachten Rüstungen, die europäischen Angreifer stehen und die Sonne wie das glühende Auge eines Feindes auf sie herniederbrennt. Wieder einmal waren so ziemlich alle Bäume in der Umgebung gefällt worden. Es gab so gut wie keinen Schatten. Die Kreuzfahrer mußten das Holz für ihre Steigleitern und andere Belagerungsmaschinerien von der Mittelmeerküste und von einem anderen weit entfernten Ort in Samaria (Torquato Tassos «Zauberwald») heranschaffen.

Steht man auf der Mauer am Jaffator, während unten auf der Straße der Verkehr vorbeidonnert, denkt man an die erstaunliche Art und Weise, in der die Kreuzfahrer den Kampf eröffneten: Dreizehnhundert Ritter, zwölftausend Fußsoldaten und etwa doppelt so viele Pilger ziehen – alle barfuß – in einer feierlichen Prozession um die gesamte Stadt. Vorneweg die Bischöfe und Priester. Dann, Loblieder singend, die Prinzen und Ritter. Die Araber versammeln sich an den Mauern und verhöhnen sie. Ihren Spott empfindet das Kriegsheer lediglich als rührend und anregend. Der eigentliche Angriff erfolgt eine Woche später, Berichten zufolge an einem Freitag, am Tag und zur Stunde der Passion. Unter Hagelschauern aus Steinen und griechischem Feuer erklimmen die Kreuzfahrer schließlich die Mauern. Es folgt ein entsetzliches Massaker. «Dieser blutrünstige Beweis von christlichem Fanatismus ließ den Fanatismus des Islam erneut aufleben»[19], schrieb Steven Runciman, Experte für die Geschichte der Kreuzzüge. «Wenn in späteren Zeiten klügere Vertreter der Lateinischen Kirche im Osten den

Versuch unternahmen, eine Grundlage für die Zusammenarbeit von Christen und Moslems zu schaffen, stand ihnen stets die Erinnerung an dieses Massaker im Weg.»[20]

Wie andere Eroberer Jerusalems wollten auch die Kreuzfahrer die Stadt nicht nur besetzen, sondern besitzen. Ihre gewaltigen Bauunternehmungen wurden sorgfältig aufgezeichnet. Über das Jerusalem der Kreuzfahrerzeit weiß man aus den Chroniken von Reisenden und Geschichtsschreibern so gut Bescheid, daß man heutzutage fast von der gesamten Stadt einen genauen Plan anfertigen könnte. Wir können uns die Straßen, Plätze und Kirchen besser vorstellen als die der meisten mittelalterlichen Städte. Die heutige Altstadt spiegelt noch die Stadt der Kreuzfahrer wider. Die Hauptstraßen decken sich an vielen Stellen mit denen der Kreuzfahrer. Sie erfüllen manchmal dieselben Funktionen. Zwei mit wunderschönen Portiken gesäumte Straßen, die zu Zeiten der Kreuzfahrer Straße der Gemüsehändler und Rue du Malcuisinat (Straße des schlechten Kochens) hießen, verlaufen noch genauso wie damals und würden eigentlich noch heute ihre Namen verdienen, obwohl sie inzwischen umbenannt wurden. Der französische Archäologe Melchior de Vogüé aus dem neunzehnten Jahrhundert war von der Übereinstimmung der modernen Stadtpläne mit denen aus der Kreuzfahrerzeit derart begeistert, daß er behauptete, man könne die Chroniken aus dem dreizehnten Jahrhundert getrost als Reiseführer für die moderne Stadt benutzen. Ein anderer französischer Archäologe, Félicien de Saulcy, unterstellte eine geistige Verwandtschaft zwischen Jerusalem und Paris. Das Drama Jerusalems, so meinte er, sei nicht nur ein nationales Drama, sondern mehr noch ein revolutionäres, da die Französische Revolution in ihren wichtigsten Etappen die Erhebung von Jerusalem gegen die Römer «nachvollzogen» habe.

Geht man auf der Mauer von der südwestlichen Ecke nach Norden in Richtung Zitadelle und Jaffator, so gelangt man an eine breite Bresche, die 1898 in die Stadtmauer geschlagen wurde, um den deutschen Kaiser mit seinem Gefolge einzulassen. General Allenby, der britische Eroberer Jerusalems, betrat 1917 die Stadt auf demselben Weg, stieg jedoch an diesem Mauerdurchbruch vom Pferd und ging bescheiden zu Fuß weiter – eine Geste, die damals großes Aufsehen erregte.[21] Während des langen und schwierigen Feldzugs las der General täglich seine Bibel und G. A. Smiths *Historical Geography of the Holy Land*. Am Ende gelang es ihm, die Stadt einzunehmen, ohne einen einzigen Schuß abzugeben. «Sie ist nie zuvor so zahm gefallen», schrieb T. E. Lawrence («Lawrence von Arabien»), der mit Allenby in Jerusalem einmarschierte, an seine Mutter, nicht ohne eilig hinzuzufügen: «Diese modernen Kriege mit gewaltigen Heeren und Waffen von großer Reichweite sind für das historische Schlachtfeld ziemlich ungeeignet.»[22] Es vergingen keine fünfzig Jahre, bis sich gleich zweimal herausstellen sollte, daß er sich geirrt hatte.

Steigt man nach der Bresche wieder auf die Mauer und geht weiter nach Norden, so entdeckt man innerhalb der Altstadt kleine Gärten und genießt trotz eines Waldes von Fernsehantennen einen schönen Blick auf die steinernen Dächer und Türme. Auf einer Tafel an der Mauer steht «Jordanian Post». Sie stammt aus der Zeit zwischen 1948 und 1967, als dieser Teil der Mauer, der an einen schmalen Streifen Niemandsland zwischen dem israelischen und dem jordanischen Teil Jerusalems grenzt, militärisches Gebiet war. Jordanische Heckenschützen benutzten diese Stelle gelegentlich, um auf Israelis zu schießen, die durch das verlassene Grenzgebiet gingen. Es gab jedoch auch weniger ernsthafte Augenblicke während dieser Jahre periodisch aufflackernder Kämpfe, etwa als einer Nonne auf israelischer Seite beim Husten das Gebiß aus dem Fenster ins Niemandsland fiel und ein vorübergehender Waffenstillstand unter der Schirmherrschaft der Vereinten Nationen anberaumt wurde. Zwei UN-Aufsichtsbeamte, blau behelmt und weiße Fahnen schwingend, durchkämmten das mit Schutt übersäte Gelände, in das sich seit Jahren nur wenige Menschen gewagt hatten und aus dem noch weniger lebend zurückgekehrt waren.

Ihre Suche nach dem Gebiß war erfolgreich. Heutzutage ist dieser Mauerabschnitt eine beliebte Touristenattraktion. Aus dem ehemaligen Niemandsland ist eine belebte Verkehrsader geworden. Die Franziskanermönche beschweren sich gelegentlich, daß Touristen, die auf der Mauer herumspazieren, in ihre Schlafzimmerfenster spähen – was einen an den Chor in Sophokles' *Oedipus* erinnert: «Vergebens führst du Türme auf, baust Schiffe dir, / Wenn es an Männern zur Besatzung mangelt.»[23]

Unterhalb der Mauern befinden sich nahezu auf Schritt und Tritt Gräber. Die Stadt ist ringsum von einer riesigen Nekropolis umgeben. Im Süden, Osten und Westen der Stadtmauern fügen sich alte und neue Friedhöfe zu einem einzigen Gesamtbild zusammen: Grabsteine aller Arten, Höhlen, Krypten, Gewölbe, Katakomben, Mastabas, Felsdenkmäler, Kirchhöfe und Friedhöfe aller Nationen und Glaubensrichtungen. In Jerusalem hat die Tradition vor langer Zeit für die fernen Vorväter gestimmt, und so entstand eine Art Totendemokratie. Für Jerusalem gilt, was Rimbaud über das Rom der Barockzeit sagte: Hier scheint der Tod geboren zu sein. Die dauerhaftesten Denkmäler in Jerusalem sind die Gräber und Zenotaphe. Sie gehören vermutlich zu den ältesten im Nahen Osten. Im Sommer, wenn die Hitze schwer über den erstarrten Kämmen aus verkrustetem Sand hängt, klettern Kinder auf den verstreuten Grabsteinen umher und spüren das langsame Feuer in ihrem Innern. Es ist erstaunlich, wieviel Mühe sich Menschen, die das Leben so beiläufig behandelten, mit den Toten – gleich ob Königen oder armen Leuten – und ihren Gräbern gaben.

Der Verfasser des Buches Nehemia nannte Jerusalem die Stadt, «in der die Gräber meiner Väter sind» (Neh 2,5). Die ältesten jüdischen Gräber sind tief in den Felsen gehauen. Die im Osten übliche Angst vor Grabräubern führte dazu, daß man komplizierte Vorrichtungen ersann, um diese fernzuhalten. Vor einigen Gräbern liegt noch heute ein schwerer, radförmiger Verschlußstein, hinter dem dunkle, höhlenartige Gemächer mit kunstvoll gemeißelten Wänden und Nischen (*kuchim*) zur Aufbewahrung von Knochen zum Vorschein kommen. Eine jüdische Grabinschrift aus dem fünften oder sechsten Jahrhundert, möglicherweise die von Schebna, dem Palastvorsteher des Königs, dessen in den Fels gehauenes Grab in Jesaja (22,1) erwähnt wird, lautet: «Hier ist kein Silber und Gold... verflucht sei derjenige, der... dies öffnet.»[24] Außerdem hat man ein von einem Nagel durchstoßenes Sprungbein gefunden; es stammt aus dem ersten Jahrhundert und weist auf eine Kreuzigung durch die Römer hin – bislang der einzige derartige Fund. Die Museen der Stadt sind voll von Särgen und kunstvoll verzierten Knochengefäßen und Urnen. Der Zusammenhang zwischen Religion und Tod, oder vielmehr der Angst vor dem Tod, ist allgemein bekannt. Bei den Juden gab es einen weitverbreiteten Gräberkult. Die Rabbiner widersetzten sich dem zwar, aber trotzdem wurden ihre eigenen Gräber früher oder später auch zu Gegenständen der Verehrung. In späteren Zeiten setzte sich die Überzeugung durch, daß in Jerusalem zu sterben und begraben zu werden eine Abkürzung ins Paradies bedeutete. So berichtete 1047 der persische Reisende Nasir-i-Khusrau, daß «Männer aus allen Teilen der Welt»[25] nach Jerusalem kämen, um dort zu sterben. Juden und Moslems glaubten, wenn sie in Jerusalem stürben, würde ihr Fleisch nicht verwesen. Am Ende aller Tage, wenn ihr Schöpfer sie endlich vor sein Angesicht rufen würde, um sie von aller Erinnerung zu befreien, würde ihnen die qualvolle und unbequeme Aufgabe erspart bleiben, unter der Erde nach Jerusalem rollen zu müssen.

In Jerusalem gibt es Gräber aus allen Epochen, angefangen vom achten vorchristlichen Jahrhundert; und es gibt ein paar bemerkenswerte Lücken: keine Gräber aus der Zeit der Eroberung durch die Perser, obwohl damals Hunderttausende hingemetzelt wurden (in der zoroastrischen Religion war es verboten, die reine Erde mit unreinen Leichnamen zu besudeln), und nur ein einziges Kreuzfahrergrab. Dabei muß es Tausende von Kreuzfahrergräbern gegeben haben, darunter zahlreiche monumentale Grabdenkmäler. Aber Gräber haben von jeher eine besondere Rolle in den Kämpfen um Jerusalem gespielt. Ihre Zerstörung kennzeichnete häufig den Übergang von einer Religion oder Glaubensrichtung zu einer anderen. Die Griechisch-Orthodoxen warteten bis 1810, um zwei Gräber von Kreuzfahrerkönigen zu zerstören, die Chateaubriand vier Jahre zuvor noch mit eigenen Augen gesehen hatte. An Gräbern lassen sich die widersprüchlichen Bereiche der Erinnerung in der Stadt ablesen. Von den schätzungsweise siebzigtausend jüdischen Gräbern an den Hängen des Ölbergs wurden in den neunzehn Jahren der jordanischen Herrschaft zwischen 1948 und 1967 etwa fünfzigtausend zerstört oder unkenntlich gemacht.

Bedeutende moslemische Grabstätten wurden augenfällig auf den Kuppen der umliegenden Hügel errichtet. Henry Maundrell, ein englischer Reisender aus dem siebzehnten Jahrhundert, bemerkte (vielleicht etwas boshaft), daß «man unter den Türken weitaus mehr tote Heilige antrifft als lebende» [26]. Die moslemischen Grabsteine in den Friedhöfen aus jüngerer Zeit bestehen aus zwei Säulen, die aussehen wie «Mann und Frau, die sich am Frühstückstisch gegenübersitzen» [27]. Ein Ehrenmal für die im Sechstagekrieg gefallenen Araber, das 1967 mit Unterstützung des liberalen israelischen Bürgermeisters Teddy Kollek errichtet wurde, bedeutete für Kollek den politischen Untergang. Wo in London gibt es ein Ehrenmal für die deutschen Gefallenen? schrien die Kritiker. Kolleks Antwort lautete, daß London nicht gleichzeitig eine deutsche Stadt sei, im Gegensatz zu Jerusalem, das zu einem Teil arabisch ist.

Einige hebräische Grabsteine in einem protestantischen Friedhof, der die Flanke des Berges Zion einnimmt, erinnern an die äußerst dürftigen Ergebnisse, die englische Missionare im letzten Jahrhundert mit ihren großen Bemühungen, die Juden zu bekehren, erzielten. Gegenüber der nordöstlichen Ecke der Altstadt liegt auf dem Gipfel des Scopusbergs ein britischer Militärfriedhof für die Gefallenen des Ersten Weltkriegs. Die protzige Anlage ist in Anbetracht der Schrecken des Krieges, der nach Art der Kreuzfahrer und der Heilsarmee in der Blütezeit des Imperialismus ausgetragen wurde, ziemlich fehl am Platze.

Weiter im Westen nehmen neue jüdische Friedhöfe einen ganzen Berg ein, den sogenannten Herzl-Berg. Im Jahr 1949, fünfundvierzig Jahre nach seinem Tod, wurden die Überreste von Theodor Herzl, dem Begründer des modernen politischen Zionismus, von Wien nach Israel überführt und hier unter einem schwarzen Marmorquader begraben. Die nationale Bewegung, die Herzl mitbegründet hatte und die, wie er hoffte, zur Neugründung eines mit seinen arabischen Nachbarn in Frieden lebenden jüdischen Staates führen sollte, hat ihr Ziel noch nicht erreicht. Am Nordhang des Herzl-Berges liegt ein Militärfriedhof, der an den schweren Tribut erinnern soll, den seit 1948 fünf Kriege und zahlreiche Scharmützel zwischen Arabern und Israelis gefordert haben.

Am Südhang befindet sich eine gewaltige Grabstätte ganz anderer Art, die rein symbolische, ehrfurchteinflößende Gedenkstätte Yad Vashem (wörtlich: «Gedächtnis und Name»). Sie dient dem Andenken an die sechs Millionen in Europa vernichteten Juden, die Herzl, der die nahende Katastrophe ahnte, vergebens zu retten versucht hatte.

Als Kultstätte der säkularen oder politischen Religion Israels rangiert Yad Vashem gleich hinter der Klagemauer. Es legt Zeugnis ab von der Tatsache, daß Israel ebenso auf frische Asche gegründet ist wie auf seine biblische Vergangenheit. Die Gedenkstätte Yad Vashem ist nicht der Stadt zugewandt, sondern blickt zum Meer hin, in die Richtung, aus der die Menschen, die von den Nazis umgebracht wurden, sonst gekommen wären. Ihre Architektur des Schmerzes ist dort am gewaltigsten, wo sie untertreibt. In der nüchternen Gedächtnishalle stehen auf dem Boden die Namen der größten Vernichtungslager. Besucher aller Nationalitäten stehen zu allen Tageszeiten betroffen davor: Maidanek, Sobibór, Buchenwald, Theresienstadt, Bergen-Belsen, Mauthausen, Dachau, Treblinka, Auschwitz. Von einer Art Grabgewölbe im Boden, in dem man die in einem Konzentrationslager gefundene Asche bestattet hat, steigt eine ewige Flamme empor. Vorbeter stimmen das uralte hebräische Totengebet an, ein entrückter, eindringlicher Klagegesang aus dem neunten Jahrhundert, der in seiner schlichten Strenge ebensogut von einem modernen Komponisten stammen könnte.

Als «heiliger Ort» erfüllt Yad Vashem im öffentlichen Leben Israels eine politische und religiöse Funktion ähnlich der des Grabmals des Unbekannten Soldaten in anderen Ländern. Als Denkmal flößt es Ehrfurcht ein. Staatsoberhäupter und Botschafter aus dem Ausland kommen hierher, um Kränze niederzulegen. In der nüchternen Gedächtnishalle vollziehen sie feierlich den Akt der Anerkennung des neuen Staates und bestätigen seine Daseinsberechtigung. Der ägyptische Präsident Sadat besuchte Yad Vashem im Jahr 1977 und schrieb ins Gästebuch: «Möge Gott unsere Schritte zum Frieden hin lenken. Lasset uns allen Leiden der Menschheit ein Ende machen.»

In der jüdischen Tradition sind Katastrophen theologisch mit Erlösung verknüpft. Tod und Wiedergeburt gehen Hand in Hand. Diese Tatsache verleiht Yad Vashem seine besondere politische Bedeutung. Der Historiker Saul Friedländer schrieb über Yad Vashem: «Hier verliert Erlösung seine ausdrücklich religiöse Bedeutung und wird, in weltlichem, aber deshalb nicht weniger mythischem und metahistorischem Sinn, zur Wiedergeburt.» [28] Yad Vashem symbolisiert den negativen Pol einer positiven Energie, die während der letzten hundert Jahre in den Aufbau des jüdischen Staates floß. Dies wurde bei einer Debatte in der Knesset im Jahr 1953 deutlich, in der es um die Einrichtung eines Jahrestages ging, an dem der Vernichtung der europäischen Juden gedacht werden sollte. Mordechai Nurok, der das entsprechende Unterkomitee leitete, sagte: «Wir haben vor unseren Augen einen Friedhof gesehen, einen Friedhof für sechs Millionen Brüder und Schwestern. Vielleicht verdanken wir es ihrem Blut, das wie Wasser vergossen wurde, daß wir unseren Staat haben.» [29]

Gott und Mensch im heutigen Jerusalem

Das Stadtgebiet von Jerusalem ist deutlich und allem Anschein nach starr und unveränderbar unterteilt. Unsichtbare Linien schneiden den historischen Stadtkern in grobe Quadrate, den Nationalstaaten auf dem Balkan nicht unähnlich: das Moslemische Viertel, das Jüdische Viertel, das Christliche und das Armenische Viertel. Geht man von einem Altstadtviertel in das nächste, kommt es einem vor, als würde man die Grenze in ein fremdes Land überqueren.

Jedes Viertel hat seine eigene Religion und seine eigene charakteristische Sprache – oft auch mehr als eine. Jedes besitzt sein eigenes, eigenwilliges Alphabet. Innerhalb jedes Viertels gibt es Abschnitte und Unterabschnitte, die auf altehrwürdige historische Rechte zurückgehen. Die Hauptsprachen sind Hebräisch, Arabisch und Armenisch. Außerdem wird Griechisch, Französisch, Jiddisch, Englisch, Syrisch (oder Assyrisch), Russisch, Deutsch und Äthiopisch gesprochen. Dreißig religiöse Gemeinschaften, die ihre Gottesdienste in mindestens fünfzehn Nationalsprachen und sieben verschiedenen Alphabeten abhalten, drängen sich auf engem, dicht zugebautem Raum. Sie berühren einander, und doch liegen Welten zwischen ihnen, und fast überall ist die Luft mit Feindseligkeit geladen.

Es paßt vollkommen in dieses Bild, daß nur Nichtmoslems von einem «Moslemischen Viertel» innerhalb der Altstadtmauern sprechen. Moslems verwenden diese Bezeichnung nie. Für sie ist die ganze Stadt moslemisch, genauso wie sie in den Augen der Juden jüdisch ist; die Bezeichnung «Viertel» gilt schließlich nur für Minderheiten. Auch besteht keinerlei historische Verwandtschaft zwischen den Minderheiten. Die kulturellen Unterschiede zwischen den einzelnen Vierteln sind größer als etwa die zwischen England und Spanien.

In der Neustadt ist die räumliche Trennung weniger augenfällig als in der Altstadt. Doch die Unterschiede sind wahrscheinlich ebenso verblüffend. Nationale und religiöse Gruppierungen wohnen voneinander abgetrennt innerhalb komplexer, aber klar definierter ethnischer oder konfessioneller Grenzen. Sie bilden Mauern innerhalb von Mauern, Enklaven innerhalb von Enklaven, Gettos innerhalb von Gettos. Die zwei wichtigsten nationalen und religiösen Gruppen – die Israelis und die Palästinenser – leben völlig voneinander abgesondert. Aber der Gegensatz zwischen zwei rein jüdischen Stadtteilen wie etwa Ramot (vorwiegend von nichtreligiösen beziehungsweise nichtpraktizierenden Juden bewohnt) und Mea Shearim ganz in der Nähe (mit seinen ultra-orthodoxen jüdischen Fundamentalisten, die den Staat Israel nicht «anerkennen» und sich weigern, in der Armee zu dienen und Steuern zu zahlen) ist alles in allem noch dramatischer als der Gegensatz zwischen israelischen und palästinensischen Vierteln. Denn hier besteht der Unterschied nicht nur in der Weltanschauung, sondern auch in der Art der Kleidung, der Alltagssprache und der Architektur. Spannungen und Meinungsverschiedenheiten sind hier fast ebenso deutlich spürbar wie zwischen den sich bekämpfenden Israelis und Palästinensern.

Palästinenser und Israelis halten mit der gleichen Leidenschaft an ihren Nationalsprachen fest. Doch gibt es unter letzteren jüdische Jerusalemiten der sechsten oder siebten Generation, die die Verwendung der hebräischen Sprache für weltliche Belange als blasphemisch empfinden. Sie unterhalten sich nur auf jiddisch, einem mittelhochdeutschen Dialekt, den Millionen polnischer und russischer Juden von ihren im Mittelalter im Rheinland lebenden Vorfahren übernommen und bis zum Zweiten Weltkrieg gesprochen haben.

Jerusalem ist eine Stadt mit drei verschiedenen Wochenfeiertagen. Am Sonntag dröhnt das unablässige Geläut von Kirchenglocken über die steingedeckten Hausdächer, und Prozessionen schlängeln sich durch die schmalen Gassen der Altstadt. Der Freitag ist der moslemische Ruhetag. Auf den über Lautsprecher verstärkten Ruf des Muezzins hin eilen Tausende von Moslems durch dieselben Gassen, um an den Gottesdiensten auf dem Tempelberg teilzunehmen. Im Sommer werden die Andachten vor den beiden Moscheen auf dem Berg abgehalten, am Südende der großen steinernen Plattform. Der jüdische Sabbat ist am Samstag. Sirenen künden seinen Beginn kurz vor Sonnenuntergang am Freitagabend an, und mit einem Schlag erlischt jegliches jüdische Geschäftsleben. Die Synagogen – es gibt über tausend im jüdischen Teil der Stadt – füllen sich. Das Tempo und die Atmosphäre des Sabbat in Jerusalem haben etwas ganz Eigenes an sich. Die leeren Straßen hallen wider von den Klängen gesungener Gebete. Einige Viertel sind für den Autoverkehr völlig gesperrt, und anderswo wird der Verkehr während der Gottesdienstzeiten im Umkreis der großen Synagogen umgeleitet. Die öffentlichen Verkehrsmittel stehen still. (Arabische Busse, die durch jüdische Stadtteile fahren, dürfen nicht anhalten, um Fahrgäste aufzunehmen.) Es gibt keine Zeitungen; Theater, Kinos und die meisten Restaurants und Cafés sind geschlossen.

Die Anhänger einer Religion wissen über die Feiertage der anderen nicht immer Bescheid. Ein emsiger Wissenschaftler – ein Agnostiker, versteht sich – hat vor ein paar Jahren eine umfassende Liste aller Feiertage zusammengestellt, die von den verschiedenen in Jerusalem aktiven religiösen Gruppierungen eingehalten werden. Dabei stellte er fest, daß es weitaus mehr Feiertage gab als Tage im Jahr. Die hohen Festtage der Juden und der Moslems allerdings lassen sich schwerlich übersehen. Dann nämlich verwandelt sich die profane Stadt in eine Stadt der Rituale. Ihr optisches Erscheinungsbild paßt sich fast ausschließlich dem Glauben an. So wird etwa an Jom Kippur der Verkehr aus dem gesamten jüdischen Teil der Stadt verbannt. Über den verlassenen Straßen liegt eine unheimliche, herrliche Stille. Da der Verkehr ausgeschaltet ist, hört man, wie in Venedig, nur menschliche Stimmen und Schritte. Auf den Straßen sieht man Männer in Gebetsmänteln, die in die vollen Synagogen gehen oder von dort kommen. Während des Ramadan fasten die meisten Bewohner des moslemischen Teils der Stadt einen ganzen Monat lang jeden Tag von Sonnenaufgang bis Sonnenuntergang. Am Spätnachmittag sind die Moscheen überfüllt; wenig später leeren sich die Straßen der moslemischen Stadtteile, da die Gläubigen zum *Iftaar*, zum Fastenbrechen, nach Hause eilen.

Selbst an normalen Werktagen ist die Religion noch gegenwärtig; dies gilt vor allem für die frühen Morgenstunden. In anderen großen Städten sind die ersten, die in der Dämmerung aufstehen, die Männer von der Müllabfuhr, die Busfahrer und die Zeitungsausträger; in Jerusalem sind es die Frommen. Die Muezzins sind die ersten, und die gläubigen Moslems folgen ihrem Ruf im Halbdunkel, jeder bei sich zu Hause auf seinem kleinen Gebetsteppich. Draußen eilen fromme Juden durch die leeren Gassen zu den Morgenandachten an der Klagemauer oder in den *Stiebel* (Gebetsraum) einer benachbarten Synagoge. An der Klagemauer und in der Grabeskirche wird die ganze Nacht über gebetet. Kurz vor Mitternacht gehen griechisch-orthodoxe Mönche mit Klappern durch die Grabeskirche, um ihre Geistlichen aufzuwecken, deren Dienst am frühesten beginnt. Um ein Uhr morgens folgt die armenische Frühmette. Danach stimmen die ägyptischen Kopten einen Hymnus in der Sprache der Pharaonen an.

Es herrscht ein Übermaß an nationalen, sprachlichen und konfessionellen Unterschieden. Zu den moslemischen Sekten gehören die Sunniten, Schiiten, Sufis, Beduinen und Zigeuner. Heutzutage kleiden sich die meisten Moslems nach westlicher

Art, doch die jungen Leute unterstreichen ihre palästinensische Nationalität häufig dadurch, daß sie demonstrativ karierte Keffias tragen. Einige christliche Orden lassen sich ebenfalls anhand ihrer Kleidung unterscheiden. Armenische, griechisch-orthodoxe, koptische, syrische und äthiopische Mönche tragen unterschiedliche Habits. Die weißrussischen Mönche (unter einem im Exil lebenden Patriarchen, der sich derzeit in New York aufhält) tragen nach wie vor dieselbe Tracht wie die von Moskau kontrollierten rotrussischen Mönche, mit denen sie jedoch kein Wort wechseln. Die meisten Benediktiner sind Franzosen; der Franziskanerorden besteht traditionsgemäß vorwiegend aus Italienern.

Die israelischen Jerusalemiten sind ein gemischtes Volk. Seit dem frühen Mittelalter existierte in Jerusalem eine mehr oder minder homogene jüdische Gemeinde, doch Mitte des neunzehnten Jahrhunderts setzte ein großer Zustrom von Juden in die Stadt ein. Seitdem sind aus allen Winkeln der Erde Scharen von Juden hierhergekommen. Und sie haben ihre unterschiedlichen Nationaltrachten, Kulturen, Sprachen und Traditionen mitgebracht. Die Statistik weist über achtzig Herkunftsländer nach. Zwei Drittel der Juden gelten heutzutage als einheimische Bürger der Stadt, aber viele beten noch in «ethnischen» Synagogen, abhängig davon, aus welchem Land ihre Großeltern oder Urgroßeltern stammten. Es gibt verschiedene aschkenasische und verschiedene sephardische Formen des Gottesdienstes. In bestimmten Synagogen versammeln sich die Polen; in anderen wird, je nach ihren Gemeindemitgliedern, die deutsche, litauische, ungarische oder die sogenannte anglosächsische Liturgie abgehalten. Einige sephardische Synagogen haben sich die unterschiedlichen Liturgien von Italien, Kurdistan und Marokko, ebenso von Istanbul, Kairo, Sana (Jemen), Tanger, Saloniki, Sarajevo und Sofia zu eigen gemacht (und werden manchmal danach benannt). Einige aschkenasische Rabbiner kleiden sich noch heute wie polnische Adlige im achtzehnten Jahrhundert in schwarze Mäntel, schwarze oder weiße Strümpfe und – an Feiertagen – majestätische Pelzhüte, die allesamt aus den unwirtlichen Gegenden des weitentfernten Nordeuropa in die Hitze und das gleißende Licht von Jerusalem verpflanzt wurden. Diese auffallende Tracht der ultra-orthodoxen Juden ist auch eine Folge des im siebzehnten Jahrhundert in Jerusalem geltenden osmanischen Gesetzes: Jede religiöse Gemeinschaft beziehungsweise «Nation» sollte ihre eigene Tracht tragen, «um den Unterschied deutlich kenntlich zu machen»[1].

Innerhalb des jüdischen Chassidismus gibt es noch weitere Differenzierungen in der Kleidung. Einige Chassidim tragen nur schwarze Seidenkaftans, die wie Morgenmäntel um die Taille gegürtet werden, andere nur graue, weiße oder gestreifte. Einige stopfen die Aufschläge ihrer schwarzen Hosen in weiße oder graue Strümpfe, andere nicht. Einige tragen breitkrempige steife Hüte wie römische Kardinäle, andere seidene Jarmulken unter schwarzen Homburgs; wieder andere tragen nur aus reiner Wolle gestrickte Käppchen.

Der Übergang von einer Gemeinde oder Glaubensgemeinschaft zu einer anderen erfolgt plötzlich und ohne Vorankündigung. Er springt einen in gewisser Weise fremdenfeindlich an. So kann es passieren, daß man zwischen zwei Bushaltestellen von einer nationalen oder religiösen Erfahrung (oder Aversion) in eine andere stolpert. Die beiden Bushaltestellen scheinen Jahrhunderte auseinanderzuliegen, obwohl sie sich innerhalb des Territoriums einer einzigen religiösen oder nationalen Gruppe befinden. Man wird in eine andere historische Zeit versetzt. Plötzlich gibt es da eine andere Empfindlichkeit, eine andere Vergangenheit, eine andere Gegenwart.

Die Zeitzonen überlappen sich, ähnlich wie in jenen historischen Gemälden aus Italien oder Frankreich, in denen Persönlichkeiten aus ganz unterschiedlichen Jahrhunderten (wie etwa Dante und Virgil oder Karl der Große und Napoleon) Seite an Seite in der Gegenwart stehen und miteinander plaudern. In der Altstadt vermischen sich die Gruppen auf der Basis gegenseitiger Antipathie. Wenige andere Völker, vielleicht mit Ausnahme der Iren, leben so dicht beieinander und haben doch jeweils ihre eigene, weit zurückliegende Vergangenheit voll gegenseitiger Feindseligkeit.

Ab und zu fühlt man sich an *Tausendundeine Nacht* erinnert: Männer mit Turbanen, verschleierte Damen, grüne Fliesen, geheimnisvoll verschlossene Tore und amerikanisch anmutende Bürogebäude aus Stahl und Glas, die mit steinernen Kuppeln überwölbte mittelalterliche Dächer überragen. Die Ostkirchen erstrahlen in ihrer rituellen Farbenpracht. Die Bischöfe rauschen, die Gewänder mit funkelnden Smaragden besetzt, wie Fürsten durch die Kirchenschiffe; vor ihnen schreiten ihre Kawasse einher, wild blickende, prächtig in Gold und Blau gekleidete Kirchendiener, die die Ankunft ihrer Herren ankündigen, indem sie mit ihren in einem Silberknauf endenden Stöcken auf das steinerne Pflaster klopfen. Gleichzeitig drängen sich in den Basaren Horden junger Israelis in Jeans und T-Shirts (und nicht selten mit Maschinenpistolen bewaffnet) an verdrossen dreinblickenden Palästinensern und alten orthodoxen Juden in Fräcken und Pelzhüten durch das Labyrinth. Letztere scharen sich zu kleinen Grüppchen zusammen. Ihre bleichen Gesichter sind von wild aussehenden Bärten und barocken Schläfenlokken umrahmt. Einige sehen ziemlich mottenzerfressen aus, als hätten sie die vergangene Nacht auf dem Regalbrett einer öffentlichen Bücherei verbracht. Dann wieder sieht man moslemische Ulemas mit turbanumwickelten Fezen, die anzeigen, daß sie den *Haddsch*, die vorgeschriebene Pilgerfahrt nach Mekka, gemacht haben. Auch griechisch-orthodoxe und armenische Priester mit Bärten und langen Gewändern, hoch aufgetürmten schwarzen Seidengebilden auf den Köpfen und dicken, langen Haarspindeln, die sie im Nacken zu Pferdeschwänzen zusammengebunden tragen, spazieren durch das Gewühl.

In den Basaren herrscht ein Gesumm aus Dutzenden von Sprachen. Die althergebrachten Pilgerrouten für die Besucher werden sowohl den Patrioten als auch den Frommen gerecht.

Juden besuchen die Altstadt, um an der Klagemauer zu beten und sich mit Hilfe dieses winzigen archäologischen Relikts eine erregend ungewöhnliche, wunderbare und ergreifende Geschichte ins Gedächtnis zu rufen. Eine Geschichte, die von David bis Dayan reicht: die Entstehung, der Fall und der kürzliche Wiederaufbau ihrer uralten Hauptstadt. Christen kommen, um den Weg Jesu von der Wiege bis zum Grab nachzuvollziehen. Moslems kommen, um den Stein unter der goldenen Kuppel zu berühren, von dem aus Mohammed zum Himmel aufgestiegen ist. Es gibt zahlreiche ergreifende Anblicke und auch einige widersinnige: inbrünstige Pilger, die ausgestreckt auf dem Salbungsstein liegen oder an der Klagemauer weinen; supermoderne, über Computer miteinander verbundene Lautsprecher an ehrwürdigen Minaretten, die die Herden der Moslems aufrütteln; eine Parabol-Fernsehantenne auf dem Wohngebäude eines Ordens, dessen Mönche ein weitgehendes Schweigegelübde abgelegt haben, um auf diese Weise Buße zu tun.

Dann gibt es in Jerusalem das aus öffentlichen Mitteln finanzierte sogenannte Institut für Halachische Technologie, in dem geniale Apparaturen erfunden werden, die die Bedürfnisse des modernen Lebens mit den uralten Geboten des Talmud in Einklang bringen. Zu diesen Vorrichtungen gehören zum Beispiel Aufzüge, Telefone oder Teekessel, die man am Sabbat benützen kann, ohne befürchten zu müssen, die Zehn Gebote zu verletzen.[2] Und außerdem existiert in Jerusalem ein Oberkommando der Vereinten Nationen mit einem großen Stab an Beamten und Sekretärinnen, das vor beinahe einem halben Jahrhundert eingerichtet wurde, um für den Frieden in der Stadt zu sorgen; seine Aufgabe besteht darin, den 1949 geschlossenen Waffenstillstand zwischen Arabern und Israelis «zu beobachten» und nach Möglichkeit aufrechtzuerhalten. Hinter hohen, mit Stacheldraht versehenen Zäunen verschanzt, waltet es von seinem Sitz im ehemaligen Palast des Britischen Hochkommissars aus noch immer seines Amtes; dieser Palast, der auf einem bewaldeten Hügel im Süden thront, verfügt über den vielleicht schönsten Ausblick, den irgendein Anwesen in der Stadt zu bieten hat. «Die Vermittler, die Friedensstifter, die Kompromisseschließer, die Versöhner», so schrieb Yehuda Amichai,

> leben in dem weißen Haus
> und erhalten ihre Nahrung von weit her
> durch gewundene Kanäle, durch dunkle Adern, wie ein Fötus.
> Und ihre Sekretärinnen tragen Lippenstift und lachen
> ... die Bäume, die ihnen Schatten spenden, haben ihre Wurzeln
> in umkämpftem Boden. [3]

In Jerusalem hat man manchmal das Gefühl, ähnlich wie Alice durch einen Spiegel hindurchzugehen. Im Jahr 1982 flogen der Staatspräsident, der Premierminister und das gesamte israelische Kabinett mit Hubschraubern an eine entlegene Stelle in der Judäischen Wüste unterhalb Jerusalems, um einem Staatsbegräbnis mit allem Drum und Dran beizuwohnen, das auf Anordnung des Premierministers einer Handvoll fast zweitausend Jahre alter menschlicher Knochen zuteil wurde. Diese ansonsten unidentifizierten Knochen hatten Archäologen zwanzig Jahre zuvor in einer Höhle in der Nähe ausgegraben. Es waren – oder waren vielleicht auch nicht – die Überreste jüdischer Eiferer, die an dem katastrophalen Bar-Kochba-Aufstand gegen die Römer in den Jahren 132 bis 135 teilgenommen hatten. Der Premierminister ging davon aus, daß sie es waren; in einer leidenschaftlichen Grabrede wandte er sich an seine «ruhmreichen Brüder», die ihrem Volk durch die Jahrtausende zu Ehre und Unsterblichkeit verholfen hatten. Dann wurden die Knochenreste, zu rhythmischer Marschmusik und begleitet von den Trommelwirbeln und Salutschüssen einer militärischen Ehrengarde, in einem mit der Landesfahne geschmückten Sarg auf den Schultern von sechs Brigadegenerälen zu einem Gemeinschaftsgrab getragen. Anschließend flog die ganze Gesellschaft mit Hubschraubern zu einer weiteren Zeremonie zu

Ehren der Nationalhelden des zweiten Jahrhunderts nach Jerusalem zurück.

Es ist ziemlich unwahrscheinlich, daß das Andenken an Boadicea, die Königin der Briten im ersten Jahrhundert, die, wie Bar Kochba, einen katastrophalen Aufstand gegen die Römer anzettelte, heutzutage in England Anlaß zu ähnlichen Zeremonien, geschweige denn leidenschaftlichen Gefühlen geben könnte. Doch in Jerusalem kann es leicht passieren, daß der im zweiten Jahrhundert erfolgte Bar-Kochba-Aufstand gegen die Römer in polemischer Absicht als ein Ereignis von nahezu zeitgenössischer Bedeutung heraufbeschworen wird. Die Intellektuellen mischen Salomos und Bar Kochbas, Saladins und Jesajas immer wieder aufs neue, wie bei einem Kartenspiel. Einer der Gründe dafür ist wahrscheinlich der, daß Jerusalem die Hauptstadt eines jungen Landes ist – eines Landes, das sich seit seiner Etablierung im Jahr 1948 im Krieg befindet –, dessen Bürger sich ihrer selbst noch nicht sicher sind und daher nach beziehungsreichen Symbolen suchen. Ein anderer Grund mag der Gebrauch der hebräischen Sprache sein. Das Hebräisch von heute ist im Prinzip dieselbe Sprache wie vor dreitausend Jahren. Sie vermittelt ein einmaliges Gefühl der Kontinuität; die fernste Vergangenheit ist hier nie so weit weg wie etwa in Kairo oder Rom, wo sich die Landessprachen verändert haben. In Jerusalem kann selbst ein Zwölfjähriger, der ins Museum geht, eine Inschrift aus dem ersten Jahrhundert entziffern und ohne allzu große Schwierigkeiten die Schriftrollen vom Toten Meer oder den Text einer Botschaft Bar Kochbas an einen seiner Gefolgsleute verstehen. «Die in Israel geborene Bevölkerung», schreibt Jonathan Frankel, ein Historiker der Hebräischen Universität, «wächst mit einer Art historischer Amnesie auf, die dafür sorgt, daß Ereignisse, die sich vor zwei- oder dreitausend Jahren zutrugen, als lebendiger begriffen werden als irgend etwas aus dem dazwischenliegenden Zeitraum bis zur Gegenwart.» [4]

In Jerusalem hat man häufig das Gefühl, sich in einer Zeitmaschine zu befinden. Die Menschen betrachten die Vergangenheit, die Gegenwart und die Zukunft, ähnlich wie William Blake, als gleichzeitig existierende Zeiten. Auf dem Dach der Grabeskirche feiern äthiopische Mönche, begleitet von afrikanischer Trommelmusik, wieder und wieder die Hochzeit von Salomo und der Königin von Sheba, eine Verbindung, der sie in direkter Linie zu entstammen glauben. Das sogenannte Heilige Feuer (über das zum erstenmal im neunten Jahrhundert berichtet wird) kommt noch immer jedes Jahr an Ostern «auf wunderbare Weise» vom Himmel auf das Grab Christi hernieder – eine heidnische Zeremonie, bei der es sich um einen teils griechisch-dionysischen, teils christlichen, teils zoroastrischen Feuerkult handelt. Ein Spaziergang in der Umgebung der Altstadt verstärkt den Zeitmaschinen-Effekt. Auf dem Scopusberg wandert man über den neuen Campus der Hebräischen Universität mit seinen hypermodernen Einrichtungen und Computern, die über Satellit mit ähnlichen Institutionen auf der ganzen Welt verbunden sind. Der Scopusberg erhebt sich achthundertvierunddreißig Meter über den Meeresspiegel. Im Winter ist es dort eisig kalt, und manchmal liegt die Universität, wie auch die restliche Stadt, unter einer Schneedecke. Doch von der Universität auf dem Scopusberg ist es nur eine kurze Fahrt bis hinunter nach Jericho, das zweihundertfünfzig Meter unter dem Meeresspiegel liegt – einer der tiefsten Punkte der Erde –, wo inmitten von Bougainvilleen, Palmen, blühenden Mangobäumen und Feuerbüschen ewiger Sommer herrscht. Wie die alten Hebräer in der mittleren Bronzezeit, so kommen noch heute umherziehende Beduinen aus dem wilden afghanischen Bergland Ghor herüber, um ihre Zelte an irgendeinem alten Kanal unter Palmen aufzuschlagen. Die Fahrt von der Universität auf dem eiskalten Gipfel des Scopusberges bis hinunter zu dem außerhalb von Jericho in der warmen Sonne liegenden Beduinenlager dauert nur zwanzig Minuten. An einem kurzen Winternachmittag kann man sich das Klima aussuchen – und dazu noch sein bevorzugtes Jahrhundert.

Natürlich gibt es viele verschiedene Jerusalems: das Jerusalem der Moslems, das Jerusalem der Christen und das der Juden; das Jerusalem der altmodischen Leute und das Jerusalem der neuen jüdischen Einwanderer, die erst kürzlich «heraufgekommen»[5] sind. Es gibt das Jerusalem der Freidenker, deren Bastion die Universität ist; das synthetische Jerusalem aus Kinofilmen; das Jerusalem der Missionare. Es gibt das Jerusalem der glutäugigen Fanatiker samt ihrer Ungeduld mit dem, was lediglich menschlich ist, und ihrem erbarmungslosen Urteil über das Bemühen der Menschheit, Kompromisse zu schließen; die Stadt ist seit dreitausend Jahren dafür bekannt, daß sie ihnen einerseits nachläuft und sie andererseits von sich stößt.

Es gibt das Jerusalem der Geschäftsinhaber, der Touristen und der Pilger, der ausländischen Diplomaten, die für eine einstündige Konferenz im Außenministerium von Tel Aviv hierherfahren. Zwei oder drei Tage in der Woche sind die Hotels voll von Politikern und Lobbyisten, die zu Sitzungen der Knesset erscheinen und dann so bald wie möglich wieder abfahren. Es gibt das Jerusalem der politischen Exilanten, George Seferis'

> Jerusalem, unbeherrschte Stadt,
> Jerusalem, Stadt des Flüchtlings.[6]

Und es gibt das Jerusalem der Exzentriker, der «von Gott Berauschten», die im Sommer barfuß durch die Straßen der Stadt ziehen, um ihren direkten Draht zum Himmel öffentlich kundzutun. Einige kleiden sich in wallende weiße Gewänder und tragen Plakate mit Bibelzitaten und unheilvollen Warnungen. Jeremia war einer der ersten, die forderten, daß jeder, der sich in Jerusalem «wie ein Prophet gebärdet» (Jer 29,27), in Haft genommen wird. Doch wer kann in Jerusalem schon den Unterschied zwischen einem Propheten und einem Verrückten erkennen? Vor ein paar Jahren lief eine in phantastische Gewänder gekleidete «Prophetin» auf dem Zion Square im Zentrum Jerusalems auf und ab und verkündete, sie habe täglich Verbindung zu Gott. Ab und zu verkaufte sie Amulette und Talismane. Eines Tages kaufte ihr der Schriftsteller Dennis Silk für ein halbes Pfund Gottes Telefonnummer ab. Natürlich war es eine Jerusalemer Nummer. Als Silk sie das nächste Mal sah, erklärte er ihr, unter dieser Nummer habe sich nie jemand gemeldet. Worauf sie voller Mitgefühl antwortete: «Na ja, ist das nicht wieder typisch Gott, daß er nicht ans Telefon geht?» [7]

Es gibt das Jerusalem der ausländischen «Generalkonsuln» – veraltete, aus den Tagen der ehemaligen britischen Mandatsregierung übriggebliebene Einrichtungen. Sie halten noch immer an einer Entscheidung der UN-Generalversammlung aus dem Jahr 1947 fest, der zufolge Jerusalem als eigenständige Macht unter internationale Kontrolle gestellt werden sollte. Sie erkennen die Regierung nicht an und werden umgekehrt von ihr ignoriert (obwohl sie dem von denselben Leuten gewählten Bürgermeister ihre Reverenz erweisen). Sie haben das wichtigtuerische Gehabe, wenn auch nicht die Macht der europäischen Konsuln in Jerusalem im letzten Jahrhundert beibehalten. (Im neunzehnten Jahrhundert forderte ein italienischer Konsul, der sich durch einen Zwischenfall auf der Straße beleidigt fühlte, eine offizielle Wiedergutmachung in Form von einundzwanzig Salutschüssen.)

Und außerdem gibt es noch das Jerusalem der zeitgenössischen Schriftsteller. Bei allen hallt irgendwie Gogols Desillusionierung wider: Yehuda Amichai bezeichnet Jerusalem als «einzige Stadt auf Erden, in der die Toten das Wahlrecht haben» [8]; und Chester Kallman schreibt in seinem (ein Jahr nach Whystan Audens Tod verfaßten) Artikel «Dome of the Rock» über Jerusalem:

> Ich gebe keinen Pfifferling für ihre fragwürdige Sehnsucht, irgendwo irgend etwas anzubeten, und ich bete... lieber Whystan, bete für mich! [9]

Andere Dichter setzen Liebe mit Besitz gleich und beten mit Schaul Tchernichowsky, einem Klassiker der zeitgenössischen hebräischen Dichtkunst, daß Jerusalem, «meine Liebe», aufhören möge, «drei orthodoxen Glaubensrichtungen heilig zu sein», und «nur seinem Volk [den nichtreligiösen Juden], keinen Fremden» [10] gehören möge. (Und dies selbst um den Preis seiner «Auslöschung» – eine Art selbstmörderisches Abkommen zwischen der Stadt und ihren Liebhabern; selten wird dichterische Freiheit so weit getrieben.)

In der südöstlichen Ecke der Altstadt sind es nur wenige Schritte von dem von Menschen wimmelnden arabischen Basar bis zum restaurierten Jüdischen Viertel. 1948 wurde die ursprüngliche, aus frommen Juden bestehende Bevölkerung über die Grenzlinien der geteilten Stadt gejagt; das Viertel wurde vom Mob geplündert und niedergebrannt und später von der jordanischen Armee in die Luft gesprengt.

Als die Israelis es 1967 zurückeroberten, entdeckten sie, daß die Jordanier in den vergangenen zwei Jahrzehnten der arabischen Vormachtstellung so gut wie sämtliche Spuren jüdischer Präsenz in der Altstadt getilgt hatten, in der die Juden seit der ersten Hälfte des letzten Jahrhunderts eine Mehrheit dargestellt hatten. Die wichtigsten Synagogen waren niedergerissen worden. Die Westmauer war nach Al-Burak neu benannt worden. Alle Straßenschilder in hebräischer Schrift hatte man überklebt.

Bei den umfangreichen Restaurierungsarbeiten, mit denen die Israelis 1967 im Jüdischen Viertel begannen, handelte es sich nicht nur um eine Wiederherstellung dessen, was verlorengegangen war, sondern mehr noch um eine trotzige Bekräftigung ihrer Präsenz. Das neue Jüdische Viertel ist erheblich größer als das alte. Es wurde von einem öffentlichen Bauträger errichtet, zum Teil auf einem Grund und Boden, dessen arabische Besitzer man enteignet hatte. Nur Juden war es gestattet, Häuser oder Wohnungen in dem wiederaufgebauten Viertel zu kaufen. Als 1974 ein ehemaliger moslemischer Bewohner dieses Stadtteils diese Einschränkung mit dem Argument anfocht, sie sei diskriminierend, wurde sie vom Obersten Gerichtshof bestätigt. Für die Ablehnung der Klage, die einer der Richter als streitsüchtig bezeichnete, führte das Gericht übergeordnete politische und historische Gründe an. In der Altstadt hat zu allen Zeiten ein klar eingegrenztes Jüdisches Viertel existiert, argumentierte das Gericht, und es gab gute Gründe dafür, daß es dort wieder ein klar eingegrenztes Jüdisches Viertel geben sollte.

Vor 1948 lebten in diesem Viertel zumeist mittellose fromme Juden, die dicht gedrängt in baufälligen Behausungen wohnten, ohne großen Wert auf sanitäre Einrichtungen und Komfort zu legen. («Ich wüßte nicht, daß ich je einen tieferen Eindruck vom verfallenen Zustand Zions erhalten hätte» [11], schrieb der englische Zeichner W. H. Bartlett 1852 nach einem Besuch des Jüdischen Viertels von Jerusalem). Wenige der 1948 vertriebenen, alteingesessenen jüdischen Familien kehrten nach 1967 zurück. Die meisten hätten sich die neuen Preise im restaurierten, «veredelten» Viertel wohl kaum leisten können. Die derzeitige Bevölkerung besteht aus etwa fünfhundert Familien und ein paar hundert Jeschiwa-Studenten – alles in allem etwa viertausend Juden, größtenteils Leute aus dem Mittelstand in akademischen Berufen und praktizierende orthodoxe Juden. Viele sind Einwanderer aus den Vereinigten Staaten und sogenannte «wiedergeborene» Juden, die eines der theologischen Seminare besuchen.

In der festen Überzeugung, daß ihre Welt von ewiger Dauer sein wird, haben die Israelis seit 1967 in Jerusalem heftig gebaut: riesige Wohnanlagen, die wie gigantische Festungen aussehen, eindrucksvolle Synagogen, hoch aufragende Bürohäuser, Hotels und Universitätsgebäude, wie eine kolossale Maginot-Linie auf Bergeshöhen. Alles ist gewaltig. Das restaurierte Jüdische Viertel in der Altstadt macht da keine Ausnahme. Durch seine nach innen gewandte, ummauerte, defensive Lage wirkt es abweisend und steinern und verfügt über erstaunlich wenige Grünflächen. Seine neuen, gigantischen Synagogen und theologischen Seminare beherrschen die Szene bereits durch ihre gewaltigen Ausmaße. Die Privathäuser im neuen Jüdischen Viertel wurden in einem menschenfreundlicheren Maßstab aus kahlem, ebenmäßigem Stein erbaut, in einem postmodernen, eklektischen, neoromantischen Stil, dem gewölbte Durchgänge, kuppelartige Decken, flache Steindächer, Bogenfenster und mehrere italienisch anmutende Plätze und Innenhöfe einen gewissen Charme verleihen. Die schmalen Gassen und die anheimelnden kleinen Höfe bilden eine Fußgängerzone, die für den gesamten Autoverkehr gesperrt ist. Vier der behaglichen sephardischen Synagogen, die 1948 geplündert und in Brand gesteckt wurden – die älteste stammte aus dem Jahr 1600 –, wurden ebenfalls restauriert, zum Teil mit Einrichtungsgegenständen, die die Zerstörung der jüdischen Tempel während des Zweiten Weltkriegs in Italien überlebt haben. Auf der schönen freien Fläche des Batei Machseh Square steht eine großartige ionische Säule, die vielleicht vom Tempel des Herodes stammt. In die gegenüberliegende Hauswand, an der die Kinder Ball spielen und sich alte Männer im Schatten ausruhen, ist eine von Sacharja (8,4–5) stammende Inschrift eingraviert:

> So spricht der Herr der Heere: Greise und Greisinnen werden wieder auf den Plätzen Jerusalems sitzen; jeder hält wegen seines hohen Alters einen Stock in der Hand.
>
> Die Straßen der Stadt werden voll Knaben und Mädchen sein, die auf den Straßen Jerusalems spielen.

In den Jahren unmittelbar nach dem Wiederaufbau zog das Jüdische Viertel noch immer viele nichtreligiöse israelische Einwohner an. Die meisten von ihnen sind inzwischen weggezogen, erdrückt von der zunehmend ultra-orthodoxen Atmosphäre oder vertrieben durch den subtilen gesellschaftlichen

Druck. Zu Beginn der siebziger Jahre wurden im Herzen des Jüdischen Viertels die Überreste einer Kirche aus dem zwölften Jahrhundert ausgegraben. Anfängliche Versuche, an der teilweise restaurierten Stätte eine Tafel mit dem Namen der Kirche (Heilige Maria der Deutschen) anzubringen, wurden von Wandalen aus dem Viertel vereitelt; das derzeitige Schild außerhalb der Stätte weist lediglich auf einen «archäologischen Garten» hin.

Bewohner des Jüdischen Viertels haben, wenn überhaupt, nur wenig Kontakt mit den Bewohnern der moslemischen Stadtteile in der Umgebung. Sie vermeiden es, durch arabische Straßen zu gehen. Frühere Vorschläge, gemeinsame Krankenhäuser oder Gemeindezentren einzurichten, stießen auf beiden Seiten auf lebhaften Widerstand. Heute ist das Jüdische Viertel, ähnlich wie im Mittelalter, eine Enklave innerhalb der größeren Enklave der arabischen Stadt.

Mea Shearim, im Herzen der Neustadt, bildet eine weitere Enklave innerhalb einer Enklave. 1874 gegründet, war es eine der ersten städtischen Ansiedlungen außerhalb der Altstadtmauern, in einer zur damaligen Zeit nahezu vollkommen öden Landschaft (daher die Mauer, die noch heute einen Großteil des Viertels umgibt, und die vier eisernen Tore, die nachts freilich nicht mehr abgeschlossen werden). Gegründet wurde es von fünf ortsansässigen jüdischen Persönlichkeiten des öffentlichen Lebens, die der Unbequemlichkeit und dem Gedränge in der Altstadt zu entrinnen versuchten. Sie waren Bürger aus fünf verschiedenen Ländern – ein Engländer, ein Deutscher, ein Österreicher, ein Russe und ein Türke; die unsichere Situation unter der türkischen Herrschaft ließ es ratsam erscheinen, sich unter den Schutz so vieler ausländischer Mächte wie möglich zu stellen. In der ursprünglichen Gründungsurkunde, die von den fünf Initiatoren entworfen und von den Oberhäuptern von einhundertvierzehn in Frage kommenden Familien unterzeichnet wurde, wurde die Gründung einer genau geplanten Gemeinde mit ganz bestimmten Regeln festgesetzt. Sie enthielt einen Passus, dem zufolge es möglich war, aufgrund eines Mehrheitsbeschlusses, allerdings bei vollem finanziellem Ausgleich, jeden Hausinhaber auszuschließen, der «Intrigen, Unordnung und Streit verursacht, was Gott verhüten möge». Die Gründer gaben ihrer neuen Gemeinde den Namen Mea Shearim (wörtlich ‹hundert Tore› oder ‹hundertfach›) und beschworen damit die Fruchtbarkeit und Fülle, die in der Genesis (26,12) erwähnt wird: «Isaak säte in diesem Land, und er erntete in diesem Jahr hundertfältig. Der Herr segnete ihn.»

Heutzutage ist Mea Shearim ein lebendiges Museum der Lebensformen, die es bei den ultra-orthodoxen Juden in den Gettos und Schtetls Osteuropas seit Jahrhunderten gab. Die Energien des Viertels sind fast ausschließlich auf sich selbst gerichtet. Die Einwohner von Mea Shearim, die nach wie vor die im achtzehnten Jahrhundert in den nordeuropäischen Gettos übliche dunkle, beengende Kleidung tragen, leben in der strengen, längst vergangenen Welt aus Marc Chagalls Gemälden und Scholem-Alejchems bittersüßen Erzählungen. Mea Shearim ist eine ihrer letzten Bastionen. Nirgendwo können die Ultra-Orthodoxen ihre Bräuche vollständiger und ungehinderter ausleben als hier. Es ist eine mittelalterliche Welt voller Armut und ungebrochenem Glauben – und voller fanatischer Intoleranz gegenüber anderen Gedankenwelten und Lebensformen.

Hier leben sie, außerhalb von Zeit und Raum, auf ihrem Zauberberg, in Gesellschaft eines wilden Wustes abstrakter Gedanken, die ganz ihren eigenen Vorstellungen entspringen. Hier haben, wie Johan Huizinga im *Herbst des Mittelalters* schrieb, tägliche Erfahrungen im Bewußtsein der Ultra-Orthodoxen noch immer «jenen Grad von Unmittelbarkeit und Absolutheit, den Freude und Leid jetzt nur noch im Gemüte des Kindes haben»[12]. Jeder Aspekt des täglichen Lebens – Essen, Hygiene, Beten, Kleidung, Arbeit, Lernen, Ruhen – ist vorgeschrieben und wird in einer feierlichen Form vollzogen, die ihm die Würde eines Rituals verleiht. Privatleben gibt es hier nur sehr wenig; das Leben in Mea Shearim hat (wie Huizinga über das Leben im Mittelalter schrieb) etwas «prunkend und grausam Öffentliches» [13] an sich. Das Leben in Mea Shearim ist intensiver, öffentlicher und zeremonieller als irgendwo sonst. Veränderung wird als Übel betrachtet. Die Ultra-Orthodoxen besitzen keine Gewißheit außer der Vergangenheit. Sie interessieren sich nicht für das Neue und lehnen den modernen, weitgehend unreligiösen Staat Israel jenseits ihres zur Hälfte ummauerten Viertels ab. Die extremsten unter ihnen betrachten den weltlichen israelischen Staat als einen Skandal, eine Ungeheuerlichkeit, eine Scheußlichkeit, die die Heilige Schrift verletzt, während er in den Augen der gemäßigteren vom theologischen Standpunkt aus lediglich mit Mängeln behaftet und verfrüht ist und sich in den Händen von Sündern und Hochstaplern befindet.

Beide Gruppen sehen sich selbst als «Vertriebene», obwohl sie in der Heiligen Stadt wohnen; sie nehmen dieses «Kreuz» (in Ermangelung eines besseren Wortes) im Land der freidenkerischen Juden auf sich. In ihrer Vorstellungswelt ist *galuth* (Exil) ein metaphysischer Begriff. Gott befindet sich bis zur Ankunft des Messias selbst im Exil. *Galuth* ist auch ein psychischer Zustand; die Ultra-Orthodoxen aus Mea Shearim betrachten die weltliche israelische Regierung als eine Regierung der Gojim (Nichtjuden).

Zwischen dem extremsten und dem am meisten gemäßigten Flügel im ultra-orthodoxen Mea Shearim bestehen feine Unterschiede. Die ganz Extremen weigern sich zum Beispiel, an den israelischen Staat Steuern zu zahlen oder die offizielle Sprache zu sprechen (obwohl sie sie gut beherrschen). In ihren Augen ist Hebräisch eine heilige Sprache, die Sprache des Gebets und der Lehre, die durch den täglichen, profanen Gebrauch nicht entweiht werden darf. Die Ultra-Orthodoxen lehnen es ab, zur Wahl zu gehen. Einige ihrer führenden Köpfe haben sich sogar zu der Behauptung verstiegen, daß die Vernichtung von sechs Millionen Juden durch die Nazis eine göttliche Strafe dafür gewesen sei, daß die Zionisten versucht haben, einen weltlichen Staat zu gründen. Die jungen Männer weigern sich, in der israelischen Armee zu dienen. Im Gegensatz zu den ultra-orthodoxen Juden anderswo auf der Welt verzichten die in Mea Shearim sehr wahrscheinlich darauf, das Gastland (Israel) und sein Volk in ihre Gebete einzuschließen. In Kairo, Brüssel oder New York sprechen sie bereitwillig wenigstens einmal im Jahr ein besonderes Gebet für das Wohlergehen Ägyptens, Belgiens oder der Vereinigten Staaten. In Mea Shearim hingegen ist es ein fester Grundsatz, dies nicht zu tun.

Die gemäßigteren unter ihnen unterhalten sich auf hebräisch und gehen sogar zu Wahlen. Die von ihnen gewählten Abgeordneten unterstützen jede Regierung, solange sie ihnen als Gegenleistung eine großzügige finanzielle Unterstützung ihrer Jeschiwas gewährt und ihre jungen Männer vom Militärdienst entbindet. Diese Einstellung ist nicht unbedingt scheinheilig. Durch die Brille der Ultra-Orthodoxen betrachtet, würde die Welt gar nicht mehr existieren, wenn es keine Jeschiwas für die jungen Männer gäbe, in denen die Thora gelehrt wird.

Während der ersten drei Jahrzehnte nach der Gründung des Staates Israels bewiesen die, wenn auch sehr kleinen, ultraorthodoxen Parteien ein großes Geschick dafür, die in der Knesset häufig auftauchenden toten Punkte bei den Verhandlungen zwischen dem rechten und dem linken weltlichen Flügel auszunutzen. Ihre Interessen blieben die meiste Zeit eng auf ihre Religionsgemeinschaft beschränkt – zum Beispiel auf die vorher erwähnte Finanzierung ultra-orthodoxer theologischer Einrichtungen aus öffentlichen Geldern und die Freistellung der jungen Männer vom Militärdienst. Was andere Themen im Bereich der Sicherheit oder Außenpolitik betraf, so waren sie «neutral» – das heißt gefügig. In den letzten Jahren jedoch rückten sie im politischen Spektrum Israels nach rechts außen, wo sie sich territorialen Zugeständnissen an die Araber widersetzten und hartnäckig die kompromißlose expansionistische, «messianische» Linie unterstützen.

Alle Ultra-Orthodoxen in Mea Shearim verfluchen die normale orthodoxe staatskirchliche Verfassung Israels, an deren Spitze das Oberrabbinat steht. In ihren Augen sind deren rituelle Bäder «unrein», ihre Schlachthäuser nicht wirklich koscher, ihre Oberrabbiner voller Fehler und ihre Verordnungen abweichlerisch. Sie boykottieren ihre Rabbiner-Gerichte, ihre Begräbnisbruderschaft und ihre Aufsichtsbehörde für das Koscherwesen; sie haben ihre eigenen Rabbiner-Gerichte, ihre eigene Begräbnisbruderschaft, ihre eigenen rituellen Bäder, Schlachthäuser und Aufsichtsbehörden für das Koscherwesen.

An den israelischen Nationalfeiertagen kleiden sich einige der Ultra-Ultras, Neture Karta (auf aramäisch: ‹Schützer der Stadt›) genannt, in Sackleinen und hissen schwarze Flaggen. Mea Shearim ist die Hochburg der Neture Karta. Während der arabischen Belagerung Jerusalems im Jahr 1948 war Mea Shearim kaum mehr als hundert Meter von der jordanisch-israelischen Grenzlinie entfernt. Anführer der Neture Karta trafen Vorbereitungen, um auf die arabische Seite überzuwechseln, da sie glaubten, ein Leben unter moslemischer Herrschaft sei einem Leben unter einer gottlosen jüdischen Regierung vorzuziehen. Nur durch Androhung, sofort vor ein Kriegsgericht gestellt zu werden, konnte man sie davon abhalten, weiße Flaggen zu hissen.

Heutzutage sind nahezu alle Einwohner von Mea Shearim und den angrenzenden Vierteln Ultra- oder Ultra-Ultra-Orthodoxe. Viele sind *talmidei chachamin* – Schüler der Weisen und Gelehrten –, die sich ganz ihren Studien und dem Gebet widmen. Was ihren Lebensunterhalt angeht, verlassen sie sich ganz auf die Fürsorge, während ihre Frauen die großen Familien aufziehen und zwischen den Schwangerschaften (sieben oder acht Kinder sind an der Tagesordnung) ein bißchen dazuverdienen. Die Anhänger der einzelnen Glaubensrichtungen besuchen jeweils eine der altehrwürdigen Jeschiwas; hier wurden im Laufe der Jahrhunderte die Wörter so fein zerstoßen, daß sie längst zu Staub zerfallen sind. Wieder und wieder wird eine Zeile aus dem heiligen Text unter Berücksichtigung einer anderen interpretiert. Wieder und wieder stellen die Lernbegierigen Mutmaßungen über die Bedeutungen eines einzigen Abschnitts an. In schneller Folge jagt eine Exegese die andere. Junge und alte Gelehrte verkünden sie triumphierend: Wie Pythagoras hören sie die Sphärenmusik, die von den in ihren Umlaufbahnen sich drehenden Planeten ausgeht. Vor nicht mehr als fünfzig Jahren gab es (wie Gerschom Scholem in seinem Buch *Die jüdische Mystik in ihren Hauptströmungen* behauptete) dreißig oder vierzig «Meister des mystischen Gebets», die im Anschluß an jahrelanges spirituelles Training ihre Tätigkeit in Mea Shearim ausübten.

Die Straßen von Mea Shearim sind schäbig und schmal, voller Hausierer und Bettler, Quacksalber, Faulenzer und gebrechlicher alter Leute; es gibt viele kleine Lädchen und einen bescheidenen Gemüse- und Fleischmarkt. Schmuddelige, stikkige kleine Häuser stehen dicht gedrängt auf kleinen Grundstücken, die mit Abfall übersät sind. Die Bevölkerungsdichte ist hier so ziemlich die größte in der Stadt. Ein Drittel der Einwohner von Mea Shearim lebt zu mehr als drei Personen in einem Zimmer. Überall weisen große Schilder auf die ordnungsgemäße Kleidung für Frauen hin: «Jüdische Töchter, die heilige Thora macht es euch zur Pflicht, euch allezeit bescheiden zu kleiden, mit langen Ärmeln und hochgeschlossenem Kragen.» – «Lieber Jude! Halte deine Frau und deine Töchter vom Abgrund der Korruption fern – Minikleider sind der Inbegriff mangelnder Moral.» Andere Plakate verurteilen das Ausstellen von «Götzenbildern» in der Galerie des Israel-Museums, protestieren gegen die Eröffnung eines Schwimmbades, in dem Männer und Frauen gemeinsam schwimmen dürfen, oder verbieten feierlich das Fernsehen, «diese Scheußlichkeit ohnegleichen, die so viel Aufruhr und Leid auf der ganzen Welt verursacht... Verflucht sei der Mann, der eine Wohnung oder einen Laden an jemanden vermietet, der diesen zerstörerischen Apparat besitzt. Er ist kraft der Amtsgewalt gelehrter und frommer Rabbiner auf das strengste verboten.»

Die Welt von Mea Shearim mit ihren Ultras und Ultra-Ultras hat sich in den letzten Jahren erheblich vergrößert und greift inzwischen auf die benachbarten Viertel Geulah und Makor Baruch über. Würde nicht ab und zu ein Flugzeug oder ein Hubschrauber am zinkweißen Sommerhimmel vorbeifliegen, könnte man glauben, man befände sich in einem jener trostlosen Gettos in Polen oder Litauen am Ende des neunzehnten Jahrhunderts. Fast alle Leute sprechen Jiddisch, und die, die erst kürzlich aus Amerika gekommen sind, eine Mischung aus Englisch und Jiddisch. («Er is meschugge, he calls from New York every day un sugt, er kumt. Ober er kumt nisht. No, not on your life.») Es wäre jedoch falsch zu glauben, daß die meisten Bewohner von Mea Shearim frisch eingewandert sind. Zumindest die Hälfte von ihnen lebt bereits in der zweiten oder dritten Generation hier. Für moderne Israelis – gleich ob nominelle oder praktizierende Juden –, die durch diese Straßen gehen, ist die doppelte Illusion von Fremdheit und Vertrautheit verwirrend. Sie fühlen sich angezogen von dem Bewußtsein, hier ihren eigenen Wurzeln zu begegnen, und werden gleichzeitig abgestoßen, denn gegen ebendiese freudlose, seßhafte Lebensform haben die Zionisten zu Beginn dieses Jahrhunderts rebelliert, in der Hoffnung, den «neuen Juden» zu schaffen. Wenn sie jetzt diese bärtigen Männer mit ihren erschreckend bleichen Gesichtern betrachten – einer «Gesichtsfarbe nur einen Hauch von der Leichenhalle entfernt» [14] –, ihre Schläfenlocken, der sonderbaren, für dieses Klima völlig ungeeigneten Kleidung und ihren erschöpft wirkenden Frauen, werden moderne Juden von widersprüchlichen Gefühlen hin und her gerissen. Einmal erkennen sie darin eine vor langer Zeit überwundene Getto-Vergangenheit (der zionistische Führer Chaim Weizmann bezeichnete dieses der Vergangenheit angehörende Leben als ein Fossil, «den körperlosen Geist eines Menschenschlages ohne Körper»[15]), und im nächsten Augenblick sehen sie ihre eigenen Großväter und Großmütter, die als Rauch durch die Schornsteine von Auschwitz und Treblinka aufstiegen.

«Weil es Hitler gab, hat man kein Recht, sich dieser Art von Judentum zu widersetzen»[16], schrieb 1982 der Romanautor Amos Oz. Man braucht die Lebenskraft dieser Menschen auch nicht zu bewundern, fand Oz, denn sie bedroht die eigene. Er erlebte mit, wie die Ultras und Ultra-Ultras vom Stadtteil Makor Baruch Besitz ergriffen, dem an Mea Shearim angrenzenden Viertel Jerusalems, in dem er geboren war. Die Wände in Oz' altem Wohnviertel waren jetzt mit Graffiti übersät, die gegen die Machenschaften der «Hitler-Zionisten» und der «Nazi-Stadtverwaltung von Jerusalem» protestierten. Hier, so schrieb Oz, beherrschen Hitler und der Messias die Wände und bringen die Seelen der Menschen durcheinander. Vorwärtsgetrieben durch einen mystischen Glauben an das Kommen des Messias, «überwältigen sie uns und drohen damit, wieder in Besitz zu nehmen, was man ihnen weggenommen hat»[17].

Allein in Mea Shearim gibt es mindestens fünfzig Synagogen (und in der unmittelbaren Umgebung dieses Stadtteils nochmals mehr als hundert) und beinahe ebenso viele Thoraschulen und Jeschiwas. Die meisten sind schlicht und schmucklos. Manche bestehen lediglich aus einem einzigen, kahlen, unmittelbar zur Straße hin gelegenen Raum, der mit Bänken und Büchern angefüllt ist. Andere liegen versteckt auf Dachböden und in Kellerräumen. Ein paar aus jüngerer Zeit sind modernistisch angehauchte Gebäude mit Unterrichtsräumen und Schlafsälen, in denen viele hundert Studenten dieser Rabbinerschulen untergebracht sind. (An jedem Freitagnachmittag betätigt der Hausmeister kurz vor Beginn des Sabbat einen Schalter, um die Jeschiwa von der städtischen Stromversorgung abzuhängen, da das Elektrizitätswerk vermutlich von Juden betrieben wird, die den Ruhetag nicht einhalten. Sodann betätigt er einen anderen

Schalter, um die eigenen, automatisch laufenden Notstromgeneratoren der Jeschiwa in Betrieb zu setzen.)

Viele dieser Synagogen und Jeschiwas sind bestimmten rabbinischen Sekten und chassidischen Bewegungen angegliedert. Die Oberhäupter der chassidischen Sekten werden – beinahe wie in einem Feudalsystem – auf dem Wege der Erbfolge bestimmt. Meistens geht auch die Zugehörigkeit zu einer solchen Sekte vom Vater auf den Sohn über. Das Oberhaupt einer chassidischen Sekte, der sogenante *admor* (ein Akronym, das für *unser Meister, Lehrer* und *Rabbi* steht), wird nicht nur aufgrund seiner Gelehrsamkeit und Frömmigkeit ausgewählt, sondern auch wegen seiner durch Geburt oder Heirat bestehenden Verwandtschaft mit der Familie des Gründers. Eheschließungen zwischen Angehörigen zweier herrschender chassidischer Familien oder «Häuser» aus taktischen Gründen sind nicht ungewöhnlich. Die Oberhäupter chassidischer Sekten sind häufig charismatische Gestalten, die über ein großes verwaltungstechnisches Geschick verfügen. Die Schüler erweisen ihnen in regelmäßigen Abständen ihre Reverenz – manche jede Woche beim sogenannten *Tisch*, der Zeremonie der Abendmahlzeit am Sabbat. Beim *Tisch* gibt der *admor* an seinem Tisch eine Auslegung der chassidischen Thora. Seine Schüler wenden sich auch in weltlichen Angelegenheiten, gleich ob wichtig oder unbedeutend, an ihn um Rat. Kein Geschäft wird abgeschlossen, kein Arzt aufgesucht, keine Reise unternommen, keine Verlobung arrangiert, ohne daß man den Rabbiner konsultiert.

Die chassidischen Sekten entstanden im achtzehnten Jahrhundert (das auch bei den christlichen Bauern eine Zeit der mystischen Erweckungsbewegung war) in Polen und Rußland. Ihre Begründer waren sogenannte Wunderrabbis, die vorgeblich über magische Kräfte verfügten, mit denen sie Seelen retten und Kranke heilen konnten. Der Chassidismus – das heißt der jüdische Pietismus – war eine populistische Erhebung gegen die trockene und freudlose strenge Gesetzestreue der rabbinischen Einrichtungen dieser Zeit. Das Hauptgewicht lag im

Chassidismus auf dem freudigen Gebet. Dieser Aspekt wurde durch ekstatische Vorführungen von Massenverzückung und den Zusammenhalt innerhalb festgefügter gesellschaftlicher Gruppen noch betont. «Der Eine Heilige, Er sei gesegnet, verlangt das Herz.» Jeder noch so einfache gemeine Mann, ja sogar ein Analphabet, konnte durch Liebe und Gnade die höchste Ebene der Frömmigkeit erreichen. Frömmigkeit erforderte absolute Unterwürfigkeit gegenüber dem wunderwirkenden *admor* oder seinem Stellvertreter. Im neunzehnten Jahrhundert gab es in Osteuropa mehr als dreißig chassidische «Häuser». Dabei handelte es sich nicht um geschlossene Orden, sondern um Massenbewegungen. Mehrere chassidische Häuser richteten sich schon früh eine Ausgangsbasis in Jerusalem ein. Der Chassidismus löste rasch eine intellektuelle Gegenbewegung aus, deren Angehörige sich Mitnaggedim (Gegner) nannten. Diese prompte Opposition entstand ursprünglich unter den litauischen Juden, die für ihren Skeptizismus und ihre Intellektualität bekannt sind, und breitete sich von dort ebenfalls bis nach Jerusalem aus. Die Mitnaggedim schmähten und verhöhnten den Mystizismus der Wunderrabbis und die Tatsache, daß diese größeren Wert auf das Gebet als auf die Lehre legten. Im Laufe der Zeit entwickelten sich die Mitnaggedim selbst zu Sekten, ebenfalls von charismatischen Rabbinern geleitet, die jeweils ihre Gefolgschaft getreuer Jünger hatten.

Die meisten Chassidim aus Osteuropa kamen während des Zweiten Weltkrieges in Auschwitz und Treblinka um. Vier chassidische Herrscher ließen sich nach dem Krieg mit ihren Häusern in Jerusalem nieder; ihre Anhänger sind heutzutage in und um Mea Shearim zahlreich vertreten. Es ist erstaunlich, über welch außerordentliches Standvermögen diese schon fanatisch loyalen Sekten noch mehr als zwei Jahrhunderte nach ihrer Gründung und nach dem völligen Verschwinden der osteuropäischen feudalstaatlichen und mystischen Welt, aus der sie entstanden sind, verfügen.

Die Namen der Sekten spiegeln weit zurückliegende Ursprünge wider, die ihre Bedeutung längst verloren haben. Nicht verloren – zumindest noch nicht – haben sie ihre nahezu magische Anziehungskraft. Belz war eine Stadtgemeinde im Sumpfland des östlichen Polen (jetzt ein Teil der Sowjetunion); es war das Zentrum einer chassidischen Bewegung, die vor dem Zweiten Weltkrieg angeblich mehr als zweihunderttausend Mitglieder gezählt haben soll. Die Anzahl der heutigen Belzer Chassidim wird auf zehntausend geschätzt; die Hälfte davon lebt in Jerusalem, wo sich auch der offizielle Sitz ihres derzeitigen Oberhauptes befindet. Dieser Mann rückte vor einigen Jahren im Alter von dreizehn Jahren in diese Position nach. Vier Jahre später heiratete er aus dynastischen Überlegungen die Tochter des derzeitigen Oberhauptes der Wischnitzer-Sekte, eines anderen großen chassidischen Hauses, das nach einem längst verlassenen Ort in Osteuropa benannt ist. Dieser Schritt führte nicht nur zur Verschmelzung zweier mächtiger Spendensammelorganisationen, sondern festigte auch die Position des jungen Mannes als unumstrittenes Oberhaupt der Belzer Chassidim. Von Jerusalem aus beherrscht er inzwischen ein kleines Reich von Synagogen, Bildungsstätten und sozialen Einrichtungen auf drei Kontinenten.

Das Haus Gor wurde in dem Dorf Gora-Kalwarya im Süden Polens gegründet, doch stammen viele der heutzutage in Jerusalem missionarisch tätigen Gorer Chassidim aus Marokko. Das derzeitige Oberhaupt der Gorer Dynastie ist der zweiundneunzig Jahre alte Rabbi Simcha Bunim Alter. Er hat dieses Amt von einem Bruder geerbt, der den Sitz seines Hauses nach dem Zweiten Weltkrieg von Gora-Kalwarya nach Jerusalem verlegt hatte. Wenn der alte Rabbi in der Gorer Jeschiwa in dem heruntergekommenen ehemaligen Wohnviertel Geulah (das Wort bedeutet Erlösung), das an Mea Shearim angrenzt, auftaucht, lockt er Tausende von ekstatischen Gläubigen an. Im Anschluß an inbrünstige Gebete wird getanzt, getrunken, gesungen und chassidische Musik gespielt. Junge und alte Leute zwängen sich durch die Menge, um einen Blick auf den alten

Mann zu erhaschen, der, umgeben von den führenden Mitgliedern seines Hauses, bewegungslos an einem langen Tisch sitzt. Er führt die Gebete an, als würde er seine Gemeinde exerzieren lassen. Wenn er zu sprechen anhebt, könnte man in der verstummten Menge eine Nadel fallen hören. Im großen Saal, dessen Wände mit Büchern bedeckt sind, gibt es nur Platz zum Stehen. Tische und Bänke hat man entfernt. Die Andächtigen quetschen sich eng zusammen; die heiße Luft riecht intensiv nach Wolle und Schweiß. Die große Menschenmenge wiegt sich, scheinbar besessen, in den überschwenglichen, autosuggestiven Bewegungen des Gebets hin und her. Das jiddische Wort dafür ist *schokeln* (schwingen, schwanken). Während die Körper *schokeln*, nehmen die Gesichter einen entrückten Ausdruck an und beginnen vor Schweiß zu glänzen. Die gleichmäßige Bewegung ist sowohl zeitlicher als auch räumlicher Natur. In einem Augenblick befinden sich die Andächtigen in Jerusalem. Im nächsten fühlen sie sich zurückversetzt nach Gora-Kalwarya.

Bei der Prozession stattlicher, bärtiger Gestalten, die am Samstagmorgen durch Mea Shearim zur Klagemauer zieht, lassen sich die Gorer und die Belzer Chassidim leicht an ihren unterschiedlichen Kaftanen und Pelzhüten erkennen. Die größte und aktivste chassidische Sekte ist die der Lubawitsch, benannt nach einer Stadt in Weißrußland, in der die Begründer der Sekte im achtzehnten und neunzehnten Jahrhundert «Hof» hielten und angeblich viele Menschen mit magischen Beschwörungen, Amuletten und Zaubern geheilt haben. Das derzeitige, durch indirekte Erbfolge zu diesem Amt gekommene Oberhaupt ist ein Mann, der an der Sorbonne Naturwissenschaften studiert hat und jetzt in Brooklyn in New York lebt. Er ist noch nie in Jerusalem gewesen. Seine dortigen Jünger erwarten täglich seine Ankunft in einem Gewittersturm mit Blitz und Donner. Sie sind zu der Überzeugung gelangt, daß der Lubawitscher Rebbe der Messias ist und daß seine Ankunft nur durch ihre eigenen Sünden und ihre unzureichend praktizierte christliche Nächstenliebe verzögert wird. Der Rabbiner steht mit ihnen über das transatlantische Telefon regelmäßig in Verbindung und hält ihnen Life-Predigten.

Endlose Streitereien haben seit Generationen die Beziehungen zwischen den unterschiedlichen osteuropäischen Sekten vergiftet. Die Feindseligkeiten sind ihnen nach Jerusalem gefolgt. In dieser Beziehung besteht kaum ein Unterschied zwischen den sich bekämpfenden jüdischen Sekten in Mea Shearim und den sich bekämpfenden christlichen Sekten in der Grabeskirche. Die Mauern von Mea Shearim sind nicht nur mit unheilverkündenden Warnungen vor den Übergriffen der profanen Welt bedeckt, sondern auch mit Attacken gegen «verfluchte Individuen» innerhalb der Gemeinde, die angeblich heilige Gesetze übertreten haben. Überall an den Wänden kleben Plakate, auf denen sich die diversen ultra-orthodoxen Sekten gegenseitig der Gottlosigkeit und des Verrats bezichtigen. Fast jeden Tag tauchen an den Mauern von Mea Shearim neue Beweise für die unterschwelligen Spannungen zwischen den Sekten auf. Gerschom Scholem, der berühmte Erforscher der jüdischen Mystik und der Kabbala, nannte Mea Shearim «ein recht dialektisches Paradies [...], wie es vermutlich in der Natur von Paradiesen liegt» [18]. Wer war wohl die Schlange in diesem Garten Eden? fragte er sich. «Die Verfasser der Flüche und Verwünschungen [auf den Plakaten] oder wir, die wir auf seinen Mauern herumkrochen?» (Angeblich soll Scholem folgendes Bonmot geprägt haben: «Kabbala ist Aberglaube, aber die Geschichte des Aberglaubens ist Wissenschaft.»)

Die zerstrittenen Sekten in Mea Shearim wurden von einem Gelehrten einmal als «das Plakate-Volk» bezeichnet. Diese in hebräischer Sprache abgefaßten Plakate mit ihren altertümlichen Ausdrücken und Wendungen und den großen, fetten Lettern, die man bereits aus größerer Entfernung lesen kann, sind von Hand gesetzt und gedruckt. Sie stellen die innerhalb des Viertels übliche Form der gesellschaftlichen Kommunikation dar. Die Stadtverwaltung hat schon vor langer Zeit alle Versuche aufgegeben, die Verordnungen, die diese Verunstaltung öffentlicher Bereiche untersagen, durchzusetzen. Die Plakate bedecken weiterhin in immer neuen Schichten Wände, Türen, Fensterläden und Zäune. «Übel», «gottlos», «tödlich», «heuchlerisch», «sogenannter Rabbi», «Verräter», «Verleumder», «Denunziant» – das sind noch die gemäßigteren der dort verwendeten Attribute. Moses Teitelbaum, das Oberhaupt der Satmar Chassidim, meinte einmal, die altersschwachen Mauern im Herzen von Mea Shearim wären «schon längst eingestürzt, wenn nicht die Plakate die abbröckelnden Steine zusammengehalten hätten»[19].

Dabei sind die Mitglieder von Teitelbaums Sekte selbst für einige besonders massive Hetzereien und Denunziationen verantwortlich. Ebenso berüchtigt für ihre Verwendung von Kraftausdrücken sind die «Schützer der Stadt», die Neture Karta. Angehörige dieser Sekte gehen häufig auch auf die Straße, um Busunterstände niederzubrennen oder Autos und am Sabbat geöffnete Restaurants mit Steinen zu bewerfen. Auch als sie versuchten, archäologische Grabungen an Stätten in und um Jerusalem zu verhindern, an denen sich in alten Zeiten möglicherweise jüdische Friedhöfe befunden haben, schreckten sie nicht vor Gewaltmaßnahmen zurück. Da die Umgebung der Stadt eine einzige riesengroße Totenstadt ist, müssen die Neture Karta zwangsläufig fast überall Einwände gegen Ausgrabungen haben. Als der Archäologe, der für die Ausgrabung einer berühmten Stätte – der ursprünglichen Davidsstadt (ca. 800 v. Chr.) im Süden der derzeitigen Altstadtmauern – verantwortlich war, im Jahr 1987 an Krebs starb, wurden in Mea Shearim Plakate aufgehängt, die «voller Freude» das Hinscheiden eines «üblen, gottlosen, abscheulichen Abtrünnigen» bejubelten, «des Archäologen Yigael Schilo, der jetzt ein toter Leichnam ist, nachdem er große und wohlverdiente Schmerzen erlitten hat, solange er noch am Leben war. Hölle und Verdammnis werden jetzt seine Strafe vollenden.»

Zwischen den Sekten herrscht gnadenlose und unnachgiebige Zwietracht. Die radikalsten Eiferer weigern sich, an der Klagemauer zu beten, da dies eine Anerkennung des Oberrabbinats des weltlichen Staates beinhalten könnte, das seit 1967 für die Gottesdienste dort zuständig ist. Für die meisten anderen Juden, nominelle wie praktizierende, ist die Klagemauer die wichtigste Stätte religiöser und historischer Verehrung in Jerusalem, ein Wallfahrtsort und ein Ort des Gebets. Die offizielle Staatsreligion des modernen Israel hat dem Areal an der Klagemauer eine einmalige Stellung zugewiesen.

Der sichtbare Teil der Mauer ist heutzutage um ein Vielfaches länger als vor der bereits geschilderten Aktion im Jahr 1968, im Rahmen derer ein Wohnviertel und eine Menge historischer Schutt weggeräumt wurden. Sieben Reihen der ursprünglichen mächtigen und herrlich behauenen Steine aus der Zeit des Herodes befinden sich über dem Boden; siebzehn liegen noch darunter begraben. Diese Steinblöcke sind so gewaltig, daß «der Verstand sich nicht vorstellen kann, wie sie hier heraufgetragen und an ihren Platz gesetzt wurden» [20], stellte der persische Reisende Nasir-i-Khusrau im Jahr 1047 verwundert fest. Er vermutete, daß die Mauer das Ergebnis eines von Salomo gewirkten Wunders war. Drei unter der Erde liegende Lagen wurden 1968 ausgegraben und freigelegt, so daß sich die Mauer jetzt erheblich höher darstellt als zuvor. Sie wirkt irgendwie streng und gebieterisch. Sogar die Luft im Umfeld erscheint spannungsgeladen.

Die Klagemauer hätte wohl noch gebieterischer gewirkt, wenn man 1968 die restlichen siebzehn unter der Erde befindlichen Steinreihen freigelegt hätte, aber das Rabbinat ist gegen weitere Ausgrabungsarbeiten. Allerdings hat man an der Vorderseite der angrenzenden alten Stützmauer des Tempelberges, die unter den Häusern und Basaren des Moslemischen Viertels nach Norden weiterführt, einen langen Tunnel ausgegraben. Mehrere dunkle Höhlen und uralte unterirdische Gewölbe sind den Gläubigen zugänglich gemacht worden, wo sie an Regentagen in der etwas unheimlichen Atmosphäre einer Katakombe beten können. Die Ausgrabung des rund dreihundert Meter langen Tunnels wurde von der moslemischen Hierarchie als Einmischung und als eine Gefahr für die Sicherheit der darüber auf dem Tempelberg stehenden Moscheen angefochten und gab im Verlauf der Jahre Anlaß zu blutigen Krawallen.

Der große Platz vor der Klagemauer faßt heutzutage ohne weiteres einhunderttausend Besucher und Gläubige. An einem normalen Sabbatmorgen besuchen – vorausgesetzt, es gibt keine palästinensischen Tumulte – Tausende von Menschen die Mauer. Viele beten (allein oder in Gruppen), und einige wehklagen noch heute. Die Männer werden aufgefordert, beim Betreten des Bezirks schwarze Käppchen aus Pappe aufzusetzen. Frauen erhalten graue Tücher, um ihre Arme und Beine zu verhüllen. Männer und Frauen sind durch ein Metallgitter getrennt. Es gibt keine nennenswerten organisierten Gebetsgottesdienste; jeder Gläubige betet in seinem eigenen Rhythmus, zur Musik einer bestimmten Volksgruppe oder chassidischen Sekte. Jede Gruppe bläst ihren eigenen Schofar.

Viele berühren die Mauer mit der Handfläche – eine feierliche, sanft beschwörende Geste; einige küssen den verwitterten Stein. Besucher treten ein Stück zurück, um die Kyklopensteine zu bewundern, die Flaubert an die ägyptischen Pyramiden erinnerten. Vor zweitausend Jahren von den Steinmetzen von Herodes dem Großen kunstvoll behauen, werden diese gewaltigen Steine von einem schmalen, glatten Rand umrahmt, so daß sie aussehen wie geprägte Visitenkarten oder auch Einladungskarten zu einer Bar Mizwa. Mehrere derartige Zeremonien finden in der Tat zweimal in der Woche statt. Betuchte Eltern aus Europa und Amerika verfrachten gelegentlich ganze Flugzeugladungen voller Verwandter und Freunde hierher, um die Bar Mizwa ihres Sohnes an der Klagemauer zu feiern. Umringt von den männlichen Verwandten und Gästen, steht der Junge mit dem Gesicht zur Mauer da und liest von einer großen Thorarolle laut den Gesetzestext der Woche ab.

Da orthodoxem Brauch zufolge die Geschlechter getrennt werden, können Frauen nur innerhalb eines eigens abgegrenzten Bereichs am Südende bis an die Mauer gehen. Ehepaare dürfen sie gemeinsam nur aus einiger Entfernung betrachten. Stachelige Kapernsträucher und anderes Unkraut wachsen im oberen Teil aus den Ritzen zwischen den Steinblöcken hervor. Weiter unten dienen die Ritzen zwischen den verwitterten Steinen einem anderen Zweck. Hier nämlich deponieren die Bittsteller ihre zusammengefalteten Zettelchen, die mit Gebeten und Bitten vollgekritzelt sind – und benützen die Mauer somit als Briefkasten Gottes. Der Brauch, mittels geschriebener Botschaften direkt mit der Gottheit in Verbindung zu treten, der offenbar im achtzehnten Jahrhundert an der Klagemauer entstand, ist recht erstaunlich. Es ist ein Brauch, den weder das Christentum noch der Islam kennen. (Christen lassen Botschaften für gewöhnlich durch einen Mittler überbringen; ein Heiliger wird gebeten, für den Bittsteller Fürsprache einzulegen.) Die schriftlichen Botschaften werden einmal im Monat von den für die Klagemauer zuständigen Männern herausgenommen und feierlich in geweihtem Boden vergraben. In den meisten Fällen sind es Bitten um irgendwelche Wohltaten oder um Erfolg in der Liebe, bei der Arbeit oder in der Schule. Einer Informationsquelle zufolge sind fast alle langweilig und prosaisch – «nur Forderungen und kein Dank»[21]. (Dabei fallen einem unweigerlich die alten Römer ein, die die Standbilder ihrer Götter schlugen oder sogar zerbrachen, wenn ihre Gebete nicht erhört worden waren.)

Gelegentlich wird man unfreiwillig Zeuge hitziger Diskussionen zwischen Besuchern an der Mauer. Was für einen Grund gibt es schon, dankbar zu sein? Wer ist denn dieser Gott überhaupt? Wenn er so gut ist, warum gibt es dann so viel Leid auf der Welt? Die meisten Besucher jedoch scheinen beeindruckt von der erstaunlichen Hartnäckigkeit, mit der die Gläubigen an der uralten Überlieferung und der Hoffnung festhalten. Zu Beginn der fünfziger Jahre entwarf der amerikanisch-japanische

Bildhauer Isamu Noguchi ein gewaltiges Basaltdenkmal zum Gedenken an die sechs Millionen Toten des Nazi-Holocaust, das vor der Klagemauer aufgestellt werden sollte. Wie viele andere Vorschläge zur Gestaltung des Platzes wurde auch dieser abgelehnt. Ein anderes Holocaust-Denkmal, das von dem israelischen Bildhauer Yaakov Agam stammt, wurde rechtswidrig auf dem Dach eines benachbarten Hauses aufgestellt. Es verströmt Rauch, Wasser und das bleiche Licht von sechs brennenden Gasflammen und gibt seit Jahren Anlaß zu Protesten und Prozessen. Der Platz selbst ist nach wie vor leer, eine riesengroße, rechteckige Fläche aus hellem Stein, die zur Mauer hin sanft abfällt.

Hier sorgen rund um die Uhr Andächtige und Touristen für reges Treiben. Tag und Nacht werden hier Psalmen gelesen. Ob Tag oder Nacht, ob Regen oder Sonne, irgend jemand neigt sich hier immer im Gebet zur Mauer. Noch mehr Gebete werden zu allen Tageszeiten in den angrenzenden Tunneln gesprochen. Der Singsang hallt durch die unterirdischen Gewölbe, die angeblich hasmonäischen Ursprungs sind. Gebetsmäntel bedecken die Köpfe der männlichen Gläubigen wie Kapuzen oder Tücher. Nachts erzeugen die seitlich angebrachten, auf die Mauer gerichteten Scheinwerfer einen besonderen Effekt – gespenstisch und bizarr; gleichzeitig leuchten sie eindrucksvoll jede Linie und Ritze in den abgewetzten Steinen aus. Spätnachts stellen sich schwarzgekleidete Gläubige in einer einzigen Reihe vor der erleuchteten Mauer auf und werfen groteske Schatten auf die Steine. In dem unheimlichen bläulichen Licht wirken sie so ausgeliefert wie Männer, die vor einem Erschießungskommando stehen.

Heutzutage ist die Westmauer nicht mehr annähernd das, was sie zu Beginn dieses Jahrhunderts war, als es den Juden noch verboten war, den Schofar zu blasen oder sich auch nur niederzusetzen, und die Moslems regelmäßig Vieh durch die versammelte Schar der Gläubigen trieben. Heutzutage stehen hier Bänke und Stühle; Thorarollen, unter dem Britischen

Mandat an der Mauer verboten, werden hochgehalten. Bereits im zwölften Jahrhundert wurde der Mauerbezirk allgemein als «Grab eines Volkes» bezeichnet. Moslemische und christliche Pilger hatten ihm diesen Namen verliehen – eine Grabstätte ohne Inschriften, ohne Gedenksteine. In der engen, verwahrlosten Gasse, in der erbarmungswürdig aussehende alte Männer und Frauen weinten und «den versunkenen Ruhm ihres Volkes» [22] bejammerten, regten sich bei Besuchern manchmal mitleidsvolle Gefühle, häufiger jedoch häßliche. Richard Newton, Referent des amerikanischen Sonntagsschulvereins und Doktor der Theologie, marschierte gegen Ende des letzten Jahrhunderts durch die Andächtigen an der Westmauer und kam zu dem Ergebnis, daß sie ihr Elend wohl verdient hätten, da sie «Jesus vernachlässigt» [23] haben. Der Archäologe Charles Warren beklagte die Gewohnheit einiger Engländer, am Nachmittag durch den Mauerbezirk zu spazieren, dabei mit den Fingern zu deuten, zu lachen und komische Bemerkungen zu machen, «als sei das Ganze eine Farce, statt sich klarzumachen, daß es sich hier vielleicht um die feierlichste Zusammenkunft handelt, die der Jüdischen Kirche geblieben ist» [24]. Noch 1912 registrierte der bekannte französische Schriftsteller Pierre Loti voller Abscheu die gemeinen Gesichter an der Mauer, die seiner Ansicht nach «von jahrhundertelangem Schachern und Wuchern verunstaltet» [25] waren. Die Kreuzigung Christi, so meinte Loti, habe «ein Stigma» hinterlassen, das «den Stirnen [der Juden] aufgeprägt ist als ein Schandmal, mit dem die ganze Rasse gezeichnet ist». Noch nie zuvor hatte Loti «längere und spitzer zulaufende» Nasen gesehen. «Sie haben hier eine Mauer, an der die Juden flennen», schrieb der englische Romanautor Evelyn Waugh im Jahr 1935 nach Hause. «Sehr vernünftige Idee.» [26]

Es wird noch immer geheult an der Mauer, genauso wie seit dem frühen Mittelalter, wo einem kabbalistischen Text zufolge die Ansicht herrschte, daß «ohne die Gebete jener Männer von Jerusalem, die an der Klagemauer unter Tränen und demütigem Flehen beten und allesamt große Asketen und Heilige sind, die Welt – was der Himmel verhüten möge – nicht mehr existieren würde»[27]. Doch heutzutage ist die Klagemauer ebenso ein nationales wie ein religiöses Denkmal, der bevorzugte Ort für patriotische Zeremonien und Staatsfeierlichkeiten. In der *Hatikvah*, der israelischen Nationalhymne, hat sie stets eine Rolle gespielt, wenn auch nur in der zweiten, weniger bekannten Strophe:

> Solange noch Augen unsere geliebte Mauer sehen
> und Tränen über den Ruinen des Tempels vergossen werden,
> so lange ist unsere Hoffnung nicht verloren.

Dutzende Israelische Nationalflaggen wehen zu allen Tageszeiten über den Platz vor der Mauer. Im patriotischen Ritual Israels nimmt die Klagemauer den wichtigsten Platz ein, gefolgt von den rituellen Stätten Masada und Yad Vashem. Diese Rituale haben etwas an sich, was an das japanische Shinto erinnert – ein Aspekt, der von religiösen Puristen gelegentlich kritisiert worden ist. Doch der mythische Appell dieser kahlen Steine an die Vorstellungskraft eines Volkes leitet sich von der bei den Juden traditionellen Verkettung von Katastrophe und Erlösung her. Die Klagemauer symbolisiert seit 1967 sowohl die Zerstörung als auch die Wiederherstellung eines jüdischen Staatswesens. Dies ist auch der Grund, warum von Staats wegen mehrere politische Veranstaltungen und hohe Festtage an die Mauer verlegt werden. Beispielsweise dient sie als dramatische Kulisse für spektakuläre Militärparaden bei Fackelschein. Diese Praxis erinnert an Durkheims berühmten Ausspruch, daß sich die Gesellschaft in der Religion selbst anbetet. Militärische Elitetrupps marschieren vor der Klagemauer auf und werden dort vereidigt. (Im Jahr 1987 erfolgte daraufhin ein Bombenanschlag palästinensischer Terroristen auf Wehrdienstpflichtige und deren Familienangehörige.) Auch Konzerte werden an der Mauer veranstaltet. Yehudi Menuhin spielte dort am 26. März 1979, um die Unterzeichnung des Friedensabkommens mit

Ägypten zu feiern. Außerdem finden dort Protestkundgebungen, politische Versammlungen und Hungerstreiks statt. Die Westmauer ist zu einem regelrechten Tempel geworden, in dem die Menschen nicht so sehr Gott verehren als vielmehr das Volk, das er angeblich auserwählt hat, und dessen Nationalstaat.

Omar, der zweite Kalif (Nachfolger des Propheten Mohammed), der Jerusalem im Jahr 638 eroberte, versprach den christlichen Bewohnern der Stadt ernsthaft, «die Individuen, ihre Götter, ihre Kirchen, ihre Kreuze – ganz gleich, ob in gutem oder schlechtem Zustand – und ihren Kult ganz allgemein unangetastet zu lassen» [28]. Omars Zusage wurde auch von seinen Nachfolgern mehr oder minder eingehalten. Heutzutage gehören die meisten Christen in Jerusalem noch immer der Griechisch-Orthodoxen Kirche an, wie schon damals zur Zeit der Eroberung durch die Moslems. Ihre Kleriker kleiden sich in dieselben goldenen und purpurfarbenen Gewänder. In ihrem Streben nach dem, was der heilige Johannes Damascenus als «die immerwährenden Grenzen, die unsere Väter gezogen haben» [29], bezeichnete, zelebrieren sie jeden Sonntag in der Basilika aufs neue die Rituale des längst untergegangenen byzantinischen Kaiserhofs. Ernste Kawasse künden die Ankunft des Patriarchen an, indem sie, hochdramatisch und eindrucksvoll, mit den eisernen Spitzen ihrer schweren Stöcke auf die steinernen Fliesen klopfen: *kyrie eleison*. Das Reich, das vor siebzehn Jahrhunderten als erstes das Christentum übernahm, ist untergegangen; doch seine Kirche und seine Rituale leben weiter, ähnlich wie die jüdische Synagoge die Zerstörung der Stadt und des Staatswesens überlebte, dem sie ihre Entstehung verdankt. Nirgends ist die Griechisch-Orthodoxe Kirche beeindruckender als in Jerusalem, wo sie, anders als in Griechenland, noch immer wie eine fette Mutterhenne von ihren diversen «häretischen» oder «schismatischen» Sprößlingen, den sogenannten exotischen Ostkirchen, und von der Kirche Roms umringt wird.

Die Bezeichnung ‹orthodox› umfaßte ursprünglich alle Gläubigen im Gegensatz zu den Heterodoxen, den Andersgläubigen. Die heutige Bezeichnung ‹griechisch-orthodox› ist im Grunde genommen falsch. Denn inzwischen sind die meisten «Griechisch»-Orthodoxen in Jerusalem Palästinenser, auch wenn noch immer eifersüchtig darüber gewacht wird, daß die höheren Ränge des Klerus den Angehörigen des griechischen Volkes vorbehalten bleiben. Aber auch das ändert sich bereits. Die Messe wird auf arabisch gelesen. In Jerusalem wird man ständig an die Tatsache erinnert, daß das Christentum ursprünglich eine östliche Religion war. Als solche überlebte es das finstere Mittelalter. Und als eine östliche Religion gedeiht es in unserer Zeit im Herzen einer in erster Linie moslemischen und jüdischen Stadt.

Das Herzstück des christlichen Jerusalem bildet die uralte Basilika in der Altstadt. Die Griechisch-Orthodoxen nennen sie Anastasis, die Auferstehungskirche. Die römischen Christen – stets etwas barocker – bezeichnen sie als Kirche zum Heiligen Grab oder Grabeskirche. Wie so viele andere Kirchen, etwa in Rom oder anderswo, steht sie auf dem Grund und Boden eines ehemals heidnischen Tempels: des «dunklen Heiligtums der unkeuschen Teufelin Aphrodite» [30], wie der Kirchenvater Eusebius triumphierend feststellte.

Ernest Renan gehörte zu den ersten, die sich zu dieser merkwürdigen, fast überall herrschenden Ökonomie der Knappheit an heiligen Stätten äußerten. Menschen beten immer an denselben Orten – nur die Erklärung, warum sie heilig sind, ändert sich von Generation zu Generation und von einem Glauben zum anderen. Auch die Geburtskirche von Bethlehem steht auf dem Grund und Boden eines heidnischen Heiligtums. Der heilige Hieronymus schrieb, ihre Steine «hörten das Weinen des Jesuskindes und die Klage um Adonis» [31]. In Jerusalem liefert der Berg des ehemaligen jüdischen Tempels ein noch dramatischeres Beispiel für das theologische Recycling alter heiliger Stätten. Während der letzten viertausend Jahre sind dort – nacheinander – auf demselben Felsen zahlreiche Gottheiten verehrt worden. Obwohl durch derartige Beanspruchung durchlöchert und durchbohrt, blieb der Felsen sakrosankt:

1300–1000 v. Chr.	Kanaanäische Stadtgötter Salem oder Zedek
ca. 1000–168	Jehova/Jüdischer Monoteismus
166–165	Olympischer Zeus
165 v. – 70 n. Chr.	Jüdischer Monoteismus
135–333 n. Chr.	Kapitolinischer Jupiter
333–638	?
638–1099	Islam
1099–1187	Christentum
1187–	Islam

Genau dieser Fels ist auch der legendäre Ort, an dem Gott den Lehm nahm, um daraus den Adam zu schaffen, an dem Adam begraben wurde, an dem Kain und Abel Gott ihre Opfer darbrachten, an dem Noah, nachdem er die Arche verlassen hatte, einen Altar errichtete und an dem Abraham angeblich Vorbereitungen traf, um seinen Sohn Isaak zu opfern. Das Christentum verleibte sich alle diese Überlieferungen ein, indem es sie ein paar hundert Meter weiter nach Westen in die Grabeskirche verlegte, wo sie bis zum heutigen Tag feierlich begangen werden.[32]

Kein einziger anderer Kirchenbau auf der Welt beherbergt so viele verschiedene Ausformungen des Christentums unter einem Dach. Der typischste, vielleicht der ergreifendste Augenblick in der Basilika ist die Zeit kurz nach Mitternacht. Die Frühmessen der Griechisch-Orthodoxen haben bereits vor einer halben Stunde begonnen; um etwa zehn Minuten nach Mitternacht vermischen sie sich plötzlich mit den Gregorianischen Gesängen der römischen Christen und den Divornia der Armenier zu einem für diese Kirche charakteristischen volltönenden, dissonanten Chor. Wenn wenig später die Kopten ihre Messe lesen, erklingt die Sprache der Pharaonen. Die Syrer halten ihre Liturgie in Altaramäisch ab, der im ersten Jahrhundert in Palästina üblichen Sprache, der Sprache Jesu und des Talmud (eine Sprache, die außer in entlegenen Teilen Libanons und Syriens inzwischen ausgestorben ist). Der gewaltige Rundbau hallt wider von einer merkwürdigen, aber nicht unangenehmen Polyphonie.

Die Griechisch-Orthodoxen bestimmen über – oder «besitzen», wie oft behauptet wird – siebzig Prozent der Grabeskirche. Armenier, römische Christen, Kopten, Syrer und Äthiopier teilen sich in den Rest. Im Innern der Basilika herrscht, wie seit Jahrhunderten, noch immer ein eifersüchtig überwachtes Reglement und eine genau festgelegte Aufteilung zwischen den großen und den kleinen Anteilseignern – wann und wo jede Glaubensgemeinschaft saubermachen, eine Messe lesen, Reparaturen ausführen, eine Glühbirne ersetzen, einen Nagel in die Wand schlagen, eine Tür öffnen oder schließen darf. Die wakkelige kleine Holzleiter, die in einer bekannten Lithographie von David Roberts aus dem Jahr 1842 schräg an einem Fenster im zweiten Stock lehnt, lehnt noch heute im selben schiefen Winkel am selben Fenster an der westlichen Kirchenfassade. Sie wird nie benützt. Sie gehört den Griechisch-Orthodoxen und kann daher nicht entfernt werden. Die Griechisch-Orthodoxen gebieten über den goldenen Sockel, in dem angeblich das echte Kreuz gestanden haben soll; die Lateinische Kirche muß sich mit den beiden Vertiefungen im Felsen zufriedengeben, die die Kreuze der beiden Schächer hinterlassen haben. All dies ist Bestandteil des sakrosankten «Status quo» von 1757; er wurde im neunzehnten Jahrhundert zuerst durch den Vertrag von Berlin, der dessen «Unantastbarkeit» proklamierte, aufs neue bestätigt und anschließend wieder und immer wieder von einer Folge von Herrschern und Eroberern: von den Türken im Jahr 1855, den Briten 1917, den Jordaniern 1948 und den Israelis 1967. Die verschiedenen Parteien verletzen diesen Status quo von Zeit zu Zeit. Wird griechisch-orthodoxer Staub mit einem von Franziskanerhänden geführten Besen weggefegt, so kann dies derartige Wutanfälle auslösen, daß die Polizei gerufen werden muß, um zu vermitteln. Die Armenier und die Syrisch-Orthodoxen reden kein Wort miteinander. Durch ihre Auseinandersetzungen werden laufend dringend erforderliche Reparaturarbeiten hinausgezögert. Kopten und Äthiopier kämpfen (vor Gericht und gelegentlich auch mit den Fäusten) noch immer um die Kontrolle über eine schmale Treppe und zwei mittelalterliche Kapellen. Manchmal heißt es, sie seien «durch einen gemeinsamen Glauben getrennt», denn beide sind Monophysiten, halten also an der Glaubenslehre fest, daß Christus keine zweifache, sondern eine einzige, zusammengesetzte Natur habe.

Die Grundmauern der heutigen Kirche stammen aus dem vierten Jahrhundert. Die ursprünglich byzantinische, im Jahr 335 vollendete Basilika hatte eine immense Höhe. «Tragt dafür Sorge», schrieb der frisch zum Christentum übergetretene Kaiser Konstantin an Makarius, den Bischof von Jerusalem, «daß diese Basilika nicht nur die schönste auf der ganzen Welt wird, sondern daß auch ihre Einzelheiten dergestalt sind, daß die allerschönsten Bauwerke in allen Städten davon übertroffen werden.»[33] Archäologische und literarische Nachweise lassen wenig Zweifel aufkommen, daß diese Anweisung befolgt wurde. Die byzantinische Basilika war vermutlich ebenso üppig ausgeschmückt wie die aus etwas späterer Zeit stammenden Kapellen und Gräber, die noch heute in Ravenna stehen.

Die kleinere, bescheidenere Kirche aus der Zeit der Kreuzfahrer, die wir heute sehen, wurde etwa zur selben Zeit gebaut wie die Kathedralen von Chartres und Vézelay. Ihre Säulen und Gewölbe sind in den letzten Jahren gereinigt und rekonstruiert worden. Dabei tauchten aus dem düsteren Durcheinander, das bis 1975 fast überall herrschte, wieder einige klare, mittelalterliche Linien der Kreuzfahrerkirche auf. Trotzdem muß man noch immer ziemlich viel guten Willen und eine

Menge Vorstellungsvermögen aufbringen, um die ursprüngliche unverfälschte Schönheit zu erkennen. Den armseligen, engen Vorhof erreicht man nach wie vor von der Straße aus durch ein Loch in der Mauer. Das Durcheinander von Bauten und abgetrennten Kapellen und das Labyrinth aus dunklen Gängen und undefinierbaren Räumen trägt dazu bei, daß die Kirche, trotz ihrer historischen Bedeutsamkeit, noch immer ausgesprochen häßlich ist. Die viktorianisch-griechischen «Verbesserungen» im neunzehnten Jahrhundert – die fast ausnahmslos minderwertigen Kunstwerke, die unglaublich mittelmäßigen modernen Fresken – entstellen die Grabeskirche noch zusätzlich. In den letzten zweihundert Jahren wußten nur wenige kritische Besucher etwas Positives über sie zu sagen. Sie vereint unter einem Dach in wildem Durcheinander das angebliche Gefängnis Christi, das Grab Adams, die Geißelsäule, den Kalvarien«berg», den Salbungsstein, das Grab Christi und den Mittelpunkt der Erde, außerdem die Stätte, an der Maria Magdalena dem auferstandenen Christus begegnet sein soll.

Es wurde häufig darüber gespottet, daß hier, sehr bequem wie in einem Supermarkt, so viele heilige Attraktionen unter einem Dach angeboten werden. «Wenn man genug vom Grab Christi gesehen hat, fragt man seinen Dolmetscher, ob vor Sonnenuntergang noch Zeit bleibt, Pferde zu beschaffen und einen Ritt zum Kalvarienberg zu unternehmen», berichtete der englische Reisende A. W. Kinglake im Jahr 1844. Der Dolmetscher versicherte ihm rasch, daß dies kein Problem sei. «Kalvarienberg, Signor? *Eccolo* [da ist er], die Treppe rauf im ersten Stock.» [34]

Viele Besucher empfinden die Basilika, die nur ein paar hundert Meter von den strahlend schönen Moscheen auf dem alten jüdischen Tempelberg entfernt liegt, als armselig und schäbig, verseucht von den Zänkereien der einzelnen Religionsgemeinschaften und Geschäftemacherei. Ein zeitgenössischer Katholik, Pater Jerome Murphy-O'Connor, Professor für Neutestamentarische Theologie an der dominikanischen École Biblique et Archéologique Française, sagte es so: die Besucher erwarten eine Basilika, die «in majestätischer Abgeschiedenheit emporragt, dabei klammern sich anonyme Gebäude daran wie Entenmuscheln. Man hält Ausschau nach strahlendem Licht, aber es ist dunkel und eng. Man hofft auf Stille, aber das Ohr wird von einer Kakophonie sich befehdender Gesänge angefallen.» [35] Die Dunkelheit in dieser Kirche wirkt dunkler, als sie tatsächlich ist, ihre Architektur wüster und der Kult würdeloser.

Während der Mussolini-Zeit machte ein vom Franziskanerorden beauftragtes italienisches Architektenteam tatsächlich den Vorschlag, die Basilika und das gesamte dicht bebaute Areal ringsum niederzureißen. An ihrer Stelle wollten sie ein neues gigantisches Gebilde faschistischer Prägung hinstellen, ein Mittelding zwischen dem Koloß in Bruegels *Turmbau zu Babel* und einem modernen italienischen Bahnhof. Die in der Mitte befindliche Rotunde mit dem Heiligen Grab sollte von spiralförmig gewundenen Türmen und drei Kirchen (lateinisch, griechisch-orthodox und armenisch) umgeben werden. Das Vorhaben wurde durch den Krieg gestoppt und wäre dank des Einspruchs der Griechisch-Orthodoxen, der Armenier und der Kopten ohnehin nicht zustande gekommen. Es fand jedoch durchaus Anklang bei Gustavo Testa, dem Beauftragten des Heiligen Stuhls in Jerusalem, der dafür sorgte, daß das Projekt in einem 1949 veröffentlichten glanzvollen Bildband mit dem Titel *Il Santo Sepolcro: Splendori, miserie, e speranze* (Das Heilige Grab: Pracht, Elend und Hoffnungen) vorgestellt wurde.

Als der schottische Zeichner David Roberts den «abscheulichen Kiosk» [36] entdeckte, den die Griechisch-Orthodoxen nach dem Feuer von 1808 auf das Dach der Grabeskirche gesetzt hatten, konnte ihn über seinen anfänglichen Schock nur der Gedanke hinwegtrösten, daß es im Grunde keine Rolle spielte, da dieses häßliche Gebilde immerhin über dem Heiligen Grab stand. Der englische Schriftsteller Robert Byron war da weniger großzügig. «Anspruch auf innere Distanz zu erheben ist hochmütig», schrieb er, «Anspruch auf Ehrerbietung zu erheben scheinheilig. Man muß sich für ein Zwischending entscheiden.»[37] Bech, John Updikes umherziehender amerikanisch-jüdischer Intellektueller, schilt seine Frau, eine Christin, beim Rundgang durch die Grabeskirche: «Die hättet ihr euch lieber von den Arabern bauen lassen sollen.»[38]

Edmund Wilson empfand sie als einen «makabren, beängstigend beklemmenden Ort, [der] wahrscheinlich mehr schlechten Geschmack, mit Sicherheit mehr Arten von schlechtem Geschmack enthält als irgendeine andere Kirche auf der Welt... Was ist, wenn das ganze muffige und wackelige Ding bei einem durchdringenden Ton Risse bekommt, auf uns herabstürzt und uns unter sich begräbt?»[39] Wilson war so deprimiert, daß er die Kirche verließ und sich auf eine Bank setzte, um Dick-Tracy-Comics in der *International Herald Tribune* zu lesen.

Zur Zeit von Wilsons Besuch war die Kirche innen und außen gefährlich mit Stahlgerüsten abgestützt, die sie daran hindern sollten einzustürzen. Inzwischen wurden die Gerüste entfernt. Jetzt dringt etwas mehr Licht als zuvor bis in die finsteren Gänge vor, doch wenn man sich im Labyrinth des verschachtelten Kircheninneren befindet, fällt es einem noch immer schwer, sich den Garten in der Vorstadt vorzustellen, in dem Jesus dem Neuen Testament zufolge inmitten von Obstbäumen, rotem Klatschmohn und den gelben Maßliebchen, die um Ostern herum blühen, begraben worden sein soll. So überrascht es einen nicht, daß ein kleines Mädchen einmal gesagt haben soll: «Ich wußte ja gar nicht, daß der liebe Gott in einem Haus gekreuzigt worden ist!»

Sie brachte damit ein Unbehagen zum Ausdruck, das viele Besucher vor und nach ihr bedrückt hat. Obwohl Jesus zu seiner Zeit vielleicht zu unbedeutend war, um in irgendeiner erhalten gebliebenen zeitgenössischen Quelle erwähnt zu werden, besteht heutzutage, selbst unter Agnostikern, wenig Zweifel an der Historizität seiner Person und der großen Wahrscheinlichkeit seines Leidenswegs. Für die Stätten, die mit seinem Leben und seinem Tod verknüpft sind, gilt das nicht, nicht einmal unter Gläubigen. Die Authentizität des Heiligen Grabes wurde zu Beginn des letzten Jahrhunderts von gläubigen Protestanten erstmals ernsthaft in Frage gestellt. Den Mittelpunkt der Kontroverse um das Heilige Grab bildete die zweifelhafte Lage innerhalb der damaligen Stadtmauern. Die alten Juden begruben ihre Toten grundsätzlich außerhalb der Mauern. Wie, so fragte man sich, konnte dies dann das authentische Grab sein? Die Frage wurde zumeist von protestantischen Gelehrten aufgeworfen, beschäftigte aber auch die katholischen. Unter ersteren ist Edward Robinson vom Union Theological College in New York zu erwähnen, der die erste wissenschaftliche Exkursion an die archäologischen Stätten Jerusalems durchführte. Robinson kam nach einem kurzen Besuch der Grabeskirche – vielleicht etwas überstürzt – zu dem Schluß, daß es sich dabei um einen «frommen Schwindel»[40] handle. Sofort wurden Gegenargumente ins Feld geführt. Die Tatsache, daß es in der Nähe andere, vermutlich jüdische Gräber aus dem ersten Jahrhundert gab, wurde als Beweis dafür angeführt, daß sich der Standort zu Beginn des ersten Jahrhunderts außerhalb der Mauern befunden haben muß. Die Kirchenväter, so wurde argumentiert, hätten keinen Ort ausgesucht, der sich so offensichtlich innerhalb der Mauern befand, wenn sie ohne weiteres auch einen außerhalb nehmen konnten. Das Gegenargument lautete, daß die Kirchenväter, im Gegensatz zu den Gelehrten des neunzehnten Jahrhunderts, vielleicht weniger an wissenschaftlich nachweisbarer, biblischer Geographie interessiert waren als daran, das Andenken an das heidnische Heiligtum auszulöschen, das zuvor die Stelle der gegenwärtigen Kirche eingenommen hatte. Eusebius, der schmeichlerische Biograph Kaiser Konstantins, bestätigte, daß das Heilige Grab an dieser Stelle «gegen Aller Erwartung»[41] entdeckt wurde. Warum «gegen»? Könnte es sein, daß Konstantin mit dem Eifer eines frisch konvertierten Christen bei seinem Befehl, die Basilika an die Stelle des größten heidnischen Heiligtums in Jerusalem bauen zu lassen, der Politik ebenso gerecht werden wollte wie der Religion?

Die Frage ist bis heute offen. Ihre Beantwortung hängt von der Entdeckung des Verlaufs der Stadtmauer zur Zeit von Jesu Tod ab. Seit mehr als einem Jahrhundert ist dies ein Hauptziel der Archäologen in Jerusalem. Bisher hat man noch keine Spur dieser Mauer zutage gefördert. Im Laufe der Jahre haben Archäologen, Polemiker, Stadthistoriker und Militärstrategen mindestens sieben mögliche Verlaufslinien für diese Mauer vorgeschlagen – einige «bestätigen» die derzeitige Stelle der Basilika als die «echte», andere lassen neue Zweifel aufkommen, daß sie mit den im Evangelium gemachten topographischen Angaben vereinbar ist.

Das Unbehagen bezüglich der Grabeskirche war gegen Ende des letzten Jahrhunderts so groß, daß tatsächlich Versuche unternommen wurden, den echten Kalvarienberg anderswo in der Stadt aufzuspüren. Im Laufe der Jahre wurden mehrere andere Stellen vorgeschlagen, zumeist von exzentrischen Engländern. Die schrulligste Theorie stellte ein Gelehrter namens Ferguson auf; er behauptete hartnäckig, der derzeitige Felsendom sei das eigentliche Heilige Grab. Eine andere Alternative entsprang dem überreizten Kopf des englischen Generals Charles George Gordon – Held von Sewastopol und Khartum –, der 1883 verkündete, er habe das echte Grab infolge eines mystischen Erlebnisses gefunden. Mit unerschütterlicher Gewißheit lokalisierte er es auf einem Acker im Norden der heutigen Stadtmauer. Auf diesem Acker befanden sich die Überreste mehrerer Grabhöhlen aus dem ersten Jahrhundert. Der berühmte General befand sich auf einjährigem Urlaub in Jerusalem – die einzige friedvolle Zeit, die er seit Jahren erlebt hatte – und erfüllte sich dort den lebenslangen Traum, sich intensiv mit der Geographie der Bibel zu beschäftigen. Offenbar hatte er sein mystisches Erlebnis, während er über der «Britischen Generalstabskarte von Jerusalem» von 1864 hockte, und machte sich sofort daran, seine Entdeckung als neue heilige Stätte bestätigen zu lassen. Gordons Entdeckung wurde von führenden protestantischen Geistlichen in einem solchen Maß unterstützt – vielleicht aufgrund des Bedürfnisses, eine heilige Stätte ganz für sich allein zu haben –, daß sie bald weithin anerkannt wurde. Die Anglikanische Kirche bestätigte die Entdeckung ganz offiziell. Diese Bestätigung wurde später zwar zurückgezogen, aber die betreffende Stelle wird bis heute verehrt und spendet vielen europäischen und amerikanischen Pietisten Trost. Golgotha bedeutet auf aramäisch ‹Schädel›, und Gordon nannte sein Heiligtum Skull Hill (Schädelhügel) – nicht, wie häufig angenommen wird, wegen des schädelförmigen Felsens über der dort entdeckten Grabhöhle, sondern, so lautete seine Begründung, weil auf der Generalstabskarte die Höhenlinie bei 770 Meter einen «perfekten Totenkopf mit Augenhöhlen, eingedrückter Nase und klaffendem Mund» [42] bildete. Das stimmt tatsächlich. Das Gartengrab, wie die Stätte heutzutage genannt wird, ist eine hübsche, gepflegte Gartenanlage – dem Gebet oder der Betrachtung sicherlich eher zuträglich als die Grabeskirche –, auch wenn sein Reiz durch einen lauten Busbahnhof in der Nähe etwas beeinträchtigt wird.

Unterdessen schieben sich das ganze Jahr über, vor allem aber an Ostern, die Touristen in der alten Basilika durch das Menschengewühl. Heutzutage ersetzt der nüchterne Reiseführer die erbaulichen Texte von früher, doch die vorgeschriebenen Wege der mittelalterlichen Pilger von einer heiligen Stätte zur nächsten und die Rituale bleiben weiterhin dieselben. Nur wenige moderne Reiseführer werden der Vielfalt der Stadt gerecht. In Jerusalem besteht selbst in diesem Bereich eine Trennung. Man könnte über die religiöse und die politische Kurzsichtigkeit oder auch über die absichtliche Selektivität vieler Reiseführer eine ganze Dissertation schreiben. Die moslemischen Monumente mit Ausnahme der wichtigsten werden von allen mehr oder minder ignoriert. Der gängigste katholische Reiseführer, herausgegeben vom Franziskanerorden, listet mit knapper Not die griechisch-orthodoxen, die koptischen und die armenischen Heiligtümer auf. Und ein kürzlich in Amman in

Jordanien veröffentlichter arabischer Reiseführer für Jerusalem erwähnt nur moslemische und christliche heilige Stätten.

Pilger knien am Salbungsstein nieder, wo angeblich der Körper Jesu nach der Abnahme vom Kreuz niedergelegt wurde. Auf dem Berg Zion sehen sie sich zwei etwa fünfhundert Meter weit auseinanderliegende heilige Stätten an, eine katholische und eine armenische, die beide als Standort des Palastes des Hohenpriesters Kaiphas verehrt werden, in den Jesus nach seiner Gefangennahme gebracht wurde und wo Petrus ihn, wie im Markus-Evangelium (14,66–72) geschildert wird, dreimal verleugnete. Andere Pilger schauen sich die Überreste der Davidstadt an und steigen die uralten Stufen zu der kleinen Klosterkirche Dominus Flevit unmittelbar unterhalb des Ölberggipfels hinauf, wo Jesus dem Evangelisten Lukas (19,41) zufolge «die Stadt sah [und] über sie weinte».

Der Tourist wandert mit vor Hitze trüben Augen durch Jerusalem von Sehenswürdigkeit zu Sehenswürdigkeit und versucht, tapfer alle Eindrücke aufzunehmen. Überwältigt von dem Mischmasch aus Religionen, Glaubensgemeinschaften und sich bekämpfenden Nationalitäten und eingeschüchtert von einer für den Geschmack der meisten Leute zu blutigen und zu opulenten Geschichte, wird man leicht müde, während man sich von Kirche zu Synagoge und von Synagoge zu Moschee schiebt, nie ganz sicher, ob man nun den Hut aufsetzen oder die Schuhe ausziehen soll. Die Frage der «Authentizität» spielt überhaupt keine Rolle. Ob es eine «wissenschaftliche» Bestätigung für die Echtheit einer Stätte gibt oder nicht, ist ziemlich belanglos, wenn es einem nur darum geht, dort zu beten, vielleicht auch den Puls der Geschichte oder die eigenen Wurzeln zu spüren oder ein Symbol zu ehren – ein Prisma, durch das der Betrachter sich selbst und andere sieht.

Menschen, die nach Jerusalem fahren, befinden sich häufig auch auf einer Art inneren Reise. Sie verehren nicht nur Sehenswürdigkeiten, sondern auch eine Chiffre – das, was die Franzosen als *lieux de mémoire* («Stätten der Erinnerung») bezeichnen – Schlüsselelemente für das Identitätsbewußtsein der Menschen und Völker. Viele kommen, um ein inneres Bild zu erforschen, vielleicht sogar auszuleben. Jerusalem ist eine Stadt, die man mit dem Bewußtsein oder mit dem Herzen besucht. Dabei spielt es keine Rolle, daß die derzeitige Via Dolorosa mit ihren Kreuzwegstationen erwiesenermaßen ziemlich jungen Ursprungs ist. (Jesus wurde auf der anderen Seite der Stadt verurteilt. Wenn er durch die Straßen der Stadt nach Golgotha geführt wurde, dann mit ziemlicher Sicherheit auf einem völlig anderen Weg.) Es spielt keine Rolle, daß das Gebäude, das die Juden als das Grab Davids und die Christen als den Raum des letzten Abendmahls verehren, mit großer Wahrscheinlichkeit aus dem Spätmittelalter stammt. Diese Stätten sind durch den Glauben definiert, nicht durch die Wissenschaft; sie sind geheiligt aufgrund ihrer Tradition – aufgrund der Geschichte (Napoleons «Märchen, auf das sich die Leute geeinigt haben») und der jahrhundertelangen, ununterbrochenen Anbetung.

Als ein jüdischer Besucher vor ein paar Jahren diese Authentizität hinterfragte, entgegnete der griechisch-orthodoxe Patriarch ungehalten: «Wir brauchen keinen archäologischen Beweis. Wir haben hier eine ununterbrochene Kette des Glaubens und der Anwesenheit Gottes, die im ersten Jahrhundert beginnt.»[43] Religion war stets nur für einige wenige etwas Rationales; für die Masse war sie immer etwas Magisches. Die Wassertropfen, die sich durch die Feuchtigkeit in der höhlenartigen Helena-Kapelle tief unter der Grabeskirche bilden, sind von vielen als Tränen der Trauer über den Leidensweg Christi angesehen worden. Die Tautropfen, die sich bei Sonnenuntergang auf der Klagemauer bilden, wurden von alters her als die Tränen Gottes gedeutet, der das Leid der Juden beweint. Allerdings werden heutzutage in Jerusalem weniger Reliquien ausgestellt als noch vor wenigen Jahrzehnten. Im achtzehnten Jahrhundert konnte man noch den Schwamm und das Schilfrohr besichtigen, mit denen man Jesus am Kreuz zu trinken gegeben hatte.

Natürlich stößt man heutzutage gelegentlich auch auf handfesten geistlichen Humor. So wurde etwa ein Dominikanerpater, der vor einiger Zeit eine Gruppe Französinnen in die Einfriedung über dem Heiligen Grab führte, ganz ernsthaft gefragt: «Mon père, ist das Grab leer?» Darauf soll er geantwortet haben: «Madame, if he is *in*, we are *out*!» («Wenn er drin ist, Madame, dann sind wir *out*!») Im Jahr 1964 verkündete die französische satirische Wochenzeitschrift *Le Canard Enchaîné* am Vorabend des Papstbesuches in Jerusalem in einer fetten Schlagzeile, im Vatikan sei soeben ein Telegramm aus Jerusalem eingetroffen: «INUTILE VENIR AVONS TROUVE CADAVRE» [KOMMEN UNNÖTIG HABEN LEICHNAM GEFUNDEN].

«In Jerusalem», schreibt Pater Jerome Murphy-O'Connor, der Autor des fundiertesten Führers zu den archäologischen Stätten Jerusalems, «hat die Klugheit des Verstandes geringe Chancen gegenüber der Gewißheit der Frömmigkeit.»[44] Die heiligen und die historischen Stätten stützen sich zumeist auf Vermutungen. Einige sind kurios, andere unbewiesen und wieder andere schlicht und einfach beliebig. Als George Bernard Shaw 1930 nach Jerusalem kam, riet er den Zionisten, «an allen heiligen Stätten Schilder mit folgendem Hinweis aufzustellen: ‹Machen Sie sich nicht die Mühe, hier anzuhalten: Stätte ist nicht authentisch.›»[45] Die Königsgräber der Herodesfamilie, das Grab Mariä und das Grab von Simon dem Gerechten sind im güngstigsten Fall sehr umstritten. Die Via Dolorosa verlief im Mittelalter völlig anders. Einige der heutigen Kreuzwegstationen stammen aus dem neunzehnten Jahrhundert. Die zweite Station wurde 1914 etwa sechzig Meter nach Westen verlegt. Das Grab von Abschalom ist mindestens ein Jahrtausend jünger als Abschalom selbst. Der große Bogen an der Via Dolorosa, an dem Pilatus zugesehen haben soll, wie Jesus zum Volk hinausgeführt wurde, und angeblich «Ecce Homo» ausgerufen hat, wurde erst ein Jahrhundert nach diesem Ereignis unter Hadrian erbaut.

Das Grab von König David (eine Treppe weiter unten im selben Gebäude wie der ebenfalls der Phantasie entsprungene Raum des letzten Abendmahls) wurde von den Kreuzfahrern gebaut. Im fünfzehnten Jahrhundert brachen wiederholt blutige Unruhen zwischen Christen und Juden um das Bestimmungsrecht über diese Stätte aus. Irgendwann ließ Sultan Barsbay beide Religionen verjagen und die Stätte in eine Moschee umwandeln. Das Grab blieb bis zur Vertreibung der Moslems durch die Juden im Jahr 1948 ein islamisches Heiligtum. Die ehemalige Moschee wurde zu einer Synagoge und zu einem Beobachtungsposten für die von den Arabern kontrollierte Altstadt umfunktioniert. Da die Klagemauer für die Juden unzugänglich war, wurde diese Synagoge zu einer wichtigen jüdischen Pilgerstätte und zum *lieu de mémoire*. Ihre Besucher verband nicht nur die Ehrfurcht vor, sondern auch eine bestimmte Vorstellung von der Vergangenheit. Heutzutage ist der primitive, moslemisch anmutende Sarkophag, der dort steht, mit einer israelischen Fahne umhüllt. Die aufgestickte hebräische Inschrift lautet: «David, der König von Israel, lebt.»

Zwei in einigem Abstand voneinander auf dem Ölberg gelegene Kirchen nehmen für sich in Anspruch, genau an der Stelle zu stehen, an der Jesus in den Himmel aufgefahren ist. Noch im achtzehnten Jahrhundert zeigte man Pilgern das Haus des Ewigen Juden, die Gräber von Amos, Abner und Caleb, ebenso die zwölf Steine von Gilgal und die Zisterne des Jeremia. Seitdem sind diese Stätten in Vergessenheit geraten. Damals wie heute war ein Mythos zwar nicht unbedingt eine Tatsache, doch das Vorhandensein eines Mythos war durchaus eine ganz gewichtige Tatsache. In unserem Jahrhundert nehmen neue Rituale Anleihe bei uralten Symbolen. Hier zwei Beispiele aus jüngster Zeit – eines aus China, das andere aus Mexiko –, die beide zeigen, wie die Verquickung einer Legende mit einem geographischen Ort neue heilige Stätten hervorbringen kann. Als 1974 ein französischer Reisender in Shanghai das Haus aufsuchte, in dem 1921 angeblich die Chinesische Kommunistische Partei gegründet wurde, führte man ihn feierlich in einen nüchternen Raum, eingerichtet «mit einem von zwölf Apostelstühlen umgebenen Tisch; auf dem Tisch [stand] eine Teekanne mit zwölf Tassen; an der Wand [hing] ein Bild des jungen Mao» [46]. Und in dem Haus in Mexico City, in dem Leo Trotzki ermordet wurde, wird er heutzutage als moderner Heiliger verehrt. Dieses ausgefeilte neue Ritual wurde erst kürzlich von einem englischen Besucher geschildert. Wie Christus oder Che Guevara ist Trotzki auf dem besten Weg, «in [eine] Indio-Version der Vergangenheit integriert und zusammen mit Popocatepetl verehrt zu werden» [47].

Das vielleicht verblüffendste von allen durch die Tradition geheiligten Ritualen ist das alljährliche Wunder des Heiligen Feuers. Es ereignet sich, einem vorher bekanntgegebenen Zeitplan folgend, an jedem griechisch-orthodoxen Ostersonntag in der Basilika. Ein paar Minuten nach ein Uhr morgens kommt das Feuer in Anwesenheit der höchsten Geistlichen und Tausender ekstatischer Gläubiger angeblich direkt vom Himmel auf das Grab Christi herab. Dies soll ein übernatürliches Zeichen für die Auferstehung sein, die einst an dieser Stelle stattfand.

Tausende schlafen in der vorhergehenden Nacht auf den Steinfußböden rings um das Grab, denn wer am Tag des Wunders zu spät kommt, kann nicht weiter als bis zum Hauptportal vordringen. Die Kirche ist bis oben hin mit Menschen vollgestopft. Sämtliche Plätze auf sämtlichen Galerien, in sämtlichen Gängen und Kapellen sind besetzt. Die Menschen stehen in den Fenstern, klettern auf Säulen, klammern sich an den Gerüsten unter dem Dach fest. Ein paar Minuten vor der festgesetzten Zeit des Wunders springen die Gläubigen einander auf die Schultern und schreien, das Feuer möge herabkommen und sie erlösen. Der griechisch-orthodoxe Patriarch läßt sich in der Grabkammer einschließen. Die Tür wird versiegelt. Wenn das Feuer herabkommt – und das tut es immer –, nimmt der Patriarch es in Empfang und entzündet damit eine große Fackel.

Diese reicht er durch eine schmale Öffnung in der Wand zur Menschenmenge hinaus. Die Gläubigen schreien, greifen danach und liefern sich nicht selten Handgemenge bei dem Versuch, mit ihren Kerzen an das Feuer heranzukommen. Dann laufen sie damit hinaus auf die Straßen.

Dieses Ritual stammt aus uralter Zeit. Seine Ursprünge liegen im dunkeln. Es erinnert an griechische, zoroastrische und jüdische Mythen. An die Flamme, die Prometheus aus dem Himmel stahl, und an das Feuer, das «vom Himmel [fiel] und das Brandopfer und die Schlachtopfer [verzehrte]» (2 Chron 7,1), während Salomo den ersten jüdischen Tempel einweihte. Das «Wunder» ist sehr wahrscheinlich auf eine simple chemische Reaktion zwischen zwei Flüssigkeiten oder Pulvern zurückzuführen, die hinter den versiegelten Türen der Aedicula miteinander vermischt werden. Der erste, der über dieses Wunder berichtete, war 867 der Pilger Bernhard der Weise; er berichtete, daß an Ostern in der Basilika das *Kyrie eleison* gesungen wird, «bis ein Engel herabkommt und die Lichter entzündet»[48]. Das wundersame Herabkommen des Heiligen Feuers an jedem Ostersonntag rief bei Besuchern aus dem Westen, vornehmlich römisch-katholischen und Protestanten, anfangs Verblüffung hervor und später Zorn.

Die Moslems beschwerten sich schon früh über diesen Schwindel. Sultan Hakim von Ägypten, der glaubte, der Zauber würde durch einen schwefelgetränkten, von der Kuppel über dem Grab herabhängenden unsichtbaren Seidenfaden vollbracht, war so erzürnt, daß er im Jahr 1010 die Zerstörung der Grabeskirche und aller anderen Kirchen in Jerusalem anordnete. Dieser Befehl wurde zum Teil ausgeführt. Der christliche Kult war bis zum Jahr 1021 verboten; damals verschwand Hakim, der sich inzwischen in den Wahn hineingesteigert hatte, eine «Verkörperung Allahs» zu sein, spurlos in der Wüste südlich von Kairo. Wenig später wurde die Basilika auf Kosten des byzantinischen Kaisers wiederaufgebaut. Unter der Herrschaft der Kreuzfahrer wurde das Wunder dann wiederbelebt und entwickelte sich zu einem katholischen Ereignis. Als der russische Abt Daniel es im Jahr 1106 miterlebte, herrschte ein so gewaltiger Ansturm und ein so entsetzliches Gedränge rings um das Grab, daß viele Menschen erdrückt wurden; doch «plötzlich erstrahlte das heilige Licht im Heiligen Grab... mit einem unbeschreiblichen Leuchten und mit einer roten Farbe, die an Zimt erinnert»[49]. Nach dem Fall des Kreuzfahrerstaates von Jerusalem und der Wiederaufnahme des orthodoxen Kults in der Basilika wurde das Wunder abermals zu einer griechisch-orthodoxen Angelegenheit. Das hatte zur Folge, daß es von der Lateinischen Kirche in einer von Papst Gregor IX. verkündeten Bulle offiziell mit einem Bann belegt wurde. Seitdem begehen nur noch die Ostkirchen dieses Wunder.

Nach der Reformation wurden erneut höhnische Kommentare christlicher Jerusalem-Reisender laut. Henry Maundrell, ein englischer Kaplan, beschwerte sich über das «Tollhaus» und die «Wunderwirker» aus dem Mob, «die Bacchanten besser zu Gesicht stünden als Christen»[50]. Im neunzehnten Jahrhundert dann waren solche Berichte an der Tagesordnung. Nach Aussage eines Jerusalem-Reisenden war das griechisch-orthodoxe Osterfest nicht nur «das wichtigste moralische Argument gegen die Authentizität des Ortes, den zu ehren es vorgibt», sondern auch «der widerwärtigste Schwindel, den man auf der Welt finden kann»[51]. Captain Charles Warren vom Britischen Pioniercorps meinte, «es ist ohne weiteres begreiflich, daß Unwissen und Aberglauben von unten aufsteigen; aber was soll man sagen, wenn beides von oben nach unten ausgestreut wird... von einflußreichen Persönlichkeiten, Patriarchen und Bischöfen?»[52] Der Ablauf der halb politischen, halb heidnischen Zeremonie wurde häufig durch Trunkenheit und Gewaltanwendung gestört. Einen wüsten Höhepunkt gab es 1834, als im Verlauf der feierlichen Inszenierung des Wunders mindestens dreihundert Gläubige starben. Ein Augenzeuge, der englische Reisende Robert Curzon, schilderte dieses Ereignis in seinem klassischen Bericht *Visits to the Monasteries of the Levant*

(Besuche in den Klöstern des Orients) in allen Einzelheiten. Ein paar Minuten nachdem der Patriarch «im Triumph auf den Schultern der Menschen, die er hinters Licht geführt hatte, aus dem Grab hinausgetragen worden war» [53], brach auf dem Kalvarienberg und in der Rotunde des Heiligen Grabes der Teufel los. Erschrocken über den Ansturm von innen, glaubten die moslemischen Wächter vor der Kirche offenbar, daß die Christen sie angreifen wollten.

> Die Soldaten töteten mit ihren Bajonetten eine Vielzahl in Ohnmacht sinkender armer Teufel, und die Wände waren bespritzt mit dem Blut und dem Gehirn von Männern, die von den Soldaten mit den Kolben ihrer Musketen niedergestreckt wurden wie Ochsen. Jeder kämpfte darum, sich selbst zu verteidigen, [und] in dem Durcheinander wurden alle, die stürzten, sofort von den anderen zu Tode getrampelt. So verzweifelt und wütend wurde der Kampf, daß schließlich selbst die von Panik ergriffenen und verängstigten Pilger mehr darauf bedacht schienen, sich gegenseitig zu vernichten, als sich in Sicherheit zu bringen.

Ibrahim Pascha, der ägyptische Gouverneur der Stadt, dessen Anwesenheit bei der Zeremonie lediglich eine «Geste des guten Willens» war, kam nur mit dem Leben davon, weil ihm seine Leibwächter mit ihren Schwertern einen Weg durch die Menschenmenge freischlugen. Curzon selbst schaffte es nur bis zu der Stelle,

> an der die Jungfrau Maria bei der Kreuzigung gestanden haben soll, als ich überall in diesem Teil der Kirche und soweit ich in Richtung Tür blicken konnte, eine Unmenge von Menschen aufeinander liegen sah. Ich bahnte mir den Weg zwischen ihnen hindurch, so gut es ging, bis sie so dicht lagen, daß sie in der Tat einen riesigen Haufen von Körpern bildeten, auf den ich trat. Da plötzlich kam mir zum Bewußtsein, daß sie alle tot waren.

Curzon beschloß, sich bis zur katholischen Sakristei, die ihm relativ sicher erschien, durchzukämpfen, wobei er sich gewaltsam zwischen blutenden, halbnackten Männern durchzwängen und mit ihnen ringen mußte, die, genau wie er, verzweifelt zu entkommen suchten. Dabei tötete er einen Mann. Am Ende dieses Tages

> lagen die Toten in Haufen sogar auf dem Salbungsstein [und] zwanzig oder dreißig in verrenkter Stellung am Fuß des Kalvarienberges... Ich sah nicht weniger als vierhundert Menschen, tot und lebendig, bunt gewürfelt aufeinandergehäuft, an manchen Stellen ungefähr eineinhalb Meter hoch.

Bis zum Jahr 1917 wartete man mit der Zeremonie normalerweise bis zum Eintreffen des türkischen Gouverneurs. Seine Leibwächter bahnten ihm mit Stöcken und Peitschen einen Weg durch die wogende Menge. Dann gab er das Zeichen für den Beginn des «Wunders». Russische Pilger, die beide Wege barfuß zurücklegten, trugen das Feuer in kleinen Öllämpchen heim in die entlegensten Teile des Zarenreiches. Bei dem Versuch, sich durch die Menschenmasse zu zwängen und ans Feuer zu gelangen, gab es zwischen den Angehörigen der verschiedenen Religionsgemeinschaften weiterhin Schlägereien. Im Jahr 1918 waren bei einer turbulenten Zeremonie des Heiligen Feuers sechshundert britische Soldaten im Einsatz, um für Ordnung zu sorgen; sie mußten eingreifen, um einen griechisch-orthodoxen Erzbischof vor dem Zorn einer Meute Armenier zu schützen. «Vous m'avez sauvé la vie [Sie haben mir das Leben gerettet]» [54], murmelte der Erzbischof dem britischen Militärgouverneur zu, als er in seiner funkelnden Tiara vom Grab zum Golgotha-Felsen ging.

Seitdem haben sich die Gemüter etwas beruhigt. Noch immer drängen sich die Gläubigen in der Rotunde, um mit ihren Kerzen an das Feuer zu gelangen, schiebend und schreiend, die Gesichter im unheimlich flackernden Licht angespannt, als würden sie einer Ketzerverbrennung beiwohnen. Doch die Zeremonie selbst verläuft heutzutage friedlich. Jede Eventualität, das Wunder selbst eingeschlossen, wird von den Organisatoren und von der Polizei sorgfältig vorherbedacht. Das Gewühl ist enorm; die Hitze ist schier unerträglich. In und vor der Basilika sind knapp hundert israelische Polizeibeamte postiert, um den geheiligten Status quo aufrechtzuerhalten und das plötzliche Ausbrechen einer Panik zu verhindern. In der Säulenhalle steht ein Polizist mit einer Liste in der Hand, der dafür sorgt, daß der Platz zwischen den Säulen 8 und 11 und den Säulen 15 und 18 für die Armenier reserviert bleibt. Der Bereich zwischen den Säulen 5 bis 8 und 12 bis 14 ist ausschließlich den Griechisch-Orthodoxen vorbehalten. Der Platz bei den großen Gemälden an den Säulen 10 und 11 gehört den Kopten.

Lange bevor sich das Wunder ereignet, ist die Menge aufgrund der Erwartung und vom Kampf um etwas Platz zum Atmen völlig aufgepeitscht. Die Erregung wird durch Gekreische und Gejammere noch gesteigert. Die Inszenierung ist perfekt. Erst die feierliche Versiegelung des Grabes à la Houdini; dann eine zeitlich sorgfältig abgestimmte dramatische Verzögerung, die die Spannung noch vergrößert. In der Kirche ist kein Laut zu hören. Dann gehen die Lichter aus. Und plötzlich dröhnt ohrenbetäubendes Glockengeläut durch die Finsternis. Im selben Augenblick – perfektes Timing – schiebt der Patriarch die brennende Fackel aus dem Grab durch ein Loch nach draußen, die Menge stürzt nach vorn, und wenig später ist die ganze Kirche von Tausenden kleiner Lichter erleuchtet, die über die Köpfe hinweg von einer Kerze zur nächsten weitergereicht werden. Der Patriarch taucht gold- und silberblitzend aus der Grabkammer auf, in jeder Hand triumphierend eine brennende Fackel schwingend. Die Menge teilt sich vor ihm wie das Rote Meer. Das Wunder ist vollbracht. Ob echt oder auf Betrug beruhend, dramatisch ist die Zeremonie ganz ohne Zweifel. Einige griechisch-orthodoxe und armenische Geistliche sprechen heutzutage mit einem wissenden Lächeln darüber. Sie betrachten das Ganze nicht als Betrug, sondern als die Wiederbelebung eines prächtigen uralten Rituals. Höchstwahrscheinlich glaubt die Masse auch nicht mehr an das Wunder. Die Zeremonie erinnert an ein Profi-Ringerturnier, bei dem zwar jeder, der nicht ganz ahnungslos ist, weiß, daß hier keine echten Schläge ausgeteilt werden, aber trotzdem von dem Schauspiel fasziniert ist. Ein Reporter, der vor ein paar Jahren mit einem jungen griechisch-orthodoxen Geistlichen plauderte, zog die Echtheit der Zeremonie des Heiligen Feuers in Zweifel. Der Geistliche, Leiter eines bekannten orthodoxen Seminars in Westgriechenland, verteidigte das Wunder gar nicht. Er sprach italienisch. «Per Bacco [Beim Bacchus]», rief er, «das ist doch nur ein alter Brauch!» [55]

Im Gegensatz zu dem gespenstischen Durcheinander in der Grabeskirche ist der Haram asch-Scharif, der moslemische heilige Bezirk auf dem ehemaligen jüdischen Tempelberg, ein gestalterisches Meisterwerk an luftiger Anmut und räumlicher Großzügigkeit. Nur selten ist es gelungen, den lichtdurchfluteten Raum – reinen, offenen Raum – architektonisch so wirkungsvoll zur Geltung zu bringen: eine Kombination aus Place Vendôme und Piazza San Marco. Die zwei gewaltigen Moscheen auf dem Haram, der Felsendom und die Al-Aksa-Moschee, sind erdverbunden und zugleich aufstrebend und erfüllen damit den von Walt Whitman formulierten Auftrag der Architektur:

> O to realize space!
> The plenteousness of all,
> that there are no bounds,
> To emerge and be of the sky,
> of the sun and moon and the flying clouds,
> as one with them. [56]

(Etwa: Ach, könnte man Raum in Gestalt umsetzen! Diese Fülle an allem, das Fehlen von Grenzen, dieses Sicherheben und Teil des Himmels sein, der Sonne und des Mondes und der dahinschwebenden Wolken, als wäre man eins mit ihnen.)

Raum, Masse und Zeit wirken auf dem Haram aufeinander ein. Genau an der Stelle, an der die alten Juden ihren unsichtbaren Gott anbeteten, haben die Moslems im siebten Jahrhundert die im Grunde genommen jüdische Tradition des abstrakten Raums wiederaufleben lassen. Eine große, ein unregelmäßiges Viereck bildende Steinplattform erhebt sich, von der Mitte abgerückt, wie eine Bühne auf der sehr viel ausgedehnteren Esplanade des Tempelberges. An den vier Seiten dieser Bühne ragen acht elegante, mehrbögige Tore empor, die das Plateau wie ein transparenter Würfel aus Luft und Licht zu umschließen scheinen.

In der Mitte dieses durch die Torbögen gebildeten strahlenden Kubus erhebt sich der achteckige Felsendom (685 oder 692 erbaut), ein Meisterwerk an Formgebung und Farbe. Der Dom ist die ältere der beiden Moscheen auf dem Haram; er ist das früheste noch erhaltene islamische Baudenkmal auf der Welt und die erste große ästhetische Leistung des Islam – das Ergebnis einzigartiger, harmonischer, mathematisch ausgewogener Proportionen. Geometrie muß im siebten Jahrhundert in Jerusalem Glaubenssache gewesen sein. Im Gegensatz zu der im neunten Jahrhundert erbauten Ibn-Tulun-Moschee in Kairo, die noch reinste Wüstenarchitektur ist, hat der Felsendom ein betont städtisches Flair.

Über seine Erbauer weiß man wenig. Doch seit den griechischen Tempeln hatte niemand den Raum so geschickt mit Geist erfüllt. Die Farben der glasierten Keramikfliesen an den Außenwänden setzen sich aus Ultramarinblau, Lapislazuli, Smaragdgrün, Ocker und Malvenfarben zusammen. Ihre ruhigen, abstrakten Muster sind am allerschönsten nach einem Regen, wenn das Wasser die Nuancen zum Vorschein treten läßt.

An Klöppelspitzen erinnernde Inschriften, Zitate aus dem Koran, verlaufen rings um den oberen Rand des Achtecks. Die sich dahinschlängelnden Lettern, weiß auf blau, rufen Anklänge an Kandinsky wach. Die riesengroße steinerne Esplanade, die den Felsendom umgibt, wird von den gewaltigen Haltemauern getragen, die Herodes im ersten Jahrhundert errichten ließ, um den Berg des Herrn abzustützen.

Geht man auf der Esplanade – an sich schon ein Meisterwerk – mit einem Exemplar von Josephus' *Jüdischen Altertümern* in der Hand umher, so kann man sich ohne weiteres den Tempel und die breiten Arkaden vorstellen, die ihn in uralten Zeiten umgaben: die königliche Wandelhalle, die inneren und äußeren Höfe, die hohen Rampen und die gewaltigen Treppenaufgänge. Es gibt wenige untergegangene Heiligtümer, deren genaue Maße, Ausschmückung, Baumaterialien und sogar Dicke und Farbe der Mauern so sorgfältig dokumentiert wurden. Das eigentliche Haus des Herrn, in dem der «Name» Gottes «im Dunkeln wohnen [wollte]» (1 Kön 8,12), stand wahrscheinlich ungefähr an der Stelle, an der sich jetzt der Felsendom erhebt. Von seinem Altar stieg ständig der Rauch von Opfern auf. Die Viehhöfe waren voll von Tausenden blökender Tiere – Josephus und andere haben das lebhaft in allen Einzelheiten beschrieben. Unter Kaiser Nero sollen dort in einer knappen Woche angeblich nicht weniger als 256 500 Tiere geopfert worden sein. Der Gestank und der Rauch müssen die ganze Stadt eingehüllt haben (sehr zum Ärger der Bewohner von Alexandria, die sich, wie Josephus berichtet, darüber beschwerten, daß die Juden ihren Tempel in eine Küche umfunktionierten, in der sie Tiere schmorten, die den Ägyptern heilig waren).

Wäre es möglich, die herrlichen Steinplatten auf dem Plateau zu entfernen, würde man darunter vielleicht die Fundamente des Tempels und möglicherweise auch einige seiner Schätze entdecken. Die Aussicht, auf dem Tempelberg mit Ausgrabungen zu beginnen, hat die Vorstellungskraft von Abenteurern und Romantikern seit langem beflügelt. Seit Mitte des letzten

Jahrhunderts waren Amateur- und professionelle Archäologen ganz versessen darauf, das Allerheiligste freizulegen, das vermutlich unter dem Felsendom begraben liegt – ähnlich wie Schliemann in Micazo die Maske des Agamemnon ausgrub. Im Laufe der Jahre wurden viele Anträge auf Ausgrabungsgenehmigungen gestellt, doch nie wurde eine Erlaubnis erteilt. Zu denen, die abgewiesen wurden, gehörte auch Kaiser Wilhelm II., der 1898 den Felsendom besichtigte. «Es ist ein Jammer, daß an dieser bedeutungsvollen Stätte keine Ausgrabungen gemacht werden» [57], sagte er bedauernd zu dem Imam, der ihn herumführte. Der Moslem hob lediglich die Hände und meinte, es sei besser, «seine Augen und Gedanken aufwärts gen Himmel zu richten als hinab in die Tiefen».

Englische und italienische Gelehrte – darunter viele im Osten stationierte Pioniersoldaten, die sich gerade auf Urlaub befanden – wurden auf ähnliche Weise abgewiesen. Es ist nicht überraschend, daß die Moslems nicht entgegenkommender waren. Man stelle sich vor, wie der römische Papst oder der Erzbischof von Canterbury reagieren würde, wenn ein Team moslemischer Forscher oder ein Trupp türkischer Pioniere um Erlaubnis nachgesucht hätte, unter dem Petersdom oder unter der Westminster Abbey Gänge graben zu dürfen. Trotzdem gelangen einem englischen Abenteurer namens Montague Brownslow Parker im Jahr 1912 heimliche Ausgrabungen. Mit einem Trupp als Araber verkleideter Arbeiter grub Parker eine Woche lang Nacht für Nacht die südöstliche Ecke des Tempelberges und eine Höhle unmittelbar unter dem berühmten Felsen im Innern des Domes aus. Im Verlauf seiner Suche nach dem Allerheiligsten und anderen Schätzen war Parker von einem irischen Hellseher, der behauptete, mit längst verstorbenen biblischen Gestalten in Verbindung zu stehen, an diese Stelle dirigiert worden. Ein Moscheediener entdeckte die Ausgräber mitten in der Nacht und schlug Alarm. In dem darauf folgenden Durcheinander gelang es Parker und seinen Männern, sich aus dem Staub zu machen; sie kamen nur deshalb mit dem Leben davon, weil sie sich gleich am nächsten Morgen nach Europa einschifften.

Bis zur Mitte des letzten Jahrhunderts war der ganze Haram für nichtmoslemische Besucher gesperrt. Die letzten Christen, die es betreten hatten, waren die Ritter des ersten Kreuzzugs gewesen; damals diente der Felsendom als Kathedrale. Als Jerusalem dann wieder unter moslemischer Herrschaft war, riskierte jeder Unbefugte, von den Wächtern erschlagen oder vom Mob zu Tode gesteinigt zu werden. Bei diesen Wächtern handelte es sich um mauretanische Schwarze, die mit Knüppeln und Krummsäbeln bewaffnet waren und bei Jerusalem-Reisenden in dem Ruf standen, sich wie blutrünstige Wilde zu gebärden. Ein unter moslemischen Fanatikern weitverbreiteter Aberglaube besagte, falls sich ein Ungläubiger Zugang zum Haram verschaffen sollte, würde Allah seine Gebete erhören; und natürlich ging man davon aus, daß es der dringlichste Wunsch eines jeden Ungläubigen war, die Religion Mohammeds zu stürzen.

Chateaubriand wägte 1806 das Risiko ab, dieses Verbot zu übertreten, und beschloß nach langem Hin und Her, der Versuchung zu widerstehen; man hatte ihm klargemacht, daß er womöglich die ganze christliche Gemeinde Jerusalems in Gefahr bringen könnte. Andere Besucher aus dem Westen behaupteten von Zeit zu Zeit, den Haram in Verkleidung betreten zu haben. Ähnlich wie bei Besuchen in der verbotenen Stadt Mekka entwickelte sich daraus eine Art journalistische Mode und eine für das frühe neunzehnte Jahrhundert typische Verschmelzung von Heldenmut, Politik, Frömmigkeit und Softporno. Unter den Abenteurern, die nach einem heimlichen Besuch des Haram sofort zur Presse rannten, waren auch zwei Frauen – eine gewisse Signora Belzoni aus Mailand, die ihre Großtat in *Viaggi* (Mailand 1826) publizierte, und Sarah Barcley Johnson, Verfasserin des Buches *Hadji in Syria* (Philadelphia 1856). Als es 1837 wegen dringender Reparaturarbeiten unumgänglich war, einem europäischen Uhrmacher Zugang zum Haram zu gewähren, nahm ein Imam zuvor einen Exorzismus vor – durch den dem Mann nicht nur sein Christsein, sondern auch sein Menschsein ausgetrieben wurde – und erklärte ihn zu einem Tier. Sodann wurde er auf den Schultern moslemischer Türhüter in den heiligen Bezirk getragen, wo er seine Arbeit ausführte, ohne den Boden mit seinen Füßen zu beschmutzen.

Im Jahr 1833, also unter der liberaleren Herrschaft der Ägypter, gelang es einem unternehmungslustigen englischen Architekten namens Frederick Catherwood (der später durch die Ausgrabung von Maya-Ruinen in Mexiko berühmt wurde), den Haram in europäischer Kleidung zu betreten und ihn lebend wieder zu verlassen, so daß er über sein Erlebnis berichten konnte. Der ägyptische Gouverneur der Stadt war sein Freund und, nach Aussage Catherwoods, «ein Freigeist, was den Mohammedanismus betraf» [58]. Catherwood stellte eines Morgens einfach «mit gleichgültiger Miene» seine Staffelei im Haram auf. Er machte einige Skizzen und betrachtete den Dom und die freistehenden Torbögen ringsum auf eine derart nüchterne und sachliche Art, daß sein Eindringen zunächst gar nicht bemerkt wurde. Im Laufe des Tages jedoch sammelte sich eine gehässige Meute um ihn, die ihn möglicherweise gelyncht hätte, wenn nicht plötzlich der Gouverneur mit seinen Soldaten auf der Bildfläche erschienen wäre.

Um die Jahrhundertmitte wurde das Verbot schrittweise aufgehoben, anfangs nur für Besucher von königlichem Geblüt und für reiche Leute. Im Jahr 1855 wies der türkische Sultan persönlich den obersten Imam an, dem Herzog von Brabant (dem zukünftigen König von Belgien) und seinem gesamten Hofstaat einen Besuch des Haram zu gestatten. Sie waren die ersten Christen seit den Kreuzzügen, die eine ganz offizielle Erlaubnis erhielten. Um ihre Sicherheit zu gewährleisten, traf die türkische Verwaltung eine zusätzliche Vorsichtsmaßnahme: Sie ließ die afrikanischen Wächter des Haram – ein Amt, das traditionsgemäß weitervererbt wurde – den ganzen Tag über einsperren.

Ähnlich wie die Hagia Sophia in Konstantinopel ist auch der Felsendom (man ist versucht zu sagen, wie durch ein Wunder) nahezu so erhalten geblieben, wie er im siebten Jahrhundert erbaut worden war. Auch Brände und Erdbeben konnten ihm nichts anhaben. Nicht einmal der Massentourismus unseres Jahrhunderts hat ihm bisher sichtbaren Schaden zugefügt. Trotz der vielfältigen Restaurierungsarbeiten nach jeder der zahlreichen Naturkatastrophen stimmen seine Ausmaße noch immer mit denen von 903 überein. Persische Fliesen sind an die Stelle der ursprünglich aus Marmor und Mosaiken bestehenden Fassade getreten. Ansonsten sieht er im wesentlichen noch genauso aus wie der ursprüngliche Bau, das erste Hauptheiligtum des Islam, das der Omajjaden-Kalif Abd al-Malik in den Jahren 685 bis 691 errichten ließ. 1914 drohten ihm verheerende Instandhaltungsmaßnahmen; an der von Wind und Wetter geschundenen Nordwestfassade waren ziemlich viele von den herrlichen Fliesen abgefallen, und ein deutscher Architekt machte den vom Kaiser gutgeheißenen Vorschlag, diese ganze Seite des Achtecks – ein Wunder an Farbgebung, Rhythmus und Geometrie – «mit schmiedeeisernen Platten aus dem Vaterland neu zu decken»[59]. Das Vorhaben fand Zustimmung, doch seine Ausführung wurde durch den Ausbruch des Ersten Weltkriegs zum Glück verhindert. 1917 besetzten die Briten Jerusalem; wenig später machten sie zwei armenische Kunstkeramiker ausfindig, die vor den Massakern der Türken geflohen waren und sich bereit erklärten, die Renovierungsarbeiten vorzunehmen. Sie bauten im Haram einen Brennofen auf und stellten die beschädigte Fassade in ihrer alten Herrlichkeit wieder her. (Ihre Nachfahren sind noch heute in Jerusalem tätig, wo sie hellblaue und grüne Töpferwaren anfertigen. Allerdings haben leistungsstarke elektrische Brennöfen die alten, mit Holz befeuerten Brennöfen ersetzt; die Folge davon sind Farben von etwas minderer Qualität.)

Bis ins letzte Jahrhundert fühlten sich die meisten Besucher aus dem Westen nur von den biblischen Überresten der Stadt angezogen. Die islamischen Baudenkmäler waren für die meisten Christen nur dann von Interesse, wenn sie sich irgendwie mit den Ereignissen im Leben Jesu in Verbindung bringen ließen. Die Kreuzfahrer betrachteten den Felsendom als den ursprünglichen Tempel Salomos, in dem, wie sie glaubten, Jesus als Säugling beschnitten worden war. Es ist unklar, wie sie diese Gleichsetzung, die auch auf ihren Stadtplänen und Münzen zu finden ist, mit dem in Einklang bringen konnten, was in der Bibel steht. Auf ein verspätetes Echo dieser Überzeugung trifft man in Raffaels 1504 entstandenem Gemälde *Mariä Vermählung*, das in der Pinacoteca di Brera in Mailand hängt und auf dem der Maler die Hochzeit von Maria und Josef vor dem moslemischen Felsendom in Jerusalem stattfinden läßt.

Der Felsendom wird, nach dem arabischen Eroberer Jerusalems, auch als Omar-Moschee bezeichnet; in Wirklichkeit hatte Kalif Omar nichts mit seiner Erbauung zu tun. Früher einmal glaubte man, daß Abd al-Malik, der den Dom hatte erbauen lassen, dies in der Absicht getan hatte, den lukrativen Pilgerhandel von Mekka, das sich zu dieser Zeit in den Händen eines Gegenkalifen befand, hierher umzuleiten. Doch diese Auffassung ist inzwischen überholt. Die meisten Wissenschaftler von heute betrachten Abd al-Maliks große Tat als eine Bestätigung dafür, daß der Sieg der Araber mit einem missionarischen Ziel verknüpft war. Der Dom wurde zu einer Zeit erbaut, als die Bevölkerung der Stadt hauptsächlich aus Christen bestand. Die ländliche Umgebung war noch immer teilweise jüdisch. Abd al-Malik muß wohl gehofft haben, die christlichen Stadtbewohner mit der byzantinischen Pracht seines Doms, der ihre eigenen Kirchen in der Stadt bei weitem in den Schatten stellte, zu blenden und die jüdische Landbevölkerung dadurch zu beeindrucken, daß er ihn an ihrer heiligsten Stätte erbauen ließ. Ein aus dem siebten Jahrhundert stammender jüdischer Hymnus über die Apokalypse, den man unter einem Wust uralter Dokumente in einer mittelalterlichen Kairoer Synagoge gefunden hat, läßt die Vermutung zu, daß die Juden möglicherweise durchaus auf diesen Köderungsversuch reagiert haben. Eingebettet in die geheimnisvolle Sprache der Mystik, verheißt dieser Hymnus, daß ein großer König aus Arabien kommen und Israel befreien wird: «Es wird nicht mehr lange vom Haus des Gebets ferngehalten werden.»[60]

Der Felsendom hat fast dieselben Ausmaße wie der aus dem vierten Jahrhundert stammende Rundbau der Grabeskirche. Das Äußere hält mit dem prachtvollen Inneren durchaus Schritt. Die Baumeister standen eindeutig unter dem Einfluß byzantinischer und sassanidischer Kunst. Es gab Vermutungen, daß die Steinmetzen vielleicht Griechen oder Armenier waren. Die dekorativen Mosaike im Innern setzen sich aus pflanzlichen Motiven, Füllhörnern und sogenannten Kleinodien zusammen, die an diejenigen erinnern, die Christus und die Heiligen auf byzantinischen Ikonen tragen. Sie scheinen auf die Niederwerfung des christlichen Byzanz durch den siegreichen islamischen Glauben hinzudeuten. Bei anderen Verzierungen, die sich auf beiden Seiten der Arkaden um das Oktagon ziehen, handelt es sich um prachtvolle altarabische Inschriften, die missionarische Ermahnungen enthalten. Diese Reklameinschriften propagieren über Hunderte von Metern hinweg den Glauben, den einzig wahren Glauben, den einzig wahren Gott, Allah. Allah ist groß. Allah ist gut, Allah ist gnädig. Preiset Allah. Liebet Allah. «Weder Schlummer ergreift ihn noch Schlaf; ihm gehört alles, was im Himmel und auf Erden ist.» Ein Teil dieser unverhüllten Propaganda war mit drohenden Aufforderungen an Juden und Christen gekoppelt, sich doch zu unterwerfen. An einer Stelle steht ein direkter Aufruf an die Christen, den Glauben an die Dreieinigkeit aufzugeben: «Jesus, Sohn der Maria, ist nur ein Apostel Gottes», lautet eine Inschrift. «Es schickt sich nicht für Gott, einen Sohn zu zeugen.» Wahrscheinlich haben sich die Kreuzfahrer nie die Mühe gemacht, diese Inschriften zu lesen, denn sonst hätten sie sie sicher zerstört.

Im Mittelpunkt des Achtecks, genau unter der Kuppel, befindet sich der heilige Fels, auf dem sich im Laufe der Jahrhunderte so zahlreich Bedeutungsschichten angehäuft haben. Wie bei der Grabeskirche haben die religiösen Lehren zahlreiche Ereignisse hier angesiedelt, alle recht bequem an ein und derselben Stelle. Zu diesen zählen die Erschaffung Adams und seine Grablegung, das Aufstellen von Davids Lade und der Bau des Salomonischen Tempels – ganz zu schweigen von der Schöpfung als solcher, bei der die Oberwelt durch eine Tonscherbe vom Abgrund des darunterliegenden Chaos abgetrennt wurde.

Mag sein, daß der Fels einmal die Kuppe eines Hügels bildete, bevor so viele künstliche Terrassen rings um ihn aufgeschüttet wurden. Zu Davids Zeiten war er wahrscheinlich so hoch und lag so offen da, daß Arauna darauf seine Gerste im Wind sieben konnte. Da man Abraham und Jesus mit dem Felsen in Verbindung brachte, machte sich der Islam alle diese Mythen zu eigen und fügte seine eigenen hinzu. Von diesem Felsen aus soll Mohammed auf einer Leiter aus Licht in den Himmel emporgestiegen sein. Besuchern zeigt man seinen Fußabdruck im Gestein. Aber die Geschichte von Mohammeds Aufstieg in den Himmel von diesem Felsen aus beruht möglicherweise auf einem nachträglichen Einfall. Keine der aus dem siebten und achten Jahrhundert stammenden Inschriften an den Wänden des Felsendoms nimmt darauf Bezug.

Bei dem Felsen selbst handelt es sich wahrscheinlich um denselben «durchlochten»[61] Stein, über den der Pilger von Bordeaux im Jahr 333 berichtete – jenen Stein, den die Juden einmal im Jahr aufsuchten, um ihn zu salben und dort zu wehklagen. Der schrundige, unberührte Felsblock mit seiner Oberfläche von etwa zwölf mal achtzehn Meter wird zweimal in der Woche sorgfältig abgestaubt, mit Rosenwasser gewaschen und beweihräuchert. Die Gläubigen werfen sich zwischen den Bögen des Wandelganges, der ihn umgibt, zu Boden. Gottesdienste finden hier nicht statt; sie werden in der Al-Aksa, der zweiten großen Moschee auf der Südseite des Haram, abgehalten.

Die Al-Aksa ist ein gewaltiges Bauwerk, fast so groß wie die

Moschee von Córdoba und infolge wiederholter Restaurierungs- und Verbesserungsarbeiten in unserem Jahrhundert etwas überladen. Zur letzteren zählen ein wenig eleganter, von Mussolini gestifteter Wald aus dicken Marmorsäulen und eine verkitschte Decke, die einer der größten Kitschkönige unserer Zeit, Faruk I. von Ägypten, in Auftrag gegeben hat. Jeden Freitagmorgen versammeln sich Tausende von Gläubigen in der Al-Aksa. Frauen werden in einen eigenen Bereich verwiesen. (Der syrische Dichter Hassan Kanafani behauptete, die drei großen Tabus der moslemischen Gesellschaft seien Gott, die Regierung und Sex.) Gebetsgottesdienste verwandeln sich häufig in politische Kundgebungen, bei denen gegen tatsächliche und eingebildete Verletzungen moslemischer oder palästinensischer Rechte Protest erhoben wird. Am Ende der Freitagsgottesdienste in der Moschee schwenken Demonstranten oft palästinensische Flaggen und fordern ein Ende der israelischen Herrschaft. Auf einem Beobachtungsposten im Westflügel, von dem aus man sowohl den Haram als auch die Klagemauer überblickt, stehen Tag und Nacht israelische Truppen auf Posten, jederzeit bereit, Tränengas auf aufsässige Demonstranten in und außerhalb der Moschee abzufeuern. Nicht selten prallen Demonstranten und Polizisten vor dem Haupttor, das in den Haram führt, zusammen; dieses Tor trägt den Namen *Bab al-Salam* (Tor des Friedens). Ironie ist in Jerusalem stets unbeabsichtigt.

Besucher aus dem Ausland halten auf dem Plateau zwischen beiden Moscheen inne, tief beeindruckt und verzaubert von ihrem Anblick, und fragen sich, wie, falls überhaupt, die Schwierigkeiten enden werden. Ronald Storrs berichtete, daß Winston Churchill während eines Aufenthalts in Jerusalem im Jahr 1922 Tag für Tag und Nacht für Nacht dieses Plateau aufsuchte. Churchill wußte seine Schönheit so zu schätzen, daß ihm jeder Augenblick leid tat, den er anderswo, fern von seiner Staffelei, verbringen mußte. Churchill nahm damals als Kolonialminister an einer Konferenz im Gouverneurspalast teil, wo er «innerhalb von ein paar Minuten»[62] das neue Königreich Jordanien schuf. Damals hoffte man, daß damit die nationalen Ambitionen der Araber am Ostufer des Jordan befriedigt seien und die Westseite den Juden überlassen bleiben würde. Doch es kam anders. Unmittelbar vor der Al-Aksa-Moschee erinnert eine vor kurzem aufgestellte Mastaba an das Massaker, das Israelis im Jahr 1982 unter den Palästinensern in den Flüchtlingslagern Sabra und Schatila in Beirut angerichtet hatten. Die Mastaba ist häufig Schauplatz politischer Versammlungen und flammender Reden, die den Sieg des Islam und Rache fordern.

Der Text der Freitagsgottesdienste in der Moschee erinnert laut Emanuel Sivan, einem Islamistik-Professor an der Hebräischen Universität von Jerusalem, häufig an die Argumente während der Regierungszeit Saladins. «Dieselbe Mischung von Ansprüchen auf die Herrschaft über die Stadt, die aus der Zeit vor der moslemischen Eroberung stammen, dieselbe Zurückweisung der Behauptungen der derzeitigen Machthaber bis hin zur Verwendung genau derselben Hadithe.»

Ein weiteres politisches Denkmal auf dem Haram ist das Grabmal von Abdul Kadar el-Husseini, einem palästinensischen Guerillaführer, der 1948 im Kampf gegen Israel fiel. Sein Sohn, Faisal el-Husseini, wird häufig als der höchste Repräsentant der palästinensischen Befreiungsorganisation im arabischen Jerusalem bezeichnet. Besuchern des Haram ist es nicht gestattet, sich dem Ostrand der Esplanade zu nähern, angeblich aus Sicherheitsgründen. Von dort aus hat man einen guten Blick in den darunterliegenden Abgrund, das Josaphattal oder Kidrontal. Die Alten glaubten, daß dies der Ort sei, an dem alles begann und an dem alles enden wird – das heißt der Ort des Jüngsten Gerichts: Hier werden am Ende aller Tage die Toten erweckt werden, und Sonne und Mond werden sich verfinstern, und die Sterne werden ihr Licht auslöschen. Der Tempelberg galt gleichzeitig als das Tor zum Himmel und das Tor zur Hölle. Im Mittelalter fügten die Moslems dieser uralten jüdischen Sage eine Vision von weltumfassender Glückseligkeit hinzu: am Tag des Jüngsten Gerichts würden Abraham, Moses, Jesus und Mohammed wie Brüder am Berghang an den offenen Toren von Himmel und Hölle stehen. Die Toten würden auf einer Brücke, dünner als ein Haar und schärfer als eine Messerschneide, über den Abgrund gehen, um auf die Waage der Gerechtigkeit zu steigen.

Zwar wird der Haram von allen drei Religionen als heilig betrachtet, aber es wäre naiv anzunehmen, daß dieser Umstand vielleicht zu mehr Toleranz und Verständnis in Jerusalem führen könnte. Christliche Fundamentalisten treten weiterhin für den Bau einer Kirche oder zumindest einer Kapelle in der Südostecke des Haram ein, die für sie die Wiege Jesu ist. Jüdische Extremisten haben die Angewohnheit, sich den Zugang zum Haram zu erzwingen und zu versuchen, dort einen Gottesdienst abzuhalten; die Polizei hat strikte Anweisung, dies zu verhindern. Auch wenn sie nicht unbedingt zu Gewaltmaßnahmen greifen, erliegen doch auch zahlreiche andere Juden der zum Ritual gewordenen, nicht enden wollenden Faszination, die der Tempelberg ausübt. Der Ansatz eines Brückenbogens, der aus der Westmauer hervorspringt (und nach dem amerikanischen Altertumsforscher Edward Robinson benannt ist, der ihn 1838 als erster historisch eingeordnet hat), beschwört den Anblick der großen Freitreppe herauf, die einstmals zum Tempel führte. Nach 1967 entdeckte man unter dem Bogen eine uralte hebräische Inschrift, ein Zitat aus Jesaja (66,14): «Wenn ihr das seht, wird euer Herz sich freuen, und ihr werdet aufblühen wie frisches Gras.» Es ist gut möglich, daß sie im vierten Jahrhundert von einem jüdischen Pilger eingeritzt wurde; vielleicht spiegelt sie aber auch die Begeisterung jüdischer Bauarbeiter aus der Zeit des hellenophilen und antichristlichen Kaisers Julian (363 v. Chr.) wider, dem die Christen den Beinamen Apostata («Abtrünniger») gaben und unter dessen Ägide die Juden kurzzeitig den Auftrag erhielten, ihren Tempel wiederaufzubauen. Solche Entdeckungen sind für den heutigen, weltlich orientierten Betrachter ebenfalls faszinierend und gelegentlich durchaus anrührend. Viele Israelis sind noch immer auf der Suche nach der emotionalen Sicherheit, die das Aufdecken der eigenen Wurzeln mit sich bringt. Die gigantische Freitreppe an der Südwestecke des alten Tempelbergs hat man freigelegt und zum Teil restauriert. Für die Juden stellt sie einen weiteren *lieu de mémoire* von hohem Rang dar. Sie führt zu dem jetzt verbauten Haupteingang des Tempels aus dem ersten Jahrhundert hinauf und weckt bei vielen Besuchern die Erinnerung an den Stufenpsalm (Ps 122,1):

> Ich freute mich, als man mir sagte:
> «Zum Haus des Herrn wollen wir pilgern.»

In den Augen der Gläubigen verleihen derartige Funde den heiligen Texten eine konkrete Grundlage, eine Struktur, einen realen Standort. Die Christen im Mittelalter haben angesichts eines Splitters vom Heiligen Kreuz sicher genau dasselbe empfunden.

Es ist oft behauptet worden, daß die Archäologie von Ruinen und vom Krieg lebt. Die Ausgrabungen im Bereich unterhalb des Tempelberges fanden auf einem Terrain statt, das der moslemischen *Auqaaf* gehörte. Mehr als ein Jahrhundert lang versuchten Archäologen dort vergebens zu graben; in der kurzen Zeit der Ruhe – oder des Schocks – unmittelbar nach der Besetzung der Altstadt durch die Israelis im Jahr 1967 gelang es ein paar Archäologen, sich von moslemischen Geistlichen die Erlaubnis zu beschaffen, an dieser Stelle mit Ausgrabungen zu beginnen. (Wenige Monate später hätten sie sie vielleicht nicht mehr erhalten.) Die Ausgrabungsarbeiten, durchgeführt von einem Team führender israelischer Archäologen, wurden zum Teil von jüdischen Philanthropen und zum Teil von der weltweiten Church of God (Kirche Gottes) finanziert, einer ursprünglich in der Umgebung von Pasadena in Kalifornien entstandenen fundamentalistischen Gruppierung; sie wird seit langem von einem Mann namens Herbert Armstrong geleitet, der behauptet, ein Sendbote Gottes auf Erden zu sein. Die Ausgrabungen, die sich über ein Jahrzehnt erstreckten, waren gründlicher und ehrgeiziger als alle bisherigen derartigen Unternehmungen in Jerusalem und reichten als einzige so dicht an den heutigen Haram heran.

Bei den mit Spannung erwarteten Funden ergab sich eine merkwürdige Ironie. Der für Jerusalem typische Wettkampf zwischen Moslems und Juden, zwischen Arabern und Israelis dreht sich nicht nur um Stammes- und Territoriumsfragen, sondern auch um psychologische Reviere. Dieser Kampf wird ebenso um die ausschließliche Macht im Staat ausgefochten wie um Symbole. Symbole sind häufig gleichbedeutend mit Macht, und dies gilt nirgends mehr als in Jerusalem. Seit mehreren Generationen hatte sich in wissenschaftlichen Kreisen in Israel die Überzeugung durchgesetzt, daß es den arabischen Eroberern nie wirklich gelungen ist, in Palästina ebenso eine echte Stadtkultur zu etablieren wie in den Nachbarländern Syrien und Ägypten. Die Anhänger dieser Überzeugung führten häufig das Argument ins Feld, die Araber hätten in Palästina nur eine einzige Stadt gegründet, nämlich Ramle, das in der Küstenebene lag und völlig bedeutungslos war. Und dieses Ramle, und *nicht Jerusalem*, hatten sie zu ihrer regionalen Hauptstadt ernannt. Dieser Theorie zufolge waren sogar der Felsendom und die Al-Aksa-Moschee im Grunde genommen «christliche» Bauwerke, die man für moslemische Zwecke umgemodelt hatte. Und doch förderten die Ausgrabungen am Fuß des Haram nicht nur die gigantische jüdische Freitreppe zum untergegangenen Tempel zutage, nicht nur die riesigen rituellen Bäder, sondern auch Überreste eines großen früharabischen Stadtzentrums (mit einem bedeutsamen mit dem Haram verbundenen Palastbezirk), die aus derselben frühislamischen Periode stammen wie der Dom. Einige Leute hielten die Relikte dieses Königspalastes getreu ihrem Wunschdenken anfangs für «byzantinisch»; die Byzantiner hatten im fünften und sechsten Jahrhundert in Jerusalem heftig gebaut. Der Leiter der Ausgrabungsarbeiten, Professor Benjamin Mazar, der große alte Mann der patriotischen israelischen Archäologie, war an dem Tag, an dem der königliche Palast schließlich endgültig als arabisches Bauwerk identifiziert wurde, zu Hause und mußte das Bett hüten. Ein enger Mitarbeiter, der Archäologe Meir Ben-Dov, hat in seinem Bericht Mazars anfängliche Ungläubigkeit und den darauffolgenden Schock angesichts dieser Nachricht festgehalten.

Das sind so die Freuden und Enttäuschungen der Wissenschaftler. Während eines längeren Aufenthalts in Jerusalem im Jahr 1975 stieß der Romanautor Saul Bellow zufällig auf eine entlegene, wenig besuchte griechisch-orthodoxe Kapelle in der Altstadt und hatte dort ein merkwürdiges emotionales Erlebnis. In dem kleinen, gepflasterten Vorhof war es friedlich und vollkommen still. Ein großer Weinstock spendete Schatten. Die Sonne schimmerte durch das Blätterdach. Bellow hatte seine Freude an der Ruhe und an dem grünen Blattwerk, das aus einem einzigen Stamm aufstieg. Er verspürte eine plötzliche Sehnsucht, «mich hinzusetzen und mich in der vollendeten Milde eine Ewigkeit nicht mehr von der Stelle zu rühren»[63]. Der Ursprung dieser Sehnsucht liege auf der Hand, meinte er. «Er ergibt sich aus dem Kontrast zwischen Politik und Frieden. Eine noch so geringe Rückkehr der Schönheit macht einem bewußt, wie tief die eigenen gesellschaftlichen Wunden sind, wie schmerzhaft es ist, an nichts als Aggression und Verteidigung... Diplomatie, Terrorismus und Krieg zu denken. Die Beschäftigung mit derlei Dingen läßt die Kunst zu nichts zusammenschrumpfen.»

Das Armenische Viertel in der Altstadt strotzt nur so von Verteidigungsvorrichtungen. Es bildet eine Enklave, einen in sich geschlossenen Bezirk, eine Miniaturstadt innerhalb einer größeren Stadt, vollkommen umgeben von einer hohen, festungsähnlichen Mauer. Die schweren Tore sind bewacht und werden des Nachts zugesperrt wie im Mittelalter. Untertags werden

Besucher am Tor angehalten und aufgefordert, den Grund für ihr Kommen anzugeben. Im Viertel selbst besteht ein empfindliches Gleichgewicht zwischen den etwa achtzig Seminarschülern und armenischen Priestern, deren Oberhaupt der Patriarch ist, und den über fünfzehnhundert weltlichen Bewohnern armenischen Ursprungs, vorwiegend Leute in akademischen Berufen und Geschäftsleute, die selten in die Kirche gehen. Sie bilden die einzige Laiengemeinschaft in Jerusalem, die innerhalb der Grenzen eines mönchischen Ordens lebt – der sogenannten Bruderschaft des heiligen Jakob. Sie ist in den erhalten gebliebenen Gebäuden eines riesigen Klosters untergebracht, das im Mittelalter errichtet wurde, um den Pilgerstrom aus Armenien aufzunehmen und den Menschen Schutz zu bieten. Im Jahr 1918 fanden dort die ärmsten Überlebenden der türkischen Massaker Aufnahme. Doch soll bereits lange zuvor eine große Laienbruderschaft von Armeniern dort gelebt haben.

Die armenischen Pilger strömten unmittelbar nach ihrer Bekehrung zum Christentum im Jahr 301, also schon vor dem Edikt von Mailand (313) und dem Übertritt Konstantins zum Christentum, in Scharen auf den Römerstraßen nach Jerusalem. Die Stadt ist voll von früharmenischen Überresten. Das armenische Bodenmosaik aus dem sechsten Jahrhundert in der Kirche des heiligen Polyeuctos – prachtvolle Vögel im Geäst eines Weinstocks – ist das herrlichste Mosaik im ganzen Land. Im siebten Jahrhundert, am Vorabend der Eroberung durch die Araber, waren die Armenier in Jerusalem und seiner unmittelbaren Umgebung mit nicht weniger als siebzig Klöstern und Kirchen vertreten. Das Oberhaupt der Armenischen Kirche sei angeblich nach Mekka gereist, um ein Edikt zu erwirken, das die Niederlassung in Jerusalem absicherte.

Das Armenische Viertel ist das einzige von einer Volksgruppe bewohnte Viertel in der Altstadt, das heutzutage noch denselben Raum einnimmt wie im fünften Jahrhundert, nämlich ein Sechstel der Gesamtfläche der Altstadt. Hier leben nach wie vor mehrere Flüchtlinge von 1918 und ihre Nachkommen. Es ist eine selbständige kleine Gemeinde mit eigenen Schulen und anderen öffentlichen Einrichtungen, einer guten Bibliothek, einer Druckerei (sie stammt aus dem Jahr 1833 und war die erste in Jerusalem), einem Museum voller Manuskripte mit prachtvollen Buchmalereien, an die nur die von Eriwan heranreichen, mit Wohnbezirken, einigen historischen Denkmälern und einem einzigen Geschäft. Schmale Gassen streben auf einen großen öffentlichen Platz zu. In den Gärten stehen zahlreiche alte Bäume, die ältesten, die es in der Altstadt gibt. Der Patriarch und seine Mitarbeiter sind in einem kleinen Palast untergebracht, an dessen Wänden lauter Porträts von längst in Vergessenheit geratenen Angehörigen europäischer Königshäuser und eine Karte des schon lange nicht mehr existierenden Großarmenien hängen (es erstreckte sich angeblich vom Mittelmeer bis zum Kaspischen Meer). Die Bedeutung des Patriarchats beruht auf der Stellung, die es dank des berühmten Status quo als einer der Hauptanteilseigner an den heiligen Stätten genießt. Zudem hat es ausgedehnte Besitztümer in und um Jerusalem. Seine Bischöfe mit ihren schwarzen Kapuzen tragen die schwersten Smaragde und mit Perlen besetzte goldene Kronen.

Die bedeutendste Kirche innerhalb des Armenischen Viertels und gleichzeitig die schönste in der ganzen Stadt ist die Jakobskathedrale. Ihre Schätze – Mitren, Kronen und mit Edelsteinen besetzte goldene Kelche, kostbare Gewänder und Lampen – wurden im Laufe von Jahrhunderten angehäuft; sie alle wurden von frommen Gläubigen und Fürsten aus Armenien und Kilikien hierhergebracht. Die Armenier sprechen selten über ihre Kultgeräte. Wie die Juden sind sie Überlebende, «ein Volk, [das] für sich» (Num 23,9) wohnt. Das kleine Viertel ist von jeher ein Zentrum der Gelehrsamkeit gewesen, ähnlich wie die großen jüdischen Jeschiwas im Osteuropa der Vorkriegszeit.

Die Armenier haben sich in Jerusalem so lange gehalten, weil sie als nationale und religiöse Minderheit gelernt haben, nicht Partei zu ergreifen. Sie haben sowohl zu den Palästinensern als auch zu den Israelis ein herzliches Verhältnis. Was ist schon ein schäbiges Vierteljahrhundert israelischer Herrschaft im Vergleich zu den fast siebzehnhundert Jahren ununterbrochener armenischer Präsenz in Jerusalem?

Unmittelbar außerhalb der Stadtmauern liegt inmitten eines uralten Friedhofs das aus dem vierzehnten Jahrhundert stammende armenische Kloster St. Saviour. In die älteren Grabsteine sind Werkzeuge und Arbeitsgeräte eingemeißelt – eine Maurerkelle, eine Schneiderschere, die Meißel eines Steinmetzen, eine Bischofskrone. Einige tragen Grabinschriften in armenischer Sprache, die sich deutlich von modernen Inschriften unterscheiden:

Pflanze eine Rose
auf mein schlichtes Grab.
Ich, der Küster Krikor,
sang vierzig Jahre lang Gebete
und entzündete Lampen am Grab Christi.

Hier ruht
Ghevond vom See Van,
ein Liebhaber der Schrift.
Der Schreiber,
der so viele Manuskripte abschrieb,
alte und neue.

Singt ein Halleluja
für den Binder von Büchern,
den Mönch Mekhitar.

Einmal im Jahr, im April, versammeln sich Hunderte von Armeniern aus Jerusalem auf diesem Friedhof, um der Opfer des armenischen Holocaust von 1915 bis 1918 zu gedenken; damals brachten die Türken schätzungsweise eine Million Armenier um. Eine weitere halbe Million ging ins Exil. Armenische Sprecher nehmen diesen Gedenktag zum Anlaß, um immer wieder darauf hinzuweisen, daß Armenien ein Probelauf für Auschwitz war. «Der armenische Holocaust wurde vergessen oder ignoriert. Hätte man ihn nicht ignoriert, hätte Auschwitz vielleicht nicht passieren können.» (Als Hitler Vorbereitungen für die Endlösung traf, soll er einen widerstrebenden General mit folgenden Worten zurechtgewiesen haben: «Wer erinnert sich denn heute noch an das Schicksal der Armenier?») Die Armenier zitieren den englisch-jüdischen Autor Israel Zangwill, der zur Zeit des Massakers mit beredten Worten verkündete: «Ich nehme die Dornenkrone vom Haupte Judas und setze sie Armenien auf die Stirn.» Angeblich ist Franz Werfel bei einem Besuch in Jerusalem die Idee zu seinem Roman *Die vierzig Tage des Musa Dagh* gekommen, einem erfolgreichen Bestseller der dreißiger Jahre, der an die armenische Katastrophe erinnert (und auch als Metapher für die Bedrohung durch die Nazis gedacht war). Die Massenhinrichtung von einer Million Armeniern war offizielle türkische Politik. Sie wurde von einer Staatsbürokratie durchgeführt, ähnlich der, die die Nazis fünfundzwanzig Jahre später einsetzten. «Deportation» war ein türkisches Codewort für Massenhinrichtung, genauso wie im Deutschland zur Hitlerzeit. «Ich hasse die Türken», erklärte der armenische Patriarch von Jerusalem vor ein paar Jahren einem Zeitungsjournalisten – eine für Jerusalem typische Feststellung. «Christus hat uns aufgetragen, unsere Feinde nicht zu hassen. Aber das war, bevor es die Türken gab.»[64]

Ein paar Räume im Armenischen Museum sind den Massakern gewidmet. Verblichene alte Fotografien zeigen grauenvolle Leichenhaufen, ähnlich denen auf den Bildern in Yad Vashem, der israelischen Gedenkstätte auf der anderen Seite der Stadt, die an die Ausrottung der europäischen Juden unter den Nazis erinnert. Beide Museen haben sich die unmögliche Aufgabe gestellt, die Namen sämtlicher Männer, Frauen und Kinder und aller ausgelöschten Gemeinden ausfindig zu machen und aufzuzeichnen. Die Zeugenaussage von Henry Morgenthau, zur Zeit des Massakers der Gesandte der Vereinigten Staaten in der Türkei und vielleicht der einzige Angehörige des Diplomatischen Korps, der gegen diese Ungeheuerlichkeit Protest einlegte, ist an herausragender Stelle ausgestellt:

> Als die Exilanten abzogen, ließen sie eine andere Karawane zurück – die der Toten und der unbestatteten Leichname ... Die fürchterlichsten Szenen ereigneten sich an den Flüssen, besonders am Euphrat [wo] die Polizisten die Frauen ins Wasser stießen und alle erschossen, die versuchten, sich durch Schwimmen zu retten ... Zehntausende wurden ohne Nahrung und Wasser in die Wüste gejagt.[65]

Wie bei den Juden, so gibt es auch bei den Armeniern einen festgelegten Trauertag im Jahr, an dem der Zerstörung gedacht wird. Die grauenhafte Erinnerung an die Vergangenheit nährt bei den Armeniern, genau wie bei den Juden, ein kollektives Schlüsseltrauma. Doppelt bitter wird dieses Trauma der Armenier durch die Tatsache, daß die Türken, im Gegensatz zu den Deutschen, ihre Taten weder jemals widerrufen noch die Verantwortung für das Unheil übernommen haben. Während sich die armenische Trauerprozession vom Friedhof wieder durch die schmalen Gassen schlängelt, führt sie an plakatübersäten Mauern vorbei, auf denen in englischer und armenischer Sprache gegen die türkische Gefühllosigkeit protestiert wird. Die Sonne brennt herab. Im gnadenlos grellen Licht verblassen die Plakate rasch und schälen sich von den staubigen Mauern. In der Vergangenheit bezeichneten Mystiker dieses Licht als das «Obergewand Gottes».

Es ist nicht üblich, Jerusalem als eine armenische Stadt zu betrachten. Vor gar nicht so langer Zeit war es eine Stadt der Griechen, der Deutschen und auch der Russen. Selbst heutzutage ist man hier nie weit von Griechenland entfernt, schon gar nicht an Ostern. Scharen von griechischen und zypriotischen

Pilgern füllen an Ostern die Straßen; Teile der Altstadt erinnern an eine ägäische Insel. Noch zu Beginn dieses Jahrhunderts gab es eine innerhalb fester Grenzen florierende Griechische Kolonie. Im Jahr 1909 zählte sie mehr als zweitausend Seelen. Die Griechen von Jerusalem waren eine relativ wohlhabende Gemeinschaft von Geschäftsinhabern, Fremdenführern und Kunsthandwerkern, die sich um ihre eigenen öffentlichen Einrichtungen und ihre Kirche scharten. Dabei herrschte eine ständige Spannung zwischen den Griechen als Volksgruppe, die die Griechisch-Orthodoxe Kirche von Jerusalem als Vorposten des Hellenismus – das heißt der modernen Kirche von Athen – betrachteten, und denjenigen, die sie als die Kirche der palästinensischen Araber sehen wollten. Bis heute ist kein einziger Araber in die höheren Ränge der Griechisch-Orthodoxen Kirche vorgedrungen, obwohl ihre Gemeindemitglieder fast ausschließlich Palästinenser sind. Von der ursprünglich griechischen Bevölkerung sind nur noch ein rundes Dutzend Familien (und ein verlassenes Clubhaus in der ehemaligen Griechischen Kolonie) übriggeblieben. Im neunzehnten Jahrhundert nahm Jerusalem in der Erinnerung der Griechen offenbar eine so zentrale Stellung ein, daß es bereits vor der Einrichtung einer griechischen Landesuniversität in Athen Pläne für die Gründung einer griechischen Universität in Jerusalem gab. [66] Der dafür vorgesehene Standort war das uralte Kreuzkloster, das unterhalb der jetzigen israelischen Knesset anmutig und geschützt in einem Olivenhain liegt; der Name des Klosters rührt von der Legende her, daß das Kreuz Jesu aus einem Baum geschnitten wurde, der einst in diesem Hain wuchs. Die geplante Universität kam nur deshalb nicht zustande, weil die türkische Regierung Einspruch erhob.

Bis 1939 grenzte an die Griechische Kolonie eine große deutsche Enklave an, die von Templern bewohnt wurde, Mitgliedern einer pietistisch-protestantischen Sekte aus mehreren ländlichen Gemeinden Süddeutschlands. Diese Templer kamen im Jahr 1873 mit der Vorstellung nach Jerusalem, hier «ein kleines Reich Gottes»[67] zu gründen. Sie rechneten mit der unmittelbar bevorstehenden Wiederkunft Gottes und stellten sich vor, daß sich ihnen eine Million gleichgesinnte europäische Unitarier in Jerusalem und in ihren anderen Niederlassungen im ganzen Heiligen Land anschließen würden. Wie sich herausstellte, waren es nur ein paar tausend, zumeist Bauern und Handwerker. Ihre Hauptstraße in Jerusalem – die erste mit Bäumen gesäumte Durchgangsstraße der Stadt – war ein typisches Beispiel für eine süddeutsche Dorfstraße; sie ist bis heute erhalten: das ehemalige Gemeindehaus, ein Bierausschank, ein Lyzeum, ein paar eingeschossige Wohnhäuser – darunter die ersten Häuser aus Stein mit roten Ziegeldächern. Die geschnitzten Haustüren tragen Inschriften mit frommen biblischen Sprüchen in gotischer Schrift («Betet für den Frieden in Jerusalem» – «Steh auf, denn dein Licht ist gekommen und die Herrlichkeit Gottes scheint auf dich hernieder»). Obwohl die Templer und ihre Nachkommen 1941 von den Briten (damals hielten viele zu den Nazis) nach Australien deportiert wurden, heißt der Stadtteil noch heute die Deutsche Kolonie.

Auch Rußland hatte in Jerusalem seinen festen Platz. Im Herzen des heutigen Geschäftszentrums in der Neustadt gibt es einen ummauerten Bezirk, der bis zum Ersten Weltkrieg ein Vorposten von Mütterchen Rußland war – eine Stadt innerhalb einer Stadt. Auf dem Gelände eines türkischen Exerzierplatzes gelegen, thronte er über Jerusalem wie eine Festung. Die russische Kathedrale mit ihren zahlreichen Kuppeln war in Anlehnung an eine Kirche im Kreml gebaut. Umgeben war sie von langgestreckten, scheunenartigen Gebäuden – Büros, Hospizen, fürstlichen Residenzen, Krankenrevieren und Kantinen –, in denen bis 1914 jedes Jahr zwanzigtausend russische Pilger und der zaristische Verwaltungsapparat, der sich um sie kümmerte, untergebracht wurden.

Dieses russische Lager wurde 1863 von der sogenannten Kaiserlich Russisch-Palästinensischen Gesellschaft erbaut und stellte ein Lieblingsprojekt des letzten Zaren dar, der glaubte, daß die Pilgerfahrten nach Jerusalem Rußlands störrische Massen an ihre Regierung binden würden. In den von Eifersüchteleien gebeutelten achtziger Jahren des letzten Jahrhunderts gaben die Vorgänge im russischen Lager den anderen Staatsmächten Anlaß zu ernsthafter Besorgnis. Der britische Vizekonsul in Jerusalem erstattete London ziemlich hysterisch Bericht über die Tatsache, daß zahlreiche russische Pilger ausgediente Soldaten in Uniform seien und man wiederholt Bemerkungen aufgeschnappt habe, Jerusalem würde bald unter russische Herrschaft kommen.

Nach der Revolution von 1917 kamen keine russischen Pilger mehr nach Jerusalem. Das Lager stand leer. Die Hospize schlossen. Russische Nonnen verdingten sich als Hausmädchen und Kindermädchen bei Jerusalemer Familien. Im russischen Lager wurden eine britische Polizeiwache, ein Gerichtsgebäude und ein Gefängnis untergebracht. Vor dem ehemaligen Schlaftrakt der Bauersfrauen stellte man einen Galgen auf; mehrere jüdische Terroristen, die man wegen Angriffen auf britische Ziele verurteilt hatte, wurden 1946 und 1947 dort gehängt. Seit 1948 ist dieser grimmige Ort ein Nationalheiligtum. Im selben Jahr erkannte der neue Staat Israel die Gerichtshoheit Moskaus über das Gelände an. Die Folge war, daß es jetzt in Jerusalem zwei organisierte russische Kirchen gab: die von Moskau dirigierte «rotrussische» Kirche im israelischen Westjerusalem und die von New York aus von der russischen Exilkirche gelenkte «weißrussische» Kirche im jordanischen Ostjerusalem.

Diese zwei Kirchen bestanden nach 1967 weiter. Im ehemaligen jordanischen Sektor der Stadt haben die «Weißrussen» noch immer das Bestimmungsrecht über mehrere große Besitztümer auf dem Ölberg und in der Altstadt. Inzwischen jedoch sind die «Weißen», ein aussterbender Orden, ganz erheblich geschrumpft, wie die zahlreichen russischen Kreuze auf den Gräbern rings um ihre Kirchen auf dem Ölberg bezeugen. (Das «rote» Kontingent in Westjerusalem bekommt aus Rußland regelmäßig Verstärkung.)

Noch in den sechziger Jahren war eine ehemalige Großherzogin, die achtzigjährige Prinzessin Bagration, die Äbtissin des russischen Himmelfahrtsklosters, und man konnte sie, kränklich und tief gebeugt, unter den Bäumen auf dem Ölberg umhergehen sehen. 1963 stattete ihr der junge König Hussein von Jordanien einen offiziellen Besuch ab. Die beiden tranken im kleinen Salon des Klosters unter den Porträts des letzten Zaren und seiner Gemahlin Tee und sollen gemeinsam den Druck beklagt haben, der heutzutage auf den Schultern von Großherzögen und Königen lastet.

Währenddessen begingen im israelischen Teil der Stadt frisch aus Moskau eingetroffene und weithin als KGB-Agenten geltende «rot»russische Priester ihren ersten 1. Mai in Jerusalem damit, daß sie auf der russischen Kathedrale eine rote Flagge hißten. Erst auf besonderen Protest hin wurde sie wieder heruntergeholt. 1964 verkauften die Sowjets einen Großteil des russischen Lagers gegen Orangen an die israelische Regierung. Die Russen behielten lediglich einen Flügel des alten zaristischen Konsulats, um die Jerusalemer Repräsentanten des Moskauer Patriarchats dort unterzubringen.

Heutzutage beherbergt der ehemals russische Gebäudekomplex eine Polizeiwache, ein Gefängnis, mehrere Regierungsbehörden und, in einem eigenen Flügel, den Gerichtssaal und die privaten Gemächer des Obersten Israelischen Gerichtshofs. Die gespenstische, körperlose Anwesenheit derer, die diesen Komplex erbaut haben, schwebt noch immer über dem ausgedehnten Gelände. Die Wände sind mit russischen Symbolen und kyrillischen Buchstaben verziert. Die Worte «Um Zions willen will ich keinen Frieden geben» winden sich wie Girlanden um Alpha- und Omegazeichen. Der Oberste Gerichtshof zahlt Miete an die sowjetische Regierung. Die alte Kathedrale ist noch immer ein Wahrzeichen von Jerusalem. Die Gottesdienste dort locken sowohl ortsansässige Kuriositätenjäger als auch Touristen an. Die ehemalige Herberge der Edelleute, die 1964 irgendwie übersehen wurde, wird im Grundbuch nach wie vor als das Eigentum «ohne Erben» von Großherzog Sergej, dem Bruder des letzten Zaren, geführt.

Viele für das Erscheinungsbild der Neustadt charakteristische christliche Bauwerke, die, wie der russische Komplex, in der zweiten Hälfte des neunzehnten Jahrhunderts von den miteinander wetteifernden Staatsmächten erbaut wurden, strahlen eine typische Atmosphäre verblichener Pracht aus. Die gewaltigen Gebäude stehen noch. Ihre ursprüngliche Funktion haben sie in den meisten Fällen zwar eingebüßt, aber ihre Namen sind geblieben. Ihre pompöse, im allgemeinen jedoch recht kümmerliche Architektur spiegelt vermutlich die Nationalisierung der Religion im letzten Jahrhundert wider.[68] Im ehemaligen italienischen Krankenhaus, dem Palazzo Vecchio in Florenz nachempfunden, befindet sich jetzt der Sitz des israelischen Erziehungsministeriums. Im Jahr 1979 ließ ein abergläubischer Minister für Erziehung und Kultur (*sic!*) alle Kreuze von den Außenwänden abschlagen; dabei wurden auch zahlreiche italienische Stadtwappen aus Majolika zerstört, mit denen Friese, Kragsteine und Bögen verziert waren. Aus der riesigen Kaiserin-Auguste-Viktoria-Stiftung auf dem Ölberg ist inzwischen ein Krankenhaus für mittellose palästinensische Flüchtlinge geworden.

Die höhlenartigen Säle der 1877 von französischen Missionaren erbauten Schule Saint Pierre de Sion-Ratisbonne werden heutzutage weitgehend als Büros vermietet, ebenso die Räumlichkeiten des Terra-Santa-Kollegs ganz in der Nähe. Beide liegen mitten in den besten Wohngegenden der Neustadt. Die ehemalige anglikanische Kathedrale St. Georg, die 1898 in kühlem neugotischem Stil erbaut wurde und zahlreiche großartige und farbenprächtige Zeremonien erlebt hat, ist jetzt nur noch eine einfache Sprengelkirche, in der ein palästinensischer Bischof das Vaterunser auf arabisch betet. Während der Amtszeit des ersten britischen Hochkommissars Sir Herbert Samuel, eines Juden, fanden sich hier jedes Jahr am 9. Dezember, dem

Jahrestag der Eroberung durch General Allenby, Geistliche aller großen Glaubensgemeinschaften mit Ausnahme der Katholiken ein, unter ihnen der Obermufti der Moslems und einer der beiden jüdischen Oberrabbiner, um an einem gemeinsamen Gottesdienst teilzunehmen. Alle kamen; zwar wurde der Gottesdienst weitgehend auf englisch abgehalten, doch bestimmte Teile wurden auf arabisch, hebräisch, griechisch und armenisch gelesen. Denjenigen, die auf solche Dinge Wert legen, sind die Gottesdienste, die nach Samuels Weggehen eingestellt wurden, als die letzte Gelegenheit in Erinnerung, bei der sich die verschiedenen Geistlichen in einem Haus des Gebets – oder überhaupt im selben Raum – versammelten.[69]

Frankreich, das Jerusalem die Könige der Kreuzzüge geschickt hatte, hielt nach deren Fall den Anspruch aufrecht, als Schutzmacht aller katholischen heiligen Stätten und der meisten westlichen Pilger anerkannt zu werden. Dieser Anspruch war einer der Vorwände für den Krimkrieg. Er reicht zurück auf einen angeblichen Pakt zwischen Pippin dem Jüngeren oder seinem Sohn, Karl dem Großen, und dem Sultan Harun ar-Raschid. Heutzutage ist von den Privilegien der Franzosen nicht mehr übriggeblieben als eine Sonderbehandlung bestimmter katholischer Geistlicher in bezug auf die Zulassungsbestimmungen für ihre Autos. (Sie dürfen auf ihren Wagen diplomatische Autokennzeichen führen, ein höfliches Entgegenkommen der israelischen Regierung, das sich auch auf hohe Würdenträger anderer Konfessionen erstreckt.)

Der gewaltige französisch-katholische Gebäudekomplex, der in den neunziger Jahren des letzten Jahrhunderts an derselben Straße wie das russische Lager errichtet wurde, umfaßte damals ein Hospiz, eine Kirche, ein Krankenhaus, ein Mönchs- und ein Nonnenkloster. Von diesem ehrgeizigen Unternehmen sind nur noch eine kleine geriatrische Klinik, ein von der Kirche betriebenes Hotel und ein Gourmet-Restaurant übrig. Dieses Etablissement ist heutzutage wahrscheinlich das einzige auf der Welt, dessen Maître d'hôtel ein Monsignore ist, der mit einem Diplomatenpaß reist.

Die Äthiopier waren die einzige nichtimperialistische Macht, die im neunzehnten Jahrhundert in Jerusalem in großem Stil baute. Diese Volksgruppe beansprucht eine besondere Beziehung zu dieser Stadt, die bis in die Zeit von Salomo zurückreicht. Die äthiopischen Kaiser – solange es noch welche gab – wurden die «Löwen von Juda» genannt. Sie behaupten, direkt von Salomo und der Königin von Sheba abzustammen. Das äthiopische Kloster auf dem Dach der Grabeskirche wird auch als Haus des Sultan Salomo bezeichnet, weil Salomo, wie die Mönche behaupten, es Sheba zur Hochzeit geschenkt hat. Der ummauerte äthiopische Stadtteil an der Ethiopia Street in der Neustadt, mit dessen Bau 1874 begonnen wurde, umfaßt ein Mönchskloster, ein Hospiz und eine große Kirche. Die Kirche ist rund, ähnlich wie die Lehmkirchen, denen man überall im Hochland von Äthiopien begegnet; unter seinem konischen Dach steht ein Mittelaltar aus rosafarbenem Jerusalemstein. Hier versammeln sich bei Sonnenaufgang und Sonnenuntergang noch immer ein paar äthiopische Mönche, die an Darstellungen von den Heiligen Drei Königen erinnern, um zu singen.

Bei der alljährlich stattfindenden äthiopischen Zeremonie, die als «Suche nach dem Leib Christi» bezeichnet wird, handelt es sich angeblich um eine Anleihe aus dem Isis-Kult im alten Ägypten. Sie findet um Mitternacht auf dem Dach der Grabeskirche statt. Die Teilnehmer (einige kommen eigens zu diesem Zweck aus Addis Abeba angeflogen) gehen in der Dunkelheit mit brennenden Kerzen umher. In der Nähe ist ein farbenprächtiges äthiopisches Zelt für die angereisten Geistlichen aufgestellt. Die flackernden Lichter, die leuchtenden Flammen, das jagende Spiel der Schatten auf den Wänden, der Weihrauch, der Gesang, das wilde, mißtönende Getrommel – das alles zusammen ruft eine außerordentliche Wirkung hervor.

Das marxistische Äthiopien hat das Interesse an Jerusalem durchaus nicht verloren, doch seit der Revolution von 1974 ist die Zahl der äthiopischen Pilger zurückgegangen. In dem großen Komplex an der Ethiopia Street leben heutzutage nur noch eine Handvoll Mönche und Nonnen (darunter eine Dänin). Die meisten der pittoresken Häuser auf dem Gelände sind vermietet. Von außen sickert das Leben der israelischen Stadt in den Bezirk ein und überlagert das, was früher christlich war. Weite Teile sind inzwischen nur noch dem Namen nach äthiopisch.

Die christliche Bevölkerung von Jerusalem, Geistliche wie auch Bürger, hat im Verlauf der letzten fünfzig Jahre rapide abgenommen. Dieser Rückgang ist in erster Linie die Folge von Auswanderungen nach Nord- und Südamerika. Besonders kraß war der Bevölkerungsschwund in Ostjerusalem während der Zeit der jordanischen Herrschaft: Damals schrumpfte die christliche Bevölkerung von fünfundzwanzigtausend im Jahr 1948 auf zehntausend im Jahr 1967. Die christliche Gesamtbevölkerung der Stadt, die 1946 einunddreißigtausend betragen hatte, wurde 1989 auf weniger als neuntausend geschätzt. Es ist gut möglich, daß das Christentum in Jerusalem bald eher eine Religion zum Besichtigen als eine lebendige Religion sein wird und Jerusalem das Museum ihrer Entstehung.

Die Zunahme des Massentourismus in den letzten Jahren vertuscht diese Möglichkeit zwar, verringert deshalb aber keineswegs ihre Wahrscheinlichkeit. Falls das derzeitige Emigrationstempo der Christen aus Jerusalem anhielte, so meinte vor ein paar Jahren ein prominenter christlicher Geistlicher, würde ein Besuch in Jerusalem in Zukunft etwa so sein, «als würde man Baalbek besuchen, wo man die Tempel von Bacchus und Jupiter sieht... ohne irgendwelche anderen als ästhetische Emotionen... Ein paar religiöse Einflüsse werden noch übrig sein, ein paar Nonnen... und hochqualifizierte Theologieprofessoren und Archäologen... die den Touristen dann selbstverständlich als Fremdenführer zur Verfügung stehen.»[70] Der Schreiber dieser Zeilen ist ein libanesischer Erzbischof. An der Bitterkeit seiner Worte läßt sich das Ausmaß seiner Besorgnis ablesen.

Manche halten die Abwanderung der Christen vielleicht nicht für eine Bedrohung; andere werden sie im Namen des Glaubens oder der Geschichte beklagen. Einige betrachten das Durcheinander von Konfessionen und Sekten in Jerusalem lediglich als exotische oder pittoreske Angelegenheit. Andere wiederum beharren darauf, daß sie, alles in allem betrachtet, den einmaligen Geist dieser Stadt ausmachen. Den Geist selbst mag man vielleicht in Frage stellen. Doch abgesehen von den tröstlichen, utopischen Verallgemeinerungen, die auf Phantasievorstellungen, Vorurteilen und Eitelkeit basieren, leben in dieser Stadt Menschen – Juden, Moslems und Christen –, ganz gewöhnliche Menschen, die, auch wenn sie vorsichtig und stets auf der Hut waren, immer wieder von der erbarmungslosen Intensität der Geschichte dieser Stadt zu Boden geworfen und bis aufs Hemd ausgeplündert wurden. Kein Mensch weiß wirklich, welch immensen menschlichen und emotionalen Preis es gekostet hat, in einem in zwei Teile gespaltenen Haus voller Gewalt zu leben. Dieser Preis ist mit Sicherheit hoch, aber niemand kennt die genaue Summe, die in Form von psychischen Verwicklungen, schwächenden Kompensationsversuchen und Illusionen gezahlt wurde.

In unserem Jahrhundert kam zu den uralten, gelegentlich gewaltsamen Zusammenstößen zwischen Sekten und Konfessionen in der Stadt noch ein Stammeskrieg hinzu. Die Religionskriege gingen unter anderem Namen weiter. Religiöse Verschiedenheiten wurden durch das Aufkeimen nationaler Bestrebungen geschürt; nationale Bestrebungen wurden durch religiöse Verschiedenheiten angestachelt. Die Folge war, selbst während der Ruhepausen zwischen den Kriegen, eine Art fieberhafter Spannung in der Stadt, das Gefühl, in einem ständigen Ausnahmezustand zu leben. Es gab zahlreiche äußere Anzeichen für die Krise, die niemand verhindern konnte. Der arabische Teil der Stadt wurde monatelang ununterbrochen durch Streiks der Geschäftsinhaber und Demonstrationen palästinensischer Nationalisten lahmgelegt. 1987 begann die palästinensische Bevölkerung von Ostjerusalem, nachdem sie sich jahrelang gefügt hatte, gegen die israelische Herrschaft aufzubegehren. In Ostjerusalem und in der Altstadt patrouillierten schwerbewaffnete Truppen durch die Straßen. Auch in Westjerusalem prägten bewaffnete Zivilisten und Scharen junger (und gelegentlich auch gesetzter) Männer in eintönigen Armeeuniformen das Straßenbild. An den Eingängen zu Supermärkten, Kinos und Theatern durchsuchten Wachposten Handtaschen nach versteckten Sprengkörpern. Auf den wichtigsten Zufahrtsstraßen in die Stadt hatte die Polizei Straßensperren errichtet, um verdächtige Palästinenser herauszufischen. Zudem gab es in Westjerusalem immer wieder Zusammenstöße zwischen der Polizei und religiösen Fanatikern. Ultra-orthodoxe Jeschiwa-Studenten protestierten heftig gegen den weltlichen Lebensstil der meisten Juden.

Historiker mögen uns vielleicht mit der Versicherung trösten, daß diese Unruhen nichts Neues sind. Das historische Jerusalem war eine tumultuöse Stadt par excellence. Herrschaft über die Massen – oder vielmehr deren Fehlen – ist seit frühesten Zeiten ein alltägliches Thema im Leben dieser Stadt. Ziviler Ungehorsam war ihr besonderes Merkmal im Altertum. In Jerusalem wurden stets Tumulte für oder gegen etwas entfacht. Die Propheten waren Aufrührer. Sie erhoben sich aus dem Volk und wiegelten es auf. In den Evangelien werden die Aufrührer manchmal als «wirre Haufen» bezeichnet. Josephus sprach von «Scharen». Der schottische Prediger George Adam Smith sah in dieser immerwährenden Rastlosigkeit eine frühe Form der Demokratie, denn «der dominierende Einfluß wurde [in Jerusalem] vom gewöhnlichen Volk ausgeübt» [71]. Er ging soweit, die allgemein herrschende Aufsässigkeit dem Klima und der geographischen Lage zuzuschreiben: «Wir werden die Geschichte der Stadt nie verstehen», schrieb er, «wenn wir nicht die Verschwörung zwischen ihrem Volk und der offenen, wilden Wüste an ihren Toren in Betracht ziehen.» [72]

Wie dem auch sei, die Bewohner von Jerusalem inszenierten

den ersten Sitzstreik in der Geschichte, von dem wir Kenntnis haben. Josephus berichtet, daß sich im ersten Jahrhundert ziemlich viele Juden aus Jerusalem vor dem Haus des Pilatus auf den Boden hockten und dort sechs Tage und Nächte sitzen blieben. Sie protestierten dagegen, daß römische Embleme in der Stadt eingeführt wurden. Pilatus ließ die Protestler von Soldaten umstellen und drohte ihnen mit Hinrichtung, falls sie ihre Ruhestörung nicht einstellen und auf der Stelle nach Hause gehen würden. Doch sie entblößten lediglich ihre Kehlen, eher bereit, sich den Kopf abschlagen als ihre Gesetze in Frage stellen zu lassen. Pilatus war von ihrer Entschlossenheit so beeindruckt, daß er den Befehl gab, die Embleme zu entfernen. Diese Geschichte hört sich beinahe modern an.

Das moderne Jerusalem ist fast immer intolerant und unnahbar gewesen, abweisend und hart wie die Konsonanten im Klangmuster der hebräischen und der arabischen Sprache. Die Wohnsitze des israelischen Präsidenten, des Premierministers und des Außenministers werden fast ständig von Demonstranten belagert, die gegen privates oder öffentliches Recht oder Unrecht protestieren. Die Stadt ist nie «eins» oder «vereint» gewesen, nie ein «Mosaik», wie ihre Fürsprecher hofften, sondern stets eine Anhäufung einander fremder Inseln. Die Palästinenser in Ostjerusalem, die von den meisten Israelis lange Zeit als insgeheim zufrieden mit der israelischen Herrschaft eingeschätzt wurden, weil sie ihnen einen höheren Lebensstandard und bessere städtische Einrichtungen bescherte, schlossen sich 1987 mit den Palästinensern von der West-Bank zusammen und begannen zu rebellieren. Fast täglich demonstrierten Palästinenser in Ostjerusalem, wobei sie schwerbewaffneten Polizeieinheiten mit einer Hartnäckigkeit die Stirn boten, die alle, vielleicht sogar sie selbst, überraschte. Trotzig marschierten sie durch Schutt, Tränengas und den schwarzen Qualm brennender Autoreifen, während sie Autos mit Steinen bewarfen, Slogans skandierten und die illegale palästinensische Fahne schwenkten. Kleine Jungen rannten voraus und schossen mit Steinschleudern auf die Truppen, die man herbeigerufen hatte, um die Aufständischen zu zerstreuen. Zum erstenmal seit der Wiedervereinigung der Stadt im Jahr 1967 wurden über einige palästinensische Viertel, in denen es besonders turbulent zuging, Ausgangssperren verhängt. Die Schulen in Ostjerusalem blieben monatelang geschlossen. Tausende von Bewohnern Ostjerusalems zerrissen ihre israelischen Personalausweise. Der Geschäftsstreik, dem sich nahezu alle Ladenbesitzer anschlossen, legte die palästinensischen Stadtteile viele Monate lang lahm und verwandelte Ostjerusalem täglich für viele Stunden in eine Geisterstadt. Die «vereinte» Stadt schien an den Nahtstellen auseinanderzubrechen. Die alte (vor 1967 existierende) Trennungslinie trat wieder in Kraft. Die Bewohner von Westjerusalem gingen, wenn sie es irgend vermeiden konnten, nicht mehr nach Ostjerusalem hinüber. Sie konnten sich zwar damit trösten, daß es in der Stadt im großen und ganzen noch friedlicher zuging als in Belfast; dennoch lebten die Menschen nicht ohne Angst.

Die Ängste hielten sich gegenseitig die Waage. Die Beziehungen zwischen nichtreligiösen und orthodoxen Juden in Westjerusalem verschlechterten sich ebenfalls. Mitte der achtziger Jahre brachen die ultra-orthodoxen Juden von Westjerusalem, von den meisten Israelis seit langem als kurioser Anachronismus betrachtet, aus ihren selbstgeschaffenen Gettos aus. Sie schienen wild entschlossen, den Lebensstil der nichtpraktizierenden jüdischen Mehrheit zu ändern – wenn es sein mußte, mit Gewalt. Krawalle der Ultra-Orthodoxen wurden fast zu einer Dauererscheinung im Leben der Stadt. Die religiösen Extremisten vertraten schon immer sehr dezidierte Ansichten. In den achtziger Jahren war ihre Stärke zum erstenmal auch zahlenmäßig begründet. Groben Schätzungen zufolge war jetzt angeblich ein Drittel der jüdischen Stadtbevölkerung orthodox oder ultra-orthodox; fünfundfünfzig Prozent aller jüdischen Schüler besuchten religiös ausgerichtete Schulen. Orthodoxe Fanatiker brachen in Synagogen von reformierten und konservativen Juden ein und bezichtigten deren Mitglieder der «Pornographie». Der aschkenasische Hauptrabbiner verkündete unmißverständlich, seiner Ansicht nach gebe es in Israel keine «Religionsfreiheit»; das orthodoxe Judentum sei der einzig «legitime» Glaube der Juden. Sein sephardischer Kollege fügte hinzu, das Reformjudentum sei eine aus Amerika importierte Pest, die man ausmerzen müsse. Zwar konnten die Rabbiner ihre Vorstellungen nicht durchsetzen, aber nichtreligiöse und im konventionellen Sinn religiöse Jerusalemer Juden machten sich zunehmend Sorgen um ihre Stellung in der Stadt. Die Ultras waren zuversichtlich, daß die Zukunft ihnen gehören würde. Fast ein Drittel der bei den Parlamentswahlen 1988 in Jerusalem abgegebenen Stimmen gingen an die mit dem ultranationalistischen rechten Flügel verbündeten ultra-orthodoxen religiösen Parteien. Beide Blöcke zusammen erhielten zweiundsechzig Prozent aller in Jerusalem abgegebenen Stimmen.

Das Zusammentreffen von so vielen Emotionen und so vielen Erinnerungen – die sich zumeist in religiöser oder quasireligiöser Form äußerten – schuf in der Stadt eine außergewöhnliche und gleichzeitig ziemlich psychotische Atmosphäre. Zehntausende von Juden sollen in den achtziger Jahren Jerusalem verlassen haben und in andere Städte abgewandert sein. Ein ehemaliger Jerusalemit, der jetzt in Tel Aviv lebt, berief sich auf einen berühmten chassidischen Rabbi des neunzehnten Jahrhunderts, der seinen Sohn wiederholt davor warnte, in Grenzstädten zu leben, da diese «den bösen Willen zweier Länder» [73] in sich vereinten. Trotzdem handelte es sich bei den meisten dieser «Auswanderer» angeblich um nichtreligiöse oder im konventionellen Sinn religiöse Leute mit höherer Bildung. Der orthodoxe Fanatismus machte ihnen offenbar mehr zu schaffen als palästinensische Krawalle.

Im neunzehnten Jahrhundert – als Paris bei weltlich orientierten Menschen als die himmlische Stadt galt – sagten die Juden in Mittel- und Osteuropa von einem, der vollkommenes Glück genoß, er lebe «wie Gott in Frankreich». Saul Bellow wunderte sich über diesen Ausdruck. Warum sagte man nicht, «wie Gott in Jerusalem»? Warum sollte Gott in Paris so glücklich sein? Bellow kam zu dem Schluß, daß Gott in Paris deshalb so glücklich war, «weil man ihn [dort] nicht mit Gebeten, Vorschriften, Segnungen und Forderungen bezüglich der Interpretation schwieriger diätetischer Fragen belästigte. Umgeben von Ungläubigen, konnte er am Abend genauso alle viere von sich strecken wie Tausende von Parisern in ihren Lieblingscafés»[74].

Die Zukunft der Vergangenheit

Nüchterne, rationale Geister haben stets Vorbehalte gegenüber Jerusalem gehabt. So schrieb Sigmund Freud im Jahr 1930 an Albert Einstein: «Gar keine Sympathie kann ich für die mißgeleitete Pietät aufbringen, die aus einem Stück der Mauer des Herodes eine nationale Religion macht und ihretwegen die Gefühle der Einheimischen herausfordert.» [1] Freud war mit der Welt des Judentums durch Bande verknüpft, die, wie er sehr wohl wußte, unzerstörbar waren. Er hatte 1922 sogar kurz erwogen, sich in Palästina niederzulassen. Ein paar Jahre später allerdings schrieb er seinem Freund Arnold Zweig, der gerade von einem Besuch in Jerusalem zurückgekehrt war: «... wie merkwürdig muß dieses tragisch-tolle Land, das Sie besucht haben, Ihnen geworden sein ... Palästina hat nichts gebildet als Religionen, heiligen Wahnwitz, vermessene Versuche, die äußere Scheinwelt durch die innere Wunschwelt zu bewältigen, und wir stammen von dort ...» [2]

Die frühen Zionisten neigten im großen und ganzen dazu, Freuds skeptische Zurückhaltung gegenüber der Religion zu teilen. Theologisch betrachtet war der Zionismus die große jüdische Ketzerlehre des neunzehnten Jahrhunderts. Die frühen Zionisten waren nüchterne Männer, realistischer als die meisten anderen mit ihren Befürchtungen, daß der Zusammenbruch der europäischen Zivilisation unmittelbar bevorstand, und vor allem darauf bedacht, Leben zu retten. Wie viele

Nationalisten, die aus dem europäischen Liberalismus hervorgegangen waren, waren sie antiklerikal eingestellt, wenn nicht überhaupt ausgesprochene Freidenker. Die Vorstellung – und noch mehr die Realität – von Jerusalem war für sie erschreckend und abstoßend. Die Zionisten waren zum größten Teil zukunftsorientierte Männer und Frauen. Jerusalem verkörperte für sie vieles von dem, was sie verlachten und ablehnten: Aberglauben, Rückständigkeit und Theokratie.

Theodor Herzl, der Begründer des modernen Zionismus, hatte für die Hauptstadt des von ihm geplanten Staates einen neuen Standort ins Auge gefaßt, den westlichen Kamm des Berges Karmel, mit Blick auf das Mittelmeer. «Wenn ich künftig deiner gedenke, Jerusalem, wird es nicht mit Vergnügen sein», schrieb er nach einem Besuch im Jahr 1898. «Die dumpfen Niederschläge zweier Jahrtausende voll Unmenschlichkeit, Unduldsamkeit u. Unreinlichkeit sitzen in den übelriechenden Gassen. Der Eine Mensch, der liebenswürdige Schwärmer von Nazareth... hat nur dazu beigetragen, den Haß zu vermehren.» Sosehr Herzl sich auch bemühte, eine «tiefere Bewegung» wollte beim Besuch der Klagemauer «nicht aufkommen... Wieviel Aberglauben u. Fanatismus von allen Seiten!» [3]

Ahad Ha'cam, der bedeutendste zionistische Denker seiner Zeit, empfand ein ähnliches Gefühl, nachdem er sich 1891 «die schreckliche Mauer», wie er sie nannte, und die davor betenden ultra-orthodoxen Juden angesehen hatte. «Diese Steine geben Zeugnis vom Verfall unseres Landes, und diese Männer – vom Verfall unseres Volkes; welcher Verfall ist schlimmer? Welchen sollen wir mehr bedauern? Ein verfallenes Land... läßt sich wiederaufbauen; aber wer kann einem verfallenen Volk helfen?» [4] Er würde keine Tränen um Jerusalem vergießen, verkündete er, sondern um das jüdische Volk. David Ben Gurion, der spätere Premierminister, der 1906 als zionistischer Pionier nach Palästina kam und in den folgenden zehn Jahren das ganze Land von Galiläa bis zum Süden, vorwiegend zu Fuß, gründlich erkundete, scheint um Jerusalem fast vorsätzlich einen Bogen gemacht zu haben. In seinen Briefen und Tagebüchern, randvoll mit Eindrücken von anderen Orten, steht kaum ein Wort über Jerusalem. Wie die meisten Pioniere seiner Generation war Ben Gurion mehr am Aufbau einer neuen sozialistischen Gesellschaft freier Männer und Frauen interessiert als an nationalen Symbolen und religiösen Relikten. Anita Shapira, eine bedeutende Historikerin aus dieser Zeit, schrieb, in den Augen der zionistischen Pioniere sei es schlicht und einfach «reaktionär» [5], Gefühle für Jerusalem zu empfinden. Der bekannte Schriftsteller Chaim Nachman Bialik, der zu Beginn dieses Jahrhunderts für die Wiederbelebung der hebräischen Sprache sorgte, machte um das Thema ‹modernes Jerusalem› bewußt einen Bogen. Dort fühlte er sich unbehaglich. Kein Dichter vor oder nach Bialik kleidete den jüdischen Lebenswillen in derart schöne und von poetischer Kraft erfüllte Worte und Rhythmen. Er lieh sich ein häufig benutztes Bild von Jerusalem aus der Bibel aus – «Freude für alle Generationen» (Jes 60,15) – und übertrug es auf Tel Aviv, die neue Stadt am Meer, in der er sich, wie Ahad Ha'cam, niederließ. Tel Aviv war ihm deshalb als Wohnsitz lieber, weil «unsere Hände es von seinen Grundmauern bis zum Dach erbaut haben. Dies ist schließlich der Zweck unserer nationalen Wiedergeburt: aufzuhören, in der Schuld anderer Menschen zu stehen, unsere eigenen Herren zu sein, in konkreter wie in geistiger Hinsicht.» [6]

Auf einer anderen, rein politischen Ebene ist es bemerkenswert, daß Chaim Weizmann, der zionistische Führer, der zum ersten Präsidenten Israels gewählt wurde, sein ganzes Leben lang zwiespältige Gefühle bezüglich Jerusalem hegte und daraus auch keinen Hehl machte. Er besuchte die Stadt erstmals 1910 – «nicht ohne üble Befürchtungen», wie er 1949 in seinen Memoiren schrieb. «Ich hegte viele Jahre lang Vorurteile gegen diese Stadt, und selbst jetzt fühle ich mich in ihr noch immer unbehaglich und ziehe Rehovat [wo er sich 1938 häuslich niedergelassen hat] der Hauptstadt vor.» [7] Als 1937 die ersten Teilungspläne erörtert wurden, machte Weizmann den Vorschlag, man solle nur einen Teil der modernen Stadt in den geplanten jüdischen Staat mit einschließen. Was das alte Jerusalem betraf, «so würde ich die Altstadt nicht [einmal] als Geschenk nehmen. Mit ihr sind zu viele Komplikationen und Schwierigkeiten verbunden.»[8]

Eine solche Haltung erscheint den meisten Israelis heutzutage unsinnig. Zur Zeit der Entstehung des Staates Israel im Jahr 1948 war sie noch ziemlich verbreitet. Wenige Monate zuvor, im Frühjahr 1947, wären die meisten jüdischen Politiker bereit gewesen, Jerusalem ganz aufzugeben, wenn sie irgendwo anders im Land einen unabhängigen jüdischen Staat hätten bekommen können. Die Internationalisierung der Stadt erschien damals ein fairer Kompromiß. Die 1947 von den Vereinten Nationen verabschiedete Resolution zur Teilung Palästinas in einen arabischen und einen jüdischen Staat enthielt die Bestimmung, daß Jerusalem eine dritte, international verwaltete, eigenständige politische Einheit bilden sollte. Die Resolution wurde von den jüdischen Politikern mit Begeisterung aufgenommen. Der Verlust Jerusalems war, wie Ben Gurion es formulierte, der unvermeidliche «Preis, den wir bezahlen müssen»[9], um anderswo im Land einen jüdischen Staat zu bekommen. Wäre der Staat Israel in Frieden geboren worden und hätten die Araber 1947 die Teilungsresolution akzeptiert, wäre das Problem Jerusalem möglicherweise gelöst gewesen; als internationale Enklave hätte die Stadt womöglich eine Blüte erlebt wie nie zuvor oder seitdem.

Doch die Araber akzeptierten die Teilungsresolution der Vereinten Nationen nicht; vielmehr erklärten sie ihr offen den Krieg. Die Geburt des Staates Israel erfolgte in zwei Etappen. Die erste war ein Bürgerkrieg zwischen palästinensischen Arabern und palästinensischen Juden, der nirgends so grausam geführt wurde wie in Jerusalem. Die zweite bestand aus einem noch blutigeren Kampf gegen die offiziellen Streitkräfte von vier benachbarten arabischen Staaten, die an dem Tag, an dem Israel seine Unabhängigkeit erklärte (am 15. Mai 1948), in jüdisches Gebiet einmarschierten. Der Versuch Jordaniens, Westjerusalem zu erobern, schlug nach zwei Wochen schwerer Straßenkämpfe fehl. Bereits einen Monat später, im Juni, war Jerusalem eine geteilte Stadt – geteilt, wie es schien, für alle Zeiten.

Die Verteidigung Westjerusalems wurde von den meisten Israelis als die so ziemlich heldenhafteste Tat in diesem Krieg angesehen. Die Leute sprachen darüber fast so wie über einen Mythos. Trotzdem bekam Westjerusalem in diesem frühen Stadium keine besondere Rolle innerhalb des neuen israelischen Staates zugewiesen. Die neue provisorische Regierung hatte ihren Sitz in Tel Aviv. Zeev Sherf, der erste Kabinettssekretär, erinnerte sich später daran, daß er in den ersten neunzehn Monaten seit der Gründung des neuen Staates keinem Menschen begegnete, der der Ansicht war, Westjerusalem solle die Hauptstadt Israels sein: «Dieses Thema kam gar nie zur Sprache.» [10] Als Hauptstädte wurden andere Orte vorgeschlagen: Kurnub in der Wüste Negev (von Ben Gurion) und Haifa am Mittelmeer (von Golda Meir). Die Mehrheit sprach sich für Tel Aviv aus. Von Zeit zu Zeit erhoben sich im Ausland Stimmen zugunsten der gescheiterten UNO-Resolution. Doch da inzwischen sowohl Israel als auch Jordanien eine Internationalisierung Jerusalems ablehnten und beide ihre Sektoren innerhalb der geteilten Stadt fest im Griff hatten, wurden solche Stimmen nicht sonderlich ernst genommen. Das erste israelische Parlament hielt eine feierliche Eröffnungssitzung in Jerusalem und bezog dann seinen ständigen Amtssitz in Tel Aviv. Jerusalem wurde bestenfalls die Rolle eines Bildungs- und Kulturzentrums eingeräumt; außerdem ließ sich der Oberste Gerichtshof dort nieder. Die Legislative und die Exekutive schlugen ihren Sitz in Tel Aviv auf.

So sah die Situation Ende 1949 aus, und so wäre sie vielleicht geblieben, hätte nicht erneut eine feierlich verkündete Resolution, die die Internationalisierung Jerusalems forderte, eine unerwartete Mehrheit bei den Vereinten Nationen gefunden. Der Vorschlag kam von Australien, Libanon und der Sowjetunion.

Ein Kompromißvorschlag der Schweden und Belgier, der vorsah, daß nur die heiligen Stätten einer Kontrolle durch die UNO unterliegen sollten, wurde abgelehnt. Schockiert von der Vorstellung, man könnte sich plötzlich gezwungen sehen, mit Emotionen beladenes Territorium aufgeben zu müssen, um das im letzten Krieg so viel Blut vergossen worden war (und über die offensichtliche Gefühllosigkeit einer internationalen Organisation, die nichts unternommen hatte, um diesen Krieg zu verhindern oder diejenigen, die ihn entfacht hatten, zu bestrafen), trat das israelische Kabinett am nächsten Tag zusammen und beschloß zum erstenmal, daß Jerusalem «ein untrennbarer Teil des Staates Israel und seine Hauptstadt für alle Zeiten» sein sollte.

Die Entscheidung, die Hauptstadt Israels nach Westjerusalem zu verlegen, wurde zu diesem Zeitpunkt keineswegs mit Vorbedacht getroffen, sondern war eher ein Reflex. Die Verantwortung für die neuerliche Initiative, die Stadt unter internationale Kontrolle zu stellen, wurde den Katholiken zugeschoben. Die Tatsache, daß der Vatikan nicht gegen die Besetzung Ostjerusalems durch die Jordanier protestiert hatte, ließ den Verdacht aufkommen, daß es der katholischen Kirche, die sich seit dem Mittelalter mit der moslemischen Herrschaft in Jerusalem abgefunden hatte, aus *theologischen* Gründen schwerfiel, sich an eine jüdische Regierung dort zu gewöhnen. Hatte sie nicht, mindestens seit dem dritten Jahrhundert, die Vertreibung der Juden aus Jerusalem als gerechte Strafe für den Mord an Christus oder zumindest dafür, daß sie ihn zurückgewiesen hatten, betrachtet? Und hatten nicht mehrere Päpste der Neuzeit die Besorgnis geäußert, das Heilige Grab könne in jüdische Hände geraten?[11] Monsignore MacMahon vom Vatikan erklärte Ben Gurion im Jahr 1949, daß der israelische Staat nie zustande gekommen wäre, wenn die katholischen Länder Lateinamerikas, deren Stimmen bei den Vereinten Nationen zu Beginn des Jahres den Ausschlag gegeben hatten, von Israels Entscheidung, seine Hauptstadt nach Westjerusalem zu verlegen, gewußt hätten. Ben Gurion gab schlagfertig zurück: «Ich verstehe Sie nicht. Jerusalem war bereits tausend Jahre vor der Entstehung des Christentums die Hauptstadt Israels.» [12] Trotzdem wurde die Entscheidung, die Hauptstadt nach Westjerusalem zu verlegen, sehr langsam vollzogen. Ein Jahrzehnt später war dieser Prozeß noch immer nicht abgeschlossen. Doch in der gereizten Atmosphäre, bestimmt von Druck, Gegendruck und heftigen theologischen Auseinandersetzungen nach einem kostspieligen Krieg, machte sich in Israel eine neue, trotzige Stimmung breit. Für die Israelis – und auch für die Palästinenser – erreichte diese Entwicklung ihren Höhepunkt im Sechstagekrieg.

Seitdem ist beinahe ein Vierteljahrhundert vergangen. Die Katholiken drängen nicht länger auf eine Internationalisierung, wahrscheinlich weil bei den Vereinten Nationen nach 1967 eine – zumindest bis 1990 – kommunistische und nichtchristliche afro-asiatische Mehrheit herrschte. Die jungen, nach der Wiedervereinigung von 1967 geborenen Palästinenser sind im allgemeinen radikaler als ihre Eltern und noch weniger bereit, die einseitige Annektierung des arabischen Jerusalem durch den Staat Israel zu akzeptieren. Bei Israelis besteht nur eine geringe Bereitschaft, den palästinensischen Bestrebungen in Jerusalem auf halbem Weg entgegenzukommen; das leiseste Anzeichen für palästinensischen Nationalismus in Ostjerusalem gilt gleich als subversiv. Der Zorn bleibt, der Haß und die Ressentiments reichen von der Antike bis in unsere Zeit; sie sorgen dafür, daß uralte Vorurteile in moderne Worte umgemünzt, alte Rechtfertigungen aufgestöbert und neu formuliert werden.

Die Palästinenser von heute geben sich alle Mühe, Jerusalem in ihren Bräuchen, ihren Liedern, ihren Gebeten in Erinnerung zu behalten – genauso wie die Juden das über Generationen hinweg getan haben. In zahllosen Häusern überall im Nahen Osten hängen stilisierte Stadtansichten an den Wänden. Die Oberhäupter der moslemischen Kirche im Iran rufen die Gläubigen regelmäßig dazu auf, sich auf den bevorstehenden Marsch auf Jerusalem vorzubereiten, um die heiligen Moscheen aus den Händen der Ungläubigen zu befreien. Heutzutage gibt es in jedem palästinensischen Flüchtlingslager ein «Jerusalemer Viertel». 1988 verkündete die Palästinensische Befreiungsorganisation in Algier die Gründung eines palästinensischen Staates «im Namen Allahs, mit dem Heiligen Jerusalem, El-Quds asch-Scharif, als Hauptstadt».

Die Erklärung wurde von der israelischen Regierung als wertloses Stück Papier abgetan, das bald in Vergessenheit geraten würde. Diese Reaktion hatte etwas unerwartet Ironisches an sich, wenn man bedenkt, daß die Juden, die ihre derzeitige Vormachtstellung in Jerusalem einer außergewöhnlichen Erinnerung an ihre eigene Vergangenheit verdanken, sich jetzt darauf verlassen wollten, daß die Araber die ihre vergessen würden. Freilich trug die anhaltende Unversöhnlichkeit der Araber nicht gerade dazu bei, das Einfühlungsvermögen der Israelis zu vergrößern. In Jerusalem war die Kluft zwischen Palästinensern und Israelis tiefer als zu irgendeiner anderen Zeit seit 1967. Zwar arbeiteten Palästinenser aus Ostjerusalem nach wie vor im Dienstleistungs- oder im Baubereich in Westjerusalem, und an Tagen, an denen es keine Krawalle oder Streiks gab, gingen noch immer ein paar Israelis nach Ostjerusalem, um dort Sehenswürdigkeiten zu besichtigen oder einzukaufen. Doch ansonsten lebten die beiden Bevölkerungsgruppen getrennt.

Die Hebräische Universität auf dem Scopusberg gehörte zu den wenigen Orten in der Stadt, an denen die tödlichen Schranken zwischen den Gemeinden und Konfessionen manchmal durchbrochen wurden. Sie wurde 1925 mit der erklärten Absicht gegründet, die hebräische Kultur wiederzubeleben und gleichzeitig, wie es Doktor Judah Magnes, ihr erster Präsident, formulierte, «Araber und Juden, Ost und West zu versöhnen»[13]. Dem Lehrkörper der Hebräischen Universität gehörten in den vergangenen Jahren ein dominikanischer Philosophieprofessor und ein moslemischer Dozent für Soziologie an; Araber studierten dort hebräische Literatur und Juden arabische Literatur. 1988 gab es etwa tausend arabische Studenten (insgesamt sechs Prozent). Sie waren allesamt israelische Araber, zumeist aus Galiläa; doch nicht ein einziger palästinensischer Student aus Ostjerusalem besuchte die Universität.

Teile des häßlichen Streifens Niemandsland, der vor 1967 als Trennungslinie durch die Stadt lief, waren noch 1989 kahl, so als würden Bauunternehmer und Städteplaner in den tiefsten Winkeln ihres Unterbewußtseins die anhaltende Spaltung anerkennen. Anderswo jedoch – in der wiedervereinten Stadt wie außerhalb – führten israelische und palästinensische Bauunternehmer den Krieg von 1967 mit andern Mitteln fort. Es gab zahlreiche Bauprojekte, hinter denen politische Motive standen und die zumindest teilweise vom Ausland finanziert wurden. Beide Seiten waren darauf bedacht, bauliche Tatsachen und Gegentatsachen zu schaffen. Die Folge davon war, daß die Hügel in und um den historischen Kern Jerusalems mit Häusern zugepflastert wurden. Beide Seiten schöpften sämtliche Möglichkeiten aus, die das Gesetz und die Erinnerung boten. Die Stadt war mit Symbolik überfrachtet. Jede Seite interpretierte die Bauvorhaben oder die ansteigende Geburtenrate der anderen als eine Form der Kriegführung. Sogar archäologische Ausgrabungen wurden kontrovers gedeutet. In den Augen der Israelis symbolisierten sie Zugehörigkeit; die Palästinenser empfanden sie als bedrohliche Symbole der Macht und Aggression.

Die Stadt wurde mit Gewalt zusammengehalten. «Ohne die Zwangsherrschaft Israels würde sich die Stadt sofort entlang dem ethnischen Graben spalten», schrieb 1988 Meron Benvenisti, ehemals stellvertretender Bürgermeister der wiedervereinten Stadt. «Die Araber, ein Drittel der Bevölkerung, sind nicht in der Lage und werden es auch nie sein, sich mit dem ihnen aufoktroyierten Regime abzufinden. Gewalt erzeugt Gewalt in einem immerwährenden magischen Kreis. Auf dem fauligen Boden atavistischer Triebe gedeihen exotische Auswüchse –

chauvinistische und fundamentalistische», behauptete er. «Und mittendrin tickt in Gestalt des Tempelberges eine Zeitbombe mit einer zerstörerischen Kraft von apokalyptischen Ausmaßen.» [14]

Hier handelte es sich um ethnische Spannungen, die sich allerdings nicht, wie manchmal behauptet wurde, mit denen vergleichen lassen, die heutzutage anderen großen Städten und Metropolen mit einer gemischten Bevölkerung zu schaffen machen. Die Palästinenser von Ostjerusalem drängten nicht auf gleiche Rechte und Möglichkeiten oder auf ein größeres Stück vom gemeinsamen Kuchen. Sie wollten die Loslösung; noch lieber wäre es ihnen gewesen, wenn die Juden die gesamte Stadt oder zumindest den ehemals in jordanischer Hand befindlichen arabischen Teil geräumt hätten. Sollten sie doch zurückgehen, woher sie und ihre Vorfahren gekommen waren. Nach wie vor zogen Juden und Moslems historische und literarische Beweise heran, um die «zentrale Stellung» Jerusalems in ihrem jeweiligen religiösen und nationalen Bewußtsein zu belegen.

Die Beweise hatten so gut wie grundsätzlich Ausschließlichkeitscharakter. Von Zeit zu Zeit zermarterten sich Israelis und auch andere Leute den Kopf darüber, wie man die Quadratur des Teufelskreises bewerkstelligen könnte. Die weitestreichenden Vorschläge beinhalteten, daß sich Araber und Israelis die Machtbefugnisse innerhalb einer vereinten Stadt, die allen offenstand, teilen sollten, oder aber, daß es zwei eigenständige Staatsgewalten und eine gemeinsam verwaltete Altstadt geben sollte. In der Vergangenheit wurden auch noch andere Vorschläge diskutiert. Einer bestand darin, daß die Israelis weiterhin die Macht über die gesamte Stadt innehaben, nationale und religiöse Gruppierungen aber besondere Privilegien erhalten sollten. Ein anderer sah einen Hauptverwaltungsbezirk unter israelischer Führung vor, wobei bestimmte christliche und moslemische Stätten und Bewohner extraterritorialen Status erhalten sollten. Ein dritter beinhaltete die Einrichtung einer souveränen moslemischen Enklave auf dem Tempelberg, ähnlich dem Vatikan in Rom – gegebenenfalls mit einer eigenen, aus einer Hochstraße oder einem Tunnel bestehenden extraterritorialen Zufahrt von Jericho aus. Wieder ein anderer Vorschlag befürwortete mehrere nach Volksgruppen und religiösen Gemeinschaften getrennte Stadtbezirke, die abwechselnd den Bürgermeister stellen sollten.

Aus all diesen Plänen ist nie etwas geworden. Alle waren von vornherein zum Scheitern verurteilt, da sie zuwenig oder zuviel vorsahen und dies zu einem zu frühen oder zu späten Zeitpunkt. Diejenigen Vertreter beider Seiten, die einen harten Kurs steuerten, fanden schon allein den Gedanken an einen Kompromiß abschreckend. Wann immer sich ein Araber dazu bereit erklärte, in einem gemeinsamen Stadtrat mitzuarbeiten, drohte man ihm, ihn umzubringen, und sofort nahm er seine Kandidatur zurück. Als 1971 der erste «Bezirksplan» (von einer aus Vertretern der Regierung und der Stadt zusammengesetzten Kommission ausgearbeitet) an die Presse durchsickerte, brach ein derart heftiger politischer Sturm los, daß die meisten israelischen Politiker einsahen, daß sie das abrupte Ende ihrer politischen Laufbahn riskierten, wenn sie weiterhin derartige Vorschläge machten. Dieser «Bezirksplan», für den ein ehemaliger Richter des Obersten Gerichtshofes im Auftrag des Bürgermeisters eine Verfassung konzipieren sollte, wurde ad acta gelegt. Sein Initiator, der stellvertretende Bürgermeister Meron Benvenisti, wurde niedergemacht. Die Graffiti, mit denen die Mauern von Westjerusalem beschmiert waren, forderten «Tod dem Verräter» und «Schneiden wir nicht Jerusalem in Stücke, sondern lieber Benvenisti». Es ist müßig zu erwähnen, daß dieser Vorschlag für die Araber inakzeptabel war.

Seitdem hat der religiöse Fundamentalismus auf beiden Seiten beträchtlich zugenommen. Wie anderswo scheint diese Entwicklung vor allem die wachsende Enttäuschung von der Politik widerzuspiegeln. Durch die neuen fundamentalistischen Gruppierungen wird eine friedliche Beilegung des Konflikts um Jerusalem noch schwieriger. Beide Seiten lehnen eine Trennung zwischen Synagoge bzw. Moschee und Staat ab. Für fundamentalistische Moslems wie für fundamentalistische Juden *ist* die Religion der Staat. Im Islam ist der Prophet der Machthaber; er befehligt Armeen und spricht Recht. Heutzutage ist der Islam in sämtlichen arabischen Ländern ausnahmslos die Staatsreligion. Das orthodoxe Judentum, das sich entwickelte, nachdem der jüdische Staat zu existieren aufgehört hatte, postulierte ebenfalls eine streitbare und souveräne Synagoge als theoretische Möglichkeit für die Zukunft. Jetzt, wo es einen neuen jüdischen Staat mit Jerusalem als Hauptstadt gibt, ist noch immer ungewiß, ob er sich dem Druck der Orthodoxen beugen oder sich nach westlichem Muster entwickeln und eine Trennung zwischen Synagoge und Staat herbeiführen wird. Die Orientierungslosigkeit, die andauernde Kriege gestiftet haben, spricht zugunsten der ersten Alternative.

Der Graben in der Stadt ist tief und wird durch die Verschmelzung von nationalistischen und religiösen Metaphern auf beiden Seiten noch tiefer und gefährlicher. Die müßige und oftmals abscheuliche Diskussion darüber, wer Jerusalem mehr *liebt*, nimmt gelegentlich ausgesprochen chauvinistische Züge an: Liebe oder Verlangen gelten als Rechtfertigung für Besitz. Viele Palästinenser wiegen sich in der Illusion, sie müßten nur genug Standfestigkeit aufbringen, dann würden sich die Israelis schon eines Tages in Luft auflösen. Viele Israelis klammern sich an die ähnlich irrige Annahme, daß die Araber, wenn sich ihre wirtschaftliche Situation in Jerusalem erst einmal gebessert hat, die Meinungs- und Glaubensfreiheit unter einem relativ wohlwollenden israelischen Regime letztendlich den rigiden, repressiven und autoritären Strukturen vorziehen würden, die heutzutage in arabischen Ländern an der Tagesordnung sind.

Noch immer wird gelegentlich – voller Hoffnung – behauptet, die Stadt sei ein «Mosaik». Bei einem Mosaik ergeben die unterschiedlichen Teile wenigstens zusammengenommen ein Muster; in Jerusalem ist dies nicht der Fall. Es gibt nicht einmal ein gemeinsames Thema. Empfindlichkeiten und Vorurteile reichen so tief, daß 1987, als die hypermoderne Universitätsklinik Hadassah in Westjerusalem die ersten Herztransplantationen durchführte, der Generaldirektor der Öffentlichkeit versichern mußte, daß keine jüdischen Herzen in arabische Körper verpflanzt würden und umgekehrt. Jerusalem wird manchmal mit Brüssel oder Montreal verglichen. Doch die Probleme dieser Städte sind einfacher als die von Jerusalem. In Brüssel oder Montreal liegen die Hauptschwierigkeiten im Bereich der Sprache und der kulturellen Einflußnahme. In Jerusalem sind sie religiöser und politischer Natur. Ähnlich wie in Belfast sind nationale und religiöse Loyalitäten miteinander verflochten; sie überschatten und komplizieren alles andere. Die palästinensische Minderheit – etwa achtundzwanzig Prozent der Bevölkerung der vereinten Stadt – erkennt die bestehende Regierung nicht als rechtmäßig an. Sie beanspruchen als Minimum, sich von ihr zu lösen und in Ostjerusalem die Hauptstadt eines unabhängigen palästinensischen Staates zu etablieren. Diese Vorstellung ist den meisten Israelis ein Greuel, da sie an einer ähnlichen Phantasievorstellung festhalten, nämlich daß die derzeitige Situation ewig so weiterbestehen kann.

Nach 1967 haben sich die Menschen auf beiden Seiten nicht etwa von der Kraft ihrer Phantasie leiten lassen, sondern von deren Armseligkeit. Und nach wie vor beten die Menschen auf beiden Seiten allen Ernstes für «den Frieden in Jerusalem»; aber sie können, wie Benvenisti 1981 schrieb, nur entweder den Frieden *oder* Jerusalem haben – nicht aber beides. Der ehemalige stellvertretende Bürgermeister hat jahrelang darauf hingewiesen, daß sich der Konflikt nicht von selbst lösen und daß sein Preis, in menschlicher wie auch in materieller Hinsicht, steigen wird. Teddy Kollek, von 1965 bis 1989 Bürgermeister, war zwar etwas weniger bombastisch als Benvenisti, aber ebenso hartnäckig. Er drängte die israelische Regierung wieder und immer wieder, doch neue Ideen bezüglich einer Verfassung für Jerusalem zu entwickeln – stieß aber immer wieder auf Ablehnung. Kolleks Einfluß hat nie über die Stadt hinaus in die Landespolitik gereicht. (Der Bürgermeister von Jerusalem kann keine Bushaltestelle von einer Ecke an die nächste versetzen, ohne vom Innen- und vom Verkehrsministerium eine Vollmacht dafür erhalten zu haben.)

Kollek beschwerte sich jahrelang darüber, daß man den Gefühlen der Araber nicht genügend Rücksicht und Respekt entgegenbrachte. Er hat die Regierung aufgefordert, nicht nur Israelis, sondern auch Palästinensern vom Staat finanzierte Wohnungen zur Verfügung zu stellen. Als das Jüdische Viertel in der Altstadt sehr aufwendig mit Staatsgeldern wiederaufgebaut wurde, forderte Kollek, daß das angrenzende Moslemische Viertel, eines der schlimmsten Slums in der ganzen Stadt, ebenfalls restauriert werden solle. Doch die Zentralregierung weigerte sich, die erforderlichen Mittel zur Verfügung zu stellen. Kollek war ein nomineller Jude und eine Taube in einer Stadt, die zunehmend von Orthodoxen und von Falken beherrscht wurde. Er war kein Verfechter politischer Theorien, sondern ein Mann mit gesundem Menschenverstand und einer humanen Einstellung – ein praktisch veranlagter Mensch auf der Suche nach praktikablen Antworten auf praktische Fragen. Er schaffte es nie, selbst die speziellen Vorschläge für eine Verfassung auszuarbeiten, die er von der Regierung forderte. Aber er hatte stets ein besseres Gespür als die meisten anderen israelischen Politiker für die komplexe Situation Jerusalems – für die Art und Weise, in der Symbolik mit Wirklichkeit verflochten ist und von daher eine einmalige, eigentümliche Macht besitzt.

Kaum jemand hat sich größere Mühe gegeben als Kollek, die Mauern des Hasses und des Argwohns einzureißen, die Juden und Moslems, Israelis und Palästinenser in Jerusalem trennen. Er erkannte frühzeitig, daß er als Bürgermeister die großen politischen und religiösen Konflikte nicht lösen konnte. Er hat versucht, den Bewohnern von Jerusalem auf einem anderen als dem politischen Weg zu helfen, miteinander auszukommen und durchzuhalten, bis sich eine politische Lösung finden läßt.

Doch in Jerusalem wird letzten Endes alles zum Politikum – und das bedeutet Feindschaft. Ein amerikanischer Kolumnist fragte Kollek einmal, ob er nicht manchmal die Befürchtung habe, seine Bemühungen könnten umsonst sein. Kollek antwortete, er käme sich vor wie eine Ameise, die baut und baut: Jeden Augenblick kann es passieren, daß jemand einen Stock in den Ameisenhaufen steckt und ihn zerstört; aber er würde wieder und wieder bauen, so schön und so gut, wie er es eben vermochte. Und auf Benvenistis Frage, ob er denn den Eindruck habe, man würde ihn «benutzen», um für eine Politik zu werben, die im Grunde die Politik der Regierung ist, die er gar nicht befürwortet, antwortete Kollek, ja, er habe durchaus manchmal das Gefühl, benutzt zu werden – «Aber was soll ich sonst tun? Schließlich kommt es Jerusalem zugute.»

Kollek ist häufig von Vertretern des rechten Flügels attakkiert und als «Araberfreund» tituliert worden. Einmal wurde er in Jerusalem von ultra-orthodoxen Fanatikern tätlich angegriffen und auf der Straße liegengelassen. Doch ohne seinen Gerechtigkeitssinn und seine Menschlichkeit wären die Krawalle unter der Bevölkerung, die Ostjerusalem 1987 erschütterten, vielleicht schlimmer ausgegangen oder sehr viel früher ausgebrochen. Kollek hat stets vor der israelischen Neigung gewarnt, Jerusalem als ein ausschließlich jüdisches Ikon zu betrachten; gleichzeitig hat er seine Mitbürger aufgefordert, nicht zu vergessen, daß das Streben und Trachten anderer Menschen ebenfalls auf Jerusalem gerichtet ist. Als er 1985 den Friedenspreis des deutschen Buchhandels erhielt, sagte er in seiner Dankesrede: «Wir wissen, daß wir in Jerusalem, um den Frieden und die Gerechtigkeit zu erhalten, jenseits konventioneller Formeln der nationalen Souveränität, jenseits der Ängste und Vorurteile, die Völker in den Krieg treiben, nach neuen Formen der Freizügigkeit und der politischen Organisation suchen müssen.»[15] Falls er diese neuen Formeln der Souveränität kannte, hat er sie nicht verraten. Seine Amtsführung als Bürgermeister bewies, daß im Normalfall weder eine gerechte und gute Regierung noch die daraus erwachsenden wirtschaftlichen Vorteile ausreichen, um Konflikte, die von religiösen oder nationalen Differenzen herrühren, zu beseitigen. 1989 verlor Kollek seine Mehrheit im Stadtrat. Er war achtundsiebzig Jahre alt, ein müder alter Mann, den das, was er als den Zerfall seines Lebenswerks bezeichnete, verbittert hatte.

Heutzutage ist die Stadt Jerusalem wieder einmal das, was sie im Verlauf der Geschichte so häufig war: eine Stadt, die gegen sich selbst Krieg führt. Der neuerliche Zwist innerhalb ihrer Mauern wird vom Fernsehen fast täglich ins ganze Land und in die ganze Welt hinausgetragen. Die Situation verleitet zu vorschnellen Verallgemeinerungen. Das Gestalten von Geschichte wird im Zeitalter des Fernsehens oft durch vorgefertigte Bilder behindert. Im Fall von Jerusalem – schon der Name dieser Stadt ruft unweigerlich Stereotype auf den Plan – ist dies nicht überraschend. Es ist verschiedentlich behauptet worden, die Stadt sei durch ihre Vergangenheit vergiftet, sei von ihr besessen, würde von den Dämonen der Irrationalität und des Aberglaubens – der Religion der Schwachen – gehetzt und durch Angst, Neid und Stammesdenken festgelegt. Aber es gibt einfachere Erklärungen. Die doppelten Wurzeln des neuerlichen Haders in ihren Mauern sind Nationalismus und Glaube. Es läßt sich schwer entscheiden, welche dieser beiden Kräfte mächtiger ist. Mit Sicherheit ergänzen und verstärken sie sich gegenseitig. Jede hat dem Gläubigen eine Identität und einen Weg zum Heil anzubieten; jede stellt ein System höchster Ziele in Aussicht, die den Sinn des Lebens ausmachen und absolute Maßstäbe für die Beurteilung von Ereignissen darstellen.

Der im Psalm 122 zitierte sprichwörtliche Frieden von Jerusalem hängt paradoxerweise davon ab, daß der Einfluß der Religion oder des Nationalismus – vielleicht auch von beidem – abnimmt. Vorläufig gibt es so gut wie keine Anzeichen dafür, daß einer der beiden Faktoren zurückgeht. Der Frieden liegt nach wie vor in weiter Ferne. (Ungeachtet des bekannten Klischees hat es den Anschein, daß nicht einmal zur Zeit des Psalmisten sehr viel Frieden in Jerusalem geherrscht haben kann, sonst hätte er seine Aufforderung – die heutzutage auf öffentlichen Werbeflächen überall in der Stadt endlos wiederholt wird – nicht mit solchem Nachdruck formuliert: «Erbittet für Jerusalem Frieden! Wer dich liebt, sei in dir geborgen.» (Ps 122,6)

Jerusalem ist eine Stadt, die zu sehr geliebt wird, allerdings nie mit viel Besonnenheit. Die Israelis werden immer wieder bedrängt, Territorium als Gegenleistung für Frieden abzugeben; doch ist es angesichts der zunehmenden Islamisierung des Konflikts auf arabischer Seite sehr wahrscheinlich, daß selbst dann, wenn Territorium aufgegeben würde, die Gewalt bliebe, vor allem in Jerusalem.

Als Sammelpunkt so vieler Kulturen und Konfessionen, so vieler Bilder und Gegenbilder, so vieler Heiliger, Hochstapler und Marktschreier verkörpert die Stadt weiterhin eine grandiose Idee und zugleich einen Traum, der sich als hohl, fehlerhaft und zerstörerisch erwiesen hat. Anscheinend hat die Vergangenheit nichts oder nur wenig von ihrer gewaltigen Fähigkeit zu beflügeln, zu beleben und zu provozieren eingebüßt. Wo so viel zerstörerische Erinnerung existiert, mag ein bißchen Vergeßlichkeit durchaus angebracht sein. Leider besteht derzeit auf beiden Seiten der großen nationalen und religiösen Trennungslinie wenig Bereitschaft dazu. Im Gegenteil: Fast überall, wohin man schaut, lassen düstere Töne der Erinnerung den Chor des Nationalismus und des Glaubens anschwellen. Ein bißchen Vergeßlichkeit – oder Kompromißbereitschaft – erscheint unter diesen Umständen unwahrscheinlich.

Kompromisse zu schließen bedeutet in Jerusalem mehr, als nur hier oder da eine Grenze ein bißchen zu verrücken. Der Kampf in der Stadt dreht sich nicht um einen Teil, sondern ums Ganze. In erster Linie betrifft er den historischen Kern innerhalb der antiken Mauern, die die drei wichtigsten heiligen Stätten einschließen. Ein «vernünftiger» Kompromiß könnte darin bestehen, zwei nationale Rechte innerhalb eines vereinten, gemeinsam verwalteten Stadtgebiets anzuerkennen und damit die harten Grenzen der Machtbereiche zu verwischen. Selbst wenn sich die Vorkämpfer auf beiden Seiten auf ein solches Konzept einigen könnten (was zu bezweifeln ist), muß man sich klarmachen, daß bis heute noch nirgendwo die Hauptstädte zweier Nationen in derselben Stadt nebeneinander existiert haben. Es gibt gute Gründe, daran zu zweifeln, daß zwei Völker mit einem derart empfindlichen Nationalbewußtsein wie Palästinenser und Israelis die ersten in der Geschichte sein sollten, die dieses Modell mit Erfolg praktizieren. Ein anderer vernünftiger Kompromiß könnte darin bestehen, daß beide Nationen anderswo innerhalb ihrer jeweiligen Staatsgebiete neue Hauptstädte festlegen. Dies scheint in Anbetracht der starken religiösen Komponente, die die politische Einstellung zu Jerusalem prägt, ebenso unwahrscheinlich.

Das Problem Jerusalem ist derart mit Emotionen beladen, daß keiner der Möchtegern-Friedensstifter und Vermittler in den letzten Jahren es gewagt hat, diese Frage auch nur anzuschneiden. Viele Diplomaten sind der Überzeugung, daß jedes noch so behutsame Ansprechen dieses heiklen Themas bei den Friedensgesprächen im Mittleren Osten die Verhandlungen mit Sicherheit zunichte machen würde, bevor sie überhaupt begonnen haben. Mag sein, daß man dieses Thema – äußerst vorsichtig – dann in Angriff nehmen kann, wenn in allen anderen wichtigen Punkten eine erfolgreiche Verständigung erzielt worden ist; aber jeder, der es früher anschneidet, wird sich dem Verdacht aussetzen, den ganzen Prozeß unterminieren zu wollen.

Während ich an einem Sommerabend im Jahr 1967 die Touristen beobachtete, die durch das schmale Tor der Zitadelle strömten – die Hügel ringsum überzogen sich mit der Farbe von unglasiertem Steingut –, kam mir zum erstenmal die Idee, ein Buch über diese auf tragische Weise verrückte Stadt zu schreiben. Die Zitadelle, so steht es in einem Reiseführer, schließt die

Geschichte der Stadt «wie eine Kapsel»[16] ein: Heilige und Lumpen, Hebräer, hasmonäische Könige, jüdische Eiferer, Römer, Byzantiner, Araber, Kreuzfahrer und Türken – ganz zu schweigen von England und dem modernen Israel – sie alle haben ihr ihren Stempel aufgedrückt. Niemand kann durch dieses Tor hindurchgehen, ohne heftige Emotionen zu empfinden. Die Anziehungskraft der Zitadelle überwältigt selbst jene, die versuchen, ihr zu widerstehen. Natürlich, dachte ich, hat diese Stadt ungleich mehr rastlose Geister der Vergangenheit heraufbeschworen, als sie ohne Schaden verdauen kann. Beim Karneval der Gespenster geht die menschliche Dimension verloren.

Einen Schritt neben eben diesem Tor saß einst der berühmte zeitgenössische Schriftsteller Yehuda Amichai mit zwei Körben voller Obst und hörte zufällig, wie ein Fremdenführer sagte: «Sehen Sie diesen Mann da mit den Körben? Gleich rechts neben seinem Kopf befindet sich ein interessanter Bogen aus der Römerzeit. Gleich rechts neben seinem Kopf.»

«Da dachte ich mir im stillen», schrieb Amichai, «die Erlösung wird erst dann kommen, wenn der Fremdenführer sagt: ‹Sehen Sie diesen Bogen da aus der Römerzeit? Er ist nicht wichtig; aber gleich daneben, links und etwas weiter unten, da sitzt ein Mann, der Obst und Gemüse für seine Familie eingekauft hat.›»[17]

Zeittabelle

(unter besonderer Berücksichtigung der *wichtigsten* Belagerungen, Eroberungen, Plünderungen und Zerstörungen, die Jerusalem erlitten hat)

Anfänge des Monotheismus; in Jerusalem kursieren frühe Versionen des Pentateuch und der Bücher Josua, Samuel und der Könige; die großen Prophe- ten postulieren Utopia	ca. 1900 v.Chr.	Erwähnung Jerusalems in ägyptischen Ächtungstexten; Abraham wird in Salem im Namen des «allerhöchsten Gottes» willkommen geheißen
	ca. 1000	David erobert Jerusalem
	952	Einweihung des ersten Tempels unter Salomo
	930	Eroberung und Plünderung durch Sheshonk I. von Ägypten
	740–690	Jesaja
	701	Belagerung des Sanherib
	625–586	Jeremia
	587–586	Belagerung und Zerstörung durch Nebukadnezar
Unter persischer Herrschaft verstärkt sich das jüdische Sektierertum	537–515	Bau des zweiten Tempels
	445	Nehemia baut Mauern wieder auf
	ca. 350	Vermutlich Plünderung Jerusalems durch die Perser
Hellinistische Periode	320	Zerstörung durch Ptolemäus Soter
	168	Zerstörung durch Antiochus Epiphanes; Ausübung der jüdischen Religion wird verboten
	165	Makkabäer bauen den Tempel wieder auf

Unter mittel- oder unmittel- barer römischer Herrschaft erlebt Jerusalem eine Blütezeit; die Aufstände und Zerstörungen leiten die Zer- streuung der Ju- den ein: Jerusa- lem wird zur «Hauptstadt der Erinnerung»	63	Belagerung, Eroberung und weitgehende Zerstörung durch Pompeius
	40	Eroberung durch die Parther
	37	Belagerung und teilweise Zerstörung durch Herodes
	20 v.–63 n. Chr.	Herodes baut den zweiten Tempel wieder auf
	ca. 26–30 n. Chr.	Wirken und Kreuzigung Jesu
	66	Jüdischer Aufstand
	70	Zerstörung durch Titus
	132	Eroberung und Zerstörung durch Hadrian; die neue Stadt wird in Aelia Capitolina umgetauft; die Juden werden verbannt
Byzantinische Herrschaft; Höhepunkt der christlichen Blüte in Jerusalem	300	Christentum wird Staatsreligion
	335	Fertigstellung der Grabeskirche
	614	Eroberung und Plünderung Jerusalems durch die Perser
	628	Rückeroberung durch die Byzantiner unter Heraklius
Eine dritte Religion, der Islam, erklärt Jerusalem zu seiner heiligen Stadt	638	Einnahme durch die Araber unter Omar
	692	Fertigstellung des Felsendoms
	ca. 1000	Der «verrückte Kalif» al-Hakim zerstört die Grabeskirche
Wiedereinsetzung des Christentums	1099	Kreuzfahrer belagern u. erobern Jerusalem; richten unter Moslems und Juden ein Massaker an
Jerusalem gedeiht unter den mameluckischen «Sklavenkönigen» von Ägypten	1187	Rückeroberung durch die Moslems unter Saladin
	1219	Malik al-Muazzam Isa schleift die Mauern Jerusalems
	1244	Eroberung und Plünderung durch die Mongolen

Verfall der Stadt unter türkischer Herrschaft	1516	Einnahme durch die Osmanen
	1537–1541	Mauern unter Suleiman dem Prächtigen wiederaufgebaut
	1808	Feuer in der Grabeskirche
	1831	Ägyptische Besetzung
	1840	Erneute Besetzung durch die Türken
Zionisten leiten «Rückkehr» der Juden ein; Jerusalem gedeiht unter britischer Herrschaft, wird jedoch häufig von Tumulten und anderen Unruhen heimgesucht	1917	Einnahme durch die Briten
	1921 1929 1936	Arabische Tumulte und Aufstände
	1948	Krieg und Belagerung des Jüdischen Jerusalem durch die Jordanier
Geteiltes Jerusalem	1948–1967	Westjerusalem wird Hauptstadt Israels; Jordanien annektiert Ostjerusalem
Gewaltiges Wachstum unter Bürgermeister Teddy Kollek, aber politische Probleme bleiben; ungelöste Religionskriege gehen in Jerusalem unter anderem Namen weiter	1967	Krieg und Besetzung des jordanischen Jerusalem durch Israel; Israel annektiert Ostjerusalem und seine unmittelbare Umgebung
	1969	Brand in der Al-Aksa-Moschee
	1977	Sadats Besuch führt zu ersten Friedensverhandlungen zwischen Arabern und Israelis
	1985	Vorhaben, den Tempelberg zu sprengen, vereitelt
	seit 1987	Aufstände der Palästinenser

Anmerkungen

Einleitung

1 Sämtliche Bibelstellen wurden nach der Einheitsübersetzung des Alten und Neuen Testaments zitiert (Herder, Freiburg im Breisgau 1980).

Annäherung von Osten

1 Sachs, 109.
2 Melville, 25.
3 Ibid., 26.
4 Amichai, 113.
5 Ibid., 117.
6 Josephus, *Geschichte des Judäischen Krieges*, 5.4.3.
7 Smith, *The Historical Geography of the Holy Land*, 11.
8 Josephus, *Geschichte des Judäischen Krieges*, 5.2.3.
9 Bartlett, *Walks About Jerusalem*, 13.
10 Josephus, *Geschichte des Judäischen Krieges*, 5.5.1.
11 Josephus, *Die jüdischen Altertümer*, 15.11.3.
12 Voltaire, 96.
13 Tacitus, 5.9.
14 Lande-Nash, 7.
15 Pritchard, 329.
16 Koestler, 236.
17 Sämtliche Abdu-Heba-Zitate: Pritchard, 487 ff.

1 Zitiert in Le Strange, 220.
2 Kotker, 5.
3 Shakespeare, *König Heinrich VI.*, 3. Teil, V,5,7. (*Shakespeares Werke*, revidierte Übersetzung der Dramen von Schlegel-Tieck, hg. v. L. L. Schücking, Darmstadt 1968.)
4 W. Blake, 716.
5 Als ich im Jahr 1985 dorthin kam, versicherte mir der Priester des Ortes, daß der Grundriß von Lalibela ganz genau dem des himmlischen Jerusalem entspreche. «Ist es nicht wunderschön, ist es nicht wunderschön?» wiederholte er; seine englische Aussprache war nahezu perfekt. Unser Gespräch wurde durch Schußwechsel unterbrochen, die sich Rebellen und Truppen der marxistischen Regierung in den Hügeln in der Umgebung lieferten.
6 Tacitus, 5.10.
7 J. Halevi: «An Zion», in Rosenzweig, 148.
8 Zitiert in Peters, 131.
9 Zitiert in Huizinga, 124.
10 Zitiert in Peters, 364.
11 Zitiert in Holtz, 91.
12 In Heyd, 78.
13 Seetzen, siehe *Ulrich Jasper Seetzen's Reisen ...*, 19.
14 Chateaubriand, *Œuvres romanesques et voyages*, 212.
15 Volney, 333.
16 Flaubert in einem Brief an Bouilhet vom 20. August 1850.
17 Die Israelis nahmen das seltsame Telefongespräch auf Band auf und spielten es später der Presse vor.
18 Zitiert in Benvenisti, *Facing the closed Wall*, 11.
19 Zitiert in Benziman, 19.
20 Zitiert in Kollek, 225.
21 1989 betrug die Fläche der Stadt 105 Quadratkilometer im Gegensatz zu 38 Quadratkilometern im Jahr 1967. Die Einwohnerzahl hatte fast eine halbe Million erreicht, im Gegensatz zu 267000 im Jahr 1967. Die Annexionslinien wurden 1967 so gezogen, daß man ein möglichst großes Gebiet und ein Minimum an arabischer Bevölkerung vereinnahmte. 1967 waren 73 Prozent der Bewohner Jerusalems Juden. Zuletzt (1987) waren es 71.

22 Ein Zitat in Storrs Memoiren (S. 310) erinnert an den mittelalterlichen Hymnus «Jerusalem ist im Himmel erbaut, aus lebendigem Stein». Storrs war der Sohn eines Vikars. Vielleicht hatte er dabei die uralte Vorstellung im Sinn, daß das irdische Jerusalem ein Abbild des himmlischen sein sollte.
23 Josephus, *Geschichte des Judäischen Krieges*, 5.4.4.
24 Ibid., 7.1.1.
25 Murphy-O'Connor, 24.
26 Runciman, 2,466.
27 Zitiert in Haslip, 241.
28 Silk, *Retrievements*, 1.
29 Plinius 5,73 (XV), 382 f.
30 Zitiert in Werblowsky, 8.
31 Werblowsky, 3.
32 Sämtliche Hadithe zitiert in Peters, 374.
33 Zitiert in Levine, 2,190.
34 J. Halevi: «Zwischen Ost und West», in Rosenzweig, 129.
35 Levin, 93. (Mottje die Bohne ist ein grausamer jüdischer Lehrer; seinen «Spitznamen verdankt er seiner winzigen Gestalt und seiner Gewohnheit, sich beim Gehen wie ein kleiner Kobold zu rollen»; ibid., 59.)
36 Amichai, 89.
37 Ibid., 135.

Grausame Stadt

1 Zitiert in Grindea, 1.
2 A. Huxley in *Encounter* (Londoner Monatszeitschrift), Dezember 1955.
3 Ibid.
4 Zitiert in Bedford, 2,69.
5 Ibid.
6 Koestler, 237.
7 Koestler hatte kurz zuvor das moderne hebräische Kreuzworträtsel erfunden. Man bezeichnete es als «Gehirnakrobatik», um keinen Anstoß zu erregen; die Rabbiner hätten den Bezug auf ein Kreuz womöglich übelgenommen.

8 Zitiert in Grindea, 195.
9 *Palestine Pilgrims' Text Society* (*PPTS*), 9–10,262.
10 Ibid., 384 ff.
11 Lateinischer Originaltext zitiert in Hagenmeyer, 164.
12 Zitiert in Muller, 256.
13 Cust, 8.
14 Hoade, 108.
15 Finn 2,458.
16 Storrs, 423.
17 Ibid.
18 E. Samuel, 52.
19 Storrs, 420.
20 Spuren dieses Bedürfnisses, den anderen in religiöser Hinsicht immer um eine Nasenlänge voraus zu sein, haben sich bis in unser Jahrhundert erhalten. Im Jahr 1970 wurde der bekannte amerikanische Architekt Louis Kahn aufgefordert, Pläne für die Restaurierung der Hurva-Synagoge anzufertigen. Er legte einen Entwurf für einen Neubau vor, der mindestens zwei Meter höher war als das markanteste moslemische Heiligtum von Jerusalem, der Felsendom. Doch die Stadtverwaltung war vernünftiger als der berühmte Architekt und seine Geldgeber. Bürgermeister Teddy Kollek erhob Einspruch gegen den Plan mit dem Argument, daß die Bedeutung eines Glaubens nicht an der Größe eines Bauwerks gemessen zu werden braucht.
21 Zitiert in Peters, 261.
22 *PPTS* 9–10,225.
23 Zitiert in Curzon, 190.
24 Josephus, *Geschichte des Judäischen Krieges*, 5.5.2. Zwei derartige, in harten Sandstein gemeißelte Inschriften aus dem ersten vorchristlichen Jahrhundert wurden in Jerusalem gefunden. Eine ist im Rokkefeller-Museum in Jerusalem ausgestellt. Erst nach 1967 wurden alle heiligen Stätten in Jerusalem unterschiedslos für alle Besucher, ungeachtet ihres jeweiligen Glaubens, geöffnet. (Die großen Moscheen auf dem Tempelberg sind zu bestimmten Zeiten, soweit keine Gottesdienste stattfinden, für die Öffentlichkeit zugänglich.)
25 Zitiert in Cohen, 220.
26 Zitiert in Silk, 139.
27 Finn 2,112.

28 Koestler, 240.
29 Storrs, 315.
30 Muamar al Khatib, zitiert in E 108, Zionistisches Zentralarchiv, Jerusalem (im folgenden ZZA genannt).
31 Navon, 8.
32 W. H. Auden, mündliche Mitteilung an Amos Elon, 5. Mai 1973.
33 Zitiert in Porath, 213.
34 Zitiert in Sykes, 127.
35 A. Yellin, E108, ZZA.
36 Ibid.
37 Ibid.
38 Orenstein, 9. Februar 1932 bis 5. November 1938.

Gefährliche Stadt

1 Benevisti, *Conflicts*, 10.
2 In Varon, 11.
3 *Haaretz*, 18. August 1967.
4 Gur, 317.
5 Dayan, 498.
6 Kook, 102.
7 Zitiert nach Benvenisti, *Facing the Closed Wall*, 136.
8 Kollek, 309.
9 Interview mit Warhaftig in *Haaretz*, 18. August 1967.
10 In Warhaftig, 323.
11 Interview mit Getz, *Haaretz*, 28. März 1983.
12 Mündliche Mitteilung eines Augenzeugen an den Autor.
13 Schoham in *Encounter*, Juni 1970, 92.
14 Ibid.
15 Tempelberg-Verschwörungen (Seite 153–161): siehe Segal, 47–54, 229–251.
16 Seite 163–166: Der Autor war bei dieser Tagung anwesend.
17 Unter diesem Begriff werden die Staaten des amerikanischen Mittelwestens zusammengefaßt, deren Bewohner ihr Leben nach der Bibel ausrichten. (Anm. d. Ü.)
18 Gibbon 6,76.
19 Fulcher von Chartres, in Peters, 285.

20 Zitiert in *Die Kreuzzüge in Augenzeugenberichten*, 102.

21 Die relative Milde Saladins war eine Ausnahme: «Die Schwerter des Islam beben in ihren Scheiden, wenn sich die Knechte Allahs auf den Angriff vorbereiten. Der Felsendom jubelt, daß der von seinem Grund und Boden vertriebene Koran demnächst zurückkehren wird.» (Zitiert in Sivan, 86.)

22 Zitiert in Sivan, 82.

23 In Avi-Yona, 44.

24 Amichai, 39.

25 Mukaddasi hatte den Beinamen «der Jerusalemit» (Anm. d. Ü.).

26 Zitiert in Le Stange, 86.

Stadt der Pilger

1 Johann von Würzburg, 156.

2 Gibbon, 2,624.

3 Zitiert in Lande-Nash, 176.

4 Werblowski, 8.

5 Ibid.

6 Wright, 50.

7 In Grindea, 126.

8 Silk, 34.

9 Flaubert, Brief aus Rhodos vom 6. Oktober 1850.

10 Zitiert in Peters, 144.

11 Ibn Esra, zitiert in Holtz, 113.

12 Chaucer, 228; dt. 576.

13 Zitiert in Walker, 27.

14 Vgl. Lowenthal, 408 (Fußnote).

15 Zitiert in E. N. Adler, 234.

16 Zu Faber vgl. *PPTS*, 7–8,398–427; 9–10,257–259 und *Eigentliche Beschreibung* . . ., 55.

17 Zitiert in Peters, 319.

18 Zitiert in Sharon, 40.

19 Voltaire, 223.

20 Zitiert in Raba, 3.

21 Dieses und weitere Chateaubriand-Zitate: Chateaubriand, *Œuvres Romanesques et voyages*, 701, 1112 f., 1123, 1125 ff., 1733 (Fußnote).

22 Zitiert in Said, 171.

23 Dr. Edward Clark, ein Engländer, der fünf Jahre früher (1801) nach Jerusalem reiste, zeichnete ein anderes Bild von den frommen Mönchen. Er behauptete, sie lebten in großer Bequemlichkeit und seien «die korpulentesten, die er je aus den wärmsten Klöstern Spaniens oder Italiens habe herauskommen sehen». (Zitiert in R. Blake, *Grand Tour*, 67.)

24 Seite 200–204, Disraeli in Jerusalem: siehe Buckle und Monypenny 2,96; R. Blake, *Grand Tour*, 7; ders., *Disraeli*, 67; Brief an Lytton, 27. Dezember 1830.

25 Tuchman, 217.

26 Seite 124f., Lamartine in Jerusalem: siehe Lamartine, Tagebucheinträge vom 28. und 29. Oktober 1832; Thubron, *Mirror to Damascus*, 157.

27 Gogol-Zitate Seite 205f.: zitiert in Troyat, 333, 372f.

28 Flaubert in Jerusalem: siehe Flaubert 1,290; ders., Brief an Bouilhet, 2. August 1850; Starkie, 198.

29 Jerusalem war früher als die meisten europäischen Hauptstädte ein Anziehungspunkt für Fotografen. Bereits ein paar Wochen nachdem bei einem Treffen der Französischen Akademie der Wissenschaften im Jahr 1839 das erste erfolgreiche fotografische Verfahren vorgestellt wurde, «waren bereits Vorreiter der neuen Kunst in Jerusalem an der Arbeit» (Onne/Wahrman, 68).

30 Zitiert in Nooks, 111.

31 Ibid., 112.

32 Twain, *The Innocents Abroad*, 2,295.

33 Ibid., 359 (dt. Ausgabe 518).

34 Twain, *Letters from the Earth*, 14.

35 Twain, *Notebooks*, 93.

36 Graham, 88.

37 Howard, 6.

38 Ibid.

39 Ibid.

40 Zitiert in Gilbert, 178.

41 Goodrich-Freer, 35.

42 *Jerusalem Post*, 18. März 1987.

1 Gibbon, 6.72.
2 Josephus, *Geschichte des Judäischen Krieges*, 5.12.4.
3 In Prichard, 283.
4 Ibid.
5 Eine Kopie steht im Israel-Museum in Jerusalem.
6 Neunzehnhundert Jahre später spielte der Titusbogen, oder das, was davon übrig ist, eine Rolle bei einem absonderlichen «historischen Vergeltungsversuch»: Jüdische Soldaten aus Palästina, die 1944 bei den britischen Expeditionsstreitkräften in Italien dienten, trafen Vorbereitungen, ihn zu sprengen. Der Anschlag wurde jedoch aufgedeckt, bevor irgendein Schaden entstanden war, und die Angelegenheit wurde von sympathisierenden Soldaten vertuscht.
7 Renan, *Discours et conférences*, 20.
8 Zitiert in Hertzberg, 119.
9 Zitiert in Muller, 303 f.
10 Gibbon, 6, 72.
11 Arabischer Name für Palästina bzw. Israel (Anm. d. Ü.).
12 Zitiert in Lande-Nash, 42 f.
13 Kenyon, 181.
14 Josephus, *Geschichte des Judäischen Krieges*, 5.9.4.
15 Ibid., 5.11.1.
16 Josephus, *Geschichte des Judäischen Krieges*, 6.8.4.
17 Kenyon, 254.
18 Zitiert in Avigad, 130.
19 Runciman, 1,287.
20 Gibbons vernichtendes Urteil über die alten Hebräer fiel erstaunlich ähnlich aus: «Die Eroberung des Landes Kanaan ging Hand in Hand mit so vielen großartigen und so vielen blutigen Ereignissen, daß die siegreichen Juden im Zustand unversöhnlicher Feindschaft mit allen ihren Nachbarn daraus hervorgingen» (Gibbon, 2.76). Dies hört sich beinahe nach einer Kritik am heutigen Israel an, das sich häufig erst dann sicher gefühlt hat und fühlt, wenn es seinen Nachbarn das Gefühl der Unsicherheit vermitteln konnte.
21 Er folgte damit einer telegraphischen Anweisung vom britischen Kriegsministerium: «Empfehlen dringend, am Tor abzusteigen.

Deutscher Kaiser ritt hindurch, worauf es allgemein hieß: ‹*Ein besserer Mann wäre zu Fuß gegangen.*› Vorteilhafter Gegensatz liegt auf der Hand.» (Zitiert in Knightly / Simpson, 73.)

22 Zitiert in Mack, 157.

23 Sophokles (Bd. 1), *Oedipus*, Zeile 56f.

24 N. Avigad in *Israel Exploration Journal*, 3 (1953), 137.

25 Grindea, 123.

26 Zitiert in Wright, 392.

27 Silk, 3.

28 Friedländer, 1,1.

29 Ibid.

Gott und Mensch im heutigen Jerusalem

1 Zitiert in Wilhelm, 81.

2 Die Gefahr, den Tag des Herrn zu entweihen, wird mit Hilfe komplizierter, nach wie vor kontroverser Interpretationen der heiligen Texte und haarspalterischer Unterscheidungen zwischen primärer und sekundärer Verursachung vermieden. Nur primäre oder direkte Verursachung (etwa das konkrete Betätigen eines elektrischen Schalters) gilt als eine Verletzung des Sabbat. Beim «Sabbat-Telefon» sorgt ein automatischer Verzögerungsmechanismus für eine *sekundäre* Verursachung, die den Benutzer angeblich von der unmittelbaren Verantwortlichkeit freispricht. Der «Sabbat-Aufzug» ist weniger kompliziert: Der Benutzer braucht keinen Knopf zu betätigen, denn der Lift fährt in regelmäßigen Abständen auf und ab und bleibt in jedem Stockwerk stehen.

3 Amichai, 30.

4 J. Frankel, in *Dissent* (New York), Frühjahr 1984, 192.

5 Der englische Ausdruck *to make an aliya*, der wörtlich übersetzt nichts anderes als ‹heraufgehen› heißt, bedeutet im heutigen Sprachgebrauch ‹nach Jerusalem einwandern›. (Anm. d. Ü.)

6 Zitiert in Silk, 60.

7 Zitiert in Hazleton, 86.

8 Amichai, 51.

9 C. Kallman, «Dome of the Rock», in *New York Review of Books*, 12. Dezember 1974.

10 Tchernichowsky, 506.
11 Bartlett, *Jerusalem Revisited*, 71.
12 Huizinga, 1.
13 Ibid.
14 Roth, 88.
15 Weizmann, *Statement Made before the Palestine Royal Commission*, 11.
16 Oz, 11.
17 Ibid.
18 Scholem, *Von Berlin nach Jerusalem*, 213.
19 Teitelbaum in *Kol Hair* (Jerusalemer Wochenzeitung), 8. Januar 1988.
20 N. Khusrau in *PPTS* 4,42.
21 Hazleton, 181
22 Robinson, 1,350.
23 Zitiert in Gilbert, 139.
24 Warren, 212.
25 Loti, 117.
26 Waugh in einem Brief an Asquith vom 23. Dezember 1935.
27 Scholem, *Sabbatai Zwi*, 73.
28 Zitiert in Peters, 185.
29 John of Damascus, *Icons*, 2,12. (Von dieser pamphletischen Schrift «Gegen die Verleumder der heiligen Bilder» gibt es bis heute keine deutsche Übersetzung; Anm. d. Ü.)
30 Zitiert in Peters, 132.
31 Zitiert in Frazer, 359.
32 Auch Feiertage überleben das Abtreten von Religionen. Der arabische Haddsch, die heilige Pilgerfahrt nach Mekka, stammt aus der Zeit vor dem Islam. Lange vor der Entstehung des Christentums begingen die Heiden die Geburt der Sonne am 25. Dezember. Der heilige Augustinus sah sich gezwungen, die frühen Christen dazu zu ermahnen, Weihnachten nicht wie die Heiden zu feiern, die die Sonne anbeten, «sondern im Namen dessen, der sie erschaffen hat». (Zitiert in Frazer, 259.)
33 Zitiert in Peters, 133.
34 Kinglake, 233.
35 Murphy-O'Connor, 42.
36 Roberts, 1 (Tafel 14).
37 Byron, 7.

38 Updike, 79.
39 E. Wilson, 475.
40 Robinson, 329.
41 Eusebius, III,28 (S. 139).
42 Vester, 97.
43 Der jüdische Besucher war Amos Oz.
44 Murphy-O'Connor, 33.
45 Zitiert in E. Samuel, 112.
46 Leys, 138.
47 P. Marnham in *Granta* 10 (London 1986), 187.
48 Zitiert in Wright, 27.
49 *PPTS*, 4,78.
50 Wright, 462.
51 C. W. Wilson, 202.
52 Warren, 426.
53 Diese und weitere Curzon-Zitate: Curzon, 196–204.
54 Storrs, 318.
55 Der Reporter war Amos Elon.
56 «A Song of Joys», in Whitman, 153.
57 Zitiert in *Die Reise des Kaiserlichen Paars im Heiligen Land* (Berlin 1899), 283.
58 Bartlett, *Walks About Jerusalem*, 149.
59 Storrs, 325.
60 Zitiert in Peters, 192.
61 Lande-Nash, 176.
62 Storrs, 449.
63 Bellow, 122.
64 In *Kotheret Roshit* (Jerusalemer Wochenzeitung), 24. April 1985.
65 Morgenthau, 317.
66 Etwa zur selben Zeit schmiedete Kardinal Newman in England ähnliche Pläne für die Gründung einer modernen (katholischen) Universität in Jerusalem: «Der Zauber, den Oxford noch immer auf den ausländischen Besucher ausübt», sagte er, «gemahnt uns daran, wie ungleich ergreifender, wie ungeheuer, ja unvorstellbar einflußreich das Vorhandensein einer Universität in Jerusalem sein würde.» (Zitiert in Bentwich, 8.)
67 Elan, 18.
68 Das trifft vermutlich überall zu. Der bekannte Kunsthistoriker Ni-

kolaus Pevsner vertrat die Ansicht, daß keine der nach 1750 in Europa erbauten Kirchen als Beispiel für herausragende Architektur gelten kann.

69 Nach dem Gottesdienst stellten sich die versammelten Geistlichen zusammen mit dem Hochkommissar und seinen Mitarbeitern zu einem Gruppenfoto auf. Sir Herbert hielt es für einen glücklichen Zufall, daß dabei auf einer Seite der Gruppe ein Symbol des Friedens stand, nämlich ein mächtiger Olivenbaum. Prompt wurde er von einem seiner Mitarbeiter korrigiert: «Das schon, Sir, aber vielleicht ist Ihnen entgangen, daß auf der anderen Seite ein Pfefferbaum steht.» (H. Samuel, 166.)

70 Zitiert in Cragg, 110.

71 Smith, *Historical Geography of the Holy Land*, 435.

72 Ibid., 451.

73 S. Bellow in *Granta* 10 (1986), 173.

74 Ibid.

Die Zukunft der Vergangenheit

1 Freud in einem Brief an Einstein, 26. Februar 1930. Zitiert in Gay, 672 (Fußnote).

2 Freud in einem Brief an Zweig, 8. Mai 1942. In Freud/Zweig, 51.

3 Herzl, Bd. 1, 680 und 682 (31. Oktober 1898).

4 Ahad Ha'cam, 29.

5 Shapira, 112.

6 Zitiert in Ben-Baruch, 118.

7 Weizmann, *Trial and Error*, 169.

8 Notiz vom 8. Juli 1937, Weizmann-Archiv, Rehovat.

9 Zitiert in Shaltiel, 386.

10 Ibid., 400.

11 Der erste war 1904 Papst Pius X. Er erklärte Herzl, Jerusalem dürfe nicht in die Hände der Juden fallen, die Christus verleugnet haben und bis heute leugnen, daß er Gott ist. «‹Die Hebräer haben Unseren Herrn nie anerkannt, folglich können wir das hebräische Volk nicht anerkennen... wenn Sie nach Palästina kommen u. Ihr Volk ansiedeln werden, wollen wir Kirchen u. Priester bereit halten, um Sie Alle zu taufen.›» (Herzl, Bd. 3, 655 und 657; 26. Jan. 1904.)

12 In Shaltiel, 395.
13 Zitiert in Bentwich, 16.
14 Benvenisti, in *New York Times Magazine*, 16. Oktober 1988.
15 Rede in der Paulskirche in Frankfurt am Main, 10. Oktober 1985; abgedruckt in *Friedenspreis*, 385.
16 Murphy-O'Connor, 23.
17 Amichai, 177.

Bibliographie

Adler, C., *Memorandum on the Western Wall* (Verfaßt für die Sonderkommission des Völkerbundes). Philadelphia 1930

Adler, E. N., *Jewish Travellers from Nine Centuries*. New York 1966

Ahad Ha'cam, *Die gesammelten Werke von Ahad Ha'cam* (in Hebräisch). Tel Aviv 1954

Amichai, Y., *Poems of Jerusalem* (zweisprachige Ausgabe Hebräisch – Englisch). Jerusalem 1987

Avigad, N., *Die Oberstadt von Jerusalem* (in Hebräisch). Jerusalem 1980

Avi-Yona, M. (Hg.), *Das Buch von Jerusalem* (in Hebräisch). Jerusalem 1956

Bartlett, W. H., *Jerusalem Revisited*. London 1852

–, *Walks About Jerusalem*. London 1843

Bedford, S., *Aldous Huxley: A Biography*. London 1973

Bellow, S., *To Jerusalem and Back*. New York 1977

Ben-Baruch, S., *Jerusalem in unserer modernen Poesie* (in Hebräisch). Jerusalem 1955

Ben-Dov, M., *Die Ausgrabungen am Tempelberg* (in Hebräisch). Jerusalem 1982

Bentwich, N., *The Hebrew University of Jerusalem*. London 1961

Benvenisti, M., *Conflicts and Contradictions*. New York 1986

–, *The Crusaders in the Holy Land*. Jerusalem 1970

–, *Angesichts der geschlossenen Mauer: Geteiltes und vereintes Jerusalem* (in Hebräisch). Jerusalem 1973

–, *Der Frieden von Jerusalem* (in Hebräisch). Jerusalem 1981

Benziman, U., *Jerusalem: Stadt ohne Mauer* (in Hebräisch). Jerusalem 1973

Biale, D., *Scholem: Kabbala and Counterhistory*. Cambridge 1979

Blake, R., *Disraeli*. London 1967

–, *Disraeli on the Grand Tour*. London 1982

Blake, W., «Jerusalem». In *Complete Writings*, hg. v. G. Keynes. Oxford 1979

Bovis, H. E., *The Jerusalem Question 1917–1968*. Stanford 1971

Buckle, G. E. / W. F. Monypenny, *The Life of Benjamin Disraeli*. London 1929

Burgoyne, M. H., *Mamluk Jerusalem: An Architectural Study*. Jerusalem 1987

Byron, R., *The Road to Oxiana*. London 1981

Carmel, A. (Hg.), *Palästina-Chronik 1853 bis 1882*. Ulm 1978

Ceruli, E., *Etiopi in Palestina: Storia della comunità Etiopica di Gierusalemme*. Rom 1943

Chateaubriand, F. R., *Journal de Jérusalem: Notes inédites*, hg. v. G. Moulinier und A. Outrey. Paris 1950

–, *Œuvres romanesques et voyages*, Bd. II, hg. v. M. Regard. Paris 1969

Geoffrey Chaucer's Canterbury-Geschichten (übers. v. Wilhelm Hertzberg). Hildenburghausen 1870

Clarke, E., *Travels in various countries of Europe, Asia and Africa*, Teil II. London 1810

Cohen, A., *Sixteenth-Century Jerusalem according to Turkish Documents*. Jerusalem 1976

Condor, C. R., *The City of Jerusalem*. London 1909

Cragg, K., *This Year in Jerusalem*. London 1982

Curzon, R., *Visits to the Monasteries of the Levant*. London 1849

Cust, L. G. A., *The Status Quo in the Holy Places* (Reprint). Jerusalem 1980

Dayan, M., *Die Geschichte meines Lebens* (in Hebräisch). Jerusalem 1976

Drori, J., »Jerusalem unter den Mameluken«. In *Jerusalem im Mittelalter* (in Hebräisch), hg. v. B. Kedar. Jerusalem 1979

Elan, S., *Deutsche in Jerusalem von der Mitte des 20. Jahrhunderts bis zum Ersten Weltkrieg*. Wertheim am Main 1984

Eliade, M., *Kosmos und Geschichte. Der Mythos der ewigen Wiederkehr*. Reinbek 1966

Des Eusebius Pamphili vier Bücher vom Leben des Kaisers Konstantin (Bd. 2 der *Ausgewählten Schriften des Eusebius Pamphili, Bischofs von Cäsarea in Palästina*). Kempten 1880

Eigentliche Beschreibung der hin und widerfahrt zu dem Heyligen Landt gen Jerusalem und furter durch die grosse Wüsteney zu dem Heiligen Berge Horeb Sinay ... [Von Felix Faber Lesemeister und Prediger zu Ulm], ANNO M.D.LII.

Finn, J., *Stirring Times*. London 1878

Flaubert, G., *Notes de voyage* (Bd. 19 der *Œuvres complètes de Gustave Flaubert*), hg. v. L. Conard. Paris 1910
Flusser, D., *Jesus*. Hamburg 1984
Frazer, J. G., *The Golden Bough*. New York 1949
Freud, S. / A. Zweig, *Briefwechsel*. Frankfurt 1968
Friedländer, S., *History and Memory*. Tel Aviv 1989
Gabrieli, F., *Arab Historians of the Crusades*. Berkeley 1969
Gay, P., *Freud: Eine Biographie für unsere Zeit*. Frankfurt 1989
Gibbon, E., *The History of the Decline and Fall of the Roman Empire* (6 Bde. Mit Anmerkungen von D. Milman et al.). New York, o. D. [1845?]
Gilbert, M., *Jerusalem: The Rebirth of a City*. Jerusalem 1985
Goodrich-Freer, A., *Inner Jerusalem*. London 1904
Graham, S., *With the Russian Pilgrims in Jerusalem*. London 1913
Grindea, M. (Hg.), *The Image of Jerusalem: A Literary Chronicle of 3000 Years*. London 1980
Gur, M., *Der Tempelberg ist in unseren Händen* (in Hebräisch). Jerusalem 1973
Hagenmeyer, H. (Hg.), *Die Kreuzzugsbriefe aus den Jahren 1088–1100*. Innsbruck 1901
Haslip, J., *The Sultan*. New York 1972
Hazleton, L., *Jerusalem, Jerusalem*. New York 1986
Hertzberg, A., *The Zionist Idea*. New York 1959
Herzl, T., *Briefe und Tagebücher* (3 Bde.), hg. v. A. Bein/H. Greive/M. Schaerf/J.H. Schoeps. Berlin 1983–85
Heyd, U. (Hg.), *Ottoman Documents on Palestine, 1552–1615*. Oxford 1960
Hoade, E., *Guide to the Holy Land*. Jerusalem 1971
Holtz, A. (Hg.), *The Holy City: Jews on Jerusalem*. New York 1971
Howard, A., *Howard's Guide to Jerusalem and Vicinity*. Jaffa 1888
Huizinga, J., *Herbst des Mittelalters*. München 1924
Hyamson, A. M., *The British Consulate in Jerusalem*. London 1939
Johanns von Würzburg Beschreibung des Heiligen Landes. (1160 bis 1170.) In *Zweier deutscher Ordensleute Pilgerfahrten nach Jerusalem* ..., hg. v. F. Khull. Graz 1895
Jones, E., *Das Leben und Werk von Sigmund Freud*, Bd. 3. München 1982
John of Damascus (Johannes Damascenus), *Icons* (vom Griechischen ins Englische übers. v. F. H. Chase). Washington 1970
Josephus, Flavius, *Geschichte des Judäischen Krieges* (übers. v. H. Clementz). Leipzig 1974
–, *Jüdische Altertümer* (übers. v. H. Clementz). Köln 1959

Kaplan, J., *Mr. Clemens and Mark Twain*. New York 1966
Kenyon, K., *Digging Up Jerusalem*. London 1974
Kinglake, A. W., *Eothen*. London 1844
Knightly, P./C. Simpson, *The Secret Lives of Lawrence*. New York 1971
Koestler, A., *Arrow in the Blue*. London 1969
Kollek, T./A. Kollek, *Ein Leben für Jerusalem*. Hamburg 1980
Kollek, T., in *Friedenspreis des deutschen Buchhandels. Reden und Würdigungen 1976–1985*. Frankfurt 1985
Kook, Z. Y., *Königliche Theorie* (in Hebräisch). Jerusalem, o. D.
Kotker, N., *The Earthly Jerusalem*. New York 1969
Kotting, B., *Peregrinatio Religiosa: Wallfahrten in der Antike und das Pilgerwesen in der alten Kirche*. Regensburg 1950
Die Kreuzzüge in Augenzeugenberichten, hg. v. R. Pernoud. München [5]1980
Lamarine, A. de, *Souvenirs, impressions, pensées et paysages pendant un voyage en orient 1832–1833*. Paris 1831
Lande-Nash, I. *3000 Jahre Jerusalem*. Tübingen 1964
Le Strange, G., *Palestine Under the Moslems*. London 1890
Levin, S., *Kindheit im Exil*. Berlin 1935
Levine, L. I. (Hg.), *The Jerusalem Cathedra: Studies in the History, Geography, and Ethnography of the Land of Israel*. Jerusalem 1982
Leys, S., *Ombres Chinoises*. Paris 1974
Loti, P., *Jerusalem*. London, o. D.
Lowenthal D., *The Past Is a Foreign Country*. Cambridge 1985
Mack, J. E., *A Prince of Our Disorder: The Life of T. E. Lawrence*. London 1976
Mark Twain, *The Innocents Abroad*. New York 1911. (Dt. Ausgabe: *Die Arglosen im Ausland*. In Bd. 3 der *Gesammelten Werke in fünf Bänden*, hg. v. K. Popp. München 1985)
–, *Letters from the Earth*, hg. v. B. De Voto. New York 1962. (Dt. Ausgabe: *Briefe von der Erde*. In Bd. 5 der *Gesammelten Werke in fünf Bänden*, hg. v. K. Popp. München 1985)
–, *The Mark Twain Notebooks*, hg. v. A. B. Paine. New York 1930
Melville, H., *Journal of a Visit to Europe and the Levant*. Princeton 1955
Midrasch Echa Rabbatti (i. e. die haggadische Auslegung der Klagelieder), übers. und hg. v. J. Fürst/D. O. Straschun. Leipzig 1881
Morgenthau, H., *Ambassador Morgenthau's Story*. New York 1919
Mujir al-Din, *Histoire de Jerusalem et d'Hébron depuis Abraham jusqu'à la fin du XVe siècle de J.-C.* (aus dem Arabischen ins Französische übers. v. H. Sauvaire). Paris 1876

Muller, H., *The Loom of History*. New York 1958
Mumford, L., *Die Stadt* (2 Bde.). München 1979
Munib el-Mady / M. Suleiman, *Die Geschichte Jordaniens im zwanzigsten Jahrhundert* (in Arabisch). Amman 1959
Murphy-O'Connor, J., *The Holy Land: An Archaeological Guide*. Oxford 1986
Navon, Y., *The Six Days and the Seven Gates*. Jerusalem 1978
Nooks, Y., *Edward Lear: Life of a Wanderer*. London 1968
Onne, E. / D. Wahrman, *Jerusalem: Profile of a Changing City*. Jerusalem 1986
Orenstein, I. V., *Tagebuch von der Westmauer* (in Hebräisch). Jerusalem 1951
Oz, A., *Hier und dort im Land Israel* (in Hebräisch). Tel Aviv 1982
Palestine Pilgrims' Text Society (*PPTS*), hg. v. C. Wilson. (Ins Englische übers. v. S. Aubrey et al. Nachdruck der 13bändigen Ausgabe von 1887–1897.) New York 1971
Peters, F. E., *Jerusalem: The Holy City in the Eyes of Chroniclers, Visitors, Pilgrims and Prophets from the Days of Abraham to Modern Times*. Princeton 1985
Die Naturgeschichte des Cajus Plinius Secundus (übers. v. G. C. Wittstein). Erster Band (I. bis VI. Buch). Leipzig 1881
Porath, Y., *Die Entstehung der arabisch-palästinensischen Nationalbewegung 1918–1929* (in Hebräisch). Jerusalem 1971
Prawer, J., *The Latin Kingdom of Jerusalem*. London 1972
Prichard, J., *Ancient Near Eastern Texts Relative to the Old Testament*. Princeton 1955
Raba, J., *Russische Reiseberichte aus Palästina* (in Hebräisch). Jerusalem 1981
Raphael, C., *The Walls of Jerusalem: An Excursion into Jewish History*. New York 1968
Renan, E., *Discours et conférences* (Bd. 4 der *Histoire des origines du Christianisme*). Paris 1928
–, *Letters from the Holy Land* (ins Englische übers. v. L. O'Rourke). New York 1904
Robert, M., *From Oedipus to Moses: Freud's Jewish Identity*. New York 1976
Roberts, D., *The Holy Land* (Stiche). London 1855
Robinson, E., *Biblical Researches in Palestine, Mt. Sinai and Arabia Petraea*. Boston 1841
Rosenzweig, F., *Jehuda Halevi. Zweiundneunzig Hymnen und Gedichte*. Berlin [2]1929

Roth, P., *The Counterlife*. New York 1986
Runciman, S., *A History of the Crusades*. London 1971
Sachs, A., *Recht geschickt* (in Hebräisch). Tel Aviv 1988
Said, E. W., *Orientalism*. New York 1978
Samuel, E., *A Lifetime in Jerusalem*. Jerusalem 1970
Samuel, H., *Memoirs*. Jerusalem 1945
Saulcy, F. de, *Les derniers jours de Jerusalem*. Paris 1866
Schleifer, A., *The Fall of Jerusalem*. New York 1972
Scholem, G., *Von Berlin nach Jerusalem*. Frankfurt a. M. 1977
–, *Sabbatai Zwi: The Mystical Messiah*. Princeton 1973
Ulrich Jasper Seetzen's Reisen durch Syrien, Palaestina, Phönicien, die Transjordan-Länder, Arabia Petraea und Unter-Aegypten, Bd. 2, hg. v. Fr. Kruse. Berlin 1854
Segal, H., *Liebe Brüber* (in Hebräisch). Jerusalem 1987
Shalev, M., *Gedichte* (*Kol Anot*, in Hebräisch). Jerusalem 1959
Shaltiel, E. (Hg.), *Untersuchungen über die Geschichte des modernen Jerusalem* (in Hebräisch). Jerusalem 1981
Shapira, A., *Das Leben von Berl Katznelson* (in Hebräisch). Tel Aviv 1980
Sharon, M. (Hg.), *Streitfragen in der Geschichte des Landes Israel unter islamischer Herrschaft* (in Hebräisch). Jerusalem 1976
Silberman, N. A., *Digging for God and Country*. New York 1982
Silk, E., *Interpretations of Islam: Past and Present*. Princeton 1985
Smith, G. A., *The Historical Geography of the Holy Land*. London 1904
–, *Jerusalem: History and Historical Geography*. London 1907
Sophokles, *Ödipus*. In *Sophokles' sämtliche Werke in zwei Bänden* (übers. v. Leo Türkheim), Bd. 2. Stuttgart 1893
Starkie, E., *Flaubert*. London 1967
Storrs, R., *Orientations*. London 1945
Sykes, C., *Crossroads to Israel*. London 1965
Tacitus, *Historien* (übers. v. Walther Sontheimer). Stuttgart 1968
Tcherikover, A., *Hellenistic Civilization and the Jews* (aus dem Hebräischen ins Englische übers. v. S. Applebaum). New York 1959
Tchernichovsky, S., *Gedichte* (in Hebräisch). Tel Aviv 1943
Thomas, H., *History of the World*. New York 1979
Thubron, C., *Jerusalem*. London 1986
–, *Mirror to Damascus*. London 1986
Troyat, H., *Divided Soul: The Life of Gogol* (übers. v. N. Amphoux). Garden City, N. Y. 1973
Tuchman, B., *Bibel und Schwert*. Frankfurt 1983

Updike, J., *Bech is Back*. New York 1982
Varon, L. (Hg.), *Leben in Jerusalem: Eine Antologie* (in Hebräisch). Jerusalem 1987
Vester, B. S., *Our Jerusalem: An American Family in the Holy City*. Garden City, N. Y. 1950
Volney, C. de, *Voyage en Syrie et en Égypte, 1783–4*. Paris 1959
Voltaire, *The Portable Voltaire*, hg. v. B. R. Redman. London 1979
Walker, F., *Irreverent Pilgrims: Melville, Browne, and Twain in the Holy Land*. Seattle 1974
Warhaftig, I. (Hg.), *Tekhumin: Ein halachisches Kompendium* (in Hebräisch). Jerusalem 1982
Warren, C., *Underground Jerusalem*. London 1876
Waugh, E., *The Letters of Evelyn Waugh*, hg. v. M. Emory. London 1980
Weizmann, C., *Trial and Error*. London 1949
–, *Statement Made before the Palestine Royal Commission* [25. Nov. 1936]. London 1939
Werblowsky, R. J. Z., *The Meaning of Jerusalem to Jews, Christians, and Moslems*. Jerusalem 1978
Whitman, W., *Leaves of Grass and Selected Prose*, hg. v. S. Bradley. New York 1949
Whittemore, E., *Jerusalem Poker*. New York 1986
Wilhelm, K., *Roads to Zion: Four Centuries of Travelers*. New York 1946
Wilson, C. W., *Picturesque Palestine, Sinai and Egypt*. London 1880
Wilson, E., *Red, Black, and Olive*. New York 1956
Wright, T. (Hg.), *Early Travels in Palestine (the narratives of Arculf, Willibald, Sigurd, Benjamin de Tudela . . .)*. London 1848

Danksagung

Ich bin vielen Leuten zu außerordentlichem Dank verpflichtet. Zuallererst meiner Frau Beth für ihren Rat, ihre Geduld und ihr Wissen; meinem lieben Freund und Agenten Morton Janklow; und meiner Lektorin, Fredrica Friedman, die dazu beitrug, daß dieses Buch lesbarer und, wie ich hoffe, besser wurde. Dank sagen möchte ich auch dem Redakteur Michael Brandon, meinen Freunden Edna Margalith, Saul Friedländer, Magen Broshi und Herbert Pundik, ebenso den zahlreichen in der Bibliographie aufgeführten Autoren – und von diesen ganz besonders Yehuda Amichai, dem großen zeitgenössischen Dichter von Jerusalem; wo immer ich hinkam, stellte ich fest, daß er schon zuvor da gewesen war.

Umschlaggestaltung: Büro Hamburg / Peter Wippermann
(Foto: Philippe Gontier / Transglobe)

Gesetzt aus der Janson (Linotron 500)
Gesamtherstellung Clausen & Bosse, Leck
Printed in Germany